管理会计

——使用者视角

MANAGEMENT ACCOUNTING

——USERS' PERSPECTIVE

孙　毅　主编

中国财富出版社

图书在版编目（CIP）数据

管理会计：使用者视角/孙毅主编.—北京：中国财富出版社，2019.1
ISBN 978-7-5047-6861-2

Ⅰ.①管… Ⅱ.①孙… Ⅲ.①管理会计—高等学校—教材 Ⅳ.①F234.3

中国版本图书馆CIP数据核字（2019）第022589号

策划编辑 李 丽　　责任编辑 戴海林 沈安琪
责任印制 尚立业　　责任校对 卓闪闪　　责任发行 杨 江

出版发行 中国财富出版社
社 址 北京市丰台区南四环西路188号5区20楼　　邮政编码 100070
电 话 010-52227588转2048/2028（发行部）　　010-52227588转321（总编室）
010-52227588转100（读者服务部）　　010-52227588转305（质检部）
网 址 http://www.cfpress.com.cn
经 销 新华书店
印 刷 中农印务有限公司
书 号 ISBN 978-7-5047-6861-2/F·2999
开 本 787mm×1092mm 1/16　　版 次 2019年6月第1版
印 张 27.75　　印 次 2019年6月第1次印刷
字 数 608千字　　定 价 78.00元

版权所有·侵权必究·印装差错·负责调换

前　言

随着人类文明的不断进步，生产力的不断提高，全球化已经成为经济发展的必然趋势。资本市场日新月异，创新性金融工具大量涌现。商业模式的快速变革，使得企业的竞争环境呈现出多元化、复杂性的特征。会计作为现代企业的一项经济管理工作，其基础性作用在促进市场经济的健康有序发展方面产生着重要的影响，如提供对决策有用的信息，辅助企业经营管理决策，考核企业管理层受托责任的履行等。在新常态下，会计如何应对竞争环境的变化，已经成为实务界和理论界的一个新课题。

在这样的背景下，管理会计在企业的日常管理活动中的作用越发重要，管理会计改革也势在必行。管理会计是会计系统的一个重要子系统，通过提供有价值的信息，在组织内的成本核算、计划、决策、控制、业绩评价等方面为管理者提供辅助。

2014 年 1 月，财政部下发《财政部关于全面推进管理会计体系建设的指导意见（征求意见稿）》，全面推进管理会计体系建设，提升会计工作总体水平，推动经济更有效率、更加公平、更可持续发展。2014 年 10 月，《财政部关于全面推进管理会计体系建设的指导意见》正式出台，开启了会计改革与发展的新篇章。2016 年 6 月 22 日，财政部颁发了《管理会计基本指引》，涵盖了管理会计的目标、原则、要素等基本框架，并以要素为主线，形成了其主要内容，《管理会计基本指引》共 6 章 29 条，形成了统一的管理会计认识和话语基础，这标志着我国管理会计体系建设取得新的重大突破，并从理论层面进入实际落地阶段。

党的十九大为中国未来发展绘就了新的蓝图，为中国经济的发展指明了方向，指出我国经济已由高速增长阶段转向高质量发展阶段，正处在转变发展方式、优化经济结构、转换增长动力的攻关期，这对我国企业的发展提出了更高的要求。管理会计是企业的战略、业务、财务一体化最有效的工具，因此，管理会计理论以及管理会计人才对于现代企业发展来说必不可少。

基于不同的制度环境和视角，国内外关于管理会计的教材及其他相关书籍有各自不同的特点，但是基本理论是相通的。我从事本科教学多年，讲授过国内外的管理会计、财务管理、业绩管理等课程，积累了一定的经验，产生了编写一部站在使用者视角的管理会计书籍的想法。

本书以使用者视角为切入点，以管理会计相关理论为基础，围绕管理会计重点内容，以“成本核算—计划—控制—决策—业绩评价”为逻辑主线展开论述。

全书分为十八章。第一部分为第一章，其内容是学习管理会计所必备的基础知识，分别讨论了管理会计的定义、目标、职能、管理会计与财务会计的区别和管理会计人员的职业道德。第二部分为第二章至第十一章，主要阐述管理会计最基本的职能——成本核算中成本形态的界定与不同的成本核算方法。成本核算是管理会计职能的基础，第二部分的学习可以为之后的学习打下牢固的基础。第三部分为第十二章至第十三章，主要阐述企业预算、预算编制方法和企业成本差异分析。预算与成本差异分析分别是管理会计职能中的计划与控制两大职能，是将数据转化为管理会计信息的重要步骤，为管理会计决策提供重要信息。第四部分为第十四章至第十七章，主要阐述企业的长短期决策，包括定价决策、短期决策、投资评价。本书第四部分还特别增加了有关风险和不确定性的衡量方法，通过概率与统计方法来衡量和避免决策中可能遇到的风险，以提高管理会计决策的有效性。第五部分为第十八章，阐述业绩评价与考核方法，将管理会计从方法上升到了战略阶段。本书五个部分十八章之间有着内在的逻辑关系，共同构成了管理会计系统的有机整体。

本教材具体特点表现为：

1. 理论的完整性和应用性

本书将管理会计理论精简化，从使用者视角出发，着重关注理论与应用方法的有机联系，坚持理论分析与实践运用并重，增强实务操作的可行性。本书新增了国内外管理会计指导性文件、经典案例和国外管理会计基础知识以及风险与不确定性的统计评估方法等内容，更加强调管理会计的应用方法。

2. 方法的实用性和创新性

本书旨在培养应用创新型人才，通过章前案例、章内例题、章内练习题，强调管理会计知识在实践中的运用。案例贴近生活，增强了管理会计教学的丰富性，有利于加深对知识的理解，引导学生思考相关问题，提升学生学习的有效性及运用相关理论知识解决实际问题的能力和创新能力。

本书在结构安排上逻辑性强，内容简洁实用，可作为高等院校会计学及相关专业本科生以及 MBA、MPAcc 等研究生管理会计相关课程教材，也可以作为管理会计实务人员参考读物。

教材编写大纲在本书参编成员内部经过多次讨论修订，由主编孙毅确定。全书由孙毅总纂定稿，天津财经大学研究生李梦、王超群、张钰、侯丽雪、王家琪、闫翔、芦雪瑶、薛蕊、薛坤参与编写工作。本书共十八章，第一章、第十三章由孙毅、芦雪瑶编写，第二章、第十四章由孙毅、王家琪编写，第三章、第六章由孙毅、薛蕊编写，第四章、第十章由孙毅、李梦编写，第五章、第七章由孙毅、王超群编写，第八章、

第十八章由孙毅、侯丽雪编写，第九章、第十一章由孙毅、闫翔编写，第十二章、第十五章由孙毅、张钰编写，第十六章、第十七章由孙毅、薛坤编写。

管理会计教材的撰写是伴随着理论与实践不断完善的过程，书中存在的不足之处，敬请广大读者和专家学者批评、指正，并提出宝贵意见。

孙 毅

天津财经大学国际工商学院

2019 年 6 月

目 录

第一章　管理会计简介

本章概述

管理会计与我们熟知的财务会计既有联系又有区别，本章就管理会计的相关内容做出概述。本章主要内容：成本会计；管理会计的相关概念以及与财务会计的区别；数据和信息等。本章的学习以了解为主，先对管理会计有个最基本的了解，知道管理会计的特点，知道学习管理会计是为了做什么，为以后的会计学习打下基础。

学习目标

※ 了解成本会计的相关概念

※ 了解管理会计的相关概念

※ 了解管理会计与财务会计的区别

※ 了解管理会计的作用

※ 了解数据和信息的相关概念

商业观察

缘何“兵装集团”能够“激流勇进”

中国兵器装备集团公司成立于1999年7月，作为国家战略性产业，肩负“保军报国、强企富民”的神圣使命，是中央直接管理的国有重要骨干企业，是国防科技工业的核心力量，是我国最具活力的军民结合特大型军工集团之一，其前身可追溯到第五机械工业部、兵器工业部、国家机械工业委员会。集团公司现拥有长安、天威等50多家企业和研发机构，拥有特种

产品、车辆、装备制造等主业板块，培育出了"长安汽车""天威变压器"等一批知名品牌，自主研发的特种产品装备在国防领域起着重要的基础性、战略性作用。集团公司在全球建立了30多个生产基地和营销网络，与福特、铃木、马自达、天合、雅马哈、标致雪铁龙等跨国公司建立了战略合作关系。2014年，集团公司主要经济指标列国防科技工业第一位，跻身世界企业500强，列第169位。

20世纪八九十年代，中国的改革开放为中国经济注入新的动力，也带来了冲击。20世纪90年代末，在市场经济体制下，大批国有企业破产，归根结底是体制和管理问题。国有企业一直以来都肩负着很多重担，不仅要努力为国家创造价值，还要肩负起员工及其家属的各种生活开支。就在很多国有企业不堪重负走向破产的时候，中国兵器装备集团公司成立了。它并未墨守成规，而是积极适应市场经济。如今，中国兵器装备集团公司是国家重要的战略性威慑力量，是国家安全的重要保证，是中国共产党执政的重要经济基础，是中国最具活力的军民结合特大型军工集团，属于国家计划单列企业。集团公司拥有研发、生产、贸易企业近60家，资产总额、主营业务收入均超过千亿元，有员工12万余人。回顾中国兵器装备集团公司的管理成果，最突出的就是管理会计。中国兵器装备集团公司数十年来一直践行管理会计，并不断进行深入研究，先后在公司内举办多次管理会计交流会，还成立了价值创造办公室进行管理会计体系的研究。2012年，公司制定了《管理会计运用指南》①，引入全面预算管理、标准成本法、作业成本管理、平衡计分卡等管理会计工具，推进公司财务转型，运用管理信息提升公司管理水平，使管理会计成为支撑公司发展的重要力量。管理会计的成功应用，使得中国兵器装备集团在经济迅速发展、竞争日益激烈的当今社会奋勇前行，成为国有企业的典范。中国兵器装备集团公司的成功，离不开管理会计的成功应用。

本书将介绍各种管理会计工具。本章先就管理会计的基本概念进行介绍，使大家对管理会计有基本的了解。

第一节　成本会计

一、成本会计定义

成本会计（Cost accounting）就是一个能分析过去、现在和未来数据的管理信息系统，它可以为管理行为提供基础。成本会计可以使管理者明确过去一段时间内所生产产品或者所提供服务的成本、运营一个部门所耗费的成本及所获得的收入情况。成本会计可以预估未来产品或服务的成本，将实际成本与计划成本相比较，为管理者提供

① 李[illegible]勍《中国兵器装备集团公司管理会计实践与成效》，2016年8月7日。

利润与成本的相关信息以便其做出正确决策。

有了成本会计所提供的一系列信息，管理者就可以完成许多工作。例如，评估一个产品、一种服务、一个部门或者整个组织的盈利能力；以销售成本为基础，给产品定价；为期末存货估价，以便公司的资产和负债可以清晰地反映在财务报表中。因此，成本会计有着为企业的财务管理等方面提供重要信息，为企业管理打好基础的重要作用。成本会计所提供的信息主要有四个主要用途，首先是确认存货价值、利润和财务报表科目，其次还包括计划、控制、决策三方面。

二、成本会计与管理会计的关系

管理会计（Management accounting）的基础就是成本会计。管理会计和成本会计都可以提供计划、控制和决策等管理信息。最初，成本会计归集历史成本并把这些成本分摊到单位产出或者部门，以便确定存货价值、利润和财务报表科目。现在，成本会计的内容扩展为计划、控制和决策。因此，现在的成本会计可以做一些预测、对比和管理。在现代的工业环境中，成本会计在信息管理规定中的角色基本与管理会计一致，都是关注信息的前景，为计划、控制和决策提供管理帮助。

三、成本会计系统

企业的管理者有责任对所使用的资源进行计划和管理，为了使这项工作可以顺利进行，他们就需要得到精确并详细的信息，而成本会计系统就可以提供这样的信息。其实，成本会计系统就是为管理者提供企业内部财务信息系统的基础。成本会计系统并不限制于生产过程，它所提供的成本会计信息也可以用于服务行业、政府部门和福利组织。而在生产企业中，成本会计系统不仅仅用于生产过程，还可以用于管理、销售和分配、研发等过程。

第二节　管理会计

一、管理会计定义

2014 年 10 月，中华人民共和国财政部印发《财政部关于推进管理会计体系建设的指导意见》，指出：管理会计是会计的重要分支，主要服务于单位（包括企业和行政事业单位，下同）内部管理需要，是通过利用相关信息，有机融合财务与业务活动，在单位规划、决策、控制和评价等方面发挥重要作用的管理活动。

管理会计在企业的财务管理活动中起到越来越重要的作用。在管理会计的核心理念中，价值的创造与维护是最为重要的两点。基于此，管理会计是企业的战略、业务、财务一体化最有效的工具。管理会计是会计和财务管理原理的应用，可以为营利或非营利的私人企业、公共部门创造、保护和保存上涨的价值。

二、管理会计的目标

管理会计是管理的一部分，中华人民共和国财政部在2016年颁发的《管理会计基本指引》中指出：管理会计的目标是通过运用管理会计工具方法，参与单位规划、决策、控制、评价活动并为之提供有用信息，推动单位实现战略规划。管理要求辨认、产生、展示、解释和应用相关信息。加工和应用相关信息，主要有以下目的：①做出商业战略和战略决策；②为长期、中期和短期运营做计划；③决定并建立企业的资本结构；④为高管们和股东们设计薪酬体系；⑤做出运营决定；⑥控制运营并确保资源使用的效率；⑦为管理者和其他利益相关者计量和报告财务与非财务表现；⑧保护有形和无形资产；⑨实施企业管理程序等。

管理会计师在不同类型的企业中从事着各种各样不同的任务和活动。管理会计师帮助企业建立灵活的战略并把这些战略转化为利润（对营利企业而言）或者现金价值（对非营利企业而言）。为了达到这样的目标，管理会计师们就成了多技能管理团队的重要组成部分。根据国际会计师联合会（IFAC）① 的规定，管理会计师应该有三个方面的定义。首先，要专业。管理会计师要有必备的技能、知识，并且通过专业的测试；要有准确、诚实、正直、客观、可靠和透明等特性；应该服从有监管权力的主体的监督。其次，应该具备会计师的特点。管理会计师应该归属于一个可辨识的会计主体并拥有专业的行为标准和方法。管理会计师可以记录、分析、计量、报告、预测并提出相应的建议，以便支持企业的财务、管理和战略决策。最后，管理会计师应该是在公司里工作的。管理会计师要在各种规模、类型的企业里为公司盈利做出努力，而不是为了给外部审计提供信息；管理会计师还应该是管理团队的一员并为利益相关者创造可持续的价值。

三、管理会计的职能

在过去，管理会计师用财务会计的总分类账系统处理会计信息。在这种把管理会计和财务会计视为一类会计的会计信息系统中，管理会计出于管理的目的而密切关注成本信息。因为一系列因素的变化（例如，在全球市场中越来越激烈的竞争），企业的关注点也随之发生变化。这就意味着许多企业不仅仅在成本方面竞争，同时还要在产品质量、服务质量、及时性等方面竞争。这一现象向管理会计师提出新的

① IFAC，是International Federation of Accountants的缩写，即国际会计师联合会，于1977年10月14日在德国慕尼黑成立。其宗旨是以统一的标准发展和提高世界范围的会计专业，促进国际范围内的会计协调。其任务是决定国际会计师大会的主办国；保持与参加国际会计师大会的各国的联系；促进国际的地区机构的发展和信息的交流；参考和吸收各国提出的意见，扩大国际会计职业协调委员会的业务，并为改进业务提供咨询。

要求：管理会计师不应仅仅是一个信息提供者，更应该是能力咨询师、主要的管理决策参与者。

因为管理会计师不仅仅关注于给外部利益相关者提供信息，所以管理会计师比财务会计师更加接近于政策制定和管理过程。毕竟，会计信息的外部使用者的需求与内部管理者和运营者的需求是不同的。因此，管理会计师为管理者提供信息，以支持管理者做出计划、决策和控制。

1. 计划（Planning）

管理会计的财务职能要求其可以做出直接分配资源的预算和对未来结果的预测，这就为企业运营做出了一定的计划，企业将会按照管理会计师所做的预算、预测等进行下一步的经营活动。

2. 控制（Control）

管理会计师对企业运营做出预算，根据预算来监管企业的表现。管理会计的财务职能是通常可以提供一些信息，以便比较一段时期内其预测的和实际的收入与成本，还可以比较本期和以前时期的收入与成本，通过一系列比较，确定企业在一定时期内的表现状况。管理会计师还应该评估产品、服务、生产过程和其他运营活动中产生的贡献。基于已定标准的成本计算，可以为管理者提供信息，以便其判断出企业的弱势并及时做出补救措施。综上所述，对企业运营实施控制，以期公司的表现可以符合预期计划。

3. 决策（Decision making）

一个企业的决策有三个层级。第一个是运营层级。这一层级要确保工作人员可以以一种高效的方式完成特定的任务或者活动。运营信息必须有即时性，即管理人员应当在事件发生时就获知情况，而不是等事件结束后才获知。运营信息应当是详细的、数量庞大的、关注外部的。第二个是管理层级。这一层级注重实施上一层级做出的决策，包括监管资源的有效配置和使用效率。这些活动遵循普通的模式并要求一段时间的信息，例如，一周、一个月或一个季度。第三个是战略层级。这一层级包括扩展企业的目标并要求有相应的信息。这类信息通常是松散的、有远见的和关注外部的。在这三层决策过程中，管理会计师在支出和现金流的方面对决策进行评估，提出相关建议，以便管理者可以做出明智的决策。

一个企业所有的决策制定者，都应该知道如何很好地运用管理会计信息。随着计算机技术的不断进步，管理会计也受到巨大影响。现有技术允许管理者追溯一些有历史意义的关于企业表现的信息，即使这些信息是基于非成本原则的。一个好的管理会计师，有责任管理不同标准的信息。基于这一新职能，可以预见会计师的工作方法也会随之改变，尤其是强调要与财务职能相分离并以跨职能的队伍形式工作。尽管管理会计师的角色发生了重大变化，但研究表明，管理会计的职能在实际操作中是被限制的。传统的职责（例如，差异分析、成本核算和预算等）依然是管理会计师的主要工作内容。

【习题1－1】战略层级的计划是由基层管理者制定的。(　)

A. 正确　　　　　　　　　　B. 错误

四、管理会计的应用要素

(一) 国内管理会计的四个要素

中华人民共和国财政部在2016年颁发的《管理会计基本指引》中列举了企业应用管理会计应包括的四个要素：应用环境、管理会计活动、工具方法、信息与报告。

1. 应用环境

应用管理会计，应充分了解和分析其应用环境。管理会计应用环境，是应用管理会计的基础，包括内外部环境。内部环境主要包括与管理会计建设和实施相关的价值创造模式、组织架构、管理模式、资源保障、信息系统等因素。外部环境主要包括国内外经济、市场、法律、行业等因素。

2. 管理会计活动

管理会计活动是利用管理会计信息，运用管理会计工具方法，在规划、决策、控制、评价等方面服务于管理需要的相关活动。应用管理会计，应做好相关信息支持，参与战略规划拟订，从支持其定位、目标设定、实施方案选择等方面为企业合理制订战略规划提供支撑，应融合财务和业务等活动，及时充分提供和利用相关信息，支持单位各层级根据战略规划做出决策。

3. 工具方法

管理会计工具方法是实现管理会计目标的具体手段。管理会计工具方法是应用管理会计时所采用的战略地图、滚动预算管理、作业成本管理、本量利分析、平衡计分卡等模型、技术、流程的统称。管理会计工具方法具有开放性，随着实践发展不断丰富完善。管理会计工具方法主要应用于以下领域：战略管理、预算管理、成本管理、营运管理、投融资管理、绩效管理、风险管理等。

4. 信息与报告

管理会计信息包括管理会计应用过程中所使用和生成的财务信息和非财务信息。企业可充分利用内外部各种渠道，通过采集、转换等多种方式，获得相关、可靠的管理会计基础信息，利用现代信息技术，对管理会计基础信息进行加工、整理、分析和传递，以满足管理会计应用需要。管理会计信息应相关、可靠、及时、可理解，保证管理会计报告作为管理会计活动成果的重要表现形式能够为报告使用者提供满足管理需要的信息。

（二）国外管理会计职能涉及的实践领域

2014 年 11 月，全球两大会计组织——美国注册会计师协会（AICPA）[①] 和英国皇家特许管理会计师公会（CIMA）[②] 联合发布的《全球管理会计原则》[③] 将组织目标和管理会计实践联结起来，覆盖了 14 个管理会计职能涉及的核心实践领域：

1. **成本改造和管理**（Cost transformation and management）

关于减少浪费，同时能保值或提升价值创造能力的训练。包括在整个组织里不断发现和减少浪费，同时释放资源，投资于那些专注于创新的客户。这类客户的创新活动可以为利益相关者在未来带来价值。

2. **外部报告**（External reporting）

表述组织在财务和非财务业绩、商业模式、风险和战略方面的全面和综合的观点，以此为基础有效评估未来预期业绩。

3. **财务战略**（Financial strategy）

识别各种可能使组织的净现值最大化的战略，在各种竞争机会之间分配稀缺资本资源，执行和监督所选择战略，以实现既定目标。

4. **内部控制**（Internal control）

关于组织在价值创造和保值中风险管理的政策、制度、程序和步骤的书面框架，决策者对该框架高效和富有成果的执行和运作以及对框架执行情况进行报告和监督。

5. **投资评估**（Investment appraisal）

决策者根据是否符合战略、选择的优先顺序、可承受性以及可接受的收益与不可接受的风险的对比等因素，评估是否接受一个特定的投资项目。

6. **管理与预算控制**（Management and budgetary control）

将业绩与组织的各个层级的预定目标相对照，以积极控制业绩。该系统可以包含项目、人员、作业流程、销售量和收入、资源数据、经营成本和费用、资产、负债和现金流量，也可以包括其他非财务指标。

7. **价格、折扣和产品决策**（Price，discount and product decisions）

决定生产什么或提供什么服务，决定产品和服务的销售价格和折扣安排。

---

① AICPA（American Institute of Certified Public Accountants），全称美国注册会计师协会，1957 年正式得名，是美国全国性会计职业组织，也是世界上最大的会计师专业协会，在全球 128 个国家与地区拥有近 37 万名会员，其宗旨：提高职业水平，联合全国的注册会计师，建立统一的会计职业组织等。

② CIMA（The Chartered Institute of Management Accountants），全称特许管理会计师公会。它是全球最大的国际性管理会计师组织，同时它也是 IFAC 的创始成员之一。CIMA 一直以来紧密结合充满活力和挑战的商界需求，坚持不懈地致力于企业财务管理及战略决策的研究和开发，提供世界上极具权威性的高端财务职业资格认证。

③《全球管理会计原则》由全球两大会计组织——美国注册会计师协会（AICPA）和英国皇家特许管理会计师公会（CIMA）联合发布，描述了管理会计职业人员理应拥护的基本价值、品质、规范和特征，并提出了四项全球管理会计基本原则。英文全文见 https：//www. cimaglobal. com。

8. **项目管理**（Project management）

对一个项目各个方面进行综合，以便需要时可以适时获得适当的知识和资源。最为重要的是，要确保能够用及时、划算和质量可控的方式生产出所预期的结果。

9. **守法与合规**（Regulatory adherence and compliance）

履行与会计、法定报告、税收和其他合规方面的法律和法规责任。目的在于避免受到处罚和其他强制行动，提升组织作为优秀公司，公民的声誉。

10. **资源管理**（Resource management）

在组织决策环境里，优先考虑资源的可利用性。它可以帮助组织高效率和富有成果地进行产品和过程的转型或持续改进，包括资源、制度和人员与组织的战略目标和优先顺序的匹配。

11. **风险管理**（Risk management）

识别、评估和对不确定作出反应的过程。这种不确定性源自组织用于支持其实施战略目标的各类活动。

12. **战略性税收管理**（Strategic tax management）

明确税收在财务分析和决策中的作用，同时积极处理组织的税收问题，以达到法律的要求。

13. **司库与现金管理**（Treasury and cash management）

公司处理各类财务问题，用于经营的外部和内部资金，包括货币和利率风险管理、银行信贷安排、各项融资和现金管理。

14. **内部审计**（Internal audit）

就组织的风险管理、公司治理和内部有效运转提供独立保证，有时也称为对控制的管理评审。

五、管理会计与财务会计的区别

一个企业的财务会计（Financial accounting）和管理会计都会记录相同的有关利润和支出的基础数据，但是因为他们有不同的目的，所以他们会用不同的方法来分析这些数据。财务会计的目的主要是为企业外部的利益相关者提供信息，例如，股东、顾客、供应商和税务机关；而管理会计是为企业内部管理者提供信息。因此，财务会计和管理会计的不同就是由他们处理数据的方法不同引起的，二者的具体区别如表 1 –1 所示。

表 1 –1　　　　财务会计和管理会计的区别

财务会计	管理会计
财务会计详细描述在规定的一段时间内公司的表现，并在这段时间的期末陈述主要事件	管理会计帮助管理者记录、计划和控制公司的行为并在决策过程中起援助作用

续表

财务会计	管理会计
许多国家（包括中国），法律都规定有限公司必须有财务会计	大部分国家都很少有关于管理会计统一格式和内容的规定
财务会计所使用的标准格式是由法律、会计实务标准和会计报告标准规定的。在这些规则下，可以很轻松地对不同企业的会计科目等进行比较	管理会计没有一个固定的范式：没有严格的规定来监管管理会计师准备和呈报的方法。每个企业都可以制定自己的管理会计体系和报告的格式
财务会计着重关注企业整体状况，从不同的运营活动中归集收入和成本，使得这些信息最终汇总于财务会计报表	管理会计只关注于企业活动的某一特殊领域。管理会计师会为管理者提供经过分析的数据和信息，而不是直接提供一个决定
大部分财务会计信息都是以货币计量的	管理会计会使用非货币计量的方法。例如，家具的产量、每周的机器工时或者销售代表每月出差里程数
财务会计展现的是企业过去的经营状况	管理会计在记录历史数据的同时还可以对未来做出规划

【习题 1-2】公司内（　　）没有固定范式并能帮助管理者对未来做出规划。

A. 财务会计系统　　　　B. 管理会计系统

六、管理会计职业道德

管理会计和财务会计本质是一样的，都是以会计的方法加工并提供信息。在加工信息的过程中，难免会出现一些不违反法律的问题和冲突，这些问题和冲突无法通过法律途径解决，这时就需要有一些非法律的规定来约束会计人员的行为。会计职业道德就是这类规定中重要的组成部分。会计人员都要遵守职业道德，合理处理问题。

（一）我国会计人员职业道德

在我国，管理会计和财务会计人员统一遵循会计职业道德，受职业道德的制约和指导。

1. 爱岗敬业

爱岗敬业是指忠于职守的事业精神，这是会计职业道德的基础。会计人员要热爱自己的职业和岗位，热爱自己的本职工作，并且尽职尽责。会计工作往往是烦琐的，如果会计人员不热爱自己的工作，在工作过程中就很容易出现错误，并造成重大损失。因此，作为会计人员，必须要热爱并尊敬自己的工作。基本要求：正确认识会计职业，树立职业荣誉感；热爱会计工作，敬重会计职业；安心工作，任劳任怨；严肃认真，一丝不苟；忠于职守，尽职尽责。

2. 诚实守信

诚实，是指言行思想一致，不弄虚作假，不欺上瞒下，做老实人，说老实话，办老实事。守信，就是遵守自己所作出的承诺，讲信用，重信用，信守诺言，保守秘密。诚实守信是做人的基本准则，也是会计职业道德的精髓。会计人员要注重自己的声誉，保持诚实的品质，不因利益诱惑而伪造账目、泄露会计信息等。会计人员是公司核心成员，往往掌握着公司资金流动状况等商业机密，如果不遵守诚实守信的道德标准，伪造账目、泄露会计信息等，很可能会损害公司的利益，更有甚者会给社会造成巨大损失。例如，国家公职人员伪造账目，挪用公款，就会造成国有资产的流失。因此，作为会计人员，应该自觉遵守诚实守信的标准。基本要求：做老实人，说老实话，办老实事，不搞虚假；保密守信，不为利益所诱惑；执业谨慎，信誉至上。

3. 廉洁自律

廉洁是指不收受贿赂，不贪污钱财，保持清白。自律是指自我约束，自我控制，自觉地抵制自己的不良欲望。廉洁自律是会计职业道德的前提，也是会计职业道德的内在要求。会计人员要有正确的人生观和价值观，能抵制诱惑和不良之风。会计人员掌握着公司资金，如果没有正确的人生观和价值观，就很容易被金钱迷惑，从而迷失自我，丧失作为会计人员的资格。因此，会计人员一定要做到廉洁自律，不贪占侵吞不属于自己的财产。基本要求：树立正确的人生观和价值观；公私分明，不贪不占；遵纪守法，一身正气。

4. 客观公正

客观是指按事物的本来面目去反映，不掺杂个人的主观意愿，也不为他人意见所左右。公正就是公平正直，没有偏失，但不是中庸。客观公正是会计职业道德所追求的理想目标。这就要求会计人员在工作过程中坚持实事求是，如实记录和反映真实的经济状况，不歪曲事实，不有所偏倚，保持独立性，维护社会利益。如果会计人员在工作过程中夹杂个人感情，做不到客观公正，那么其所做账目就不能完全真实反映客观情况，使用这些会计信息的人就会被误导，无法做出正确的决策。基本要求：依法办事；实事求是；如实反映。

5. 坚持准则

这要求会计人员在处理业务过程中，严格按照会计法律制度办事，不为主观或他人意志所左右。所有会计人员工作时都要遵守国家会计准则和相关的法律法规，按照这些规则记录、核算，保证所提供的会计信息是真实有效的。如果会计人员在工作过程中不遵守会计准则和相关法律法规，其反映的会计信息就是无效的，就是不被法律承认的，也就没有了使用价值。基本要求：熟悉准则；遵循准则；敢于同违法行为作斗争。

6. 提高技能

这是指会计人员通过学习、培训和实践等途径，持续提高会计职业技能，以达到和维持足够的专业胜任能力的活动。社会在不断地发展进步，会计政策会根据社会需求不断修改，这就要求会计人员要与时俱进，熟悉新的法律法规，提供符合社会需求的信息。同时，会计工具也是不断进步的，现如今已经从手工记账发展为电算化，在这种情况下，会计人员就要积极学习新的技能，掌握新的会计工具，从而迅速并且准确地提供会计信息，更好地履行自己的职责。基本要求：要有不断提高会计专业技能的意识和愿望；要有勤学苦练的精神和科学的学习方法。

7. 参与管理

参与管理，简单地讲就是间接参加管理活动，为管理者当参谋，为管理活动服务。会计人员在履行自己的职责的同时，也应该参与到日常管理工作中去。企业的资金流向等可以反映出企业的许多问题，作为会计人员，在仔细分析数据，发现问题时，应该积极向管理人员反映，并提出合理的建议，使公司运营活动更加完善。基本要求：努力钻研业务，熟悉财经法规和相关制度，提高业务技能，为参与管理打下坚实的基础；熟悉服务对象的经营活动和业务流程，使参与管理的决策更具针对性和有效性。

8. 强化服务

强化服务是要求会计人员具有文明的服务态度、强烈的服务意识和优良的服务质量。会计人员是为企业收集、分析信息的，也就是为企业服务的。这就要求会计人员要具备服务意识，端正态度，文明服务，并提供优质的服务。同时要求会计人员切实遵守其他道德规范的要求，树立并维护会计人员诚实、可靠的良好的职业形象，更好地为信息使用者提供服务。基本要求：强化服务意识；提高服务质量。

这八条职业道德规范是每个会计人员都必须遵守的，只有合乎这些规定的会计人员才是合格的会计人员。一旦违反职业道德，就失去了一个合格的会计人员应有的操守，甚至会触犯法律。

（二）全球管理会计人员职业道德

作为全球最大的国际性管理会计师组织，CIMA 也对管理会计提出了要求：

1. 正直（Integrity）

管理会计应该保持正直的品质：在工作过程中不偏不倚，抵制各种利益的诱惑，忠于本职工作；在处理各种问题时应当保持坦诚、正直；与下级交流时保持对他人的尊重，向上级报告时保持自尊、不谄媚。

2. 客观（Objectivity）

管理会计应该保证其独立性，不在工作过程中夹杂个人情感，保证可以如实地反映信息，不歪曲事实，不伪造账目。同时，管理会计应该忠于现实，能够积极地学习新的知识和技能，保证自己提供的会计信息是真实有效的。

3. 拥有专业技能和应有的责任心（Professional competence and due care）

管理会计必须具备必备的专业知识和技能，可以满足工作中的各种要求。同时，管理会计还应该对本职工作和企业具有责任心。在认真完成本职工作的同时，还应该关注其他部门的工作，加强与其他各部门的联系，及时为各部门提供信息，发现问题并提出建议，履行作为企业一员的责任。

4. **保密**（Confidentiality）

管理会计应该对其所接触到的企业信息保密，例如，企业的利润率、企业的具体资金流向等。对企业信息保密，不仅是职业道德的要求，同时还是法律的规定。

5. **职业行为**（Professional behavior）

作为一个成熟的职业人，管理会计的行为应该符合其身份：遵守相关法律法规，树立并保持自己良好的形象，珍惜自己的声誉，避免发生任何会造成恶劣影响的行为。

因此，管理会计师在工作和生活中要严格要求自己，谨言慎行，遵守我国通行的会计职业道德和管理会计职业道德，使自己成为一名合格的管理会计师。

第三节　数据与信息

一、数据

数据（Data）就是事实、数字和测量的科学讲法。数据是未被加工过的原始内容。例如，每年到香港旅游的游客数量、香港所有饭店的营业额、每年通过驾驶执照考试的人数等，这些都是数据。但是，这些例子只是单纯地对数量进行收集，这也许对使用者来说没有什么用处。为了使数据有意义，这些数据就要经过一些处理。例如，法国旅行社可能会对每年到香港旅游的本国游客数量、游客性别及年龄、出游时间和个人收入情况等感兴趣。包含全世界到香港旅游的游客数量的数据，就必须经过分析，才能得到法国游客的数量。这些经过分析的数据即信息（Information），对使用者来说有很重要的意义。

二、信息

（一）定义

信息（Information）就是经过一系列方法处理过后的数据，是交流过程中的所有内容。信息对于使用者来说有重要的意义。信息通常被认为是处理过的数据。“信息”和“数据”经常混用。一些公司提供关于产品或者服务研究的意见，以确保它们提供的产品和服务是顾客和潜在顾客想要并将要购买的。一个典型的市场研究调查机构雇用了很多研究人员，对顾客进行产品问卷调查。数百份问卷将在计算机系统里被分析。顾客的个人问卷就是数据，而经过分析过后的报告就是信息。公司的经营者可以运用这些报告和信息来决定是否改进或放弃生产该产品。

（二）信息的来源

1. 内部信息来源

数据和信息可以从企业的内、外部收集。应该设计一种信息系统来包含或者捕捉任何来源的相关信息。从企业内部获得信息的途径有以下几种：

（1）收集数据或者计量交易数据的系统。

（2）管理者和员工之间的正式交流。

（3）任何层级间的员工交流。

内部信息有许多来源，例如，会计账簿、网站、员工、竞争者的员工、政府、媒体等。其中，会计账簿包括应收账款账簿、应付账款账簿、总分类账、现金日记账等。这些信息对会计部门之外的部门同样有很重要的意义。例如，有关销售的信息对营销部门很重要。另外，员工是企业信息最基础的来源。信息可以从每天非正式的交流中得来，也可以从会议、面试或者问卷调查中得来。

2. 外部信息来源

从企业外部获取信息是负责信息收集的人员的日常工作，或者也可以利用非正式、非日常的方式收集信息。

日常的、正式的外部信息来源有以下三种：

（1）国家的法律法规。例如，公司的税务专家就应该关注税法的变化，以及这种变化带给公司的影响；关于员工健康和安全的立法、雇用的法规等都应该被包含在信息内。

（2）其他公司的信息。

（3）现有顾客和潜在顾客的态度和意见。为了获得此类信息，销售经理通常要做一下市场调研。

非日常的、非正式的信息可以随时收集，无论是有意的还是无意的，例如，员工在看到报纸、电视报道、网络信息时，他们就在无意中获得了一些信息；而在参加公司会议时就可以有意地获得一些信息。

除此之外，企业还有另外一些获取外部信息的渠道，例如，政府、建议或者信息公司、咨询公司、报纸和杂志出版商、实验室和信息服务商。

【习题1－3】下列哪一个选项不是管理信息的内部来源？（　　）

A. 员工的工作记录　　　　B. 生产部门记录

C. 竞争者的财务报表　　　D. 仓库关于存货的记录

（三）管理会计信息质量特征

好的管理信息可以帮助管理者制定明智的决策，为企业未来的发展确定正确的方向。高质量的信息有以下特征：

1. **准确性**

准确性的程度取决于信息的用途。例如，不同部门的业绩报告，需要的信息准确度也存在差异。有的报告可能需要提供以万元为单位的数据，而另一些报告可能需要提供以亿为单位的数据。再例如，当计算单位生产成本时，经理层希望成本数据精确到元甚至是角或分。

2. **完整性**

向管理层提供他们所需要的全部信息，但是不应该过分注重细节而使报告过于冗长。

3. **成本效益原则**

提供信息的成本不应超过其价值。与管理相关的信息是具有价值的，它有助于管理层进行决策。如果在有信息支撑和无信息支撑时，决策的结果是不一样的，那么信息的价值就等于决策所节约或增加的资金。

4. **可理解性**

尽量减少技术性语言和专业名词的使用。会计人员必须时刻注意向非财务经理提供财务信息的方式。

5. **相关性**

财务报告中提供的信息应与决策相关，删除冗余部分，因为这会使得信息使用者难以清楚地了解重要的内容。

6. **可靠性**

信息必须是真实可信的，且具有可靠的来源。这样才能使信息使用者自信地作出决策。

7. **及时性**

信息应该及时提供给经理层，使得他们能够依据信息做出决策。若信息的及时性较差，则会影响其做出决策的正确性。

8. **可使用性**

会计人员需要时刻考虑信息使用者，确保其提供的信息能够满足信息使用者的需求。

【习题1-4】 好的管理信息是（　　）。

A. 相关的、普通的、可靠的　　B. 及时的、普通的、充足的

C. 可靠的、及时的、相关的　　D. 相关的、方便的、重要的

三、管理信息

（一）定义

管理信息（Management information）就是提供给公司负责人的信息，以便管理者进

行计划、控制和决策。能否成功地运营一个公司，取决于是否做出了正确的决定，而信息决定着管理者能否做出好的决策。一般情况下，管理者想知道他们生产的产品或提供的服务会耗费多少成本、上个月他们卖出了多少产品、去年的薪酬占成本比例的多少、现在公司雇用了多少雇员等，而这些都属于管理信息。

管理信息也可以被分为两大类：财务信息（以货币计量的）和非财务信息（不以货币计量的）。

管理信息最终会以管理报告的形式呈递给管理者，管理信息报告通常包括以下内容：

（1）将预算结果与实际结果相比较的结果。

（2）全年的数据。

（3）将公司的业绩与竞争者的业绩相比较的结果。

（4）将当前年度的表现与以前年度的表现相比较的结果。

（5）一种产品、服务或者整个公司的营利能力。

（6）期末存货的价值。

（二）目的

管理信息有很多用途，从管理会计的方面来看，使用管理信息的目的就是通过计划、控制运营过程和制定合理的决策来帮助管理者高效地管理资源。为了管理好企业的资源，任何企业的管理者都需要知道公司内某一部门的表现。他们同样需要知道企业活动是否按照计划执行、在运营过程中有没有出现任何问题。管理者需要的信息会根据企业的类型和他们自己的责任而有所不同。例如，高级管理者通常对每个月的财务报表感兴趣；一个生产企业的检测员需要的是每条生产线的日产量；一个销售经理需要的是他的销售团队每周的销售量。使用管理会计信息，可以为产品定价、为存货估价、分析营利能力和做出投资决策等。

在当今的商业环境中，利率不断升高，企业的盈利空间被挤压，因此好的管理信息是成功的关键。尽管管理信息为改善管理决策提供了基础，但它并不能保证一定能有好的管理结果。但是，缺少信息很可能会减少管理者成功的机会。

【习题1－5】 管理会计比较两种产品的营利能力——产品P和产品Q，得出的结论是产品P是最佳产品。他就此给董事会提交产品营利性报告。管理者可以根据这份报告（　　）。

A. 制定生产决策　　　　B. 预测原材料用量

C. 制定产品价格　　　　D. 实施生产计划

本章小结

本章对成本会计、管理会计和信息进行了简单的介绍。对于成本会计，首先要理解其定义，然后要知道成本会计与管理会计不可分割的关系。对于管理会计，要理解其含义，知道与财务会计相比，管理会计最重要的意义就是为管理者提供管理信息。最重要的是，要牢记管理会计师必须遵循的职业道德准则。最后，要了解数据和信息对于企业管理的重要意义。

本章作为本书的第一章，主要目的是介绍一些和管理会计相关的概念，使同学们了解最基本的内容，理清学习的方向，为以后的学习打下基础。

第二章　成本的概述

本章概述

管理会计中成本的概念很丰富，本章首先介绍了成本的相关概念，以及成本按照不同的分类标准进行的分类，接下来详细介绍了直接成本和间接成本。加班工资中既包含直接成本又包含间接成本，本章对此也进行了具体的讲解。其次介绍了责任中心，责任中心将成本区分为可控成本和非可控成本，通过控制其中的可控成本达到管理成本的目的。最后简要介绍了环境成本的内容。本章内容是管理会计中的基本内容，为以后各章的学习提供基础。

学习目标

※ 掌握成本的相关概念

※ 掌握成本的不同分类方法

※ 了解责任中心的概念及划分

※ 了解环境成本的内容

商业观察

格兰仕集团创立于1978年9月28日，是一家世界级综合性白色家电品牌企业，是中国家电业具有强大影响力的龙头企业之一。格兰仕与中国改革开放同龄，在发展理念上始终坚持实干创新，专注实体经济，聚焦家电制造。围绕着“百年企业　世界品牌”的发展愿景，创业37年来，格兰仕立足广东，面向全国，走向全球，从轻纺领军企业，到微波炉世界领先，再到综合性、领先性白色家电集团，一直是中国制造在国际市场上的“一张名片”。

格兰仕同时拥有全球规模领先的微波炉研发、制造中心，以及全球领先的专业化空调、冰箱、洗衣机、洗碗机及电烤箱等生活电器制造基地；在中国拥有国家级微波炉实验室，空调、洗衣机、洗碗机等大白电项目都分别一步到位配套了行业领先的综合性多功能实验室。除了中国总部的研发中心，格兰仕还在美国、日本、韩国、欧洲等国家和地区积极寻求与当地专业科研机构、知名企业研发中心的合作；在中国香港、北美设立分公司，在日本设立研发中心，在英国、俄罗斯等国家设立办事处，分销网点遍布全球近200个国家和地区。其中，格兰仕微波炉产销量自1998年以来连年保持全球领先，是首批中国出口免验产品，世界上每销售两台微波炉就有一台出自格兰仕。

格兰仕一直以来实行低成本战略，通过价格战打败竞争对手，提高市场占有率，在行业内有"价格屠夫"① 的称号。低成本战略在粗放式的生产经营时代取得了一定成效，然而伴随价格战的是利润率的下降，接下来则是研发等环节的资金短缺等问题，这并不利于企业的可持续发展。另外，从宏观层面来看，近年来我国人口红利消失，人工成本上升，给制造业企业带来了一定冲击。

困境中的格兰仕不得不谋求转型，逐渐淡化低成本战略的标签，但仍然注重对成本的控制。格兰仕开始增加高端产品的比重，同时减少传统产品的型号，精减费用。2014年，格兰仕推出互联网家电品牌UU，进一步细分产品市场，吸引年轻消费者，为年轻人提供个性化定制的家电产品，提升产品性价比。短短两年的时间，UU品牌系列产品的销售额已经占企业总销售额的近10%，为格兰仕注入了新的活力。最近，格兰仕还重金从意大利引进全智能微波炉生产线，用来提高生产效率，提升产品质量。现在的格兰仕已经进入全面转型阶段，曾经的"价格屠夫"将逐渐蜕变为健康可持续发展的企业。

从格兰仕的低成本战略到如今艰难转型的发展历程，可见成本管理对于企业发展的重要意义。本章就从成本的概述开始认识成本。

第一节　成本相关概念

成本，是一个组织中为了获得利润而对资源的消耗或收益的丧失。中国成本协会（CCA）将成本定义为过程增值和结果有效已付出或应付出的资源代价。② 美国会计学会（AAA）③ 对成本的定义是，为了达到特定目的而发生或未发生的价值牺牲，它可用

① 《格兰仕成本领先战略分析》，《理论探讨》2010年第11期。

② 引自中国成本协会（CCA）发布的CCA2101：2005《成本管理体系术语》标准中第2.1.2条中对成本术语的定义。

③ American Accounting Association（AAA）是美国最大的会计学术组织，其前身是1916年成立的美国大学会计教师联合会（简称AALIA），1936年改为现名。

货币单位加以衡量。①

一个组织，它可以是制造企业、服务企业或者事业单位，也可以是一个部门。例如，制造业企业由采购、生产、营销、售后等多个部门组成，并且每个部门都有各自的职能，例如一个生产智能手机的企业，采购部门的职能是采购手机零部件，生产部门的职能是制造智能手机，营销部门负责销售和配送手机，售后部门负责为客户提供维修等售后服务。在各个部门下还可以进行细分，如产品部门可以按不同的产品系列进行细分等。而这些产品、部门，甚至是一个企业都可以成为成本的载体。

一、成本对象（Cost objects）

成本对象就是成本的载体，是进行成本计量和分配的客体，企业发生的所有成本都要分配到相应的成本对象上。

成本对象可以分为三种：第一种为产出类的成本对象，这是最常见的成本对象，包括企业生产的产品、提供的服务等；第二种为运营类的成本对象，通常是企业内的某个职能部门、某个产品生产线等；第三种为企业外部的成本对象，包括供应商和客户等。

二、成本中心（Cost centre）

成本中心是负责成本和费用的责任中心，是在成本被进一步分析之前的归集之处。一个部门、一个项目、一个车间、一条生产线等成本费用发生的地方都可以设置为成本中心。成本中心主要是将实际发生的成本费用与预计的进行对比，分析其中的差异，最终达到控制成本费用的目的。

三、成本单位（Cost units）

成本单位是相关的成本已经确定的产品或服务的单位，成本单位是对成本控制的基本单位。企业发生的所有成本最后追溯的终点是成本单位，形成单位成本（Cost per unit）。当然，有些成本项目也可以作为成本单位，例如，直接材料（Direct materials）、直接人工（Direct labour）等。我们接下来会详细介绍这些项目。

成本单位既可以是有形的，如企业生产的实物产品的件数；也可以是无形的，如提供服务的小时数等。成本单位要与企业的类型相匹配，例如，汽车制造企业的成本单位为车辆数，管理咨询公司的成本单位为咨询项目等。

有些成本单位由两部分组成，称为复合成本单位（Composite cost units）。因为有时只对一个成本单位进行控制并不一定有效，这就需要用到复合成本单位。复合成本单

① 引自美国会计学会（AAA）所属的“成本与标准委员会”对成本的定义。

位大多用于服务行业，并有助于改善成本控制。例如，教育机构的成本单位可以是每个课程项目/每位学生，因为教育机构的单位成本既会随着课程项目而变化，又会随着学生数量的变化而变化，所以教育机构的成本既要考虑课程项目的数量又要考虑学生数量，这样才能有效地监督和控制成本。

四、成本计量

所有的会计交易事项，包括成本事项，在进行计量时都有很多的计量基础，包括历史成本（Historical cost）、重置成本（Replacement cost）、可变现净值（Net realizable value）、现值（Present value）和公允价值（Fair value）等。

在历史成本计量下，资产按照购置时支付的现金或现金等价物的金额，或者按照购置资产时所付出的对价的公允价值计量；负债按照因承担现时义务而实际收到的款项、资产的金额、承担现时义务的合同金额或者日常活动中为偿还负债需要支付的现金或现金等价物的金额计量。

在重置成本计量下，资产按照现在购买相同或相似资产所需支付的现金或者现金等价物的金额计量，负债按照现在偿付该项债务所需支付的现金或现金等价物的金额计量。

在可变现净值计量下，资产按照其正常对外销售所能收到现金或现金等价物的金额扣减该资产至完工时估计将要发生的成本、估计的销售费用以及相关税费后的金额计量。

在现值计量下，资产按照预计从其持续使用和最终处置中所能产生的未来净现金流入量的折现金额计量；负债按照预计期限内需要偿还的未来净现金流出量的折现金额计量。

在公允价值计量下，资产和负债按照市场参与者在计量日发生的有序交易中出售资产所能收到或转移负债所需支付的价格计量。①

在实务中，大多数交易事项按照历史成本进行记录，但是成本交易事项还可以按照经济成本（Economic cost）进行记录。经济成本又称机会成本（Opportunity cost），是未选择的方案所能产生的最大价值，也就是说，所放弃的资源用于其他途径能够发挥的最大价值。例如，企业面临两种投资选择，投资 A 项目可获利 80 万元，投资 B 项目可获利 100 万元，如果企业选择投资 B 项目，那么它的机会成本就是放弃 A 项目可获利的 80 万元。

另一个容易与经济成本相混淆的概念是经济价值（Economic value），经济价值是买方愿意支付的价值，也就是买方为了获得某个产品或服务而愿意放弃的其他产品或服务中价值最大的那个价格。

---

① 历史成本、重置成本、可变现净值、现值、公允价值等会计计量摘自《企业会计准则》2015 年版。

第二节　成本的分类

在成本会计进行计划、控制、做出决策之前，所有的成本必须按照一定标准分类归集到成本计算系统中。为了满足不同的管理要求，我们可以将成本按照不同的标准进行分类。

一、按照性质分类

成本按照性质（Element）分类可分为材料成本、人工成本和其他费用。材料成本是企业生产的产品中与材料相关的成本，人工成本是企业生产的产品中与人工相关的成本，其他费用是企业生产的产品中除材料成本和人工成本之外的成本。每个种类还可以进一步细分，例如，材料成本可以细分为原料、外购半成品、包装材料等，人工成本可以细分为车间工人人工成本、车间管理人员人工成本等。

二、按照功能分类

成本按照功能（Function）可分为生产成本和非生产成本，这种分类也是传统财务会计对成本的分类方法。生产成本，也称制造成本，是企业在产品制造过程中发生的成本，包括直接材料、直接人工和制造费用（Production overhead）三项。非生产成本也称非制造成本，是与产品制造无关的费用，包括销售费用（Selling overhead）、管理费用（Administration overhead）等。销售费用是指在销售产品的过程中发生的费用，如广告费、销售人员工资等；管理费用是指企业为维持日常经营而发生的费用，如行政管理人员工资等。

三、按照性态分类

成本性态（Cost behavior）是成本与业务量之间的依存关系，成本按照性态可分为固定成本（Fixed cost）和变动成本（Variable cost），固定成本不随业务量的变化而变化，而变动成本则受到业务量变化的影响。

第三节　存货估值和利润计量相关成本

一、成本要素（Cost elements）

成本要素是成本的构成要素，为了进行存货估值和利润计量，成本会计必须计算单位成本。每个成本单位的总成本均由以下几个成本要素构成：材料、人工和其他费用，成本要素可以分为直接成本（Direct cost）和间接成本（Indirect cost）。

二、直接成本和主要成本（Direct cost and Prime cost）

直接成本又称为主要成本，是那些可以完全追溯到产品、服务或部门上的成本，通常成本单位是追溯直接成本的成本对象。直接成本包括直接材料、直接人工和其他直接费用。

直接材料成本是那些用于生产产品实体的材料成本，如原材料、包装材料等。直接人工成本是对材料进行加工使其成为最终产品所耗费的人工成本，如生产工人的工资福利等。其他直接费用是除了直接材料和直接人工以外的，为了生产产品、提供服务或维持部门运营所需的直接费用，如音像制品的版权费用等。

【习题2－1】下列关于主要成本构成的说法，正确的是（　　）。

A. 制造产品的所有成本之和

B. 产品的直接成本之和

C. 产品的材料成本之和

D. 部门的运营成本之和

【习题2－2】下列属于产品主要成本的是（　　）。

A. 零部件成本　　B. 半成品成本

C. 包装材料成本　　D. 管理层工资

三、间接成本（Indirect cost）

间接成本是在生产产品、提供服务或维持部门运营的过程中发生的但是不能直接追溯到产品、服务或部门上的成本，需要按照一定比例分配到成本对象上。间接成本包括制造费用、管理费用、销售费用、配送费用等。

制造费用包括从收到订单到完成订单期间的所有间接材料成本、间接人工费用和其他间接费用，如生产车间发生的机物料消耗、车间计提的折旧费等。

管理费用包括企业为组织和管理生产经营活动而发生的间接材料成本、间接人工费用和其他间接费用，如行政管理人员的工资、业务招待费等。

销售费用包括企业在销售产品或提供服务的过程中发生的间接材料成本、间接人工费用和其他间接费用，如广告费、运输费、销售人员工资等。

配送费用包括企业将产品运抵客户之前所发生的用于包装及运输的间接材料成本、间接人工费用和其他间接费用。例如，包装工人、司机及快递员的工资，包装箱成本，运输车辆的折旧费等。

总成本就是所有的直接成本和间接成本的总和：

$$总成本 = 直接成本 + 间接成本$$

【习题2－3】在某皮鞋加工厂中，属于其间接成本的是（　　）。

A. 机械设备的折旧费

B. 为完成某项目而发生的加班费

C. 为完成特定工作而发生的设备租金

D. 包装工人的工资

同时包含直接成本和间接成本的一个特例是加班工资。在制造业企业中，一方面，为了节约成本，企业通常会同时雇用熟练工和半熟练工，有时加工一种产品需要熟练工和半熟练工共同完成，半熟练工主要做一些辅助工作，半熟练工的工资显然低于熟练工；另一方面，为了提高产能，延长工作时间是很常见的现象，加班工资也就自然而然地产生了。下面就以加班工资为例，看看其中哪些属于直接成本，哪些属于间接成本。

如表2－1所示，加班工资分为基本工资和加班津贴，加班工资大于标准工时工资（一般为标准工资的倍数），加班费中的基本工资等于平时的标准工时工资，加班津贴则是工人因为加班而获得的溢价。熟练工的标准工时工资和生产性工作加班时的基本加班工资是直接成本，生产性工作加班时的加班津贴和非生产性工作加班时的加班工资则是间接成本。而半熟练工的工资，除了特殊订单加班工资外，都属于间接成本。对于特殊订单来说，熟练工和半熟练工的加班工资都属于直接成本，因为特殊订单可能对时间或工艺有特殊的要求，发生的人工成本可以直接归集到该订单上。

表2－1　　加班工资

	熟练工（直接工人）	半熟练工（间接工人）
标准工时工资	直接成本	间接成本
生产性工作加班：基本工资	直接成本	间接成本
生产性工作加班：加班津贴	间接成本	间接成本
非生产性工作加班：基本工资	间接成本	间接成本
非生产性工作加班：加班津贴	间接成本	间接成本
特殊订单加班：基本工资	直接成本	直接成本
特殊订单加班：加班津贴	直接成本	直接成本

【例2－1】H公司雇用了两种类型的工人：8名熟练工和2名半熟练工。熟练工的

工资为30元/工时，半熟练工的工资为20元/工时，所有工人每天的标准工时为8小时。加班工资为标准工时工资的1.5倍。熟练工本月的加班时间为70小时，其中，50小时用于一般生产，20小时用于特殊订单；半熟练工本月的加班时间为40小时，其中，30小时用于一般生产，10小时用于特殊订单。

要求：（1）计算H公司本月（按30天计算）的直接人工成本。

（2）计算H公司本月（按30天计算）的间接人工成本。

首先计算直接人工成本，包括熟练工的标准工时工资和一般生产加班中的基本工资，以及所有工人用于特殊订单的加班工资，那么，H公司本月的直接人工成本：

$30 \times 8 \times 8 \times 30 + 30 \times 50 \times 8 + 30 \times 1.5 \times 20 \times 8 + 20 \times 1.5 \times 10 \times 2 = 77,400$（元）

间接人工成本则包括熟练工用于一般生产的加班津贴，以及半熟练工除了用于特殊订单的工资。H公司本月的间接人工成本：

$30 \times 0.5 \times 50 \times 8 + 20 \times 8 \times 2 \times 30 + 20 \times 1.5 \times 30 \times 2 = 17,400$（元）

四、产品成本（Product cost）和期间费用（Period cost）

在编制财务报表时，成本通常分为产品成本和期间费用。产品成本和期间费用也可以看作按照功能对成本进行划分。产品成本是在制造产品的过程中所发生的各种耗费，包括直接材料、直接人工和制造费用。期间费用是与制造产品无关的成本，包括管理费用、销售费用和财务费用。

第四节　责任会计

责任会计是将收入和成本分为不同的责任中心以便监督和评估企业经营活动的会计系统。责任中心（Responsibility centre）指具有一定的管理权限并承担相应的经济责任的企业内部责任单位。例如，由特定的管理者负有直接责任的部门或职能等。

责任中心的管理者应该只对他们影响到的成本负责，也就是说，只对其可以控制的经济活动负责。从激励的角度来讲，这一点是很重要的，因为如果依据与该责任中心无关的成本进行业绩评价，不利于提高管理人员的工作积极性。另外，从控制的角度来看也很重要，因为控制报告要确保披露相关的成本信息，以便管理人员采取相应的控制行动。

责任会计作为会计体系的一部分，它将成本、收入、资产和负债与相应的管理控制人员联系起来，区分了可控成本和非可控成本。

一、可控成本和非可控成本

可控成本（Controllable cost）是那些受管理决策和控制活动影响的成本；非可控成

本（Uncontrollable cost）是在一定时间范围内不受管理活动影响的成本，例如，由于通货膨胀而导致的产品上升的成本。

成本是否可控，是一个相对的概念，是相对于某些人或部门来说的。部门内的变动成本在短期内大多是可控成本，因为管理层可以控制资源的使用情况。对于初级经理来说不可控的成本对于高级经理来说可能是可控的。例如，由于加班而增加的人工成本，初级管理者为了达到生产要求，只能维持加班的状况，而高级管理者则可以通过雇用新的员工来降低加班的成本。此外，对于某个部门来说不可控的成本对于另一个部门可能是可控的。例如，原材料的采购价格对于生产部门来说是不可控的，而对于采购部门来说是可控的；产品的生产成本对于销售部门来说是不可控的，但是对于生产部门来说是可控的。

另外，固定成本在短期内一般被认为是不可控的，其实并非如此。固定成本可分为约束性固定成本（Committed fixed cost）和酌量性固定成本（Discretionary fixed cost）。

约束性固定成本是维持企业长期运营而产生的成本，这些成本在短期内是不可控的，因为它们受到长期决策的约束，例如，企业厂房和机器设备的折旧费、行政管理人员的工资等。但当决定大幅削减产能时，企业会减少冗余的项目并处理一些资产来降低约束性固定成本。酌量性固定成本是那些在短期内通过管理层决策可以改变的固定成本，例如，广告费、研发费等。

对可控成本和非可控成本进行区分，是因为企业可以对其中的可控成本采取措施，以达到降低成本的目的。

二、责任中心

建立责任中心的关键就是分清责任和权限，每个责任中心都有自己的目标，企业会定期对责任中心进行业绩评价。根据内部责任单位的权责范围，可以将责任中心分为成本中心（Cost centre）、利润中心（Profit centre）和投资中心（Investment centre）三类。

（一）成本中心

成本中心是负责成本和费用的责任中心，是在成本被进一步分析之前的归集之处。当成本发生时，往往被分配到成本中心，一般地，出于成本会计核算的方便，每个部门就作为一个成本中心。成本中心的特点是只对成本和费用负责，既没有经营决策权也没有投资决策权，因为成本中心的活动不产生收入。

成本中心依据产出不同，可以分为产品成本中心和服务成本中心。产品成本中心包括组装产品成本中心、在产品成本中心和产成品成本中心等，服务成本中心包括运输成本中心、维修成本中心和存储成本中心等。

成本中心还可以按照投入和产出关系，分为标准成本中心和酌量费用中心。标准成本中心的投入与产出之间有稳定的数量关系，典型的标准成本中心是制造业的生产车间。酌量费用中心的投入和产出之间的关系不明确，有时产出无法用货币计量，如企业的财务部门、人力资源部门和研究开发部门等。

（二）利润中心

利润中心是成本中心的上一级责任中心，是企业各部门中分配利润和成本的中心，负责计算各个部门的利润。利润中心的权责范围包括从材料采购到生产以及销售的整个经营过程，对收入和成本负责的管理者需要利用利润中心的信息进行决策，利润中心的管理者也对收入和成本有所影响，因为他们在销售和生产决策方面拥有话语权。

利润中心的管理者在企业中拥有相当高的地位，利润中心涉及企业运营的多个方面。企业中的利润中心既可以是一个完整的部门，也可以为企业销售的某个产品、产品系列或品牌而单独设立。

利润中心按照其产品或服务是否能够直接对外销售，分为自然利润中心和人为利润中心。自然利润中心的产品或服务可以直接对外销售，产生实际的利润，该中心虽然可能只是企业的一个部门，但是和独立经营的企业没有本质区别。而人为利润中心的产品或服务不能直接对外销售，只能提供给企业内部的其他单位，取得的是内部利润。利润中心需要制定产品在各责任中心之间转移时的结算价格，即内部转移价格，计算内部收入、成本及利润，进而评价经营业绩。

（三）投资中心

投资中心是在利润中心的基础上加上资本投资和融资的中心，对投资收益和利润负责，有些利润中心会承担部分资本项目。投资中心一般包括多个利润中心，为高级管理层的控制活动提供基础。

投资中心一般处于责任中心的最高层次，投资中心的职责范围最大，既要对投资收益负责，又要对利润、收入和成本负责。投资中心的基本特征是同时拥有经营决策权和投资决策权，其自主权也最大，有权决定经营活动和投资活动中的各种事项。

第五节　环境成本

随着经济社会的发展，人们越来越意识到保护环境的重要性，与环境相关的会计管理活动应运而生。社会会计（Social accounting）分析企业对社会和环境的影响，环境会计（Environmental accounting）是社会会计的一个分支，环境会计提供企业与自然环境相关的信息。环境管理会计（Environmental management accounting，EMA）对财务信息和非财务信息进行分析，为内部环境管理活动提供决策支持。

众所周知，管理会计为企业创造价值提供决策支持，其中，衡量价值的一个重要指标就是股东价值。环境成本作为企业成本的一部分，势必会影响到企业价值以及股东价值。维持股东价值的重要方式是产生可持续的利润，而如果企业不考虑环境成本则会影响利润的可持续性，进而影响股东价值。

一、环境成本管理的重要性

过去的环境成本隐藏在产品的间接费用中，并没有引起企业的关注。后来，随着“碳足迹”[①] 等术语的出现，整个社会逐渐有了环境意识。环境成本管理对企业的发展是至关重要的，因为：第一，一些企业的环境成本数额较大，确认具体产品或服务的环境成本，重视对环境成本的管理，有利于企业更好地控制并降低成本；第二，世界各地越来越多的法规开始要求企业对外披露环境成本，因而环境成本管理一定程度上能确保企业遵守相关的法规，避免受到行政罚款等；第三，环境成本管理使得企业减少能源的浪费与消耗，有助于企业做出更加精确的定价决策，进而提高利润。

二、环境成本与企业绩效

Martin Bennett 和 Peter James 于 1998 年发表在《管理会计》中的“绿色底线：管理会计对环境改善与经济利润的影响”一文中提到，环境成本影响企业的绩效。企业处理废弃物的成本大约为收入的5%～10%，不注重环境保护的公司，可能会面临更高的资本成本，因为投资人和债权人需要更高的风险溢价，而且来自集团的压力可能会导致企业信誉的破坏或者是增加额外的成本。另外，一些国家会设置能源税和环境税，如英国的垃圾处理税等。环境方面的立法可能会迫使那些导致环境破坏的产品退市，但是另一方面鼓励了绿色可替代产品的推广。他们还提出了 6 种实现经济和环境利润的方法：第一，在进行资本决策时考虑环境成本，例如，将影响项目现金流的环境位置等因素考虑进去；第二，充分理解和管理环境成本，环境成本往往隐藏在间接费用中，在相关预算时也没有被考虑；第三，实施废弃物最简计划，尽可能地降低环境成本；第四，理解和管理产品生命周期成本，对于很多产品来说，从上游到下游都有可能产生环境成本。因此，企业需要与供应商和客户等进行沟通，识别并控制环境成本；第五，评估企业的环境业绩，企业正面临着越来越大的环境业绩方面的压力，不管是法规方面还是消费者方面，都要求企业披露环境方面的信息；第六，聘用管理会计师来管理环境成本及相关的业绩评价。

---

① 碳足迹指个人或组织的各类活动直接或间接导致温室气体排放的总和。

三、企业社会责任

企业在创造利润、对股东承担法律责任的同时，还要承担对员工、消费者、社区和环境的责任，这就是企业社会责任（Corporate social responsibility，CSR）。企业社会责任报告披露的是企业的非财务信息，有利于利益相关者更加全面地了解企业的实际状况。

20 世纪 80 年代，西方发达国家逐渐出现了社会责任运动，企业的劳动保障以及环保等问题遭到越来越多的抗议，消费者也不再单单关注产品的质量问题，而是将更多的目光投向社会责任方面。企业和相关政府部门受到很大的舆论压力，于是各大企业为维护企业形象，制定责任守则，纷纷对社会责任做出承诺。现在很多国家也颁布了与环境相关的法律法规，约束企业的行为，如果违反相关规定，企业将面临高昂的行政罚款。现在，企业社会责任的力量已不容小觑，社会责任的履行逐渐成为评估企业价值的重要组成部分。

随着科学发展观和可持续发展战略的提出，我国近些年也逐步开始重视企业社会责任。2002 年 1 月，证监会发布《上市公司治理准则》，首次提出上市公司在保持公司持续发展、实现股东利益最大化的同时，应关注所在社区的福利、环境保护、公益事业等问题，重视公司的社会责任。随后深圳证券交易所于 2006 年 9 月发布了《深圳证券交易所上市公司社会责任指引》，倡导上市公司承担企业社会责任，积极保护股东、债权人和职工的合法权益，诚信对待供应商、客户和消费者，积极从事环境保护、社区建设等公益事业，从而促进企业自身与全社会的协调、和谐发展。上市公司可以按照该指引的要求制定本企业的社会责任相关的制度及实施计划，定期评估企业社会责任的履行情况，自愿披露公司社会责任报告。上海证券交易所也于 2008 年 5 月发布《上海证券交易所上市公司环境信息披露指引》，倡导上市公司在关注自身经济利益的同时，还要关注员工、债权人、社区等利益相关者的共同利益，鼓励公司在披露年度财务报告的同时披露社会责任报告。该指引还规定，如果上市公司发生与环境保护相关的重大事件，或者被列入环保部门的污染严重企业名单，应当及时公布、披露相关信息以说明情况。后来，企业社会责任报告也由倡导、鼓励公布变为规定部分企业必须披露。从 2006 年国家电网发布我国第一份企业社会责任报告开始，社会责任报告数量从 2006 年的 32 份增长到 2015 年的 1703 份，可以说实现了数量上的飞跃，取得了巨大进步。但是，在报告质量方面还有很多的提升空间，因此，在社会责任这条路上，我国企业还有很长的路要走。另外，目前我国大多数企业还没有核算环境成本，但是随着越来越多的企业公布社会责任报告，相信环境成本也会日渐得到企业的重视。

本章小结

本章主要介绍了一些成本相关的概念，包括成本对象、单位成本等，成本可以按照性质、经济用途、性态等进行分类，并详细介绍了直接成本和间接成本，接下来着重讲解了加班工资中直接成本和间接成本的计算，然后介绍了责任会计和成本中心、利润中心、投资中心三大责任中心。最后本章简要阐述环境成本的内容。通过本章的学习，了解成本的一些基本概念，掌握不同的成本分类，学会区分直接成本和间接成本。

第三章　成本性态

本章概述

本章介绍了成本性态的两种基本形式：一种是成本总额随业务量变化成正比例变化，即变动成本，另一种则是成本总额不随业务量变动而变动，即固定成本。接下来阐述了两种将总成本分解成前述两种基本形式的方法：散布图法和高低点法。

成本性态在管理会计中是十分重要的，明确了成本性态，才能找到成本性态的模式，进而构建成本模型，进行成本预测和成本规划，最后做出预算，为决策提供依据。因此，应对本章予以重视，在本书的其他章节都会运用到成本性态这一章的相关概念，而且在今后管理会计部分的学习中都会用到成本性态。本章是学习管理会计的基础，是非常重要的章节。

学习目标

※ 了解成本性态的含义
※ 了解成本性态的分类
※ 理解固定成本、变动成本、混合成本的含义
※ 熟悉散布图法分析过程
※ 掌握高低点法分析过程

商业观察

顺丰快递的成本控制之路

1993 年，顺丰诞生于广东顺德。自成立以来，顺丰始终专注于服务质量的提升，持续加强基础建设，积极研发和引进具有高科技含量的信息技术与设备，不断提升作业自动化

水平，实现了对快件产品流转全过程、全环节的信息监控、跟踪、查询及资源调度工作，确保了服务质量的稳步提升。在持续强化速运业务的基础上，顺丰坚持以客户需求为核心，围绕快递物流产业链，不断丰富公司的产品和服务种类，针对电商、食品、医药、汽配、电子等不同类型客户开发出一站式供应链解决方案。截至2015年年底，顺丰已拥有约1.5万台营运车辆，以及遍布中国大陆的近1.3万个营业网点。此外，公司目前拥有30架自有全货机，搭建了以深圳、杭州为双枢纽，辐射全国的航线网络。与此同时，顺丰积极拓展国际件服务，目前已开通美国、日本、韩国、新加坡、马来西亚、泰国、越南、澳大利亚、蒙古等国家的快递服务。多年来，顺丰持续创新，不断铸造高品质服务体验，为客户的成功提供坚实有力的支持。

成本对于一个企业来说是非常重要的。不论是在制造企业还是在服务企业，控制成本都是企业成功的必经之路。顺丰是快递行业的领头军，从众多的快递公司中脱颖而出，顺丰在提供更好的服务的同时，还需要对本企业的成本进行很好地把控，不然注定会在激烈的竞争中被其他企业淘汰。

顺丰的成本分类主要有三种：第一种是按作业环节划分，成本包括客服成本、材料成本、收件成本、输单成本、中转成本、航空运输成本、水陆运输成本、派件成本、关务成本和理赔成本等部分；第二种是按照会计核算，成本按其性质分为主营业务成本、操作费用、管理费用和销售费用四类；第三种是按成本与业务量之间的关系分类，分为固定成本、可变成本、混合成本三类。①

快递公司有其成本的独特性，快递公司的成本主要有运输配送方面的成本和全网络信息协调的成本，这些成本大多是间接成本，所以对于这些间接成本的分摊，快递公司需要找到合适的标准。顺丰面临的重要问题就是准确地理解和分摊成本。要想清晰、准确地核算成本，就应该厘清各类成本的特征，对成本进行合理、正确的分类，即分清企业的固定成本、变动成本或者混合成本等，这样才能够为企业更好的成本控制提供帮助，也有助于企业的经营运转。

接下来本章就从成本性态的角度来详细阐述各种成本的分类。

第一节　成本性态介绍

一、成本性态含义

成本性态（Cost behavior）也称为成本习性，指在一定条件下成本总额的变动与特定业务量之间的依存关系。

① 引自中国大物流网《浅谈顺丰速运的成本管理体系现状》。

成本性态是所投入的成本随业务产出的变化关系。成本可能随业务量增加而成正比例的变化（变动成本），或者不随业务量的变动而变动（固定成本）。还有一些成本，如半变动成本（Semi - variable costs）可能同时包含固定成本和变动成本两部分。除此之外，还存在着一些其他成本性态，例如，成本的增加可能会高于或低于正比例变化的结果，甚至还可能阶梯性变化。在业务量足够大的情况下，成本性态还将取决于时间序列分析①（Time series analysis）。

业务量水平是指完工产品数量，或者已经发生的交易事项的数量。由于具体情况不同，业务量水平可以有不同表现形式，例如，一定时期内产品产量、销售商品的数量、公司开具的发票的数量、工作车间电量的消耗量等。

通常来说，当业务量水平上升的时候，成本应当也是增加的。比如，产量为4,000件时消耗的直接材料、直接人工、期间费用等成本通常会比产量为3,000件时消耗的要多；再比如，制造10台洗衣机的成本也通常会比制造一台洗衣机的成本要高，实际中还有很多类似的情况。

二、成本性态基本假设

（一）相关范围假设

相关范围假设是假定在一定的时期和一定的业务量范围内，固定成本和变动成本保持其成本特性，前者固定不变，后者正比例变动。换句话说，即使业务量变化了，固定成本依然是固定成本，变动成本也还是变动成本。企业在过去的生产经营中，会积累一些产量水平范围的经验，并且只有在这一范围的产量水平中，成本信息才是可使用的。因此，一旦业务量超出相关范围，再对成本进行预测将会非常困难。

（二）成本可分假设

我们通常假设成本是可分的，在一般业务量水平，或者是在相关范围内，总成本可被分为固定成本、变动成本、半变动成本。如果成本不可分解，那么后续的一切问题都无从谈起。比如，我们现在要生产电话，需求量很大，因此需要雇用员工，租赁厂房，购买机器设备和原材料，还会需要水、电等能源。假设没有超出产能范围，那么，厂房、机器设备和工人的工资就是固定成本，它们不会随产量的增加而有所改变；相反，原材料就是变动成本，它们随产量的增加而成正比例变化。再比如，制造业企业常用的加热设备，每次使用前一般都会建议先将设备预热以便更好地加热，因预热

① 时间序列分析：时间序列（或称动态数列）是指将同一统计指标的数值按其发生时间的先后顺序排列而成的数列。时间序列分析的主要目的是根据已有的历史数据对未来进行预测。

而耗电的费用，属于固定成本性质；而预热后进行加热的耗电费用，随着业务量的增加而逐步增加，又属于变动成本性质。

再来看看单位固定成本与单位变动成本的情况，进一步可以发现，既然固定成本是不变的，那么在合理范围内加大产量自然就会使得分摊的单位固定成本（总成本除以产量）减少，但是变动成本本身就是随业务量变化成正比例变化，所以加大产量时单位变动成本是不变的。

第二节　成本性态分类

一、固定成本

（一）固定成本概述

固定成本是指在一定时期和特定业务量范围内不会受到业务水平波动影响的成本，即不会随着业务量的变化而变化的成本，也叫作期间成本，如图 3－1 所示。

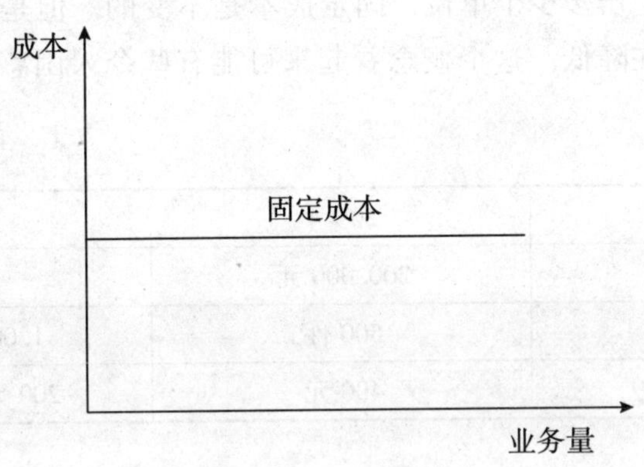

图 3－1　固定成本

例如，总经理每个月或每年的工资；一个厂房每个月或每年的租金；按直线法①计提的固定资产折旧（Depreciation）② 费等。

（二）固定成本特点

（1）在一定范围内，固定成本不会随着产量的增加或者减少发生变化。

（2）在特定业务量范围内，固定成本总额不变，但单位固定成本会随着业务量的

① 直线法也称平均年限法，是指将固定资产按照预计可使用年限进行折旧分摊的一种方法。采用这种方法计算的每期折旧额都是相等的。固定资产年折旧额＝（固定资产原值－预计净残值）÷预计使用寿命（年）。

② 折旧是指在固定资产使用寿命内按照确定的方法对应计折旧额进行系统分摊。折旧是资产价值的下降。

增加而降低。

（三）固定成本进一步分类

根据固定成本的数额能否改变，可将固定成本进一步划分为酌量性固定成本和约束性固定成本。

1. 酌量性固定成本

酌量性固定成本是可以通过管理者的决策行动改变数额的固定成本。酌量性固定成本能够为企业带来额外的好处，如提高产品质量、增强企业竞争力等，但这项支出不是确定的。管理者往往在决策之前，根据企业自身的具体情况，对这项支出进行斟酌，做出增加或减少或完全停止等决策。例如，产品研发费用等。

2. 约束性固定成本

约束性固定成本是不能通过当前管理决策行动加以改变的固定成本。约束性固定成本是企业必须承担的最低成本，为企业的持续经营提供必要的生产经营能力。降低该项成本会影响现阶段整体的生产能力和未来发展能力。例如，厂房设施租金、保险费、管理人员薪酬等。

【例3－1】无论生产多少个单位，固定成本是不变的。但是随着产量的增加，单位固定成本实际上是在降低。这个概念看起来可能有些令人困惑，那么我们用数字来理解一下这个概念。

年份	20×4	20×5
固定成本（F）	200,000 元	200,000 元
产量（Q）	500 件	1,000 件→产量增加
单位固定成本（F/Q）	400 元	200 元→单位成本减少

虽然总固定成本是固定的，并且不会随着业务量的变化而变化。但是有些时候我们仍然需要关注单位固定成本。

【例3－2】A 公司生产产品占用的车间以租赁方式取得，每年支付一次租金，租金每个月 3 万元，产品产量、租金总成本与单位产品租金成本之间的关系如下表所示：

产品产量（件）	租金总成本（元）	单位产品租金成本（元）
500	30,000	60
1,000	30,000	30
1,500	30,000	20
2,000	30,000	15

车间租金即固定成本，不随产品产量的变化而变化，无论产量达到多少，租金总成本每个月均为3万元，而单位产品租金成本随产品产量的增加而减少。

【习题3-1】以下成本属于固定成本的是（　　）。

A. 直接人工成本　　B. 直接材料成本

C. 销售经理按销售额计算的佣金　　D. 设备在直线法下的折旧费

二、变动成本

（一）变动成本概述

变动成本会随着业务量水平的变化而上升或下降，即会随着业务量变化而成正比例变动，如图3-2所示。

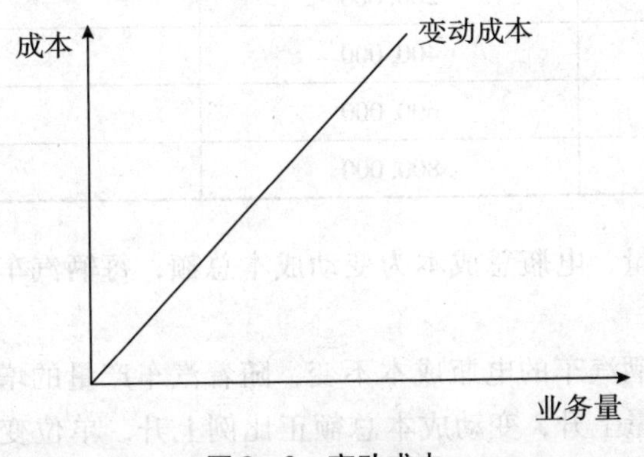

图3-2　变动成本

例如，直接材料成本、直接人工成本、制造费用（Production overhead）中随业务量变化成正比例变动的燃料动力费用，以及与销量相关的销售佣金等。

（二）变动成本特点

（1）在一定范围内，变动成本会随着业务量的变动成正比例变动。

（2）单位变动成本对于每一单位产量都是相同的，但是总变动成本会随着产量的上升而上升。

【例3-3】B公司生产女装，同一款式女装每件需要2米布料，每米布料20元。当女装产量增加时，耗用布料总成本会随女装产量的上升成正比例增长。因此，布料成本就是生产该款式女装的变动成本。假定女装产量为x，每一件服装的布料成本为b（即单位变动成本），即40元/件，那么布料的总成本（即变动成本总额）为bx，即$40x$。它们的关系如下表所示：

女装产量（x）（件）	布料总成本（bx）（元）	每件女装的布料成本（b）（元）
500	20,000	40
1,000	40,000	40
1,500	60,000	40

由此可见，随着产量的变化，单位变动成本不变，变动成本总额随着产量的增加成正比例变动。

【例3-4】C汽车制造厂生产汽车，每辆汽车需要外购一组电瓶，每组电瓶的外购价为2,000元，那么汽车产量、电瓶总成本与每辆汽车的电瓶成本之间的关系如下表所示：

汽车产量（辆）	电瓶总成本（元）	每辆汽车的电瓶成本（元）
100	200,000	2,000
200	400,000	2,000
300	600,000	2,000
400	800,000	2,000

汽车产量即业务量，电瓶总成本为变动成本总额，每辆汽车的电瓶成本为单位变动成本。

由上表可见，每辆汽车的电瓶成本不变，随着汽车产量的增加，电瓶总成本正比例上升，即随着业务量上升，变动成本总额正比例上升，单位变动成本不变。这就是变动成本的特征。

【习题3-2】以下成本属于变动成本的是（　　）。

A. 研究开发费　　B. 保险费

C. 外聘顾问的咨询费　　D. 与业务量相关的燃料费用

【习题3-3】在管理会计中，为了排除业务量因素的影响，反映变动成本水平的指标一般是（　　）。

A. 变动成本总额　　B. 单位变动成本

C. 变动成本的总额与单位额　　D. 变动成本率

三、混合成本

（一）混合成本概述

混合成本（Mixed costs）是固定成本和变动成本的混合，又称为半变动成本，指的是部分固定部分变动的成本，即在一定初始基数的基础上随产量变动成正比例变动的成本。半变动成本中的固定成本不论业务量多少都要发生，而其中的变动成分则与业务量有关，并随之等比例变动，如图 3－3 所示。

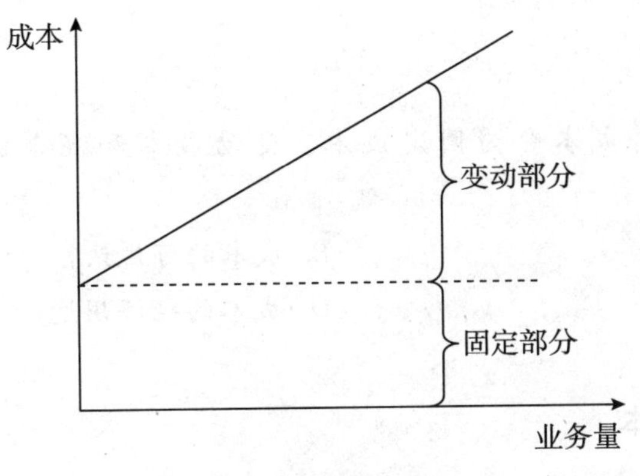

图 3－3　混合成本

例如，销售代表工资，销售代表每个月获得基本工资 1,200 元，并获得销售额的 20% 作为佣金；电话费，按固定数额收取月租费，并在此基础上按通话时间和计费标准收取通话费用，即由固定成本与变动成本两部分构成，为混合成本。

（二）混合成本特点

（1）存在一个一般情况下不变的初始量，类似于固定成本。

（2）在初始量基础上，成本会随业务量的增加正比例增加，这类似于变动成本。

【例 3－5】 某人手机费套餐为月基础费 20 元，通话资费 0.2 元/分钟，如图 3－4 所示：

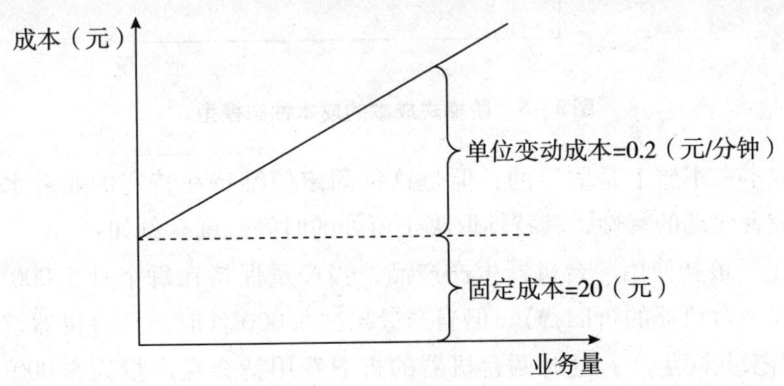

图 3－4　手机套餐

由此可见，月基础费 20 元为固定成本，0.2 元/分钟为单位变动成本。这种由固定成本与变动成本共同构成的成本结构即混合成本。

【习题3－4】以下成本属于变动成本的是（　　）。

A. 某经理的电话费

B. 公司为管理会计交纳的每年 CIMA 会员费

C. 生产量 X 产品的材料成本

D. 出租车打车费

【习题 3 －5】将成本分为固定成本、变动成本和混合成本所采用的分类标志是（　　）。

A. 成本的目标　　B. 成本的可辨认性

C. 成本的性态　　D. 成本的经济用途

四、阶梯式成本

阶梯式成本（Step costs）是指成本总额随着业务量变动阶梯式变动的成本，即在一定业务范围内，成本是固定不变的，但在业务量超过一定范围后，成本会跳跃到一个新的水平，随着业务量的变化，成本在这一新水平上继续保持不变，直到出现另一个成本跳跃。阶梯式成本的成本性态模型如图 3 －5 所示：

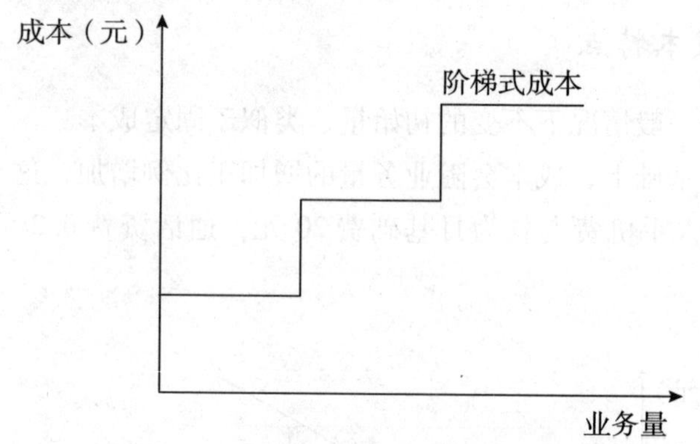

图 3 －5　阶梯式成本的成本性态模型

阶梯式成本在本质上是固定的，但是这种固定值维持在特定的业务水平上，成本表现出固定或者变动的特性，其特性取决于所处的时间范围。例如：

（1）某工厂最初使用一台机器生产产品，当产量保持在每个月 5,000 件时，折旧费是固定的（一台机器的折旧费）。但当产量超过 5,000 件时，一台机器就不够了，需要第二台机器来共同生产，这时两台机器的折旧费用就会在产量为 5,000 件的节点突然上升。

（2）员工的基本工资目前通常是固定的，但是随着产量的上升，企业往往需要雇用更多的员工（直接生产工人、管理人员、经理等）。

时间范围会影响成本性态的分类，时间范围的不同会导致成本分类出现固定成本或变动成本的差异。

在短期内，成本一般是固定的，但在一段时间之后，成本会出现阶梯式变化，即成本随着时间的变化由固定成本变为阶梯式成本。一些变动成本在短期内也会出现固定成本的特征。例如，直接人工费用（一般被分类为变动成本）在短期内将会变成固定成本，因为当业务量发生变化时，企业需要对产量变化做出反应，并对人工费用的水平进行调整，这一过程需要花费一定的时间，所以在做出调整之前直接人工费用是固定的。

但是，在更长的时间范围内，所有的成本都将随着业务水平的变化而变化，因此，固定成本有时候也叫作长期变动成本。成本的持续变动，使得传统意义上的固定成本变成阶梯式成本。而随着时间的延长，阶梯式成本会变成变动成本。例如，从长期来看，租金将会变成变动成本，随着业务水平的变化而变化。

【例3-6】某化工厂的化验员工资是这样制定的，化验员化验100件A产品，该厂所支付的工资是1,000元，该厂本月支付给化验员的工资如下表所示：

产品产量（件）	化验员工资（元）
0~100	1,000
101~200	2,000
201~300	3,000

根据上述材料，该化工厂A产品的产量（x）与该厂化验员工资（y）这项成本之间的关系可以这样表示：

$$\text{化验员工资}\ y=\begin{cases}1,000 & 0\leqslant x\leqslant 100\\ 2,000 & 101\leqslant x\leqslant 200\\ 3,000 & 201\leqslant x\leqslant 300\end{cases}$$

【习题3-6】根据例3-6，化验员工资按成本形态分类，属于（　　）。

A. 变动成本　　B. 固定成本

C. 相关成本　　D. 阶梯式固定成本

五、非线性成本

通常假定变动成本与业务量之间的关系是线性的，但是在一些情况下，这种关系也可以是非线性的。

非线性成本（Non-linear variable costs）指的是随着业务量变化而发生非线性变化的成本，即如果业务量增加（减少），成本也会增加（减少），但两者不成正比例线性关系，图像呈现抛物线的形态。根据图像的不同变化趋势，可进一步将非线性成本分为递增曲线成本（Increase progressively curve cost）和递减曲线成本（Decrease progressively curve cost）。

1. 边际递增曲线成本

随着业务量的上升，成本逐步增加，但增速越来越快，两者不成正比例变动。例如，累进计件工资、各种违约金、罚金等。如图 3－6（a）所示，随着业务量的上升，图像变得更陡了，每增加一个单位的业务量增加的总变动成本比以前更多了。

2. 边际递减曲线成本

随着业务量的上升，成本逐步增加，但增速越来越慢，两者不成正比例变动。例如，有价格折扣或优惠条件下的水、电消费成本，在用量越多时单价越低。如图 3－6（b）所示，随着业务量的上升，图像变得更平缓了，每增加一个单位的业务量增加的总变动成本比以前更少了。

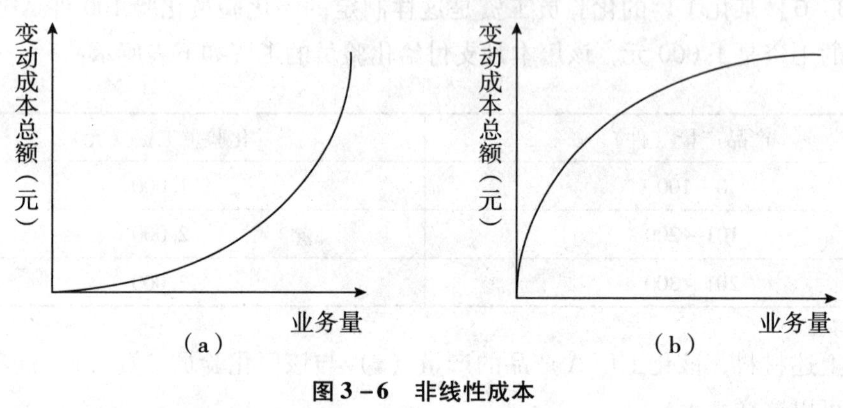

图 3－6　非线性成本

【习题 3－7】将下列情况分别与图 3－6 中对应的图相匹配：

（1）如果随着产出水平的上升员工可以获得奖金，那么直接人工成本遵循图（　　）的成本性态模式。

（2）在可以使用数量折扣（即数量越多单价越便宜）的情况下，直接材料成本遵循图（　　）的成本性态模式。

六、延期变动成本

延期变动成本（Delayed－variable costs）指的是在一定业务量范围内总额保持稳定，超过特定业务量后其总额开始随着产量成比例增长的成本。例如，企业对员工支付的薪资采用计时工资制，即正常工作时间内，员工薪资是固定的，但超过正常工作时间后企业需要支付额外的加班费用，并且加班费用与员工的加班时间存在正比例关系。其延期变动成本的成本性态模型如图 3－7 所示。

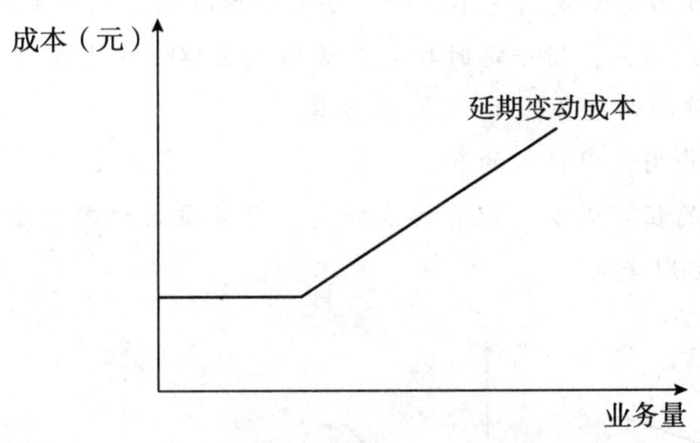

图 3－7　延期变动成本的成本性态模型

【例 3－7】某日化公司销售员每月底薪是 2,000 元，并规定销售员必须完成每月 100 支 Q 产品的销售量（若未完成，底薪不变，无绩效奖金），在超过 100 支销售量的基础上，每销售一支提成 10 元，该公司本月销售人员的销售情况及对应工资如下表所示：

销售量（支）	工资（元）
100	2,000
200	3,000
300	4,000

根据上述资料，延期变动成本可以这样表示：

$$销售人员工资\ y=\begin{cases}2,000 & 0\leqslant x\leqslant 100\\ 2,000+10\times(x-100) & x>100\end{cases}$$

【习题 3－8】下列表述中不正确的有（　　）。

A. 固定成本是指在特定的业务量范围内不受产量变动影响，总额一直保持固定不变的成本

B. 变化率递减的非线性成本的总额随业务量的增加而减少

C. 在一定业务量范围内总额保持稳定，超过特定业务量则开始随产量成比例增长的成本叫半变动成本

D. 对于阶梯式成本，可根据业务量变动范围的大小，分别归属于固定成本或变动成本

【习题 3－9】将下列情况分别与对应的图相匹配：

（1）电话费：月基本费加上超出套餐通话时间的部分乘以每分钟金额为话费总额。

（2）受开工次数影响的动力费，每开工五次，是一个开工计费标准，即开工一次

至开工五次，开工动力费都是固定不变的。动力费用总额受到开工次数的影响。

（3）超定额生产奖金，当一定时期内产量超过2,000件才支付。奖金由10,000美元加上超过2,000件的部分每件45美元来计算。

（4）中介服务费用，以收入的6%计算。

（5）单项设备的租赁成本。租赁协议规定，每月每台机器租金为20美元每小时，但每月最高不超过800美元。

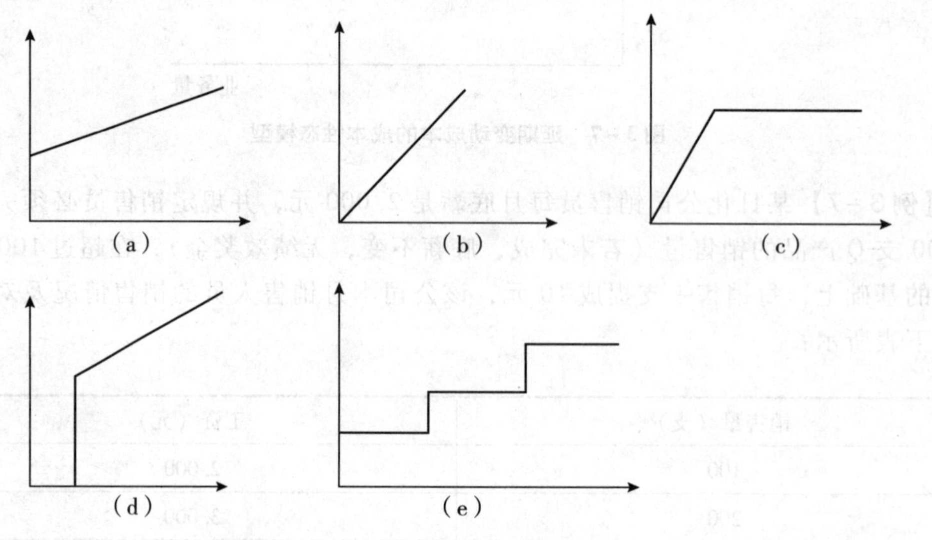

第三节　混合成本的分解

管理会计主张将成本按固定与变动的不同性态分类，而变动成本法的基本前提也是对各项成本进行性态分析，可见这种分类方法极具现实意义，也因此成为管理会计的重要贡献之一。然而在现实经济生活中解决实际问题时，固定成本与变动成本无法做到绝对的界定，实际成本往往是以固定成本与变动成本的混合形式出现，在实际操作中还需要将其进一步分解为固定成本和变动成本。混合成本分解的方法多种多样，最基本的方法就是在成本发生时就开始分析分解成本的性态，这样做虽最精确却成本最高。实际工作中，人们需要一种简便、成本较低又相对精准的分解混合成本的方法，最常用的就是历史成本分解法。①

历史成本分解法的基本做法，就是根据以往若干期的数据所表现出来的实际成本与业务量之间的依存关系描述成本的性态，并以此来确定决策所需要的未来成本数据，通常包括高低点法（High/low method）和散布图法（Scattergraph method）。

① 历史成本法是一种会计计量方法，而历史成本分解法是一种分解混合成本的方法。

一、高低点法

高低点法是在若干连续时期中，选择最高业务量与最低业务量两个不同水平的混合成本进行对比，以估计混合成本中变动成本与固定成本的比例，即分解混合成本的方法。由于固定成本不变，那么不同业务量下总成本的差额则全部由可变成本变动引起，因此，可变成本得以计算分解，总成本一定时，也就得出了混合成本中的固定成本部分。

具体做法：

（1）将产品的总成本用 $Y = a + bx$ 这样一个数学模型来表示，其中，Y 代表产品总成本，即在本节中所指的混合成本，x 代表业务量，a 为固定成本部分，b 为单位变动成本。

（2）从产品的业务量与混合成本的不同组合中分别选择出两组数据：最高业务量及其对应成本、最低业务量及其对应成本，将业务量设定为 X_1、X_2，混合成本设定为 Y_1、Y_2，其中，$X_1 > X_2$，$Y_1 > Y_2$。

（3）由于混合成本中固定成本部分保持不变，则两组数据中混合成本的差异（$Y_1 - Y_2$），全部来自变动成本，则变动成本差额（$bx_1 - bx_2$），即（$Y_1 - Y_2$）与业务量差额（$X_1 - X_2$）之比即为单位变动成本 b。

（4）将单位变动成本 b 和之前选择的数据中的任意一组代入模型 $Y = a + bx$，即可得出固定成本部分 a，产品的混合成本也就得以分解。

【例3－8】假定某照明公司去年上半年的月总用电费用与其生产量之间的关系如下表所示：

月份	电费（元）	产量（件）
1	78, 000	5, 000
2	74, 000	4, 800
3	78, 000	3, 900
4	82, 000	4, 600
5	97, 000	6, 100
6	102, 000	6, 300

计算：预计第7个月产量为7, 500件时的耗电费用。

根据以上资料，单位变动成本额 b 就等于最高产量下总电费与最低产量下总电费的差额除以两个极点产量的差额，即 $b =$（102, 000－78, 000）÷（6, 300－3, 900），为10（元/件）；再将 b 任意代入两个极点，即可求出固定成本额。例如，将 $b = 10$ 代入最高产量点，则最高产量下，变动成本总额为 $6,300 \times 10 = 63,000$（元），则固定成本可由总成本减去总变动成本得出，即 $a = 102,000 - 63,000 = 39,000$（元）。该模型即可表示为 $Y = 39,000 + 10x$。

当产量为 7,500 件时的耗电费用代入即可求出，$Y = 39,000 + 75,000 = 114,000$（元）。

【习题 3－10】某企业生产的 X 产品 1—6 月的产量及总成本资料如下表所示：

	1	2	3	4	5	6
产量（件）	300	350	500	420	480	390
总成本（元）	6, 700	7, 300	9, 100	8, 600	8, 900	8, 100

要求：采用高低点法进行成本性态分析。

【习题 3－11】一家企业的部门经理想预测第三季度的成本，已知前两季度的成本与业务量如下表所示：

业务量（件）	总成本（元）
32	34, 500
57	58, 500

要求：（1）计算该企业的成本分解模型。

（2）运用该模型计算业务量为 42 件时的成本。

二、散布图法

散布图法与高低点法原理相同，只是散布图法将各种业务水平下的混合成本在坐标图中一一标出，以横轴代表业务量，纵轴代表混合成本，然后从这些分布的点中间画出一条距各点距离之和最小的直线，由于误差，总有点均匀分布在直线上方而另一些点分布在直线下方。这条直线与纵轴的交点就是固定成本，斜率则是单位变动成本。

【例 3－9】以例 3－8 数据为准，采用散布图法数据呈现如下：

直线与纵轴相交的点，即业务量为零的点，就是固定成本，约 39, 000 元。根据所画直线，任意选择一个与直线相近的点，用此点代表的混合成本减去固定成本，单位变动成本也因此确定。

例如，选择业务量为 6, 300 件时直线上对应混合成本为 102, 000 元。

则变动成本总额：$102,000 - 39,000 = 63,000$（元）

单位变动成本：$63,000 \div 6,300 = 10$（元）

无论是高低点法还是散布图法，均是历史成本分解法，即依据以往若干时期的数据之间的关系，来预测未来时期的成本。值得注意的是，历史成本并不一定能完全反映未来数据的成本性态，因此，在使用高低点法与散布图法时一定要时刻关注历史成本的这一特点。

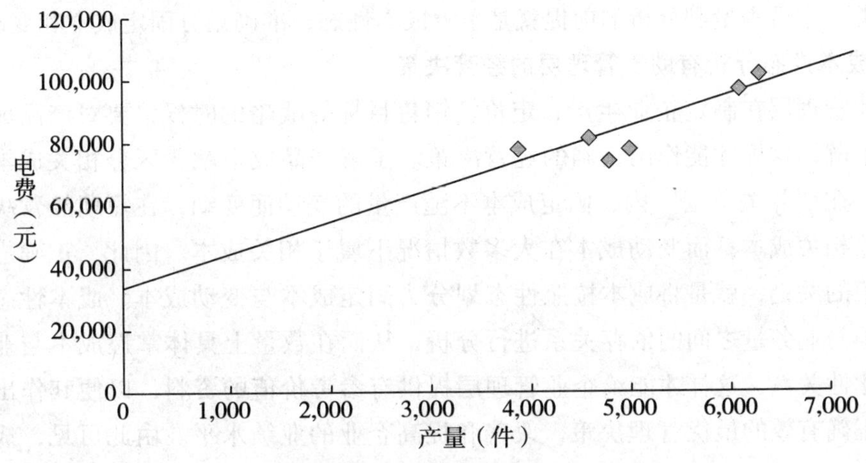

图 3－8　以散布图法表示各种业务水平下的混合成本

第四节　成本性态分析的意义和不足

一、成本性态分析的意义

1. 成本性态分析是变动成本计算法（Variable costing）的前提条件

变动成本法也称直线成本法，是变动成本计算法的简称。变动成本法指的是在一个公司常规的成本计算过程中，以成本性态分析为前提条件，只将变动生产成本作为产品成本的构成内容，而将固定生产成本和非生产成本作为期间成本，并按贡献式损益①确定程序计算损益的一种成本计算模式。

运用变动成本法计算企业各期间损益，首先要做的就是将这一定时期中所有的成本按照成本性态区分开来，将总成本划分为变动成本和固定成本，然后将与产量变动成正比例变动的生产成本作为产品成本。用变动成本计量的单位产品成本，自然也是已经出售的产品的单位成本和未出售的存货部分的单位成本。另外，将与产量变动无关的所有固定成本作为期间成本处理，全额从当期的销售收入中扣除。由此可见，进行成本性态分析，正确区分变动成本与固定成本，是进行变动成本计算的基础。

2. 成本性态分析是进行本量利分析的前提

本量利分析就是成本—产量—利润依存关系的分析。本量利分析是管理会计的基础分析方法，在分析中需要使用反映成本性态的成本函数（即反映成本性态的方程式），对过去的数据进行分析、研究，从而相对准确地将成本分解为固定成本和变动成

① 贡献式损益即贡献毛益，它是指产品销售收入减去以变动成本计算的产品成本后所剩的可供抵偿固定成本并创造利润的数额，可按单位产品或企业各种产品计算。

本两大类。进行本量利分析的前提就是了解成本性态，准确划分固定成本和变动成本。

3. **成本性态分析有助于管理层的经营决策**

企业管理层在制定企业生产、定价、销售目标等战略的时候，要对产品成本进行详细的了解，这样才能作出正确的经营决策。了解产品成本就要区分相关成本和非相关成本。在“相关范围”内，固定成本不随产量的变动而变动，在短期经营决策中大多属于非相关成本；而变动成本在大多数情况下属于相关成本。因此，正确进行短期经营决策的关键，就是将成本按照性态划分为固定成本与变动成本。成本性态分析就是对成本与业务量之间的依存关系进行分析，从而在数量上具体掌握成本与业务量之间的规律性关系，这样才能给企业管理层提供有参考价值的资料，以便其作出对于企业来说正确有效的最优管理决策，改善和提高企业的业绩水平。由此可见，成本性态分析对于及时采取有效措施，挖掘降低成本的潜力，争取实现最大的经济效果，具有重要意义。

4. **成本性态分析为评价企业各部门业绩提供依据**

变动成本与固定成本具有不同的成本性态。在一般情况下，变动成本会受到生产部门和供应部门业绩的影响，部门行为可以决定变动成本的高低，完成得好坏应由它们负责。因此，变动成本的高低也就可以反映出生产部门和供应部门的工作业绩。例如，在直接材料、直接人工和变动性制造费用方面，如有所节约或超支，就可视为其业绩好坏的反映，这样就便于分清各部门的经济责任。而固定成本的高低一般不是基层生产单位所能控制的，通常应由管理部门负责，可以通过制定费用预算加以控制。因此，采用科学的成本分析方法和正确的成本控制方法，也有利于正确评价各部门的工作业绩。

二、成本性态分析存在的问题

1. **没有全面考虑影响成本变动的主要因素**

本章讲述的成本假设只受业务量不同的影响，可是成本的变动不仅仅受到业务量变动的影响，还要受到其他来自内部和外部各种因素变动的影响，如企业管理层的各种决策活动、竞争者的策略以及原材料、人工成本等。所以说，只是简单地将成本模型划分为变动成本和固定成本是不够准确的，即使只考虑业务量变动，影响成本各要素的业务量也不尽相同。例如，影响制造成本的业务量是产量，影响销售费用的业务量应为销售量，影响管理费用的为管理工作量，而影响财务费用的则是融资量的大小。这些业务量在成本性态分析中往往无法统一，只考虑一种因素而忽略其他因素，结果往往存在较大的误差。

2. **不能完全满足决策者的要求**

成本分析是为企业管理者的决策提供有价值资料而服务的，所以其分析结果一定要满足企业管理者的要求。管理者往往希望知道的是他们所做的每一种决策会对总成本造成的影响，而成本性态分析只提供了企业业务量的变动对总成本的影响，不能反映其他方面对决策产生的影响。并且，这种业务量变动是否为企业管理者所控制也是无法反映出来的。这样的情况下，成本性态分析并没有给管理层提供有效信息，不能达到其本来的目的。

3. 成本与产量之间不完全是线性的关系

为了便于分析，成本性态分析的假设前提是成本的变动率是线性的，也就是说，成本随业务量的变化会成一定比例变化。但在许多情况下，成本与产量之间的联系是非线性的，比如说随业务量上升，单位成本不是保持不变，而是会有所下降。因此，假设成本变动率为线性后，可能导致结果与实际有较大的偏差。

4. 混合成本的分解方法含有估计的成分

分解混合成本，本书讲解的有两种方法，不管是哪一种分解方法，都带有一定程度的假定性，都是借助某一种相关要素来估计成本。因此，其分解的结果均不可能十分准确。而且，本书所讲两种方法均是用历史的成本数据来找出成本性态模型，以期达到预测未来成本的目的，但是未来成本不一定会按照历史成本的模式继续下去，所以估计结果不一定是正确的。

本章小结

本章简单介绍了成本性态的含义及背景，并对成本性态的分类进行了详细的讲解。对于成本性态的划分，本章讲解了两种将混合成本分解的方法，即高低点法和散布图法。通过本章的学习，要掌握成本性态的划分方法，能够将成本划分为固定成本和变动成本，这样便于写出成本模型，方便对成本进行分析和预测。本章最后讲解了成本性态的重要意义，并且提出了其存在的不足，以便同学们了解。

成本性态在管理会计中是基础的一章，也是十分重要的一章，只有明确了成本性态，才能找到成本性态的模式，进而构建成本模型，进行成本预测和成本规划，最后做出预算，为决策提供依据。本章是以后部分章节的基础，应对本章予以重视。

第四章　吸收成本法

本章概述

本章我们将学习间接生产费用的核算方法——吸收成本法。吸收成本法也称为完全成本法，也就是说，在核算产品成本的时候，将可以归属为产品的直接成本核算进产品，同时按照一定的吸收率将间接成本分至产品，即产品成本包括全部直接成本和间接成本，这种成本核算方式就是完全成本法。因为直接成本可以很容易地分至产品，所以完全成本法的关键就是间接成本的分配。

本章主要讲解间接成本的分摊方式，一共分为三个步骤，这三个步骤是本章的重点内容。本章还介绍了吸收过度和吸收不足的概念及其处理方法。

学习目标

※ 了解吸收成本法的含义

※ 掌握吸收成本法的方法步骤

※ 掌握吸收成本法下的利润表的编制

※ 了解吸收过度和吸收不足的含义

商业观察

北汽食堂福利，成本何去何从?

2016年1月3日11：18，北汽动力全体职工期盼已久的新职工食堂正式投入运营，发动机厂加班进行X55、X25、B40车型配套发动机生产的154名白班员工，高兴地在新食堂吃上了新年第一顿丰盛的午餐。当天，在位于变速器厂的新职工食堂举办了简单而隆重的开餐仪式，公

司党委书记、总经理田安民率班子成员、副部长及以上干部参加仪式，党委副书记、工会主席孙振杰主持仪式。

北汽动力成立六年多来，一直处于基地建设、产品研发和向生产经营转型的创业奋斗期，条件相对艰苦，但广大干部职工无怨无悔，始终和公司并肩同行，为北汽自主品牌发展忘我拼搏。2015年，职工食堂建设被列入“双六托一”军令状任务之一，在公司党委领导下，公司工会全面配合，工程设施部、综合管理部全力推进，第一座职工食堂终于在新年投入运营。公司党委书记、总经理田安民对于食堂建设这项民生工程一直牵挂在心，给予了最大关注。当天的仪式上，他发表了热情洋溢的讲话：“新食堂全面对职工开餐、A150TD生产线开启G1阀、新试验室启动过渡性试验这三项喜讯，是对2015年的总结，也是我们2016年昂首阔步的起点。”他特别提到为了确保X55上市，从跨年夜开始就连续奋战在北京汽车北京分公司、PDI库、销售中转库的质量、技术、售后和装配团队，对他们团结协作、奋力拼搏的精神给予了高度肯定。①

根据上述信息，我们可以看出，对于北汽集团来说，建立员工食堂是为了让员工有更好的工作环境，为生产产品而服务，那么在核算汽车成本的时候，是不是应该将这些服务部门发生的成本费用也分摊到产品成本中去呢？如果这些成本费用不归集到产品成本，但是企业也确实发生了这些费用支出，那么企业对于汽车市场销售价格的把握是不是就会出现偏差呢？另一方面，如果企业选择把这些辅助性的成本费用计入产品成本，那么应该怎么分配呢？北汽的员工食堂是各个生产车间的员工都可以享受到的服务，那食堂发生的成本费用应该怎么分给各个车间？面对这一系列的问题，我们就需要通过本章的学习来了解解决问题的方法。

第一节 吸收成本法概述

一、吸收成本法的概念

吸收成本法（Absorption costing）也称完全成本法（Full costing），就是在计算产品成本和存货成本时，把一定期间内在生产过程中所消耗的直接材料、直接人工、变动制造费用和固定制造费用的全部成本都归纳到产品成本中去。这种方法的关键是间接成本的分配吸收，所以这种方法被称为吸收成本法。

间接成本是指在企业生产产品的过程中、提供辅助服务过程中以及在部门运营过程中产生的不能直接归集到产品的成本费用，包含间接材料成本、间接人工成本和间

① 资料来源于北汽集团党建网，《新食堂 开门红——北汽动力新职工食堂正式投入运营》，2016年1月7日。

接制造费用等。企业打印用纸等就是间接材料费用；生产车间监管人员工资就是间接人工成本；厂房租金、折旧、保险等就是间接制造费用。在实际生产中，这部分的成本费用可以被分配到生产制造部门、管理部门和服务部门。直接生产成本可以很清楚地归集到对应的产品，而间接成本就不能直接归集，比如生产一辆汽车，采购的汽车配件等直接材料费用可以归集到这辆汽车的成本，对于这辆汽车的组装，组装工人的工资薪金等直接人工成本也可以直接归集到这辆汽车的成本，但是整个生产车间的电费、水费等费用，还有厂房的租金、设备折旧维修费用等，都是不能直接归集到这辆汽车的成本中去的。如果销售这辆汽车，我们需要看这辆汽车的利润，那么我们必须知道汽车的成本是什么，所以需要通过一定的方法将间接成本分配给产品。

二、吸收成本法的必要性

在现实生产中，运用吸收成本法的原因可以归纳为以下三点：存货计价需要、定价决策需要、确定产品利润需要。

1. 存货计价需要

在企业的财务报表中，有两项需要对产品成本进行核算，一个是存货，另一个是主营业务成本。存货体现的是期末企业产出的产品的期末价值，只有对产品成本进行核算后才可以知道产品的成本是多少，也就是存货的价值是多少，所以吸收成本法可以对产品成本进行核算，从而帮助期末存货计价。另外，对于本期销售的产品，需要知道产品的成本才能核算企业的利润，所以存货的计价是影响企业在一个期间的营利性的。我们通过营业成本的计算公式可以看出存货计价对营业成本的影响：

期初存货成本 + 本期生产成本 − 期末存货成本 = 本期销售产品营业成本

通过公式可以看出，本期销售产品的营业成本是受到存货成本的影响的，企业想要在财务报表中列示存货和营业成本两个科目信息，就必须进行产品成本核算。

2. 定价决策需要

企业一般会制订一个利润率的目标，然后根据产品的成本加上预计的利润得出产品的销售价格，如果企业不能够准确核算产品的成本，那么就没有办法进行产品的定价，所以说企业需要一定的方法来核算产品的成本。成本核算的关键还是间接成本的分配，不利用吸收成本法的话，很难将间接成本直接分给具体的产品。

3. 确定产品利润需要

随着市场竞争越来越激烈，企业不再生产单一的产品，而是进行多元化多产品的生产。同一个工厂同时生产不同的产品，间接的成本就出现了分配给不同产品的问题。企业在面对竞争的时候需要选择竞争性较强、盈利性较好的产品进行生产，这样企业才能够在竞争中脱颖而出，占据市场的一席之地。基于此，管理层需要了解分析各个产品的盈利性。吸收成本法能够提供一个比较公平合理的分配方式，将间接成本分配给不同的产品，了解各个不同产品的成本后，管理层就可以根据产品的市场价格来判断产品的盈利性，从而分析、比较产品的盈利性，作出较为正确的战略决策。

三、吸收成本法的优势与不足

（一）吸收成本法的优势

1. 符合国际会计准则（IAS2）的规定

最新国际会计准则规定，存货的加工成本包括直接与单位产品有关的费用，诸如直接人工费用等。在将材料转化成产成品的过程中，会发生各种固定和变动的生产间接费用，存货的加工成本还包括对这些间接费用的系统分配。由此可看出，吸收成本法符合准则规定的存货成本计量，有利于编制外部报告。

2. 有利于长期决策的制定

产量越大的情况下，单位产品分摊的固定成本越低，因此，在较长的一段时间内，固定成本的投入将会逐渐收回，从而促进企业制订长远的发展计划，促进企业的积极生产。

（二）吸收成本法的不足

1. 成本性态划分有难度

吸收成本法下需要对成本进行划分，不同的成本性态有不同的核算方式，但是成本性态本身划分就有难度，如果划分不准确，那么产品成本的核算也会不准确。

2. 吸收成本法具有主观随意性

吸收成本法下成本费用的分摊具有一定的主观随意性，人为制定的分摊标准可能不够准确，容易造成成本划分不准确。

3. 利润会被操纵

在吸收成本法下，产品产量越高，分摊的固定成本越低。因此，在销量不变的情况下，产量越大，单位产品的成本反而会越小，因而企业可能会通过这种方式来操纵利润。

第二节　吸收成本法计算方法

产品的成本由直接成本和间接成本组成，在吸收成本法下，核算产品成本的第一步就是将直接成本归集到产品。直接成本的归集一般有直接的方式，例如，直接材料成本就是生产某产品所需要耗用的量乘以该材料的单位价格；直接人工成本就是生产某产品所消耗的人工工时乘以单位工时的价格。核算好产品的直接成本后，下一步就是核算归集于产品的间接成本。间接成本不像直接成本那样有直接的归集方式，所以需要分步骤以合理的方式将间接成本分配至各个产品。在吸收成本法下，间接成本的分配方法有 3 个步骤。整个产品核算的过程如图 4 - 1 所示：

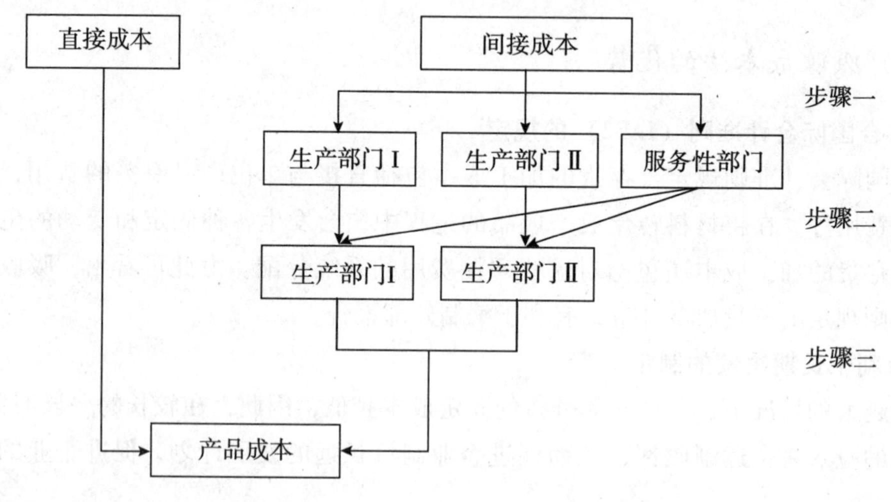

图 4 - 1　吸收成本法下产品成本核算过程

接下来，我们就来看一下间接成本费用分配的这 3 个步骤的具体内容：

一、步骤一

步骤一是将成本费用分配至各个产生成本的部门。一个产品的生产需要经历一系列的部门，例如，生产一辆汽车可能需要第一生产部门来生产轮胎，第二生产部门来生产发动机，第三生产部门来生产汽车框架，还有第四生产部门来进行汽车的组装。在这个过程中，企业还有一些服务性的辅助部门，如仓储部门、物流部门、员工食堂等，这些服务性的辅助部门虽然不直接生产产品，但是它们发生的成本费用也是与生产产品相关的。因此，各个部门都应该作为一个成本中心进行成本的核算。步骤一就是将成本直接归属于各个成本中心，将成本中心分为生产部门、管理部门、销售部门、物流部门等。管理、销售、物流等部门都是生产产品的一些服务性的辅助部门。例如，将制造费用分配给制造部门；将因管理而发生的成本费用分配给行政管理部门；将销售物流环节产生的成本费用分配给销售物流部门；将仓储部门员工的工资归属于仓储部门等。以上这些都是可以直接分摊给各个部门的间接成本，还有那些不能直接分配给部门的成本，例如，生产厂房的租赁费用、生产厂房的电费、水费等。这些成本费用不能分给部门，对于这样的成本费用，需要采用一定的方式将其分摊给各个成本中心。一些常用的分摊基础如表 4 - 1 所示：

表4－1　常用分摊基础

成本费用项目	分摊基础
租金、利息、加热费用、电费、厂房修理费用、建筑物折旧费用	部门占地面积
机器设备折旧、机器设备保险费用	部门使用机器设备的账面价值、成本
员工餐饮、福利费、工资	部门员工人数、部门的人工工作时间

我们可以通过两道例题来具体看一下成本的分配：

【例4－1】以下是一个企业的成本：

第一生产部门管理人员的工资（元）	15,000
第二生产部门管理人员的工资（元）	12,000
第一生产部门耗用的间接材料成本（元）	4,000

从上面的成本结构可以看出，各个生产部门的管理层工资会分别分给其归属的部门，为了方便核算，我们对每个成本中心进行编号：

成本中心编号	成本中心
101	第一生产部门
102	第二生产部门

根据上面的成本信息，我们可以将成本分配给各个成本中心，分配结果如下：

成本中心编号	分配后成本（元）
101	15,000＋4,000＝19,000
102	12,000

【例4－2】M公司20×5年年末的间接成本费用信息如下：

间接成本类型	成本费用（元）
租金	15,000
机器设备保险	6,000
仓储部门员工工资	12,000
电费	3,000
合计	36,000

生产和服务部门的信息如下：

	第一生产部门	第二生产部门	仓储部门	员工餐厅	合计
部门所占面积（平方米）	10, 000	9, 000	7, 000	4, 000	30, 000
机器设备账面价值（元）	80, 000	50, 000	40, 000	30, 000	200, 000

要求：按照合理的方式分摊间接成本到各个部门。

从本题已知条件可以看出，一共有 4 个成本中心，要求按照合理的方式将间接费用分摊到各个成本中心。租金、电费这两项间接成本的分摊基础应该是按照各个成本中心所占的面积。仓储部门员工工资是属于可以归属为仓储部门的间接成本，可以直接归属到仓储部门成本中心。机器设备保险应该按照各个成本中心机器设备的账面价值进行分摊。通过分析，可以开始进行成本分摊，分摊过程如下：

（1）租金按照各个成本中心占地面积分摊，每平方米应分摊的成本：15, 000 ÷ 30, 000 = 0. 5（元/平方米）

第一生产部门应分摊的租金成本为 0. 5 × 10, 000 = 5, 000（元）

第二生产部门应分摊的租金成本为 0. 5 × 9, 000 = 4, 500（元）

仓储部门应分摊的租金成本为 0. 5 × 7, 000 = 3, 500（元）

员工餐厅应分摊的租金成本为 0. 5 × 4, 000 = 2, 000（元）

（2）机器设备保险按照各个成本中心机器设备的账面价值分摊，分摊率为 6, 000 ÷ 200, 000 = 0. 03（元）

所以第一生产部门应分摊的机器设备保险成本为 0. 03 × 80, 000 = 2, 400（元）

第二生产部门应分摊的机器设备保险成本为 0. 03 × 50, 000 = 1, 500（元）

仓储部门应分摊的机器设备保险成本为 0. 03 × 40, 000 = 1, 200（元）

员工餐厅应分摊的机器设备保险成本为 0. 03 × 30, 000 = 900（元）

（3）电费按照各个成本中心占地面积分摊，每平方米应分摊的成本为 3, 000 ÷ 30, 000 = 0. 1（元/平方米）

所以第一生产部门应分摊的电费成本为 0. 1 × 10, 000 = 1, 000（元）

第二生产部门应分摊的电费成本为 0. 1 × 9, 000 = 900（元）

仓储部门应分摊的电费成本为 0. 1 × 7, 000 = 700（元）

员工餐厅应分摊的电费成本为 0. 1 × 4, 000 = 400（元）

综合上述，最终各个成本中心成本如下表所示：

	第一生产部门	第二生产部门	仓储部门	员工餐厅	合计
租金（元）	5, 000	4, 500	3, 500	2, 000	15, 000
机器设备保险（元）	2, 400	1, 500	1, 200	900	6, 000

续表

	第一生产部门	第二生产部门	仓储部门	员工餐厅	合计
仓储部门工资（元）			12, 000		12, 000
电费（元）	1, 000	900	700	400	3, 000
合计（元）	8, 400	6, 900	17, 400	3, 300	36, 000

以上就是间接成本费用分摊的第一步，通过这一步骤，可以对所有的成本费用进行归类，分配给各个成本中心。接下来就是吸收成本法的第二步，按照合理的方法将辅助性服务部门的间接成本分摊给各个生产性部门。

二、步骤二

经过步骤一后，成本费用分配给了各个部门，包括生产性部门和辅助性服务部门，步骤二是将服务性部门的成本费用分摊给生产制造部门。因为生产制造部门是真正生产出产品的部门，而服务性部门是给生产制造部门提供辅助性服务的，所以应该通过本步骤将服务性辅助部门发生的成本费用分摊给直接生产产品的生产部门。

服务性部门成本分摊的方式有 3 种：

（一）直接分摊法（Direct method）

直接分摊法是将服务部门的成本按照比例直接分摊给生产制造部门，而不再分摊给其他服务部门。这种方式适用于只有一个服务部门的情况；或者虽然有其他服务部门，但是其他服务部门不享受该服务部门的服务，所以服务部门的成本只需要分给享受服务的生产制造部门即可；或者其他服务部门虽然也享受了服务，但是成本比较小，为了简便性还是可以选择直接分摊法。

（二）逐减分摊法（Step - down method）

逐减分摊法不仅将服务部门的成本分摊给生产制造部门，同时还分给其他服务性部门，首先将提供较多服务的服务性部门的成本费用按照一定比例分摊，然后再分摊别的服务部门的成本，这个时候上一个服务部门就不再参与分摊。

（三）交互分摊法（Repeated distribution method）

这种方式是将服务部门的成本分摊给所有享受该部门服务的部门，这种方式适用于服务部门之间也享受彼此服务的情况，例如，维修部门的员工也需要公司提供的餐饮，所以享受餐饮部门的服务，餐饮部门反过来也会享受维修部门的服务，餐饮部门的桌椅设备出现问题需要维修部门来维修。这种分摊方式把所有服务部门的成本进行了分摊，相对来说比较准确。交互分摊法有两种分摊的方式：一是按照比例进行一次次的分摊，二是按照代数法（Algebraic method）分摊。

下面我们通过例题来加深对3种再分摊方式的理解。

【例4-3】接着【例4-2】进行第二步的分摊后，接下来是再分摊，4个部门的成本信息如下表所示：

	第一生产部门	第二生产部门	仓储部门	员工餐厅	合计
成本（元）	8,400	6,900	17,400	3,300	36,000

服务性辅助部门为其他部门提供的服务程度信息如下：

	第一生产部门	第二生产部门	仓储部门	员工餐厅	合计
仓储部门	40%	40%	—	20%	100%
员工餐厅	50%	30%	20%	—	100%

要求：按照不同的再分摊方法对服务部门的成本费用进行再分摊。

（1）直接分摊法

在直接分摊法下，仓储部门和员工餐厅两个部门的成本费用仅分摊给生产部门，而不在两个服务部门之间进行分摊，所以分摊结果如下：

第一生产部门分摊的仓储服务成本为17,400÷（40%+40%）×40%=8,700（元）

第二生产部门分摊的仓储服务成本为17,400÷（40%+40%）×40%=8,700（元）

同理，员工餐厅的成本费用在两个生产部门进行分摊的结果如下：

第一生产部门分摊的餐厅服务成本为3,300÷（50%+30%）×50%=2,062.5（元）

第二生产部门分摊的餐厅服务成本为3,300÷（50%+30%）×30%=1,237.5（元）

综合上述，再分摊的结果如下表所示：

	第一生产部门	第二生产部门	合计
再分摊前成本（元）	8,400	6,900	15,300
分摊仓储服务成本（元）	8,700	8,700	17,400
分摊餐厅服务成本（元）	2,062.5	1,237.5	3,300
成本合计（元）	19,162.5	16,837.5	36,000

（2）逐减分摊法

逐减分摊法下我们可以看出，仓储部门的服务成本费用比较大，我们先对仓储部门成本进行分摊，这时分摊不仅仅是分给生产制造部门，还要分给其他服务性辅助部门，即员工餐厅。仓储服务成本分摊结果如下：

第一生产部门分摊的仓储服务成本为17,400÷（40%+40%+20%）×40%=6,960（元）

第二生产部门分摊的仓储服务成本为17, 400 ÷（40% +40% +20%）×40% = 6, 960（元）

员工餐厅分摊的仓储服务成本为17, 400 ÷（40% +40% +20%）×20% =3, 480（元）

分摊后，员工餐厅的成本费用就变成了3, 300 +3, 480 =6, 780（元）

接下来再对员工餐厅的服务成本费用进行分摊，这时仓储部门就不再参与分摊，所以分摊结果如下：

第一生产部门分摊的餐厅服务成本为6, 780 ÷（50% +30%）×50% =4, 237. 5（元）

第二生产部门分摊的餐厅服务成本为6, 780 ÷（50% +30%）×30% =2, 542. 5（元）

综合上述，再分摊的结果如下表所示：

	第一生产部门	第二生产部门	合计
再分摊前成本（元）	8, 400	6, 900	15, 300
分摊仓储服务成本（元）	6, 960	6, 960	13, 920
分摊餐厅服务成本（元）	4, 237. 5	2, 542. 5	6, 780
成本合计（元）	19, 597. 5	16, 402. 5	36, 000

（3）交互分摊法

交互分摊法下，各个服务部门的成本费用按照各个部门的消耗进行分摊，首先我们按照部门消耗逐步分摊，分摊结果如下表所示：

	第一生产部门	第二生产部门	仓储部门	员工餐厅
再分摊前成本（元）	8, 400	6, 900	17, 400	3, 300
仓储成本再分摊（元）（40∶40∶20）	6, 960	6, 960	－17, 400	3, 480
累计（元）			0	6, 780
餐厅成本再分摊（元）（50∶30∶20）	3, 390	2, 034	1, 356	－6, 780
累计（元）			1, 356	0
仓储成本再分摊（元）（40∶40∶20）	542. 4	542. 4	－1, 356	271. 2
累计（元）			0	271. 2
餐厅成本再分摊（元）（50∶30∶20）	135. 6	81. 36	54. 24	－271. 2
累计（元）			54. 24	0
仓储成本再分摊（元）（40∶40∶20）	21. 696	21. 696	－54. 24	10. 848
累计（元）			0	10. 848
餐厅成本再分摊（元）（50∶30∶20）	5. 424	3. 2544	2. 1696	－10. 848
累计（元）			2. 1696	0
仓储成本再分摊（元）（生产部门间分摊）	1. 0848	1. 0848	－2. 1696	0
最后合计（元）	19, 456. 2048	16, 543. 7952	0	0

由于这种方法是交互分摊，服务部门的费用可以一直分摊下去，所以在分摊到一定程度时可以停止在服务部门分摊，而只是将成本分摊给生产制造部门，即在最后仓储部门的成本是2.1696元，金额非常小，所以最后的分摊就是在生产制造两个部门按照40% ÷（40% +40%）的比例分摊。

另外，交互分摊法也可以利用代数法进行分摊：

假设仓储部门的成本为X，员工餐厅的成本为Y。仓储部门消耗的员工餐厅的成本占员工餐厅整体成本费用的20%，所以仓储部门的成本公式如下：

$$X=17,400+0.2Y$$

同理，员工餐厅的成本公式如下：$Y=3,300+0.2X$

将X代入员工餐厅的成本公式：$Y=3,300+0.2\times(17,400+0.2Y)$，可以计算得出员工餐厅的成本费用$Y=7,062.5$元，$X=18,812.5$元。

因此，交互分配最后的分摊结果如下：

	第一生产部门	第二生产部门	仓储部门	员工餐厅
再分摊前成本（元）	8,400	6,900	17,400	3,300
仓储成本再分摊（元）(40:40:20)	7,525	7,525	-18,812.5	3,762.5
餐厅成本再分摊（元）(50:30:20)	3,531.25	2,118.75	1,412.5	-7,062.5
合计（元）	19,456.25	16,543.75	0	0

【例4-4】K公司各个部门的成本信息如下：

	A生产部门	B生产部门	维修部门	仓储部门	合计
成本（元）	40,000	50,000	8,000	20,000	118,000

服务部门的资源消耗通过以下方式：

	A生产部门	B生产部门	维修部门	仓储部门	合计
维修时长（小时）	3,000	5,000	0	2,000	10,000
存储数量（件）	2,000	3,000	500	0	5,500

要求：利用直接分摊法将服务部门的成本分摊给生产部门。

在直接分摊法下，仓储部门和维修部门两个部门的成本费用仅分摊给生产部门，而不在两个服务部门之间进行分摊，所以分摊结果如下：

A生产部门分摊的维修服务成本为8,000 ÷（3,000 +5,000）×3,000 =3,000（元）

B 生产部门分摊的维修服务成本为 8,000 ÷（3,000 + 5,000）×5,000 = 5,000（元）
A 生产部门分摊的仓储服务成本为 20,000 ÷（2,000 + 3,000）×2,000 = 8,000（元）
B 生产部门分摊的仓储服务成本为 20,000 ÷（2,000 + 3,000）×3,000 = 12,000（元）
综合上述，再分摊的结果如下表所示：

	A 生产部门	B 生产部门	合计
再分摊前成本（元）	40,000	50,000	90,000
分摊维修服务成本（元）	3,000	5,000	8,000
分摊仓储服务成本（元）	8,000	12,000	20,000
成本合计（元）	51,000	67,000	118,000

【习题 4-1】吸收成本法服务性部门成本再分摊的方式有（　　）。
A. 直接分摊法　　B. 逐减分摊法
C. 交互分摊法　　D. 吸收分摊法

【习题 4-2】L 公司是一个制造业企业，制造产品 1 个需要经历 3 个生产部门的生产（生产部门Ⅰ、生产部门Ⅱ和生产部门Ⅲ），同时，L 公司有两个服务性部门（维修部门和其他服务部）。

L 公司上个年度的不能直接分摊到各个部门的成本信息如下：

成本类型	成本费用（元）
租金	10,000
电费	5,000
设备折旧费	8,000
设备保险费	5,000
工厂保险费	10,000
合计	36,000

L 公司上年度各个部门的成本信息如下：

	生产部门Ⅰ	生产部门Ⅱ	生产部门Ⅲ	维修部	其他服务部
间接劳务费（元）	7,600	4,500	5,900	2,300	3,000
其他费用（元）	3,200	1,200	2,000	1,000	1,200

其他信息如下：

	占地面积（平方米）	设备账面价值（元）
生产部门Ⅰ	1,500	12,000
生产部门Ⅱ	1,000	8,000
生产部门Ⅲ	1,200	10,000
维修部	600	6,000
其他服务部	700	4,000
合计	5,000	40,000

服务部门的成本费用在各个部门的分摊比率如下：

	维修部分摊比率（%）	其他服务部分摊比率（%）
生产部门Ⅰ	50	30
生产部门Ⅱ	20	30
生产部门Ⅲ	20	30
维修部	—	10
其他服务部	10	—
合计	100	100

要求：通过分摊和再分摊，计算出L公司各个生产部门的成本，进行再分摊时按照直接分摊法进行分摊。

三、步骤三

完成步骤二后，成本已经被分摊到了各个生产制造部门，最后一个步骤就是将成本分给各个产品。完成这个阶段，产品成本的核算就完成了。将分配到产品的间接成本和直接分配过来的直接成本加在一起，就是产品的总成本。在最后这个步骤，生产部门的产品要分给产品采用的是吸收的方法，企业按照事先预定好的制造费用吸收率（Overhead absorption rate）将制造费用在各个产品中分配。

制造费用分摊给产品并不是按照实际发生的制造费用进行分摊，而是按照预计的制造费用吸收率，这个吸收率在生产之前就已经是计算好的，这样做的原因主要是：首先，一般很难在生产过程中随时计算制造费用的金额，企业都是在年末才能知道整个年度的制造费用，但是产品的生产和销售在一年中是随时发生的，企业不能等到年末才去核算产品的成本，所以需要预先制定一个制造费用吸收率，核算产品成本；其次，企业生产的产品多种多样，各个产品的实际吸收率也不尽相同，所以按照实际的计算会大大增加企业的管理成本，也会使成本的控制变得困难。因此，对于本步骤，是按照预先制定好的制造费用吸收率来分摊制造费用的。

（一）制造费用吸收率的计算

制造费用吸收率的计算是成本吸收阶段的关键，制造费用吸收率的计算有以下3个步骤：

（1）预计未来一年的制造费用。这个步骤是在年初的时候企业需要预计未来一个年度的企业可能发生的制造费用。

（2）预计未来一年的业务量。业务量可以是企业预计将来一年内的总人工工时、产量、直接成本等，也可以是任何一种制造费用可以据以进行分配的业务量。

（3）计算制造费用吸收率。用预计的制造费用除以预计业务量就可以计算出企业的制造费用吸收率：

制造费用吸收率 = 制造费用 ÷ 业务量

（二）计算吸收率基础的选择

计算制造费用吸收率有不同的业务量标准，企业应该根据实际情况选择适合的标准，计算出合适的吸收率。根据不同的业务量产生的不同的吸收率主要有单位数量、单位人工工时、单位机器工时、直接人工成本百分比、直接材料成本百分比、直接成本百分比等。选择吸收率基础的标准，是要能够真实反映成本的特征，比较准确地把成本分摊给产品。例如，某个部门的生产主要由机器设备进行并控制，对于这个部门的吸收率可以选择机器工时。

（三）吸收分配的过程

我们以机器工时作为吸收率的基础来介绍吸收过程：

首先，计算吸收率：

吸收率 = 制造费用 ÷ 机器工时总数

其次，根据一个产品消耗的机器工时来计算该成品吸收的制造费用：

某产品制造费用 = 吸收率 × 生产该产品耗用的机器工时

最后，重复上面的步骤计算各个产品应该吸收的制造费用，完成制造费用的分摊。

在计算吸收率的时候，我们可以计算总体吸收率（Blanket absorption rate）和部门吸收率（Departmental absorption rate），两种吸收率计算的结果不同，相比之下，利用部门的吸收率进行成本分摊更加准确。

【例4-5】（承接例4-3）企业选择了直接分摊法将服务部门的成本分摊给生产制造部门，最终分摊结果是第一生产部门制造费用为19,162.5元，第二生产部门制造费用为16,837.5元。

除此之外，还收集到了企业的其他信息如下：

	第一生产部门	第二生产部门
直接人工工时（小时）	12, 000	4, 000
直接机器工时（小时）	2, 000	9, 500
直接材料成本（元）	60, 000	28, 000
直接人工成本（元）	45, 000	20, 000

要求：（1）在决定计算吸收率的时候两个生产制造部门应该以什么作为基础。请解释理由。

（2）使用第（1）问确定的基础，计算两个部门的吸收率。

（1）第一生产部门应该选择直接人工工时作为业务量，因为第一生产部门的人工工时较大，人工是生产产品的主要因素；第二生产部门应该选择直接机器工时作为业务量，因为第二生产部门的机器工时较大，可见机器是生产产品的主要因素。

（2）第一生产部门的制造费用吸收率为 19, 162. 5 ÷ 12, 000 = 1. 60（元/小时）。第二生产部门的制造费用吸收率为 16, 837. 5 ÷ 9, 500 = 1. 77（元/小时）。

【例 4 -6】 W 公司有两个生产制造部门，两个部门的信息如下：

	生产部门 1	生产部门 2	合计
预计制造费用（元）	400, 000	200, 000	600, 000
预计直接人工工时（小时）	8, 000	2, 000	10, 000

W 公司生产两种产品，A 产品的直接成本为 3, 000 元，需要在生产部门 1 消耗 20 个机器工时，不需要在生产部门 2 进行生产；B 产品的直接成本为 3, 000 元，需要在生产部门 1 消耗 10 个机器工时，在生产部门 2 消耗 10 个机器工时。

要求：分别利用总体吸收率和部门吸收率计算 A、B 两种产品的成本。

根据本题要求，我们首先计算总体吸收率和部门吸收率：

总体吸收率为 600, 000 ÷ 10, 000 = 60（元/小时）

生产部门 1 的吸收率为 400, 000 ÷ 8, 000 = 50（元/小时）

生产部门 2 的吸收率为 200, 000 ÷ 2, 000 = 100（元/小时）

采用总体吸收率的计算结果如下：

	A 产品	B 产品
直接成本（元）	3, 000	3, 000
制造费用（元）	60 × 20 = 1, 200	60 × 20 = 1, 200
产品总成本（元）	4, 200	4, 200

采用部门吸收率的计算结果如下：

	A 产品	B 产品
直接成本（元）	3,000	3,000
生产部门 1 分配制造费用（元）	50×20=1,000	50×10=500
生产部门 2 分配制造费用（元）	0	100×10=1,000
产品总成本（元）	4,000	4,500

通过这道例题可以看出，采用总体吸收率核算的 A 产品成本被高估，而 B 产品成本被低估，这是由于两个生产部门的吸收率不同，生产部门 2 的吸收率较高，而总体吸收率就会被生产部门 2 的高吸收率拉高。A 产品并没有在生产部门 2 生产，所以采用总体吸收率会高估 A 产品的成本，同时，B 产品有一半的程序需要消耗生产部门 2 的生产，单独采用部门吸收率会吸收较多单独成本，但是采用总体吸收率时，B 产品的成本就会被低估。

【习题 4－3】 吸收成本法下，间接成本的分配分为几个步骤？（　　）

A. 2 个　　　B. 3 个　　　C. 4 个　　　D. 5 个

第三节　吸收成本法核算报表

一、吸收过度和吸收不足

在上一节中，我们讲解了吸收成本法的计算方法，在计算制造费用吸收率的时候，我们说运用的预计的制造费用吸收率，是通过预计的制造费用和预计的业务量水平相除得到的。因此，在实际成本生产中，我们预计的制造费用和预计的业务量就有可能是不准确的，可能预计的制造费用有偏差，或者预计的业务量有偏差，或者两者都有偏差，这样就会造成吸收过度（Over absorption）或者吸收不足（Under absorption）。吸收过度，是指通过吸收成本法被吸收到产品成本中的制造费用高于实际生产过程中产生的制造费用。吸收不足，是指分摊到产品的制造费用比实际生产过程中产生的制造费用小。也就是说，被吸收到产品成本中的制造费用与最终实际的制造费用不符。对于吸收过度或者吸收不足的成本，需要作为期间成本进行调整。

我们可以通过一个例子来看一下吸收过度和吸收不足的计算：

【例 4－7】 N 公司预计的制造费用是 100,000 元，预计的业务量是直接人工工时，预计人工工时为 50,000 小时。实际的制造费用是 120,000 元，实际发生的人工工时为 55,000 小时。计算 N 公司的吸收是否有偏差，如果有偏差，是吸收过度还是吸收不足。

由本题已给条件，该公司预计的制造费用吸收率为100,000÷50,000=2（元/小时）。

在实际生产过程中根据发生的直接人工工时计算被产品吸收的制造费用为2×55,000=110,000（元）

产品吸收的制造费用110,000元比实际发生的制造费用120,000元低，所以这是吸收不足。

【习题4-4】某公司产品设计咨询辅助成本是按照咨询时长进行分摊。企业预计的间接费用为6,000元，实际的咨询时长为300个小时。最终该企业的间接费用被吸收过度了400元。

要求：如果企业咨询部门实际发生的成本费用为6,500元，那么该企业预计的吸收率是（　　）。

二、吸收成本法核算产品利润表

在整个产品核算结束后，我们就可以列出产品的利润表，通过利润表可以分析产品的盈利性，如表4-2所示。

表4-2　　利润表

项目	金额（元）	金额（元）
销售收入		X
减去：营业成本		
期初存货成本	X	
本期生产成本费用：		
变动成本——材料成本	X	
——人工成本	X	
——变动制造成本	X	
产品吸收固定制造成本费用	X	
减去：期末存货成本	(X)	
营业成本	X	
吸收过度÷吸收不足成本调整	X/（X）	
营业成本合计		(X)
毛利润		X

续表

项目	金额（元）	金额（元）
减去：销售、物流等费用		(X)
净利润		X

接下来我们通过一道例题来看一下产品利润表的具体计算：

【例4-8】 R公司销售甲产品的销售价格是50元，公司变动销售成本为5元每件。甲产品的单位成本信息如下：

项目	单位产量成本（元）	
直接材料	6	
直接人工工资	10	
变动制造费用	5	
固定制造费用吸收率	2	
	第一年	第二年
预计产量（件）	1,000	1,000
实际产量（件）	1,200	800
实际销量（件）	1,100	900
实际固定制造费用（元）	2,300	2,000
固定销售费用（元）	5,000	5,000

第一年年初没有期初存货余额。

要求：编制R公司两年的利润表。

解题思路：

我们可以通过以下计算来核算利润表中的项目：

第一年销售收入为 $50 \times 1,100 = 55,000$（元）

第二年销售收入为 $50 \times 900 = 45,000$（元）

第一年变动材料成本为 $6 \times 1,200 = 7,200$（元）

第二年变动材料成本为 $6 \times 800 = 4,800$（元）

第一年变动人工成本为 $10 \times 1,200 = 12,000$（元）

第二年变动人工成本为 $10 \times 800 = 8,000$（元）

第一年变动制造费用成本为 $5 \times 1,200 = 6,000$（元）

第二年变动制造费用成本为 $5 \times 800 = 4,000$（元）

第一年甲产品吸收固定制造费用成本为2×1,200=2,400（元）

第二年甲产品吸收固定制造费用成本为2×800=1,600（元）

第一年期末存货成本为（1,200－1,100）×（6+10+5+2）=2,300（元）

第二年期末存货成本为（100+800－900）×（6+10+5+2）=0（元）

第一年固定制造费用吸收过度成本为2,300－2,400=－100（元）

第二年固定制造费用吸收不足成本为2,000－1,600=400（元）

第一年变动销售费用为5×1,100=5,500（元）

第二年变动销售费用为5×900=4,500（元）

综上所述，R公司甲产品的利润表如下：

	第一年（元）	第一年（元）	第二年（元）	第二年（元）
销售收入		55,000		45,000
减去：营业成本				
期初存货成本	0		2,300	
本期生产成本费用：				
——变动材料成本	7,200		4,800	
——变动人工成本	12,000		8,000	
——变动制造成本	6,000		4,000	
——固定制造成本	2,400		1,600	
减去：期末存货成本	（2,300）		（0）	
营业成本	25,300		20,700	
吸收成本调整	（100）		400	
营业成本合计		（25,200）		（21,100）
毛利润		29,800		23,900
减去：变动销售费用		（5,500）		（4,500）
固定销售费用		（5,000）		（5,000）
净利润		19,300		14,400

由于吸收成本法核算了产品的全部成本，比较符合会计准则的存货披露要求，而且那些间接的成本费用也确实对生产产品产生了贡献，但是吸收成本法也有其缺点：在吸收成本法下间接费用的分摊可能过于主观武断，导致成本不准确，从而也可以通过分摊基础的调整来人为操纵利润。并且，将固定成本分摊到产品成本也许对于企业管理者决策并没有什么用处，也不能清晰地看出产品的成本性态。

下一章，我们将学习边际成本核算方法，它是与吸收成本法不同的另一种成本核算方法，学生们可以通过学习掌握不同的方法。

本章小结

通过本章的学习，我们了解了吸收成本法下的成本核算。首先是学习了吸收成本法的含义，然后通过详细案例的介绍让学生们了解了吸收成本法的核算方法和计算步骤，通过吸收成本法的一系列计算，最终可以得出产品的利润计算简表，帮助企业成本核算和营利分析。

本章是比较难的一章，要理解吸收成本法的理念，熟悉掌握吸收成本法的计算过程。吸收成本法是我们讲解的第一个成本核算的方法，下面一章我们还将学习边际成本法（Marginal costing），也是成本核算的方法，通过下一章的学习可以了解各个方法的区别。本章是一个关键，是以后学习各种成本核算方法的基础。

第五章　变动成本法

本章概述

在第四章中本书阐述了在吸收成本法下产品成本是如何被吸收到产品中的，本章首先介绍了变动成本法，它是另外一种处理间接费用的方法。鉴于吸收成本法将固定成本（通常是固定的）生产成本，视为单位产出成本的一部分，将它们分类为产品成本。而变动成本法则将所有的固定成本看作期间成本（产品成本与期间成本相关概念在第二章中有所涉及），并不作为产品成本的一部分，因此，产品成本应当只是变动成本部分。

介绍过变动成本法的基本理念之后，本章进而分析变动成本法自身的优势与不足，接下来还比较了变动成本法与吸收成本法在产品成本构成、存货价值和编制利润表方面的不同。

学习目标

※ 掌握变动成本法的基本理念

※ 掌握用变动成本法计算产品成本的方法

※ 掌握变动成本法与吸收成本法的区别

※ 了解变动成本法的优势与不足

商业观察

换一种方式也许会更好[①]

河南中孚实业股份有限公司是以铝精深加工为主体、拥有煤电铝全产业链的大型现代化国际企业，2002年6月在上海证券交易所挂牌上市。公司注册资

① 引用、改编自李松格《浅析变动成本法在企业中的应用——以中孚实业为例》。

本 17.42 亿元，现有总资产 250 多亿元，拥有 100 万吨以上铝及铝精深加工产能、配套 300 万吨原煤、900 兆瓦火力发电和 15 万吨炭素的产业规模，整体实力位居中国铝行业第一方阵，目前是河南省煤电铝及铝加工一体化转型升级示范性企业。

多年来，中孚实业秉承诚信为本的发展理念，坚持发展不放松，形成了“以产业为基础、以资本运营和科技创新为双翼”的发展模式。按照国家、行业产业政策，中孚实业全面加快产业转型升级步伐。公司核心转型项目——高性能铝合金特种铝材项目定位于“国际一流、国内领先”的建设目标，也是当前河南省乃至中国铝行业转型升级的标志性项目。采用目前国际上最为成熟的“1 +4”热连轧工艺，设备全部采用德国西马克公司等国际一流加工设备，主要生产国内市场紧缺的、长期依赖进口的高精度铝合金板带材，产品设计为易拉罐体料及涂层罐盖料、印刷版基及电子产品版基材料、高端铝箔坯料、汽车板体材料、大型储罐、船舶等领域中厚板。该项目热轧生产线荣获“中国建设工程鲁班奖”。项目全部建成达产后，公司将全面实现转型升级的目标，成为国内高端铝合金新材料加工基地之一。

为加快产业转型升级，公司大力实施科技创新战略，取得了一系列行业领先的科技创新成果：在中国铝行业内率先发起成立“高效节能铝电解技术创新战略联盟”，承担的国家“十一五”科技支撑计划项目“低温低电压铝电解新技术”于 2012 年顺利通过国家科技部验收，使电解铝吨铝直流电耗由原来的 13,235 千瓦时降低到了 11,819 千瓦时，这标志着我国电解铝节能达到了国际领先水平；公司承担的国家“863”计划重点项目“高温超导电缆示范工程”于 2013 年通过国家科技部验收；与上海交通大学合作成立了“先进铝合金材料联合研究中心”，围绕科技前沿、市场前沿开发铝合金新材料新技术；2015 年，中孚实业技术中心被确认为“国家认定企业技术中心”。目前，中孚实业无论在管理、装备还是节能环保方面，都代表着国际、国内的行业领先水平。

展望未来，根据绿色低碳、轻量化发展的时代要求，中孚实业将以“高、精、尖、节能、环保、可持续”为发展方向，依托科技创新，持续完善氧化铝、煤、电、铝、铝精深加工一体化的产业链，积极开发国际先进铝合金新材料新技术，努力实现产业发展的高端化、终端化、高效益，将公司打造成为具有国际竞争力的顶级铝合金材料企业，为实现铝行业持续健康发展做出更大的贡献。

中孚实业近年来一直采用完全成本法对产品成本进行核算，这种方法前面章节已经讲解过，就不再赘述。值得一提的是，中孚实业的管理人员对内部提供成本资料并且应用到决策时仍采用此方式。但是，由于中孚实业是以原材料加工为主的制造企业，关键的生产仪器都是进口高端精尖设备，价值较高，裁汰时间非常短，造成固定成本费用较高，就有了产品成本普遍偏高的结果。此类情形下，原来采用的核算方法就不能从数量上揭示产品和产销量间的内在关联，不能给经营预测、决议提供正确成本数据。因而，企业最终决议采用变动成本法核算出来的数据重新对产品生产以及销售进行预测。

首先，对产品生产成本进行分析。第一就是正确划分成本。怎样把生产成本区分成固定的、变动的，就是应用此种方法的重点。中孚实业将与生产量有联系而且生产车间可以控制的成本确认为变动成本，例如，直接人工、直接材料、电费、水费，然后把与生产量没有联系、生产车间不可控的成本确认为固定成本，类似生产的厂房、生产仪器折旧、生产车间管理职员的薪水。目标则是让车间可以有的放矢地节制生产成本。第二就是确定单位变动成本。根据目前生产状况，依照生产程序还有品质管理的要求，逐步计量出每个单位变动成本，还要与市场销售价格进行对照，来明确盈利水平。第三就是明确知道保本生产数量与销售数量。按照市场价格，还有核算出来的每个单位变动的成本，算出收支平衡时的生产数量、销售数量。

其次，对公司市场情况进行分析。根据分析得出，中孚实业目前市场状况已经完全可以达到保本销售数量。企业制定了以下举措：第一就是决定目标成本，增强成本检查与节制。将测算出的每个单位的变动成本当成目标的限制成本，依照生产流程按级别分解给小组、机床、个人，让企业和生产车间、生产车间和小组、小组和机床或者个人分级别签订岗位任务协议，促使生产流程中各个环节都权责明了。第二就是明确目标销售数量，加大市场占有比重。可以看出，在变动成本法下，利润高低和销售数量的变化是相同的。因而，保证达到保本销售数量时，也就加强了对开发新市场的力度，得到了尽可能大的经济利益。

从以上分析可以看出，应用变动成本法可以更有效地为管理者决策提供助力，解决了不能从数量上揭示产品成本和产销量间的内在关联，不能给经营预测、决议提供正确成本数据的难题，有助于企业更好的运营发展。

第一节　变动成本法概述

一、变动成本的定义

变动成本是指增加一单位的产出或者服务所增加的成本。如果不增加单位产出，那么变动成本不会变化；相反，只要额外增加一单位产出，就会产生相应的成本，这就是变动成本。鉴于吸收成本法将固定成本包含在产品成本（Product cost）中，那么变动成本法下产品的变动成本就只由成本的变动部分组成。

例如，在生产电话的过程中，只要多生产一部电话就会多耗费一部分材料，就会需要劳动力即工人去组装，而且机器设备也会因为多生产的这一部电话耗用更多的电力，耗用更多的其他资源。总之，可以从中看出，变动的概念就是一单位新增产出所引起的成本变化。当然，如果不生产也就不会产生新的变动成本。

因此，单位产出的变动生产成本可以由以下几项构成：直接材料、直接人工、变动制造费用（Variable production overheads）①。

【习题5－1】在变动成本法下，构成产品成本的是（　　）。

A. 直接材料　　B. 直接人工

C. 固定成本　　D. 变动制造费用

二、变动成本与变动成本法

变动成本法（Marginal costing）只考虑变动成本，不考虑固定成本并且将其看作期间费用（Period cost）处理，这是它区别于吸收成本法的一大特点。因而是另外一种处理间接费用的方法。在变动成本法中只考虑成本的变动部分，只把直接材料、直接人工、变动制造费用等变动成本归纳到产品成本当中。销售收入减去全部变动成本得到边际贡献。进而期末存货中的在产品和完工产品的价值就应当只是变动生产成本。固定成本则被当作期间费用对待，从其发生当期的会计利润中扣减。

固定成本作为期间费用，在相关范围内它不随销售量和生产量的变动而变动。换句话说，就是在某一范围内，即使销售量增加或者产量增加，此时的固定成本也与产销量增加之前的固定成本相同，不会有所改变。比如，某一企业要生产电扇，生产电扇的机器设备的折旧就是一部分固定成本，在产能允许的情况下，无论你生产多少台电扇或是卖了多少台电扇，折旧的部分不会改变，既不会增加也不会减少。因此，如果一单位的额外销量增加，随之增加的只能是以下3个方面：当期销售量增加，收入随之增加；成本的增加量只是其中变动成本部分的增加量；销售收入与变动成本之间的差额即贡献随之增加。

三、贡献

贡献（Contribution），又称“变动收益”“变动贡献”，它是变动成本计算法中很重要的一种计量方法。它计算的是销售收入与全部变动成本之间的差额，即：

贡献＝销售收入－全部变动成本

进一步来说，贡献又分为单位贡献和总贡献。单位产品的贡献即单位贡献；当期销售总量乘以单位产品价格扣减当期全部产品的变动成本的余额即当期总贡献。一般情况下，如果不作特别说明，贡献即总贡献。

需要指出的是，这里所说的全部变动成本，既包括变动生产成本也包括变动的非

① 变动制造费用，是与生产数量同时变化的制造费用，例如，电力，材料消耗。

生产成本。变动生产成本就是上面所提到的直接材料、直接人工、变动制造费用等；而变动的非生产成本是指不涉及生产环节，在产品的非生产环节发生的成本，如销售环节发生的变动销售费用。

贡献是企业获得销售收入后首先用来抵偿变动成本后的数额，是对企业营利所做的贡献，继而用来抵偿固定成本，如果抵偿固定成本后的数值为正，则代表企业创造了利润，反之，就是贡献不足以抵偿固定成本，表现为营业亏损。

【例5-1】某电子产品售价2,009.99元，该产品生产时耗用的直接材料单位成本是420元，直接人工单位成本是290元，变动制造费用单位成本是232元。固定间接费用每年110,000元，由此固定间接费用涵盖的预算产量为1,000件。请计算该电子产品的贡献。

	金额（元/件）	金额（元/件）
销售价格		2,009.99
变动成本		
直接材料	420	
直接人工	290	
变动制造费用	232	
		942
贡献		1,067.99

本例所求的贡献，根据其定义可知不涉及固定间接费用，因此，对固定间接费用不予考虑，根据贡献的计算公式：贡献=销售收入-全部变动成本，以及变动成本涉及的3个方面——直接材料420元、直接人工290元、变动制造费用232元，可以算出贡献=2,009.99-420-290-232=1,067.99（元）。

第二节 变动成本法的计算

一、计算步骤

与吸收成本法类似，变动成本法也有着它特殊的计算步骤，当期销售的产品的成本仅指变动成本部分，用当期销售收入扣减变动成本即当期总贡献，再从总贡献毛利中扣除固定成本，就形成了当期利润。再来看看期末存货，由于变动产出的增加带来成本的增加仅是变动成本的增加，固定成本不随变动产出的变动而变动，计入产成品成本的只是变动成本，所以期末存货的价值相应地也就只是其包含的变动生产成本。具体计算步骤如下：

（1）归集全部变动成本与销售收入的相关信息。

（2）销售收入减去全部变动成本得出总贡献。

（3）用总贡献减去本期发生的固定成本得出当期利润。

二、变动成本法应用举例

【例5-2】A公司是一家制作毛绒玩具的生产商，20×5年9月将要生产一批毛绒玩具，该玩具的变动生产成本是20元/件，销售价格是30元/件。无期初余额；当月产量20,000件；当月的固定成本为45,000元，包括生产产品耗用、行政办公耗用及销售和配送等耗用；当月无变动市场成本[①]（Variable market cost）。

要求：利用变动成本计算法计算在以下各个销售水平，A公司20×5年9月的总贡献、总利润及单位贡献和单位利润或亏损。

1. 10,000件

2. 15,000件

3. 20,000件

	10,000件		15,000件		20,000件	
	金额（元）	金额（元）	金额（元）	金额（元）	金额（元）	金额（元）
销售收入		300,000		450,000		600,000
期初余额	0		0		0	
全部产品变动生产成本	400,000		400,000		400,000	
减：期末存货	(200,000)		(100,000)		—	
已售产品的变动成本		200,000		300,000		400,000
贡献		100,000		150,000		200,000
减：固定成本		(45,000)		(45,000)		(45,000)
利润（亏损）		55,000		105,000		155,000
单位利润（亏损）		5.5		7		7.75
单位贡献		10		10		10

本例中，在销售水平1下，应用变动成本计算法不考虑固定成本，单位贡献＝30－20＝10（元），单位固定成本＝45,000÷10,000＝4.5（元），所以单位利润＝10－4.5＝5.5（元）。总贡献＝10×10,000＝100,000（元），总利润＝5.5×10,000＝

① 市场成本是完成市场交易整个过程中的耗费，包括收集供求信息、寻找交易对象、进行交易谈判、实现交割等各个环节的耗费。

55, 000（元）。以此类推，销售水平2下的总贡献、总利润、单位贡献、单位利润依次为150, 000元、105, 000元、10元、7元；销售水平3下的总贡献、总利润、单位贡献、单位利润依次为200, 000元、155, 000元、10元、7. 75元。

由此可以总结出以下几点：

（1）单位利润会因销售量不同而不同，这是由平均固定成本随销售量的变化而变化导致的。

（2）单位贡献在任何一个销售水平都不会发生变化，因而总贡献会随销售量增加而增加。

（3）由于单位贡献不变，计算各个销售水平下单位利润的更有效的方法如下：①计算总贡献；②用计算出来的总贡献扣减固定费用；③用上一步的计算结果除以销售量。

（4）由此可知，如果本例中销售水平为25, 000，则单位利润是

$10 \times 25,000 = 250,000$（元）

$250,000 - 45,000 = 205,000$（元）

$205,000 \div 25,000 = 8.2$（元）

【习题5－2】某企业只生产一种产品，本月生产并销售产品100件，单位产品售价3, 000元；发生的变动成本为70, 000元，变动管理费用和变动销售费用为5, 160元，固定性制造费用为30, 000元，固定成本为90, 000元。按变动成本计算法计算其贡献为（　　）元。

A. 17, 900　　B. 104, 840　　C. 30, 000　　D. 40, 000

第三节　变动成本法与吸收成本法的区别

一、产品成本构成的区别

吸收成本法下的产品成本构成，就是在计算产品成本和存货成本时，把一定期间内在生产过程中所消耗的直接材料、直接人工、变动制造费用和固定制造费用的全部成本都归结到产品成本中去，即产品成本包含了为生产该产品所耗费的所有成本，变动成本和固定成本都包含在其中。

变动成本法只考虑变动成本，不考虑固定成本并且将其看作期间费用（Period cost）处理。在变动成本法中只考虑成本的变动部分，只把直接材料、直接人工、变动制造费用等变动成本归纳到产品成本当中。由此可见，变动成本法下的产品成本并不包括固定成本如表5－1所示：

表 5－1　　变动成本法下产品成本构成

	吸收成本法	变动成本法
产品成本	* 直接材料 * 直接人工 * 变动制造费用 * 固定制造费用	* 直接材料 * 直接人工 * 变动制造费用

二、存货价值的区别

存货体现的是企业产出的产品的期末价值，只有对产品成本进行核算后才可以知道产品的成本是多少，也就是存货的价值是多少。另外，对于本期销售的产品，只有知道产品的成本才能核算企业的利润，所以存货的计价是影响企业在一个期间的盈利性的。变动成本法和吸收成本法作为成本核算的两种方法，都可以对产品成本进行核算，但是两种方法的核算结果又有所不同：

在变动成本法中，企业的期末存货成本仅仅是变动成本，不包括该产品在生产过程中耗费的固定性费用，而固定费用就被看作期间费用对待，统一从贡献中一次性扣减。

在吸收成本法中，期末存货的价值不仅包括变动成本，还包括经过一定的分配方法分配到产品成本中的固定费用，这意味着期末存货不仅包括本期尚未销售出去的产品分摊的固定性费用，还包括期初结转下来的固定性费用（由于期初存货在本期仍未销售出去）。

三、报表核算的区别

企业的财务报表包括资产负债表、利润表、所有者权益变动表、现金流量表等，这一部分讨论的变动成本法涉及的报表核算问题仅指对利润表的影响，变动成本法下一般性的利润表和吸收成本法下一般性的利润表范例分别如表 5－2 和 5－3 所示。

表 5－2　　变动成本法下一般性的利润表

项目	金额（元）	金额（元）
主营业务收入		X
减去：主营业务成本：		
期初存货成本	X	
本期生产成本费用：		
变动成本——材料成本	X	

续表

项目	金额（元）	金额（元）
——人工成本	X	
——变动制造费用	X	
减去：期末存货成本	(X)	
减去：变动销售、配送和管理费用		(X)
贡献		X
减去：固定制造费用		(X)
固定销售、配送和管理费用		(X)
净利润		X

表 5－3　　　　吸收成本法下一般性的利润表

项目	金额（元）	金额（元）
主营业务收入		X
减去：主营业务成本		
期初存货成本	X	
本期生产成本费用：		
变动成本——材料成本	X	
——人工成本	X	
——变动制造成本	X	
产品吸收固定制造成本费用	X	
减去：期末存货成本	(X)	
	X	
吸收过度或吸收不足成本调整	X	
调整后主营业务成本		(X)
毛利润		X
减去：销售、物流等费用		(X)
净利润		X

由以上两张简单的利润表，可以看出变动成本法和吸收成本法对利润表的影响主要有以下几点：

（1）已售产品成本及营业成本的构成不同。吸收成本法的营业成本包括应分摊的固定成本，而变动成本法的营业成本不包括。

（2）非生产费用的扣减环节不同。非生产费用主要指销售环节的费用，如销售、物流等费用，吸收成本法中这一部分的费用全部都是在计算出毛利润后扣减的，而根据变动成本法的理念，这一部分的费用被分成了两部分，变动销售费用在毛利润之前计入营业成本，固定销售费用在计算出毛利润后一次性扣减。

（3）净利润的数额可能不同。在当期产量与销量相等时，两种成本核算方法计算出的净利润应该是相同的，因为全部产品都已售出，本着销售收入与费用配比的原则，产品成本应该从销售收入中完全扣减得出净利润；在当期产品没有全部售出，留有期末存货时，两种成本核算方法计算出的净利润就会有所不同了，这一不同主要是由于固定性成本的处理方式不同，即两种方法计入当期损益表的固定成本的水平不同。因为在变动成本法下固定费用一次性从贡献中扣除，但是吸收成本法中的固定费用会有一部分进入存货成本，并不会被完全扣除，因而两种成本核算方法计算的净利润会有所不同。因此，当核算期存货水平发生变化时，吸收成本法和变动成本法下的利润数额有所不同：

- 当存货水平增长时，吸收成本法下算得的利润大于变动成本法下算得的利润。
- 当存货水平减少时，吸收成本法下算得的利润小于变动成本法下算得的利润。
- 存货水平不变时，两种方法算得的利润相等。

$$差额 = 单位固定制造费用 \times 存货变动数量$$

接下来让我们一起来看一道例题体会一下这两种成本核算方法的不同之处，这道例题应与例 4-8 结合比较。

【例 5-3】 R 公司甲产品的销售价格是 50 元，公司变动销售成本为 5 元每件。甲产品的单位成本信息如下：

项目	单位产量成本（元）	
直接材料	6	
直接人工工资	10	
变动制造费用	5	
变动生产成本合计	21	
	第一年	第二年
预计产量（件）	1,000	1,000
实际产量（件）	1,200	800
实际销量（件）	1,100	900
实际固定制造费用（元）	2,300	2,000
固定销售费用（元）	5,000	5,000

第一年年初没有期初存货余额，所有的变动成本信息两年间都适用。

要求：利用变动成本法编制 R 公司两年的利润表。

我们可以通过以下计算来核算利润表中的项目：

第一年销售收入为 50×1, 100 =55, 000（元）

第二年销售收入为 50×900 =45, 000（元）

第一年变动材料成本为 6×1, 200 =7, 200（元）

第二年变动材料成本为 6×800 =4, 800（元）

第一年变动人工成本为 10×1, 200 =12, 000（元）

第二年变动人工成本为 10×800 =8, 000（元）

第一年变动制造费用成本为 5×1, 200 =6, 000（元）

第二年变动制造费用成本为 5×800 =4, 000（元）

第一年期末存货成本为（1, 200 -1, 100）×（6 +10 +5）=2, 100（元）

第二年期末存货成本为（100 +800 -900）×（6 +10 +5）=0（元）

第一年变动销售费用为 5×1, 100 =5, 500（元）

第二年变动销售费用为 5×900 =4, 500（元）

综上所述，R 公司甲产品的利润表如下：

	第一年（元）	第一年（元）	第二年（元）	第二年（元）
销售收入		55, 000		45, 000
减去：营业成本				
期初存货成本	0		2, 100	
本期生产成本费用：				
——变动材料成本	7, 200		4, 800	
——变动人工成本	12, 000		8, 000	
——变动制造成本	6, 000		4, 000	
减去：期末存货成本	（2, 100）		（0）	
营业成本合计		（23, 100）		（18, 900）
减去：变动销售、配送和管理费用		（5, 500）		（4, 500）
贡献		26, 400		21, 600
减去：固定费用		（7, 300）		（7, 000）
净利润		19, 100		14, 600

	第一年净利润（元）	第二年净利润（元）
变动成本法	19, 100	14, 600
吸收成本法	19, 300	14, 400

通过以上的计算过程很容易发现变动成本法下第一年的净利润比吸收成本法下第一年的净利润减少了 200 元，但是变动成本法下第二年的净利润比吸收成本法下第二年的净利润多了 200 元，两种成本核算方法两年的总利润数值是相等的，主要原因是两年内总产量全部销售出去，产品收入全部与产品费用配比，即销售收入要减去全部产品成本。

但是，在每一年中，当期的产量并不会全部售出，固定成本在两种方法中的处理方式就引起了最后净利润结果的不同：第一年使用变动成本法比使用吸收成本法计算出的净利润少的 200 元就是期末存货中没有包含的那部分固定成本。结转到第二年时，第一年的期末存货成本就是第二年的期初存货成本，因而第二年变动成本法就要比吸收成本法少减掉 200 元的期初存货成本，所以变动成本法下的净利润高于吸收成本法下的净利润。

【习题 5－3】采用变动成本法和完全成本法确定的营业净利润（　　）。

A. 不等

B. 相等

C. 可能不等

D. 采用变动成本法确定的营业净利润小于采用完全成本法确定的营业净利润

【习题 5－4】造成“某期按变动成本法与按完全成本法确定的营业净利润不相等”的根本原因是（　　）。

A. 两种方法对固定性制造费用的处理方式不同

B. 两种方法计入当期损益表的固定生产成本的水平不同

C. 两种方法计算销售收入的方法不同

D. 两种方法将营业费用计入当期损益表的方式不同

【习题 5－5】某企业只生产一种产品，20×5 年年初的存货是 80,000 元，期末存货是 0 元。在这种情况下，按完全成本法确定营业净利润比按变动成本法确定的营业净利润（　　）。

A. 大　　B. 小　　C. 不确定　　D. 相等

【习题 5－6】C 公司只生产一种产品 M，与该产品有关的一年内的信息如下：

项目	实际情况	预算情况
业务量水平（%）	50	100
销售和产量（件）	400	800
销售收入（元）	8,000	16,000

续表

项目		实际情况	预算情况
生产成本（元）	变动部分	3,200	6,400
	固定部分	1,600	1,600
销售与配送成本（元）	变动部分	1,600	3,200
	固定部分	2,400	2,400

业务量的正常水平是800件/年，固定成本在一年内均匀发生且实际固定成本与预算固定成本一致。期初存货无余额，该公司第一季度产量220件，销售160件。

要求：(1) 使用吸收成本法计算M产品第一季度的固定生产成本。

(2) 计算吸收过度/吸收不足。

(3) 利用吸收成本法计算第一季度总利润。

(4) 利用变动成本计算法计算第一季度总利润。

第四节 变动成本法的优势与不足

一、变动成本法的优势

1. 有利于短期经营决策的制定

利用变动成本法中贡献的概念，可以使管理层更好地发现企业的每一项经营活动为本企业带来的积极的、值得注意的贡献。当管理者制定经营决策时，可以快速地衡量该经营活动可以带来的利润，在与其他业务活动比较时，变动成本法也提供了一种清晰、快捷的方式，帮助管理层更顺利地做出短期经营决策。

2. 更符合固定成本的性质

企业生产经营过程中的固定成本在相关范围内不随销售量和生产量的变动而变动，换句话说，就是即使销售量增加或者产量增加，固定成本依然是最初的那个数值，不会改变。这是固定成本特有的性质，比如设备的折旧，设备使用多或者少每年或者每月计提的数额是固定的，并不会随使用量的增加而增加。变动成本法将固定成本视作期间费用，将一段时间内发生的固定成本归集起来并一次性从贡献中扣减，更加符合固定成本产生的原因。

3. 有利于正确评价企业不同期间的经营业绩

吸收成本法计算产品成本的关键是固定费用的分摊，而分摊方法大多是以产量作为分配标准的，这样一来利润就既受销量的影响又受产量的影响，因为利润 = 收入 - 成本，收入无疑是销量影响的结果。但是成本不是简单地靠单位成本乘以销量计算而来，单位成本中还包含了以产量为标准分摊的固定成本，因而利润既受销量又受产量的影响，所以企业无法正确衡量不同期间的经营业绩。

变动成本法可以很好地克服吸收成本法的不足。有的企业为了提升本期利润，会用加大产量借以增加期末存货，将固定费用大量地留存在存货中而没有从当期销售收入中扣减，这就会产生销售收入下降但是利润反而上升的现象。在变动成本法中，产品成本不包含固定部分，将其从贡献中全额一次性扣减，这样就不会出现固定成本大量留存期末存货的现象，从而遏制了企业调节利润的手段，有利于管理者或者财务报表使用者更加准确地衡量企业不同期间的经营业绩。

二、变动成本法的不足

1. 成本性态划分有难度

变动成本法要求将成本严格地划分成变动成本和固定成本两部分，但是在现实中这种根据成本性态对成本进行划分的方法很难具体、准确地实施。因为现实经济活动中，大多数成本与业务量之间的关系处于两者之间，属于混合成本。如要使用变动成本法，就需要对混合成本进行分解，这既增大了难度也加大了工作人员的工作量。

成本性态分析的假设前提是成本的变动率是线性的，也就是说成本随业务量的变化成一定比例变化。但在许多情况下，成本与产量之间的联系是非线性的，比如说随业务量上升单位成本不是保持不变而是会有所下降。因此，假设成本变动率为线性后，可能导致结果与实际有较大的偏差。

2. 不利于长期决策的制定

变动成本法的基本理念就是计算产品成本时不考虑固定成本，将其作为期间费用考虑，这在短期非常适用，但是从长期来看就会显现出一定的局限性了。因为长期来说固定成本不可忽略，而且并不是一成不变的，在长期不仅固定成本可变，单位变动成本亦是可变的。

这是由技术水平、生产能力、经营环境等因素的变化导致的，比如技术进步会大大降低产品的生产成本，随着技术进步会产生新老设备更替，这就会使固定成本中的折旧部分发生变化；原材料和劳动力价格上涨直接影响变动成本中的直接材料和直接人工。以上因素的变化，都会使产品的单位成本发生变化，从而不利于变动成本法在长期的应用。

3. 不符合国际会计准则（IAS2）的规定

最新国际会计准则规定，存货的加工成本包括直接与单位产品有关的费用，诸如直接人工等。在将材料转化成制成品的过程中，会发生各种固定和变动的间接生产费用，存货的加工成本还包括对这些间接费用的系统分配。固定的间接生产费用，是指无论生产数量多少都保持相对不变的间接生产费用，诸如工厂建筑物和设备的折旧、维修费及工厂的行政管理费等。变动的间接生产费用，是指随着生产数量直接或几乎直接变动的间接生产费用，诸如间接材料和间接人工等。[①] 由此可见，产品成本不仅包括变动成本，还包括其应分摊的固定成本，因此，变动成本法不符合国际会计准则的规定。

本章小结

本章最初介绍了变动成本法与吸收成本法的区别，在吸收成本法中包括生产产品发生的固定费用，但是在本章提出的变动成本法中则不包括固定费用，只包括变动成本，这是变动成本法与吸收成本法最根本的不同。接下来提出贡献的概念，销售收入减去变动成本或者变动成本的余额就是贡献，它作为变动成本法中一个重要的衡量工具，在成本核算过程中起到了非常重要的作用。学生们必须掌握变动成本和贡献的计算。

在变动成本和贡献的基础上，本章进而介绍了变动成本计算法，在该种方法中，产品成本依然仅包括变动成本，并且将固定费用完全看作期间费用，在销售收入弥补了变动成本之后，若有余额还需要抵偿固定成本，抵偿之后的余额才是利润。若不足抵偿固定成本甚至是变动成本，那么企业就是亏损的。若是销售收入恰好抵偿变动成本和固定成本，则称此时企业盈亏平衡。在这一部分中，需要充分理解变动成本计算法的基本理念。

① 以上是 IAS2 的部分原文。

第六章 作业成本法

本章概述

本章介绍了作业成本法及其相关的基本概念，并且阐述了作业成本法的产生背景和核算方法。通过与传统成本核算方法进行比较，可以分析作业成本法适用的情况。本章重点讲解作业成本法核算的步骤程序，在掌握基本方法的基础上，了解企业运用作业成本法进行成本管理的原理。

作业成本法是一种比传统成本核算方法更加精细和准确的成本核算方法，世界上许多先进的公司已经凭借着作业成本管理方法改善了其原有的成本核算体系，增强了企业的竞争力，因此，作业成本法是一种必须掌握的全新成本管理理论方法。通过本章的学习，学生们可以对作业成本法有一定的认知，学会简单的核算。本章内容需要重点把握，作业成本法是管理会计成本核算和成本管理的重点内容。

学习目标

※ 了解作业成本法产生的原因

※ 掌握作业成本法的原理

※ 掌握作业成本法的方法步骤

※ 熟悉作业成本法的适用性

※ 了解作业成本管理

商业观察

许继电气的成本管理

许继电气成立于1993年3月，由许昌继电器厂作为独家发起人以定向募集方式改组设立，1997年4月18日，许继电气在深圳证券交易所挂牌上市。许继电气是国内同

行业首家上市公司，中国上市公司协会首批理事单位，国家科技部认定的国家重点高新技术企业，拥有国家级企业技术中心和企业博士后工作站。经过20多年大力推进机制改革和科技创新，公司已经成为中国电力装备行业的大型骨干和龙头企业，产品覆盖发电、输电、配电、用电等电力系统各个环节，横跨一二次、高中压、交直流装备领域，是国内综合配套能力最强、最具竞争力的电力装备制造商及系统解决方案提供商之一，承担了国家“六五”至“十二五”期间的一系列重大攻关项目。公司产品广泛应用于国家“西电东送”“西气东输”“南水北调”、核电建设及高速铁路建设等国家重点工程，并出口到20多个国家和地区，为我国及国外电力系统安全、稳定、经济运行做出了杰出贡献。

“许继电气最初是采用传统的成本计算方式核算成本，按照单一的分配标准来进行制造费用的分配，核算各个产品的成本。许继电气的分配标准是人工工时，采用的是定额标准下的人工工时，而不是实际人工工时。”① 随着我国市场的不断发展，特别是我国加入世贸组织后，电气市场竞争日益激烈。面对激烈的竞争环境，采用传统成本方法核算产品成本的许继电气走向了下坡路，盈利能力大幅下降。这是因为，一方面企业不断推出新的产品，产品愈加复杂，再采用传统的成本核算方法计算各个产品的成本，不能够提供准确的成本信息，也就不能为企业管理和企业决策提供可靠的信息。另一方面，激烈的竞争引起了各企业大规模的降价，价格战中需要企业对产品成本的精准把握，而传统的成本核算方法下的产品成本并没有那么准确，可能会造成企业定价出现偏差。面对业绩的下滑，许继电气意识到了传统成本核算方法的弊端，要想控制好成本，在竞争中取得有利地位，许继电气需要对成本核算方法进行改革，为了更加准确地核算成本，企业需要采取合理的方式将制造费用分配给各个产品，采用多种分配方式进行合理分配，而不是简单地采用单一分配标准。许继电气为了加强成本管理，放弃了传统的成本核算方式，走上了以作业成本法核算管理的道路，最终在竞争中脱颖而出，制造费用下降，销售收入大幅上升，现在已经成为国家电力系统自动化和电力系统继电保护及控制行业的排头兵。

作业成本法能够给企业带来这么有效的成本管理，那么作业成本法到底是怎样的一种核算方法呢？通过这一章的学习，让我们来走近作业成本法。

第一节　作业成本法概述

一、作业成本法产生背景

在20世纪60年代之前，大多数企业的生产都是以单一产品为主，并且由于机器设

① 潘飞，余丹柯，钱沁如：《作业成本系统在许继电气的实践与应用》，《新理财》2006年第9期。

备自动化程度不够，直接人工和直接材料成本占产品成本的大部分。企业对于成本的核算，基本是采用传统的成本核算方法，将制造费用按照单一的分配方法（例如，按照人工工时分配或者按照产品分配）在不同的产品间进行分配。因此，成本的控制关键点大多集中在直接人工、直接材料等变动成本之上。

20 世纪 70 年代以来，科技不断进步，竞争日益激烈。越来越多的企业加入竞争的行列，市场选择优胜劣汰。为了在激烈的竞争中站稳脚步，企业开始了多元化的生产，产品种类日益繁多，同时企业还要通过降低成本、提高生产效率、改善产品质量等方式参与到激烈的竞争中。此时传统的成本核算方法就显露出了弊端。在多产品的生产同时进行的情况下，传统成本核算方法对于制造费用的分配还是采取单一的分配比例，显然成本分配出现偏差的可能性较大，成本核算不够准确。产品成本的确定关乎到企业对于产品定位、产品定价、产品营销方式等多方面的决策，产品成本核算不准确，很可能造成企业成本控制失败，最终导致企业经营不善。另外，随着科技的不断进步，高新技术设备出现，企业在生产产品的时候不再是仅仅依赖人力劳动，而是开始依赖于机器设备及自动化设施。相比人工来说，自动化机器的操作能够更加标准化，生产速度也大大提升，一大部分企业都实现了批量化、标准化的大规模生产。此时，制造费用比重就会大幅提升而直接人工成本大幅下降。企业不再像以前那样需要聘用大量的劳动力，而只是需要聘用少量的技术人才对机器设备进行把控，使得产品成本中的直接人工成本占比会下降至 5% 左右。这个时候如果再用传统的成本核算方法进行制造费用的分摊，就会产生成本核算偏差，因为制造费用比重较大，分摊不准确就会造成最终成本核算的失败。

因此，面对日益复杂的多产品生产和制造费用比重的不断攀升，传统的成本核算方法已经不再适用。要想在激烈的竞争中脱颖而出，企业必须对成本进行很好的控制，但是，传统成本核算方式下的关键只着眼于直接人工、直接材料等变动成本，而随着大多数企业越来越依赖自动化机器设备，制造费用占产品成本的份额不断上升，所以企业要改变传统的成本核算方法，着眼于制造成本的合理分配。综合上述因素，在 20 世纪后期作业成本法作为一种新的成本核算方法应运而生。

二、作业成本法相关概念

作业成本法（Activity based costing）又叫作业成本计算法或作业量基准成本计算方法。作业成本法是以作业为核心，通过追踪作业活动，确认和计量耗用企业资源的所有作业，将耗用的资源成本准确地计入作业，然后选择成本动因（Cost driver），将所有作业成本分配给成本对象的一种成本计算方法。也就是说，作业成本法是首先根据作业消耗资源的因果关系将资源的消耗分配给作业，然后根据产品消耗作业的因果关系将作业成本分配到不同的产品。这种关系可以通过图 6 - 1 来表示。

作业成本法下的资源，指的是支持作业的成本，即企业的各项成本费用，也就是

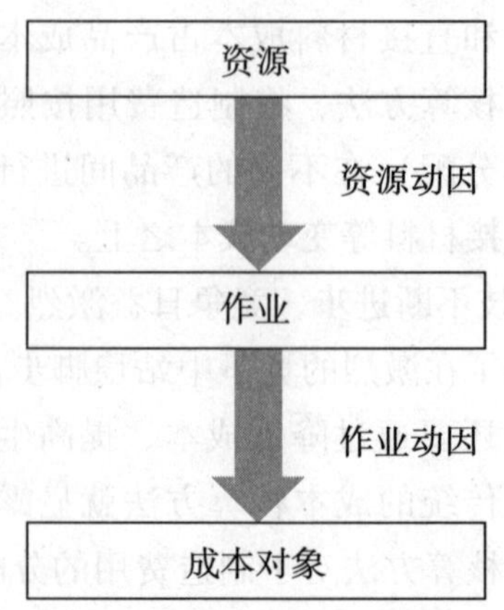

图 6-1 成本对象与作业、资源之间的关系

说，企业要发生作业所消耗的资源成本，如制造费用、材料费用、人工成本等。资源是企业为了能够产出作业或者产出产品而进行的投入，是费用的支出。

作业是相关的一系列任务的总称，或指组织内为了某种目的而进行的消耗资源的活动。例如，企业打电话下订单采购就是一项作业；企业进行产品质量检验也是一项作业等。作业是连接资源和最终产品的桥梁，因而是作业成本法的核心。根据企业作业层次的不同，可以将作业分为 4 类：单位作业、批次作业、产品作业和支持作业。

（一）单位作业

单位作业是使单位产品或服务受益的作业，它对资源的消耗量往往与产品的产量或销量成正比。常见的单位作业如加工零件、对每件产品进行组装等。因为单位作业是每个产品都需要消耗的，所以作业可以将产品对应的成本直接分配。

（二）批次作业

批次作业是使一批产品受益的作业，作业的成本与产品的批次数量成正比。常见的批次作业如设备调试、生产准备等。批次作业是将成本先分配给每一个批次，然后将一个批次内的产品按照产量分配给各个产品的成本。

（三）产品作业

产品作业是使某种产品的每个单位都受益的作业。例如，零件数控代码编制、产品工艺设计作业等。这些作业的成本依赖于产品线的存在，而不是依赖于批次或产量。某一种产品品种存在，才会存在该品种的作业成本，产品作业是随着产品品种的变化而变化的，所以在分配这样类型的成本时，应先将成本分配至每一个品种，然后将一个品种的成本分配至不同的批次，最后将每一批次的成本分配至产品。

（四）支持作业

支持作业是为维持企业正常生产而使所有产品都受益的作业，作业的成本与产品数量无相关关系。例如，厂房维修、管理作业等。通常认为前3个类别以外的所有作业均是支持作业。支持作业不能够准确地分配给产品，可以先分配给不同的品种，然后分配至不同批次和各个产品，或者按照一定标准直接分配给每个产品。

成本对象是作业成本分配的终点和归属。常见的成本对象有产品、服务、顾客等。企业可以根据需要将一个批次作为成本对象，也可以把一个产品品种作为成本对象。企业有什么样的目的，就会有什么样的成本对象，因此，把成本准确地分配给各个成本对象，是进行成本管理和控制的基础。

成本动因又称成本驱动因素，即导致成本发生和成本增加的事件或情形，是决定资源消耗的根本原因。它作为解释发生的作业采用的计量指标，反映了作业消耗的成本或作业量。

作业成本法下对成本的分配是采取不同的分配标准，按照不同的动因选择不同的分配方式，从而提高成本核算的准确性。成本动因是作业成本法中非常关键的因素，找到成本动因就找到了成本分配的合理方式。成本动因在不同的阶段可以分为资源动因和作业动因。

资源动因是指作业对资源消耗的驱动因素，通过资源动因将资源的消耗按照合理的分配标准归集到作业中。例如，每一种作业基本上都会消耗劳动力，所以可以按照人工工时数分配人工成本，这里的人工工时就是一种资源动因。再例如，机器的使用会消耗润滑油，所以可以按照机器工时来分配润滑油的成本，这里的机器工时就是一种资源动因。

作业动因是指成本对象对作业消耗的驱动因素，是用来把作业成本合理地分摊给成本对象的一种标准。例如，产品质量检验部门的成本是由产品质量检验次数驱动的，所以可以将质量检验部门的成本按照产品质量检验的次数分配给不同的产品，这里的产品质量检验的次数就是作业动因。计算单位作业成本的公式如下：

$$单位作业成本=本期作业成本归集总成本\div作业量$$

计量作业量的时候，根据不同的标准，可以将作业成本动因分为不同的3种类型：业务动因、持续动因和强度动因。

1. 业务动因

业务动因是指当所有的成本对象对作业的要求基本一致，即执行每次作业的成本相等时，那么就可以按照执行作业的次数来进行成本分配，以执行次数作为作业动因。例如，上面所说的产品质量检查成本，以业务动因为分配基础，按照检查的次数分配成本，分配不同产品应分担的作业成本，其计算公式如下：

分配率 = 归集期内作业成本总成本 ÷ 归集期内总作业次数

某产品应分配的作业成本 = 分配率 × 该产品耗用的作业次数

2. 持续动因

持续动因反映完成某一作业需要的时间，当不同的产品需要的作业量差别很大时，用业务动因就不符合实际成本消耗的情况了。例如，工艺流程比较简单的产品，在每次生产前进行设备调试的时间比较短，而工艺流程复杂的产品则需要较长的时间进行设备调试，这种情况下，就不能以调试进行的次数来作为成本动因，而应该采用持续动因的方式，按照不同产品调试时间长短来进行作业的成本分配。当然，持续动因有一个假设前提，那就是每一单位时间消耗的成本是相同的。按照持续动因为分配基础，分配不同产品应分担的作业成本，计算公式如下：

分配率 = 归集期内作业成本总成本 ÷ 归集期内总作业时间

某产品应分配的作业成本 = 分配率 × 该产品耗用的作业时间

3. 强度动因

强度动因是直接计算每次执行每项作业所消耗资源的成本，将实际的资源消耗直接归集到对应的产品中。因为要求资源消耗精准地直接归集于产品，所以强度动因一般适用于对特定订单的成本核算，或者是新产品的试制核算。另外，在每单位时间里进行设备调整消耗的人力、技术、资源等存在显著差异的情况下，则可能需要采用强度动因，直接计算作业所消耗资源的成本。

以上 3 种作业动因的类型中，精确度最高的是强度动因，精确度最低的是业务动因。同时，精确度高的动因方式执行起来成本也相对较高，而业务动因虽然精确度较差但是执行成本较低。实际生产过程中，企业要根据成本的相关程度来选择不同的成本动因，同时考虑实际执行成本。

【习题 6 - 1】 下列作业属于随产量变化而变化的作业是（　　）。

A. 单位作业　　B. 批次作业

C. 产品作业　　D. 支持作业

【习题 6 - 2】 下列属于产品作业的是（　　）。

A. 机器维修　　B. 产品生产规程制定

C. 仓库保管　　D. 生产调试

【习题 6 - 3】 下列作业动因中精确度最高的是（　　）。

A. 业务动因　　B. 持续动因

C. 强度动因　　D. 时间动因

第二节　作业成本法计算方法

如本章第一节所述，作业成本法是在传统的成本核算方法中增加了一个作业核算的环节，其本质就是对传统的成本分配方法进行改善。传统的成本核算方法是按照单一的分配标准进行成本分摊归集，而作业成本法引入作业的概念，按照成本产生的动因不同，依据不同的标准将成本归集到成本对象，这也是作业成本法与传统成本法最大的区别。作业成本法着眼于费用或资源的来源，将成本与这些费用产生的原因（即成本动因）建立联系，通过成本动因来确认作业量，以作业量为基础合理地分配成本，进而最终得到成本对象的成本信息。

运用作业成本法进行成本核算的步骤如下：识别企业的主要作业；识别作业的成本动因；将成本费用归集到已经识别的作业中心（Activity center）；将作业中心的成本费用按照作业动因归集到成本对象，按照成本对象对作业的耗用量进行分配。

简单举个例子，假设采购部门的采购作业中心汇集了50,000元的作业成本，一共有1,000个订单，那么每一个订单的成本就是50元，某产品需要消耗5个采购订单，那么归集到该产品的采购成本就是250元。下面我们通过一个例题来详细地看一下作业成本法的核算方法。

【例6-1】 M公司生产4种产品：A产品、B产品、C产品及D产品。上一个生产期间的产量和成本信息如下表所示：

产品	产量（件）	生产次数（次）	单位材料成本（元）	单位人工工时（小时）	单位机器工时（小时）
A	200	2	10	2	2
B	200	2	100	5	5
C	1,000	5	30	2	2
D	1,000	5	200	5	5

直接人工的单位成本为每小时100元。

制造费用的成本信息如下表所示：

短期变动制造成本（元）	84,000
生产调试成本（元）	9,800
产品质量检验成本（元）	8,120
生产整备成本（元）	5,320
合计（元）	107,240

要求：（1）根据传统成本核算方法计算A、B、C、D 4种产品分别的单位成本。

（2）假设短期变动制造成本按照机器工时在4种产品间分配，生产调试成本、产品质量检验成本、生产整备成本均按照批次进行作业成本分摊，计算作业成本法下A、B、C、D 4种产品的单位成本。

对于第一问，我们按照传统的吸收成本法进行成本核算，按照机器工时或者直接人工工时对制造费用进行成本分摊。对于第二问，按照作业成本法进行成本核算，制造费用一共有4个作业中心，其中，短期变动制造成本是以机器工时为成本动因的，其余3个均以批次作为成本动因。解题如下：

（1）生产A、B、C、D 4种产品的机器总工时为（2+5）×200+（2+5）×1,000=8,400（小时）

制造费用的分摊比率为107,240÷8,400=12.77（元/小时）

因此，A、B、C、D 4种产品的成本如下表所示：

	A	B	C	D	合计
直接材料成本（元）	10×200=2,000	20,000	30,000	200,000	252,000
直接人工成本（元）	2×200×100=40,000	100,000	200,000	500,000	840,000
制造费用（元）	12.77×2×200=5,108	12,770	25,540	63,850	107,268
合计（元）	47,108	132,770	255,540	763,850	1,199,268
产量（件）	200	200	1,000	1,000	
单位成本（元）	47,108÷200=235.54	663.85	255.54	763.85	

（2）按照作业成本法核算各个作业的分配率如下：

A、B、C、D 4种产品的生产次数总计为2+5+2+5=14（次）

短期变动制造成本分配率为84,000÷8,400=10（元/小时）

生产调试成本分配率为9,800÷14=700（元/次）

产品质量检验成本分配率为8,120÷14=580（元/次）

生产整备成本分配率为5,320÷14=380（元/次）

因此，A、B、C、D 4种产品的成本如下表所示：

	A	B	C	D	合计
直接材料成本（元）	10×200=2,000	20,000	30,000	200,000	252,000
直接人工成本（元）	2×200×100=40,000	100,000	200,000	500,000	840,000
短期变动制造成本（元）	2×200×10=4,000	10,000	20,000	50,000	84,000
生产调试成本（元）	2×700=1,400	1,400	3,500	3,500	9,800

续表

	A	B	C	D	合计
产品质量检验成本（元）	2 ×580 = 1, 160	1, 160	2, 900	2, 900	8, 120
生产整备成本（元）	2 ×380 = 760	760	1, 900	1, 900	5, 320
合计（元）	49, 320	133, 320	258, 300	758, 300	1, 199, 240
产量（件）	200	200	1, 000	1, 000	
单位成本（元）	47, 920 ÷ 200 = 246. 6	666. 6	258. 3	758. 3	

下面我们再来看一道例题：

【例 6 -2】N 公司是生产电脑配件——游戏鼠标的公司，常年生产有线鼠标及无线鼠标两种产品。企业只有一条生产线，按照客户订单分批进行生产。20 ×5 年，N 公司按照传统成本核算方法计算了两种产品的成本，并且对产品进行定价，制造费用以人工工时为基础进行分配。相关成本资料如下表所示：

	有线鼠标	无线鼠标	合计
月平均产量（个）	20, 000	10, 000	30, 000
直接材料成本（元）	1, 200, 000	1, 500, 000	2, 700, 000
直接人工成本（元）	600, 000	1, 000, 000	1, 600, 000
制造费用（元）	800, 000	800, 000	1, 600, 000
成本合计（元）	2, 600, 000	3, 300, 000	5, 900, 000
单位成本（元）	130	330	
现行售价（元）	140	350	

N 公司打算对公司的成本管理方法进行改革，采用作业成本法代替传统的成本核算方法，为此，收集了 20 ×5 年度的其他成本资料。

有关作业成本资料如下表所示：

作业名称	作业成本库成本（元）
机器焊接	108, 000
设备调整	660, 000
质量检验	420, 000
生产工艺调整	412, 000
合计	1, 600, 000

有关作业成本动因资料如下表所示：

项目	有线鼠标	无线鼠标	合计
月平均产量（个）	20,000	10,000	30,000
月平均耗用焊接设备工时（小时）	10,000	8,000	18,000
月平均生产批次（次）	8	22	30
生产工艺调整分摊	20%	80%	100%

每一批次生产前均进行设备调整，每一批次生产出来后均进行质量检验。

要求：根据上述收集的资料计算 20×5 年有线鼠标和无线鼠标的单位成本，并分析两种产品在作业成本法下的盈利状况。

计算各项成本的分配率并且分配作业成本至产品。

（1）机器焊接成本分配率为 108,000 ÷ 18,000 = 6（元/小时）

有线鼠标应分配成本 = 6 × 10,000 = 60,000（元）

无线鼠标应分配成本 = 6 × 8,000 = 48,000（元）

（2）设备调整成本分配率为 660,000 ÷ 30 = 22,000（元/次）

有线鼠标应分配成本 = 22,000 × 8 = 176,000（元）

无线鼠标应分配成本 = 22,000 × 22 = 484,000（元）

（3）质量检验成本分配率为 420,000 ÷ 30 = 14,000（元/次）

有线鼠标应分配成本 = 14,000 × 8 = 112,000（元）

无线鼠标应分配成本 = 14,000 × 22 = 308,000（元）

（4）有线鼠标应分配生产工艺调整成本 = 412,000 × 20% = 82,400（元）

无线鼠标应分配生产工艺调整成本 = 412,000 × 80% = 329,600（元）

因此，按照作业成本法分摊的产品成本如下表所示：

	有线鼠标	无线鼠标	合计
月平均产量（个）	20,000	10,000	30,000
直接材料成本（元）	1,200,000	1,500,000	2,700,000
直接人工成本（元）	600,000	1,000,000	1,600,000
机器焊接成本（元）	60,000	48,000	108,000
设备调整成本（元）	176,000	484,000	660,000
质量检验成本（元）	112,000	308,000	420,000
生产工艺调整成本（元）	82,400	329,600	412,000
成本合计（元）	2,230,400	3,669,600	5,900,000
单位成本（元）	111.52	366.96	
现行售价（元）	140	350	

为了对比两种成本核算方法下的产品盈利性，我们作出如下的表格：

		单位成本（元）	现行售价（元）	单位产品利润（元）
传统成本核算方法	有线鼠标	130	140	10
	无线鼠标	330	350	20
作业成本核算方法	有线鼠标	111.52	140	28.48
	无线鼠标	366.96	350	-16.96

从上面的表格可以看出，有线鼠标的成本在传统的成本核算方法下是被高估的，而无线鼠标的成本在传统的成本核算方法下是被低估的。N公司按照传统的成本核算方法核算成本，进而利用了不准确的成本信息进行定价决策，导致最终有线鼠标定价较高，价格高于同类型的竞争者产品，可能会出现销售问题，高价格使得产品销量下降，造成产品积压；另外，从表中可以看出，无线鼠标的定价比成本还要低，企业成本大于定价，所以最终会造成亏损。

从上面的例子我们可以发现，传统成本核算方法会高估产量高的产品成本，低估产量低的产品成本。因为传统的成本核算方法假设所有的产品都会消耗制造费用，所以以产量为基础进行制造费用的分配，自然产量越高，分配的制造费用越高。随着科技不断进步，竞争逐渐加剧，制造费用在产品成本中的占比越来越高，如果还是按照传统成本方法下的单一分配标准进行制造费用的分配，势必会高估高产量的产品成本，低估低产量的产品成本。作业成本法就能够克服这个缺点，因为作业成本法引入了作业的中间概念，对资源的消耗分类，并且识别出了每个产品对不同的作业的消耗方式，按照不同的方式将制造费用以不同的分摊比例分配给各个产品，还原了产品较为真实的成本。其相比传统成本法更为准确，也给企业管理者提供了更加准确的成本信息，以支持其做出正确的决策。

【习题6-4】P公司生产甲、乙、丙3种产品，上个季度产品信息如下表所示：

产品	产量（件）	生产次数（次）	采购次数（次）	单位材料成本（元）	单位人工成本（元）
甲	200	10	20	20	15
乙	160	8	16	40	25
丙	120	6	12	60	30

有关作业成本资料如下表所示：

作业名称	作业成本库成本（元）
生产调试成本	4,800
质量检验成本	2,400
采购订单成本	4,080
合计	11,280

有关作业成本动因资料如下表所示：

作业名称	成本动因
生产调试	生产次数
质量检验	生产次数
采购订单	采购次数

要求：根据作业成本法计算甲、乙、丙3种产品的单位成本。

第三节　作业成本法的评价

传统成本核算方法是先将制造费用等间接成本费用分配给部门，再将部门分配的成本分配给各个产品，在这个分配的过程中，一般是以产量为基础计算分配比率进行成本分摊。而作业成本法，则是引入了作业的概念，将制造费用等间接成本费用分配给不同的作业中心，再将作业库中的成本按照不同性质不同方式的分配方法分配给产品，在这个分配的过程中，分配比率不是单一的，而是根据产品消耗作业的不同方式进行分配，相比传统的成本分配方法，其更加准确、合理。

一、作业成本法的优点

第一，由于财务报表中的存货要求反映产品的全部成本，管理会计为了达到财务报表披露的要求，按照传统的完全成本法核算成本，但是这样的核算结果并不能为企业管理者提供有效的产品信息。企业管理者不能够运用产品成本信息进行有效的控制决策和定价决策等。相比之下，作业成本法关注成本性态的本质，将成本归集于作业，有效分解了包含在产品之中的成本，为管理者决策提供了有用的信息，有助于管理者进行成本管理决策，制定公司产品定位。

第二，作业成本法运用多种成本动因分配制造费用等间接成本，而不是简单地运用产量或者直接人工工时作为分配标准。传统成本法运用产量或者直接人工工时作为分配标准，是假设所有的产品消耗的间接成本都与产量相关，这样的假设在很多时候是不恰当的，会导致高产量的产品成本被高估，而低产量的产品成本被低估。作业成本法就是发现了这样的不足，采用多种不同的成本分配方法，分配方法的不同取决于产品消耗作业的方式不同。在经营复杂的情况下，作业成本法显然比传统的成本分配方法更加合理，能够提供更加准确的成本信息。

第三，随着市场的发展，生产设备越来越复杂，生产流程的自动化程度不断提高。产品越来越复杂，传统的成本核算方法已经不能清楚地反映成本的结构，而作业成本法能够识别各个作业中心和成本驱动因素，将复杂的成本分解，更好地核算产品成本。

第四，竞争日益激烈，企业需要确定产品正确的定位、定价和营销方式，这些都需要依据产品成本信息。企业管理者需要根据产品成本信息来确定产品的盈利性，抓住瞬息万变的市场机会。作业成本法不仅能够提供更为准确的成本信息，还能够通过成本驱动因素来帮助管理者进行成本控制，把握产品的盈利性，使得企业在竞争中成为胜者，免于被市场淘汰。

第五，在现代的企业制造生产系统中，间接成本包括了许多非生产部门发生的成本，例如，采购部门的订单成本、质量检测的成本、产品设计工艺的成本等，传统的成本核算方法不能够很好地核算这些部门的成本，而作业成本法考虑了所有的间接成本，按照它们不同的类型归类到不同的作业中心。因此，用作业成本法核算的成本，已经超越了原来的生产部门的范畴，将所有与产品相关的费用都考虑了进来，成本核算更加精确。

二、作业成本法的不足

虽然作业成本法能够提供更准确的成本信息，有利于企业控制成本，但是作业成本法也有其不足之处：

第一，作业成本法要求先将资源的消耗分摊至各个作业中心，有些资源的消耗可能是每一个作业都要消耗的，例如，银行借款利息、房租、折旧费用等。这些成本需要分配到每一个作业中心，如果作业中心非常多，那么这样的分配就会非常复杂。

第二，一个作业中心库的成本要按照一个作业动因分配到各个产品中去，但是有的时候一个成本动因方式并不能完全代表该作业中心所有成本的消耗方式，例如，设备调试作业中心包含了设备调试工具消耗成本、调试人工成本、调试设备折旧等，这些成本不一定都是同样的成本驱动因素，但是在作业成本法下都是按照同一个成本驱动因素将设备调试作业成本库的成本分给各个产品的。

第三，作业成本法分配成本的时候要采取适当的成本动因进行成本分配，可是实际过程中并不是所有的成本动因都是可以量化的，如果成本动因不能量化，就没办法对成本进行分配。另外，也不是所有的成本都可以找到成本动因的，如果找不到成本动因，也就没有办法对成本进行分配。

第四，作业成本法相比传统的成本核算方法较为复杂，如果企业管理者没有能力运用好作业成本法，反而会增加企业的成本。

三、作业成本法的适用条件

作业成本法是对传统成本法的一种改进，相较于传统成本核算方法有很多优点，但是作业成本法并不适用于所有的企业，一般适用于有以下特征的企业：

（1）制造费用等间接费用占产品比重较大。

（2）产品多样化程度高，生产不同种类型的产品。

（3）间接费用的种类多种多样。

（4）产量不是驱动间接费用产生的主要因素。

传统成本核算方法是采用单一的分配标准来分配间接费用。对于制造费用占比不大的情况，不会造成成本严重失真，但是随着科技进步，企业越来越多地采用自动化机器设备，制造费用占比越来越大，再采用单一的分配标准，会导致成本的不准确。因为作业成本法重点关注的是作业，强调间接费用分配的合理方式。因此，在制造费用较高的企业，适合采用作业成本法进行成本核算。另外，随着市场竞争的激烈，企业生产的产品不再单一，企业规模越来越大，产品种类越来越多，间接费用的种类也越来越多，复杂的间接费用要分配给多种多样的产品，传统成本核算方法的成本分配越来越不准确，需要采用作业成本法进行成本核算，以便于企业准确地核算各类产品成本，应对激烈的市场竞争。最后，间接费用产生的成本动因如果是多种多样的，而不是由产量驱动的，更适合采用作业成本法，因为在传统成本核算方法下是按照产量来进行成本分摊，产量高的产品分配的制造费用就多，产量低的产品分配的制造费用较少，如果实际情况下成本不是由产量驱动的，那么用传统的成本核算方法就不能反映产品真实的成本，就会高估产量高的产品成本，低估产量低的产品成本，这种情况下要采用作业成本法核算，找出真正的成本动因合理地分配成本。

【习题6-5】 作业成本法与传统成本核算方法相比（　　）。

A. 采用成本动因分配成本

B. 采用单一成本分配比率分配成本

C. 能够更加准确地核算产品成本

D. 先将成本分配给部门，再由部门分配到产品

【习题6-6】 作业成本法适用于以下哪些公司？（　　）

A. W公司是大型制造业企业，采用高度自动化生产线，制造费用较高

B. X公司产品种类繁多，企业规模较大，各个产品的生产工艺复杂程度不同

C. Y公司主要是手工生产，需要大量技术娴熟的工人

D. Z公司是小型企业，产品单一，生产流程简单

第四节　作业成本管理

作业成本管理（Activity - based costing management），是以提高客户价值、增加企业利润为目的，基于作业成本法的新型集中化管理方法。作业成本管理的基础就是作业成本核算方法，它通过对作业及作业成本的确认、计量，最终计算产品成本。在确认各个产品成本的基础之上，将成本的计算深入作业的层次，对企业所有作业活动追踪并动态反映，进而可以对成本的发生进行分析，包括进行动因分析、作业分析等，为企业决策提供准确信息。通过对成本动因进行分析，也可以指导企业有效地精简各项作业，在生产过程中只执行必要的作业，消除和精简那些不能创造价值的作业，从而达到降低成本，提高效率的目的。作业成本管理是新兴的成本管理方法，许多国际性的大型制造和 IT 企业如惠普公司都已实施了作业成本管理，中国的一些领先型制造企业如许继电气集团等也在尝试开展作业成本管理，目的是通过作业成本管理有效降低企业成本，提高生产效率。

一、作业成本管理的实施

与传统的成本管理方式不同，作业成本管理的核心是作业。因此，在实施作业成本管理的时候，也应该围绕作业展开，不同的企业在实施作业成本管理的时候，应该根据自身的生产及发展特点，设计自己的作业成本管理实施方案。我们这里大致讲解作业成本管理的实施步骤：

1. 作业调研

作业调研是一个了解企业生产的步骤。通过作业调研，可以充分了解企业生产运营的过程，厘清导致企业成本产生的因素，识别出整个过程的关键点，即找出各个作业，同时收集与各个作业相关的信息。通过这个步骤也可以了解企业各个部门对成本的责任，以便于管理层对成本的控制及对部门业绩的考核。

2. 作业认定

作业认定是要将调研结果综合汇总，通过调研掌握的信息来分解企业成本产生的各个作业。作业往往分散在企业组织结构中，随着企业规模、工艺和组织形式的不同而不同。作业认定可采用以下几种方法：一是绘制企业的生产流程图，将企业的各种经营过程以网络的形式表现出来，每一个流程都分解出几项作业，最后将相关或同类作业归并起来；二是从企业现有的职能部门出发，通过调查分析，确定各个部门的作业，再加以汇总；三是召集全体员工开会，由员工或工作组描述其所完成的工作，再进行汇总，这种办法有助于提高全体员工的参与意识，加速作业成本管理的实施。而前两种办法可以较快取得资料，准确性高。

3. **找出成本动因**

这里的成本动因有两种类型，一是资源动因，二是作业动因。企业在生产产品过程中消耗各类资源时，这些资源的成本已由传统会计进行了记录，反映在应付工资、应付账款、存货等日记账中，在找出资源动因的步骤中，要找出与各项作业相关的资源成本的分配依据，这种分配依据就是资源动因；找到资源动因是方便将企业消耗的资源分配给各个作业中心，接下来还需要找到作业动因，将作业中心的成本合理地分配给各个产品。在确定资源动因和作业动因的时候，要按照它们不同的类型和性质来确定。

4. **建立成本库**

一旦选定作业成本动因，就可按照同质的成本动因将相关的成本归集起来。这个过程就是将资源分配给作业的过程。每个成本库可以归集直接人工、直接材料、机器设备折旧、质量检查、采购订单等。例如，设备调试成本库归集的是设备调试人员的工资、福利，设备调试所用的物料、工具的损耗等资源。

5. **作业成本核算**

在了解了作业动因的基础上，企业就可以进一步核算各个产品的成本了。这个步骤就是综合上述过程，建立作业成本法核算成本的模型，首先将资源分配给作业，然后将作业分配给产品。从资源到作业，从作业到产品，建立起成本分配的模型，最终核算产品成本。

6. **分析改善**

在建立作业成本核算体系的基础上，输入具体的资源数据，就能够运行作业成本法，核算产品成本。接下来，可以对作业成本的计算结果进行分析与解释，如成本偏高的原因、成本构成的变化等；对作业成本实施过程中发现的问题采取相应措施，从而实现持续的效果改进。例如，发现某项作业成本过高，就可以分析是否有多余的资源消耗，是否可以精简作业，消除那些非增值作业，降低企业成本。另外，通过作业也可以考核部门和员工的业绩，分析应该对成本负责的各个部门的成本控制情况，最终达到重塑企业生产经营流程，消除非增值作业，提高增值作业的效率等的目的。

还需要注意的一点是，因为要找出各个作业中心和成本动因，所以作业成本管理中需要大量详细的成本信息，其相比传统的成本核算更为复杂。因此，在运用作业成本管理的时候，企业需要借助计算机软件设备，来计算处理大量的信息。软件工具有助于完成复杂的核算任务，有助于对信息进行分析。作业成本软件系统提供了作业成本核算体系构造工具，可以帮助建立和管理作业成本核算体系，并完成作业成本核算。

二、作业成本管理的优势

传统的成本管理方法是以产品成本为中心，简单盲目地削减成本，而没有找到成本真正消耗的原因。作业成本管理则是将控制成本、降低成本的重点由以“产品”为中心转移到以“作业”为中心，不再是简单地看一个产品的成本，想办法降低该产品的成本，而是联系成本发生的前因（成本动因）与后果（成本耗费），寻求控制成本的途径和方法。这种成本管理方法更加直接地针对成本产生的作业来分析，更加准确、有效。

随着科技进步，市场迅猛发展，全球化的竞争日益激烈，市场需求也朝着多样化、个性化的方向发展。企业要想在竞争中脱颖而出，就必须改变原来的单一品种生产，跟上时代进步的步伐，实现生产的自动化、高效化。因此，产品多样化的生产线、高度自动化的机器设备，成为很多大型企业的标配。也因此，不能直接归集到产品上的制造费用占比越来越大。在这种情况下，若继续采用在产品成本中所占比重越来越小的直接人工去分配所占比重越来越大的制造费用，必将导致产品成本信息的严重失真，进而误导企业的战略决策。为了适应新发展，作业成本管理方法是将成本管理的着眼点与重点转移到了作业，以作业为成本分配对象，这样不仅能够科学合理地分配各种制造费用，提供较为客观的成本信息，也便于企业管理者在竞争中作出正确的决策。

另外，作业成本管理也有利于加强成本控制。作业成本管理以作业成本为对象，归集各个作业的成本，明确各个部门对于作业的责任，方便提供成本的业绩，将作业员工的奖惩与其作业责任成本控制直接挂钩，充分发挥企业员工的积极性、创造性与合作精神，进而达到有效地控制成本的目的。并且，将成本归集到各个作业，也可以清晰地看出各个作业对资源的消耗，能够通过作业分析，追根溯源，不断改进作业方式，合理地进行资源配置，取消或者精简对价值增值作用不大的作业，实现持续降低成本的目标。

【习题6－7】 下列表述中不正确的有（　　）。

A. 作业成本管理以提高客户价值、增加企业利润为目的

B. 作业成本管理有利于加强成本控制

C. 作业成本管理的着眼点在于产品

D. 作业成本管理有利于企业资源配置

【习题6－8】 下列表述中正确的有（　　）。

A. 作业成本法下制造费用的分配对象是产品

B. 作业成本管理太复杂，不利于业绩考核

C. 作业成本管理的基础是以作业成本法为成本核算方法

D. 作业成本管理一般需要借助计算机软件辅助核算

本章小结

本章首先介绍了作业成本法的产生背景及相关概念，作业成本法是在传统的成本

核算方法基础上的改进，更加适合现代市场激烈的竞争环境。在了解了什么是作业成本法之后，本章简单介绍了作业成本法的计算原理、计算方法，以便同学们对作业成本法有更清晰的认知。学习一种方法就要了解这种方法的实用性，所以本章还讨论了作业成本法的优劣及其适用条件。最后本章介绍了作业成本管理的相关知识。

作业成本法是现代企业逐步在运用的一种方法，运用作业成本法能够帮助企业更好地进行成本核算、成本管理、业绩评价等。因此，本章是重点章节，希望通过本章的学习，同学们能够熟悉并掌握作业成本法相关理念和核算方法。

第七章　标准成本法

本章概述

本章主要介绍了标准成本法（Standard costing）的相关概念及其应用方法，具体包括对标准成本的了解与区分、标准成本法的优势和不足。本章的重点在于标准成本法的应用，包括标准成本的制定等，可以从直接材料、直接人工和变动制造费用3个方面进行学习，也可以从价格和资源需求两个角度进行学习。

标准成本法是一种重要的管理控制工具，为企业的成本计算、价值衡量提供了具体可行的方法，同时能够提高企业预算编制的重要性。标准成本的制定，为企业提供了衡量标准，也为成本差异分析奠定了基础，为企业形成了一个设定标准、实际对比、差异分析、调整改进的完整思路。标准成本法的应用，有利于企业标准化作业，及时发现问题和解决问题，标准成本法是企业广泛应用的管控方法。

学习目标

※ 熟悉标准成本法的相关概念及作用

※ 掌握标准成本制定的四种基础

※ 掌握直接材料、直接人工、变动制造费用的标准制定

※ 了解标准成本的优势与不足

※ 了解标准成本法在现代经济中的实用性

商业观察

深圳地铁运营标准成本管理探索实践①

深圳地铁是广东省深圳市的城市轨道交通系统，由深圳市地铁集团有限公司、港

① 来源于麻宝莉《深圳地铁运营标准成本管理探索实践》，《时代金融》2015年第8期中旬刊。

铁轨道交通有限公司分别经营不同线路。截至2016年1月，共有5条线路、131座车站、运营线路总长178千米，轨道交通线路长度居中国第6位。

深圳地铁运营十年之际，新组建运营总部试图挖掘地铁运营成本优化控制的潜力，运营总部财务部提出实施标准成本管理。2014年2月，客三分公司作为标准成本试点单位，启动标准成本编制工作，编制小组成员结合2013年编制经验，最终建立标准成本体系，于6月完成客三分公司标准成本编制工作。2014年7月，正式启动2014运营总部标准成本编制工作，并于2014年9月完成运营总部标准成本编制工作。

在体系方面，深圳地铁综合考虑了预测客流、运能配置及设备设施的特有属性，选定了合理的线路参数，针对不同的成本模块，企业进行了数据统计和分析，并结合未来经营预测，充分考虑成本中量与价两个因素，获得了运营成本各项目的预测值或目标值。

在薪酬方面，深圳地铁在制定薪酬标准成本时，基于当前管理实际，结合行业人力资源管理经验及深圳地铁未来发展趋势，根据组织价格和薪酬方案建立了工资薪酬标准。

在维修方面，地铁作为资产密集型企业，维修业务是地铁运营的核心业务。因此，深圳地铁针对各个子系统进行了标准成本的编制，包括年度成本控制目标、人员配置情况、检修作业工时标准、检修作业物料消耗标准、典型故障预测、委外维修成本，实现了维修相关成本的全覆盖。

物资管理方面，地铁各系统设备专业多、结构复杂，设备设施故障预测难度大，导致生产物资的计划供应与实际需求之间存在一定差距，库存规模不断扩大，一定程度上存在生产物资浪费的现象。对此，深圳地铁在本年标准成本编制过程中，积极探索库存标准的建立，通过分专业精细化管理，对各专业生产物资采购数量进行了控制，确定了物资库存管理的量化指标，物资采购问题得到解决。

第一节　标准成本法概述

生活中，许多事情都存在标准，如餐厅的清洁程度、九年义务教育的完成程度、准点运行的火车数量等，对于产品和服务的成本而言，也存在着相应的标准。但是，生活中设定的这些标准并不是每次都能够达到的，产品和服务的成本标准也是如此。本章主要讨论成本的标准，包括成本标准的具体应用及如何设立。

一、标准成本法相关概念

标准成本（Standard cost）是指产品、产品组成部分以及服务的计划单位成本。标准成本核算是指企业为了衡量存货产品价值，计算成本差异，通过编制标准成本的方式进行成本核算的过程。标准成本计算是一个关键的管理控制工具。

企业往往采用标准成本卡（Standard cost card）对成本相关情况进行记录，标准成本卡能够显示每一类产品单位标准成本的详细资料。

【例7－1】产品Q的标准变动成本如下表所示：

直接材料	
材料X：3千克×4元/千克	12元
材料Y：9升×2元/升	18元
直接材料总成本	30元
直接人工	
A级别：6小时×7元/小时	42元
B级别：8小时×8元/小时	64元
直接人工成本	106元
其他	
标准直接成本	136元（30元＋106元）
加：变动制造费用	7元
标准变动成本	143元
加：固定制造费用	63元
标准成本总额	206元
加：管理和销售费用	15元
标准销售成本	221元
加：标准利润	20元
标准销售价格	241元

注意标准成本总额是如何根据每个成本要素的标准值计算出来的，其中包括标准价格下原材料的标准数量、标准生产率下工作时间的标准数值等。

因此，标准成本总额由下列要素的估计值决定：

（1）直接材料、直接人工和制造费用的预期价格。

（2）直接材料耗用水平和直接人工效率水平。

（3）预计制造费用和预计业务量。

【例7－2】P产品的预计产销水平为15,000件，标准成本卡如下表所示：

生产成本	
变动生产成本	32 元
固定生产成本	45.5 元
销售成本	
变动销售成本	7.5 元
固定销售成本	29 元
标准利润	5 元
销售价格	119 元

6 月，P 产品的生产量为 16,000 件，销售量为 15,000 件，假设其他要素均保持不变，求 P 产品 6 月的利润。

收入	15,000 件×119 元/件	1,785,000 元
－固定生产成本	15,000 件×45.5 元/件	682,500 元
－固定销售成本	15,000 件×29 元/件	435,000 元
－变动生产成本	16,000 件×32 元/件	512,000 元
－变动销售成本	15,000 件×7.5 元/件	112,500 元
＋期末存货	1,000 件×（32＋45.5）元/件	77,500 元
利润		120,500 元

因此，利润为 120,500 元。

注意：在标准成本核算过程中，固定成本通常以单位标准值表示，也就是说，为了得到固定成本总额的数值，单位成本不应该乘以实际业务量，而应该乘以预计业务量。本题中，实际生产量与销售量是不同的，实际销售量与预计销售量相同（均为 15,000 件），但实际生产量比预计生产量高。

【习题 7－1】 B 企业生产一种 J 产品。参与 J 产品生产的工人有两类，分别为熟练工人和普通工人。熟练工人每小时工资为 10 元，普通工人每小时工资为 5 元。生产一件 J 产品需要消耗普通工人 4 小时，需要消耗熟练工人的时间是普通工人的两倍。

一件 J 产品需要 3 种不同的原材料：A 材料 7 千克，B 材料 4 升，C 材料 3 米。A 材料的价格为 1 元/千克，B 材料的价格为 2 元/升，C 材料的价格为 3 元/米。B 公司的产品变动制造费用主要发生在直接人工方面，人工生产率为 2.5 元/工时。B 公司采用吸收成本法进行核算，吸收基础是直接人工（熟练工人）的工时。预计未来会计期间的产品固定制造费用为 250,000 元，J 产品的预计产量为 5,000 件。管理、销售和分配费用也需要计入产品成本，费用分配率为 10 元/件。成本增加 25% 即为 J 产品在市场上的售价。

根据上述信息，完成下列 J 产品的标准成本卡。

直接材料

A	(1)
B	(2)
C	(3)
直接材料总成本	(4)

直接人工

熟练	(5)
普通	(6)
直接人工总成本	(7)

其他

标准直接成本	(8)
产品变动制造费用	(9)
产品标准变动成本	(10)
产品固定制造费用	(11)
标准产品成本总额	(12)
管理、销售和分配费用	(13)
销售标准成本	(14)
标准利润	(15)
标准销售价格	(24)

【习题 7-2】 标准成本是（　　）。

A. 计划单位成本　　B. 计划总成本

C. 历史单位成本　　D. 历史总成本

二、标准成本法的作用

标准成本核算有许多作用，其中最基本的两个作用如下：

（1）标准成本核算能够衡量存货价值，计算产品成本，有助于达到成本会计目标。

（2）标准成本核算作为一种控制工具，能够通过设立标准和差异分析找出与计划不相符的业务活动，并为管理者指出企业经营活动中脱离控制的环节，进而帮助企业及时进行调整和改进。

【习题7－3】标准成本核算的唯一作用是衡量存货的价值。(　　)

A. 正确　　　　　　B. 错误

三、标准成本与历史成本

未来期间关注的重点是管理会计与财务会计工作的主要差别之一。财务会计关注的重点是会计核算能否真实公平地反映企业在会计期间（12 个月）的经营活动情况。然而，管理会计并不是很关心过去交易和事项的绝对有效性、准确性和可验证性，管理会计关注的重点在于计划、控制和决策，因此，管理会计更关注未来可能发生的事项。

但是，这并不意味着管理会计完全不关心过去，本章后续将进一步讨论成本核算在计量、分类、记录和确认过程中的基本作用，包括企业在经营过程中，历史单位成本和历史成本总额的核算。并且，只有在基本成本会计核算方法和程序提供了关于企业历史成本相关信息之后，管理会计才能够提供计划和控制信息，进而为企业的相关经济决策提供支持。

标准成本核算是企业计划和控制系统中完整的一部分，是在交易事项发生之前，以预先设立的标准成本为核算基础的一种核算方法。这种方法说明了应该发生的交易信息，而不是已经发生的交易信息。

四、标准成本与例外管理

标准成本核算使例外管理（Management－by－Exception）原则得到应用，例外管理是关注那些应该得到注意的交易事项，忽视那些与预期一致的交易事项，典型的方法是通过标准成本差异和预算差异来识别哪些业务活动需要得到关注。

标准成本在设立时是平均预期单位成本，因为标准成本值只是一个平均数，不是一个严格准确的数值，实际结果将围绕这一平均值在一定范围内上下波动。因此，可以将标准成本视为对照基准，如果实际结果与标准结果之间存在严重差异，那么应该对差异（标准成本与实际成本之间的差额）进行报告和进一步研究。

在对比的过程中，企业应该衡量差异的严重程度和对差异进行进一步研究需要耗费的成本高低，也就是说，偏离标准的这一差异是否应该被慎重考虑以及是否值得被调查研究。对此，企业可以设立一个偏离限度，当差异超过这一限度时再决定进一步调查研究。

第二节　标准成本法的应用

标准成本核算是一种控制工具，主要通过实际成本与预先设定成本之间的比较，获得成本之间的差异，进而促进管理者针对偏离预期的经营活动进行研究和调整。标准成本的核算步骤如下：

(1) 预先设定产品或服务的成本估计值。

(2) 对实际成本进行归集。

(3) 实际成本与预先设定估计值之间进行对比。

其中，预先设定的成本被称为标准成本，标准成本与实际成本之间的差额被称为成本差异。对标准成本与实际结果之间的总差额进行分析的过程，被称为成本差异分析。

一、标准成本的制定基础

业绩标准可以用来设定效率目标。业绩标准主要有4种类型：理想标准、可达到标准、现行标准和基本标准。

通过这四种类型可以对标准成本进行分类。按照制定成本标准时所依据的生产技术水平进行分类，可将标准成本划分为可达到标准成本和理想标准成本；按照标准成本的适用期进行分类，可将标准成本划分为现行标准成本和基本标准成本。这些标准是制定标准成本的基础。

在标准设定的过程中会出现这样一个问题：如何对标准的设定提出要求？标准应该代表完美的业绩还是轻易可以达到的业绩?

企业可以设立如下4种不同类型的业绩标准：

（一）可达到标准（Attainable standards）

可达到标准，是指在有效工作条件（不是完美条件）下制定的，即企业根据当前生产条件，对未来期间的生产能力、价格、要素消耗量等因素进行充分考虑后制定的标准。

这种标准成本考虑了生产经营过程中难以避免的损耗成本，也就是说，成本中有一部分用来支付耗费、低效率和机器故障。因此，这种标准成本更加接近实际情况，如果设定好的标准能够为员工提供有效的激励，那么可以考虑采用这种标准来衡量企业成本。同时，员工在参与标准改进过程中赞成与否的态度和配合程度，也是需要考虑的因素。

（二）理想标准（Ideal standards）

理想标准，是指在最有利的经营状况下制定的标准，即企业在最优生产条件下利用现有设备和规模能够达到的标准。

这种标准是理论上的成本标准，生产要素达到理想价格，生产能力实现最高水平，排除一切资源能力耗费、低效率、限制时间及机器故障。因此，理想标准是一个完美的成本目标，不宜作为现实依据。同时，这种标准可能存在一个不利的动机影响，因为员工经常感到目标难以达到，所以容易放弃努力工作。但是，理想标准仍然存在其积极作用，这一标准能够揭示企业成本下降的潜力。

（三）现行标准（Current standards）

现行标准，是指在当前工作条件下，即根据企业适用期间应该发生的价格、效率和生产能力等信息制定的标准，包括当前耗费和低效率。

这种标准可以对企业的实际成本进行评价，也可以对存货和销货成本进行计价。但是，这种标准需要根据生产经营情况的变化适时做出调整，以保证标准的合理性和有效性。同时，这种标准没有试图对当前效率水平进行改进，当前的效率水平可能很差，但是对于企业的重大改进来说是很重要的。

（四）基本标准（Basic standards）

基本标准，是指一经制定，只要生产基本条件无重大变化，不会予以变动的标准成本。所谓生产基本条件无重大变动，是指产品物理结构的变化、生产技术和工艺的根本变化、原材料和劳动力价格的变化等。只有在这些条件发生变化时，基本标准才需要进行调整。

基本标准是长期保持不变的一种标准，因此，无法保证标准的时效性。这种标准可以用来显示企业长期内效率或者业绩的变化，也就是说，可以通过标准成本与实际成本之间的对比反映企业的成本变动趋势。基本标准成本可能是效用最低的一种标准，因为这种标准成本不能反映企业生产能力等因素的变动情况，因此，不宜用来评价企业的工作效率和成本控制的有效性，在实际中的应用也不太广泛。

【习题7－4】 以现有生产技术处于最佳状态为基础确定的最低成本，称为（　　）。

A. 基本标准成本　　B. 理想标准成本

C. 可达到标准成本　　D. 现行标准成本

二、标准成本的制定方法

在企业的生产过程中，每一项成本要素的标准制定，都是由货币部分和资源需求部分构成的。产品或服务的标准成本有许多不同的标准，管理者需要针对不同的成本要素设定不同的标准。

如果在加工过程中，投入生产过程的原材料数量减少（由于耗费、蒸发等），投入的材料数量一定会比完工产品所需的材料数量多，因此，在制定材料标准时需要考虑这些耗费和损失。

标准成本可以应用于吸收成本核算系统和变动成本核算系统。但是，本书的标准成本主要应用于变动成本核算系统。

【习题 7-5】标准成本只能应用于吸收成本法中。（　　）

A. 正确　　　　　　　　B. 错误

（一）直接材料

1. 价格

直接材料价格的制定需要采购部门根据如下内容进行估计：①已经签订的采购合同；②与供应商的定价讨论；③市场价格变动的预期；④批量采购折扣的应用。

通货膨胀会加大设定标准价格的难度。假设一种材料当前的成本为 10 元/千克，在接下来的 12 个月里，材料价格上升了 20%，达到 12 元/千克。那么，应该选择以下哪种标准价格呢？

①当前价格：10 元/千克

②年度平均预期价格：11 元/千克

两者中的任意一种都是可能的，但是两者都不完全符合要求。

（1）如果标准价格采用当前价格，那么只要价格上涨，报告的价格差异就会变大，这种情况可能会出现在年度早期。并且，如果价格逐渐上升，而不是突然上升，选择一个合适的时间进行标准的修正就变得很困难。

（2）如果标准价格采用估计中期的价格并假设价格在全年逐渐上涨，那么，价格差异在前半年为正，后半年为负。管理者对任何月份的成本进行核查，价格差异都不会出现过大的正偏差或者负偏差，价格差异在 6 月或 7 月之后不久就会由正转为负。

2. 资源需求

资源需求方面的标准成本核算，是指估计生产每件产品所需耗费的原材料数量。每件产品所需要的技术条件，必须经生产专家制定（生产专家需要在生产部门工作，或者在操作研究部门工作）。

材料的标准产品规格必须列出产品生产过程中所需每种原材料的数量。生产部门的管理者必须充分了解材料投入的数量标准，这样在出现超额材料损耗时，管理者就能够在了解材料成本标准的基础上采取相应的控制行动了。

（二）直接人工

1. 价格

直接人工的标准价格是指单位小时工资率。单位小时直接人工工资率的设定，需要经过人事部门讨论，同时需要参考工资单和工会员工代表的加薪协议。在进行标准设定的过程中，需要注意以下几点：

（1）单位小时工资率或者周工资的设定，需要针对员工不同的等级和类型进行设定。

（2）平均小时工资率适用于各个员工等级（尽管个人工资率会根据年龄和经验的差异出现变化）。

在设立人工标准过程中，类似于材料价格上涨的问题也会出现。

2. 资源需求

直接人工的资源需求，是指估计生产每件产品所需要的人工工时（人工效率）。

员工的标准操作说明书会详细说明在每个部门中不同等级员工生产一件产品所需要的预计工时，设定标准时间时要谨慎，员工必须了解各自的标准工时，必要时还应该设立标准流程和经营方法。

在生产多种不同产品时，标准工时能够对不同产品的产出量进行衡量。

【例 7－3】 S 公司生产 M，N，Q 三种产品。2015 年前两个季度的生产情况如下表所示：

产品类型	第一季度	第二季度
M	1,000 件	800 件
N	1,200 件	1,500 件
Q	800 件	900 件

第一季度生产产品 3,000 件，第二季度生产产品 3,200 件，但是这些信息无法说明 S 公司这两个时期的经营业绩，因为 M，N，Q 是不同的产品。生产结构的改变不是通过生产总量的变化表现出来的。这就体现出了标准工时这一概念的优点。

标准工时（或标准时间）是指在标准效率水平下将可达到的工作量用小时或分钟计算。

（1）生产一件 S 公司产品的标准时间如下表所示：

产品类型	标准时间
M	1/2 小时
N	1/3 小时
Q	1/4 小时

（2）通过计算每个季度产出的标准工时，更有效的产出衡量结果如下表所示：

产品	单位标准工时	第一季度		第二季度	
		产量	标准工时	产量	标准工时
M	1/2 小时	1,000 件	500 小时	800 件	400 小时
N	1/3 小时	1,200 件	400 小时	1,500 件	500 小时
Q	1/4 小时	800 件	200 小时	900 件	225 小时
总工时			1,100 小时		1,125 小时

根据上述数据，可见这两个季度的产出水平是相近的。

3. 报酬支付方式

在奖金/激励计划中，企业通常将人工标准作为目标和薪酬支付的依据，设计这种计划，主要是鼓励员工提高生产能力，生产更多产品。具体来说，报酬支付方式主要有如下几种：

（1）时间基础工资制（Remuneration methods）

这种方法是以员工工作的小时数为基础支付工资的，不管完成的工作量是多少，都按照时间计算。

公式如下：

$$\text{工资} = \text{工作工时} \times \text{单位小时工资率}$$

$$\text{加班津贴} = \text{超过基本工时的额外工时} \times \text{额外单位小时工资率}$$

这种报酬支付方式强调产出的质量比产出的数量更重要，但是对员工业绩方面的改善没有激励作用。

（2）计件工资制（Piecework schemes）

这种方法是根据员工完成的产出量支付员工的工资。

公式如下：

$$\text{工资} = \text{产出量} \times \text{单位产品工资率}$$

计件工资制具体又分为如下几类：

①直接计件制（Straight piece rate schemes）。直接计件制是指企业按照不变的单位产出工资率给员工支付工资。

【例 7－4】假设一个员工生产一件产品的工资为 1 元，一周工作 40 个小时。产品制造费用为每直接人工工时的工资率，为 2 元。

每周产量	工资（40 小时）	制造费用	加工成本	单位产品加工成本
40 件	40 元	80 元	120 元	120 ÷ 40 = 3（元）
50 件	50 元	80 元	130 元	130 ÷ 50 = 2.6（元）
60 件	60 元	80 元	140 元	140 ÷ 60 = 2.33（元）
70 件	70 元	80 元	150 元	150 ÷ 70 = 2.14（元）

随着员工产出量的增加，他们的工资也出现了增长，同时产出的单位成本下降。

这种方法对于员工来说是不公平的，因此，许多计件工资制设定了最低担保工资，当产量下降不是由员工造成的时候，员工不需要承担损失。

②标准时间津贴制（Schemes standard time allowances）。标准时间津贴是指按照单位产品计件时间来计算工人工资的方法，多用于员工生产多种不同的产品。

【例7－5】假设一个员工生产单位计件工时工资为8元，每周40小时员工生产量如下表所示：

产品种类	生产量	单位产品计件时间
X产品	15件	0.5小时
Y产品	20件	2小时

生产计件工时如下表所示：

产品X	15×0.5小时	7.5小时
产品Y	20×2小时	40小时
总计件工时		47.5小时

由此可得，员工工资＝47.5小时×8元/小时＝380（元/每周）。

③差别计件制（Differential piecework schemes）。差别计件制为员工提供了一种激励，通过对增加的生产水平给予更高的工资率鼓励员工增加产出量。

【例7－6】H公司的产量小于等于80件时，单位工资率为1元。当产量大于等于81件且小于等于90件时，单位工资率为1.2元。当产量大于等于91件时，单位工资率为1.3元。

一个员工生产了97件产品，因此，该员工收到的工资为（80×1）＋（10×1.2）＋（7×1.3）＝101.1（元）。

管理者应该明确增长后工资率是针对所有生产量还是只针对额外多出的产量。

计件制的特点：这种方法会导致工资经常出现波动；管理者经常通过这种方法来增加工资水平；这种方法是为了促使员工努力工作以获得满意工资的一种方式；这种方法需要经常对产出情况进行检查，因为随着产量的增加，企业需要保证产品的质量。

【习题7－6】通过比较标准成本与实际收入之间的差异，利用二者之间的差额激励企业员工改进经营业绩的一项控制工具是（　　）。

A. 标准成本核算　　B. 预算控制

C. 差额分析　　D. 预算编制

【习题7－7】将不同的报酬支付制度与下面几幅图进行匹配：

(1) 基本小时工资率是根据员工工作的小时数制定的，加班工资是指每周工作时间超过35个小时后企业额外支付给员工的工资。

(2) 采用直接计件制。

(3) 采用直接计件制，并设有每周最低担保工资。

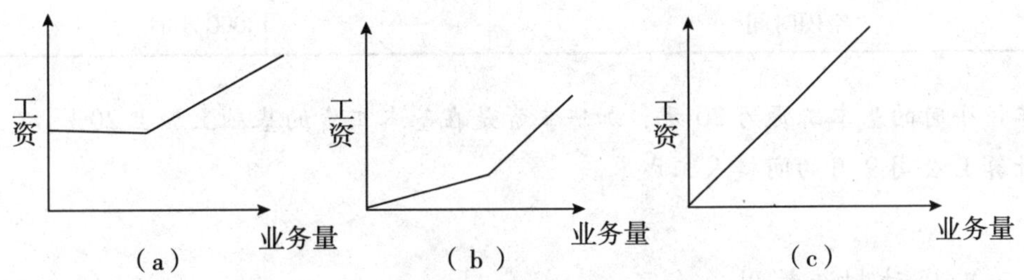

(a) (b) (c)

4. 直接人工成本与间接人工成本

直接人工与间接人工之间存在差异。人工成本分类的依据在于生产工人的人工成本是直接成本，其他工人的人工成本是间接成本。但是，存在以下两个特例，生产工人的成本需要确认为间接成本，而非直接成本。

当员工出现加班时间时，企业需要支付超过正常小时工资率的额外津贴，称为加班津贴。加班津贴被看作产品的间接成本，而非直接成本。但是，存在一个例外——如果顾客为了工作早日完成而要求员工加班，那么所有加班工资都应计入直接成本。

在工作日的某些时候，员工可能发现他们没有工作需要完成，这可能是因为生产计划问题或者机器故障等，这些得到工资但是并没有进行工作的工时被称为空闲时间。空闲时间小时数的成本应计入间接人工成本。

【习题7－8】在20×3年6月30日，在工厂中的直接生产工人总共工作了840个小时，其中有60小时为闲置工时，100小时为加班工时。加班工时的小时工资率为8元，正常工时的工资率为加班工时的一半。

在同一周，间接工人工作了120个小时，单位小时工资率为6元，不存在加班工时。这一周的直接人工成本和间接人工成本分别为多少？（　　）

A. 直接人工成本1,440元，间接人工成本2,400元

B. 直接人工成本2,240元，间接人工成本1,600元

C. 直接人工成本2,640元，间接人工成本1,200元

D. 直接人工成本3,120元，间接人工成本1,360元

【习题7-9】L公司在9月支付工资的具体信息如下：

基本工资	14,000小时
加班工资	3,000小时
空闲时间	1,000小时

单位小时的基本工资为20元，加班工资是在基本工资的基础上加上20%。

计算L公司9月的间接人工成本。

（三）变动制造费用

企业很容易准确计算生产每件产品所需人工和材料的投入成本。例如，如果生产每件产品需要5小时劳动工时，单位工时成本为10元，那么，标准人工成本为50元。但是，决定生产每件产品所耗用资源的变动制造费用就不是这么容易了，因为所需要的资源与产量之间没有直接关系，这两者之间的关系必须通过过去的数据进行设立。

变动制造费用率可以通过过去成本变动与业务量变动之间的关系对当期进行估计。设立标准成本的过程中，业务活动的类型对成本产生很大影响，其中，包括直接人工工时、机器工时、原材料数量、产出量等。

采用一种或多种统计方法时（包括在基本水平上，本书前面章节提到的散点图和高低点法），应该选择最能够描述成本水平变化的业务活动衡量标准。实际上，直接人工工时和机器工时是业务活动衡量标准中应用最广泛的。单位直接人工工时（或机器工时或选择的其他衡量标准）的变动制造费用乘以单位标准人工（或机器）耗用量，进而得到生产一件产品的标准变动成本。

【习题7-10】完成一件C产品需要24个人工工时，预期对于所有产品，在设定标准工时时会存在20%的空闲时间，如果耗费率是10元/小时，那么生产一件C产品的标准人工成本为多少？（　　）

A. 192元　　B. 240元　　C. 288元　　D. 300元

【习题7-11】产品W的单位标准工时为5个小时，10个员工，每人每周工作40个小时，空闲时间为每个员工每周2小时，效率水平为125%，那么每周产出量为（　　）件。

A. 95件　　B. 100件　　C. 80件　　D. 120件

第三节　标准成本法的评价

一、标准成本法的优势

标准成本法在应用过程中有如下优势：

（1）制定标准成本能够加强预算编制的准确性。企业在进行预算编制的过程中，根据不同的标准成本进行预测，能使预算情况更加准确。

（2）标准成本为实际成本的测算提供了一把标尺。通过标准成本与实际成本之间的比对，能够加强企业的成本管控。

（3）标准的设定包括最佳原材料和方法的确定，这些要素的确定能够提高企业成本的经济性。设定标准，能加强对企业资源耗用量的控制，规范成本管理，节约资源。

（4）效率目标是员工必须达到的目标，能够刺激员工树立成本意识。员工在工作过程中以效率目标为标准，既能够将目标量化，又能够将员工的工作与企业的成本情况相联系。

（5）差异计算使例外管理得到应用。当差额超过预期容许范围时，管理者需要对差异进行调查并采取控制行动，因此，标准成本法能够帮助管理者及时发现差异并进行处理。

（6）标准成本简化了成本会计中的记账流程。因为标准成本的应用比后进先出法和先进先出法的应用更早，并且衡量了平均成本，减轻了核算过程中耗用的人力。

（7）标准时间简化了生产计划流程。在对生产过程进行规划的过程中，企业采用标准时间，既能够将生产流程细化，又能够将生产落实到具体的时间点上，有利于企业的计划管控。

（8）标准业绩水平起到激励作用，能够鼓励员工为了达到目标努力工作。标准业绩对于员工来说，更加具体和具有针对性，能激励员工为达到目标业绩而努力工作。

【习题7－12】下列描述中哪些是标准成本核算的优势？（　　）

A. 标准成本有助于更精确地编制预算

B. 能够建立成本意识

C. 通货膨胀能够被简单处理

D. 例外管理原则能够被执行

二、标准成本法的不足

标准成本法虽然有诸多优势，但是在应用过程中仍然存在一些不足。

一是企业设定标准的成本较高。比如，需要耗费大量时间设定和维持系统所发生的相关成本。

二是企业在设定标准的过程中需要考虑诸多因素。比如，在计划单位成本时需要考虑通货膨胀等外部因素；需要考虑原材料的质量（原材料质量高会导致成本上升，但是可能会减少材料耗费）；在估计材料价格时，需要考虑季节性价格变化和批量采购获得的折扣。

【习题7－13】 列举设定标准过程中存在的3个问题。

三、现代企业环境下的标准成本法

标准成本核算系统在现代经营环境中应用很广泛，但仍然存在诸多质疑，许多人认为标准成本核算不适用于现代经营环境，原因如下：

（1）标准成本核算的应用依赖于重复作业和同类产出。现在许多企业需要对顾客需求的改变及时做出反应，结果导致产出和作业不再重复，因此，标准成本法的应用受到阻碍。

（2）标准成本核算系统在经营环境趋于稳定、不再改变时得到发展，但是，现在的企业环境更加动态，无法假设经营环境稳定。

（3）标准成本系统假设业绩达到标准即可，但是现在的企业环境更关注业绩的持续改进。

（4）在大量生产和重复装配工作的环境中，标准成本核算得到发展，但是服务行业的迅速发展导致这种核算方法不适用于现在的经济环境。

虽然标准成本核算系统在现代企业经营环境中有一些不适应的地方，但是标准成本核算系统在应用过程中仍然保留着一些优势，具体优势如下：

（1）即使产出没有标准化，也可能确定大量的标准部分和作业，这些成本能够通过标准成本的设定和差异的确定被有效控制。

（2）计算机的应用能够更及时、快速地更新标准，因此，能够通过比较达到控制成本的目的。

（3）理想标准的应用和更高要求的业绩水平，能够将业绩持续改进与标准成本核算控制有机结合。

（4）标准成本核算在服务行业也能够得到应用，可以建立可衡量的成本单位。例如，建立如下标准成本：运送每吨货物的运输成本；酒店每间客房提供洗衣服务的成本；顾问进行一小时咨询服务的成本；一个全日制学生的教学成本；进行一次健康检查的成本等。

本章小结

本章介绍了标准成本法的概念及应用。标准成本法是企业为了衡量存货价值，计算产品成本和差异分析，对标准成本进行编制的方法，是一项关键的管理控制工具。

本章还说明了标准成本制定的基础。标准成本法能够对企业业绩进行评价，评价标准主要有 4 种：可达到标准、理想标准、现行标准、基本标准。接下来，从直接材料、直接人工和变动制造费用 3 个方面对标准制定进行了阐述，在标准成本编制过程中，每一项成本要素的标准都由货币和资源需求两部分构成。最后，本章对标准成本法进行评价，标准成本法存在诸多优点，但在现代企业经营环境中受到质疑，通过对比分析，最终表明该方法能够适用于现代企业经营环境并保持其有效性，标准成本法是企业广泛应用的成本控制方法。

第八章　成本核算

本章概述

在本书的前半部分我们讨论了如何确定单位产品成本的主要构成要素——材料、人工、间接费用以及如何将这些要素融入产品成本中。成本如何被记录的，是依赖于组织采取的成本核算方法。但是，首先需要知道的是在既定的会计系统下如何核算成本，本章介绍的就是如何核算产品成本。

整体的记账程序在不同的组织中也会有所不同，但是无论在哪一种组织中都会采用集成化系统或者连锁系统。按照教学大纲的要求，学生们只需了解集成化系统的相关知识即可，因此在本章中也只向学生们介绍集成化系统，连锁系统就不予介绍了。

本章的最后一部分我们还会着眼于如何联合使用标准成本核算系统与集成化系统来进行成本核算。

学习目标

※ 成本核算方法

※ 集成化系统

※ 标准成本记账

商业观察

上市失败竟然只是因为它?

汉嘉设计集团股份有限公司（原浙江城建设计集团股份有限公司）成立于20世纪90年代初，于2007年正式变更为股份制公司，注册资本壹亿伍仟柒佰捌拾万元人民币，拥有员工1400多名，专业技术人员占全公司总人数的95%以上，其中，中、高级技术人员占70%以上，博士、硕士研究生200多名，国家一级注册建筑师、国家一级

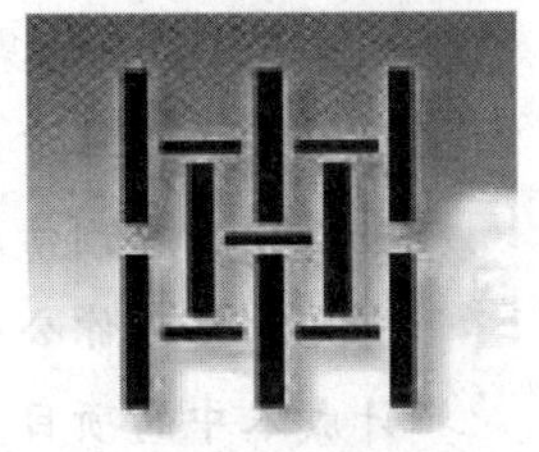

注册结构工程师、国家注册设备工程师、国家注册电气工程师、国家注册土木工程师、国家注册造价工程师有200多名。

公司目前拥有建筑行业设计甲级资质，风景园林工程设计甲级资质，建筑装饰设计甲级资质，建筑智能化设计甲级资质，建筑幕墙设计甲级资质，消防设施工程设计甲级资质，轻钢房屋钢结构工程设计甲级资质，村镇建筑工程设计甲级资质，工程勘察岩土工程设计甲级资质，市政行业给水、排水、道路、桥梁工程设计乙级资质，城市规划乙级资质，同时具备浙江省民用建筑节能评估机构备案证书、浙江省施工图设计文件审查机构认定书、节能评估及交通评估资质。公司主要从事规划、建筑、风景园林、室内装饰、市政、智能化、幕墙、岩土工程、施工图审查、节能评估及交通评估等设计业务。

公司近几年来先后与德国GMP国际建筑设计有限公司、美国SOM设计公司、美国KPF设计公司、美国MCM设计公司、美国凯里森建筑设计事务所、新加坡巴马丹拿设计事务所、德国KOOPX设计集团、加拿大B+H设计事务所、日本KLS综合设计事务所、中国香港何显毅建筑师楼、美国泛亚易道景观设计事务所、贝尔高林景观设计事务所、加拿大JAMESZHENG设计事务所、美国RPVA公司、中国香港欧华尔顾问公司、中国香港王欧阳公司等进行合作与交流，共同完成了不少设计品。

根据以上信息，可以看出汉嘉设计集团是一家非常有实力的集团公司，而且也有着准备上市的计划，但是汉嘉设计最后却上市失败了，这非常令人震惊。

上市公司在申请上市的路上，被证监会发审委否决发行上市申请、撤销已经通过的核准、向证监会撤回上市申请材料，均属于上市失败。IPO（首次公开募股：Initial Public Offerings，简称IPO）失败将对拟上市公司和中介机构造成重大打击，打乱企业未来的发展计划、导致员工流失、引起社会负面关注等，甚至导致企业走向衰败。因此，对失败教训的借鉴，在企业准备发行上市阶段显得相当重要。但很多IPO企业冲刺上市失败，是内因所致，而非受外在因素影响。

国内外证券市场都要求准备上市的公司财务会计报告无虚假记载，会计报表需要经过有证券从业资格的注册会计师的审计。因此，上市前的财务准备工作是至关重要的。

企业老板必须懂得财务思维、原则、方法、工具，避免产生不必要的上市成本及违法违规惨重代价。

会计核算如果违背会计准则和企业具体实务，财务报告就不能如实反映企业的真实情况，特别是会计政策滥用或错误使用，必然导致上市失败。

汉嘉设计集团计划于2012年进行IPO时正是由于成本核算出现问题被证监会否决了，否决原文如下：

“汉嘉设计集团股份有限公司：你公司招股说明书（申报稿）在披露建筑工程设计成本核算方法时称，对于项目直接费用的计提依据是每个项目的完工百分比乘以项目的预估总直接费用，减去之前会计年度累计已确认的成本。但根据反馈意见回复，你公司在实际进行成本核算时，未按照上述披露的方法对建筑工程设计成本中的项目直接费用进行核算。你公司和保荐机构在聆讯现场也未就上述差异的原因予以说明。发审委认为，发行人会计基础工作不规范，财务报表的编制不符合企业会计准则和相关会计制度的规定。”①

可见，成本核算对于企业发展至关重要，它是成本管理工作的重要组成部分，它是将企业在生产经营过程中发生的各种耗费按照一定的对象进行归集和分配，计算总成本和单位成本。成本核算得正确与否，直接影响企业的成本预测、计划、分析、考核和改进等控制工作，同时也对企业的成本决策和经营决策的正确与否以及日后发展壮大产生重大影响。

第一节 成本核算概述

一、成本核算系统

法律上并不要求企业保持详细的成本记录，因此，一些小型企业只是保持了传统的财务账簿，并以一种专门的方法准备成本信息。当然，除了最小型企业之外，这种方法不会使其他的企业满意，所以大多数企业都维持着成本核算系统的一些形式。

成本核算系统（Cost accounting systems）从简单的分析系统发展为一种以信息技术为基础的核算系统。系统通常是为了满足用户的需要而存在的，因此富有特色。所有的系统都会包含一些普通的板块，并且所有的记录都会以复式记账法（Double entry）的原则留存。

二、复式记账法基本原则

成本记账（Cost bookkeeping）是以复式记账法的原则为基础的，这一黄金法则就是“有借必有贷，借贷必相等”。复式记账法是单式记账法的对称，它要求对每一经济业务都以相等的金额，在“来龙”与“去脉”两个方面的账户中进行登记，形成一种数字上的对应平衡关系。因此，复式记账法具有以下几个方面的作用：

（1）复式记账比单式记账更完整地反映了经济业务的全貌，可以了解每一项经济

① 资料来源于搜狐财经网，《如何搞砸一个 IPO 项目？血泪总结》，2017 年 10 月 12 日，www.sohu.com/a/197756578_733114。

业务的来龙去脉，全面了解经济活动的过程和结果。复式记账能够把所有的经济业务相互联系地、全面地记入有关账户，从而使账户能够全面地、系统地核算和监督经济活动的过程和结果，能够提供经营管理所需要的数据和信息。

（2）可以对账户记录的结果进行试算平衡，以检查账户记录的准确性。复式记账法在两个方面的账户之间形成了一种数字上的对应平衡关系，如果记账发生错误，这种平衡将被打破，因此，可以通过试算平衡的方法来检查账户记录的正确性。

（3）复式记账法较好地体现了资金运动的内在规律，能够全面、系统地反映资金增减变动的来龙去脉及经营成果。

【习题8－1】下列关于复式记账的特点，表述正确的是（　　）。

A. 对于每项经济业务，都在两个或两个以上相互关联的账户中进行记录

B. 以相等的金额在有关账户中进行记录，因而可以据以进行试算平衡，以检查账户记录是否正确

C. 通过账户记录可以了解经济业务的来龙去脉

D. 相对于单式记账法而言更具有操作简单的优势

第二节　集成化系统

集成化系统（Integrated systems），也称综合账簿系统，它是将财务和成本账户集成在一个分类账的系统，同时满足了财务人员对于普通财务系统和成本系统两方面的需要，得到了财务人员的广泛认可，下面将详细介绍综合账簿系统的应用。

一、综合账簿系统中的主要账户

（一）资源账户

（1）材料控制账户或库存控制账户。①

（2）工资账户。

（3）制造费用账户。

（4）管理费用账户。

（5）销售配送费用账户。

（二）产销过程中与产品成本项目相关的账户

（1）在产品（Work in progress）控制账户。

① 本书中控制账户即为总分类账户，是按总分类账户（会计科目）进行分类登记的账簿。

(2) 产成品（Finished goods）控制账户。
(3) 主营业务成本控制账户。

(三) 销售账户

主要涉及主营业务收入账户。

(四) 利润表项目（Income statement）

主要涉及本年利润账户。

二、集成化系统中的会计分录（Accounting entry）

下面是集成化系统中的一系列基础分录：

- 材料、工资和其他费用：

借：资源类账户
　贷：为获取资源支付的现金

- 在产品类：

借：在产品成本（这是在产品吸收的成本费用）
　贷：资源类账户（这是为生产在产品耗用的资源）

- 产成品类：

借：产成品
　贷：在产品

- 已销产品类：

借：已销产品成本
　贷：产成品

以上只是为大家举例的涉及成本的基础会计分录，但这些分录还不够标准，借或贷的含义也没有解释得很清楚，下面将详细介绍有关借或贷的具体含义和标准化的会计分录。

(一) 借、贷的基本含义

随着商品经济的发展，借贷记账法得到了广泛应用，记账对象不再局限于债权、债务关系，而是扩大到了要记录财产物资增减变化和计算经营损益。原来仅限于记录债权、债务的“借”“贷”二字，已不能概括经济活动的全部内容。它表示的内容，应该包括全部经济活动资金运动变化的来龙去脉，它们逐渐失去了原来字面上的含义而转为一种单纯的记账符号，只表明记账的方向，成了一个专门的会计术语。

借贷记账法下，所有账户的结构都是左方为借方，右方为贷方，但借方、贷方反映会计要素数量变化的增减性质则是不固定的。不同性质的账户，借贷方所登记的内容不同，下面分别说明各类账户的结构：

1. 资产类账户的结构

在资产类账户中，它的借方记录资产的增加额，贷方记录资产的减少额。在同一会计期间（年、月），借方记录的合计数称作本期借方发生额，贷方记录的合计数称作本期贷方发生额，在每一会计期间的期末将借贷方发生额相比较，其差额称作期末余额。资产类账户的期末余额一般在借方。

资产类账户的期末余额可根据下列公式计算：

期末余额（借方）＝期初余额＋本期借方发生额－本期贷方发生额

2. 负债类账户和所有者权益类账户的结构

负债及所有者权益类账户的结构与资产类账户正好相反，其贷方记录负债及所有者权益的增加额；借方记录负债及所有者权益的减少额，期末余额一般应在贷方。

负债类账户和所有者权益类账户的期末余额可根据下列公式计算：

期末余额（贷方）＝期初余额＋本期贷方发生额－本期借方发生额

3. 成本费用类账户的结构

成本类账户的结构与资产类账户的结构基本相同，账户的借方记录费用成本的增加额，账户的贷方记录费用成本转入抵销收益类账户（减少）的数额，因为借方记录的费用成本的增加额一般都要通过贷方转出，所以账户通常没有余额。如果有余额，则表现为借方余额。

4. 收益类账户的结构

收益类账户的结构则与负债类账户和所有者权益类账户的结构基本相同，收入的增加额记入账户的贷方，收入转出（减少额）则应记入账户的借方，因为贷方记录的收入增加额一般要通过借方转出，所以账户通常也没有期末余额。如果有余额，同样也表现为贷方余额。

（二）材料、工资和制造费用

当企业采购部门为生产产品而发生采购业务，实际购买了原材料、雇用工人支付了工资，产生了一系列制造费用时，借记原材料、应付职工薪酬、制造费用等资源类账户，贷记库存现金、银行存款等账户，贷记的库存现金和银行存款的金额是为购买原料、支付工资和制造费用而支付的资金。

【例8－1】甲公司购入原材料一批已验收入库，取得的增值税专用发票上的价款为300,000元，款项尚未支付，假设不考虑增值税问题，甲公司应编制如下会计分录：

借：原材料 300,000

　贷：应付账款 300,000

【例8－2】甲公司根据“发料凭证汇总表”的记录，某月L材料的消耗（计划成本）：基本生产车间领用2,500,000元，车间管理部门领用240,000元，企业行政管理部门领用51,000元。甲公司应编制如下会计分录：

借：生产成本2,500,000

制造费用240,000

管理费用51,000

贷：原材料——L材料2,791,000

【例8-3】甲企业2×14年7月应付工资总额668,000元，“工资费用分配汇总表”中列示的产品生产人员工资为460,000元，车间管理人员工资为100,000元，企业行政管理人员工资为90,500元，专设销售机构人员工资为17,500元。甲企业应编制如下会计分录：

借：生产成本——基本生产成本460,000

制造费用100,000

管理费用90,500

销售费用17,500

贷：应付职工薪酬——职工工资、奖金、津贴和补贴668,000

（三）在产品

当产品开始生产但尚未完工时，为生产产品耗用的资源就会被分配到在产品成本中。这个过程就被记录为贷记原材料、应付职工薪酬、制造费用等资源类账户，借记生产成本账户，生产成本账户期末余额即表示本期尚未完工的在产品成本。生产过程涉及的产品应该分摊的制造费用的记账过程也是同理：借记生产成本，贷记制造费用。

（四）产成品

随着产成品的逐渐生产完成，在产品在逐渐减少。这个过程就被记录为：借记库存商品（属于产成品控制账户），贷记生产成本（在产品控制账户）。

（五）主营业务成本

在期末，随着产品已经被销售出去，产品成本已经从产成品控制账户转移到主营业务成本账户，然后从此账户进入利润表。借记主营业务成本，贷记库存商品。

【例8-4】2×12年1月20日甲公司向乙公司销售一批产品，开出的发票上注明价款为245,000元；甲公司已收到乙公司支付的款项245,000元并将提货单送交乙公司；该批产品成本为200,000元。假设不考虑增值税问题，甲公司应编制如下会计分录：

（1）销售实现时：

借：银行存款245,000

贷：主营业务收入245,000

借：主营业务成本 200,000

　贷：库存商品 200,000

（2）期末，将主营业务成本结转至本年利润时：

借：本年利润 200,000

　贷：主营业务成本 200,000

（六）非生产性费用

管理费用账户和销售配送费用账户的余额在期末会被转入利润表。借记本年利润，贷记管理费用、销售费用等。

【例 8-5】 20×5 年 12 月 31 日，甲公司计提公司管理部门固定资产折旧 60,000 元，摊销公司管理部门用无形资产成本 90,000 元。甲公司应编制如下会计分录：

借：管理费用 150,000

　贷：累计折旧 60,000

　　　累计摊销 90,000

同日，将“管理费用”科目余额 150,000 元转入“本年利润”科目。该公司应编制如下会计分录：

借：本年利润 150,000

　贷：管理费用 150,000

（七）销售收入

商品被销售出去时企业就获得了收入，这个过程被记录为：借记库存现金、银行存款、应收账款等，贷记主营业务收入。

（八）利润

在期末，收入类账户和成本费用类账户及过度吸收和吸收不足类账户余额都要被计入利润表，此时就产生了营业利润。

三、集成化账户举例

【例 8-6】 运用以下给出的 11 月信息，列出以下账户：

- 原料控制（Raw material control）；
- 在产品控制
- 库存商品控制
- 制造费用控制
- 应付职工薪酬控制
- 销售和配送费用控制

- 主营业务成本（Cost of sales）
- 利润表

11 月期初余额：

原料控制	15 千元
在产品控制	20 千元
库存商品控制	16 千元

11 月的交易事项：

从供应商处购买原料验收入库，款项尚未支付	55 千元
生产领用原料	45 千元
服务部门生产领用	8 千元
直接人工工资	35 千元
间接人工工资	15 千元
销售和配送费用	13 千元
已支付的其他生产费用	10 千元
已支付的销售和管理费用	10 千元
折旧：生产设备	5 千元
销售和管理用设备	3 千元
已支付的工资：直接工资	30 千元
间接工资	15 千元
销售和管理部门人员工资	13 千元
产成品成本	100 千元
已售商品成本	107 千元
销售收入（尚未收回）	150 千元

制造费用以直接工资的 80% 吸收到产品中。

计算过程：

原材料控制　　　　单位：元

余额结转（balance b/d）①	15,000	在产品（1）	45,000
应付账款	55,000	制造费用（1）	8,000
	——	余额结转（balance c/d）②	17,000
	70,000		70,000
余额结转	17,000		

在产品控制　　单位：元

借方	金额	贷方	金额
余额结转	20,000	库存商品控制⑥	100,000
原料控制③	45,000	期初余额⑥	28,000
工资控制④	35,000		
制造费用控制⑤	28,000		
	128,000		128,000
余额结转	28,000		

库存商品控制　　单位：元

借方	金额	贷方	金额
余额结转	16,000	主营业务成本⑦	107,000
在产品控制⑥	100,000	余额结转⑦	9,000
	116,000		116,000
余额结转	9,000		

制造费用控制　　单位：元

借方	金额	贷方	金额
原料控制③	8,000	在产品控制⑤	28,000
工资控制④	15,000	吸收不足	
已支付⑧	10,000	利润表⑩	10,000
折旧⑧	5,000		
	38,000		38,000

工资控制　　单位：元

借方	金额	贷方	金额
已支付⑨	58,000	在产品控制④	35,000
期初余额⑨	5,000	制造费用控制④	15,000
		销售费用控制④	13,000
	63,000		63,000
		余额结转	5,000

销售费用结转　　单位：元

借方	金额	贷方	金额
已支付⑧	10,000	利润表	26,000
工资控制④	13,000		
折旧⑧	3,000		
	26,000		26,000

主营业务成本　　单位：元

借方	金额	贷方	金额
库存商品控制	107,000	利润表	107,000

交易和利润表　　　　单位：元

主营业务成本⑦	107,000	销售收入－应收款项	150,000
毛利结转	43,000		——
	150,000		150,000
吸收不足⑩	10,000	期末毛利	43,000
销售费用	26,000		
11 月净利润	7,000		——
	43,000		43,000

注释：

①balance b/d 为当期账户期初余额，也是上一个会计期间的期末余额。

②balance c/d 为当期账户期末余额，在下期结转为下期的期初余额。

③生产领用的原材料被作为产品生产过程中的直接材料对待，而服务部门领用的原材料就属于间接材料。间接材料的成本被归集到制造费用控制账户，与后来陆续归集的其他间接生产费用一起分配到产品价值中。

④相关人员工资借记相关控制账户：

- 生产过程中的直接人工工资
- 制造费用中的间接人工工资
- 销售费用和管理费用中的销售人员和管理人员工资

并且，按照相应的金额贷记应付职工薪酬。

⑤一旦直接材料费和直接人工费被借记到在产品中，下一步就是使用预先确定的费用吸收率确定要吸收的制造费用了。据此，在产品账户的费用吸收率是工资费用的 80%，那么它应该吸收的制造费用金额就是 35,000 元 × 80% =28,000 元。

⑥由于产品成本的各个要素都已经被吸收到在产品成本中，这样一来完工产品的成本就可以结转到库存商品中了。

⑦已销售出去的产品成本需要从库存商品账户结转到主营业务成本账户中。库存商品账户的期末余额代表着该企业 11 月的期末存货价值。

⑧本期发生的生产费用和生产用设备发生折旧费需借记制造费用控制账户。因此，它们被归集到其他制造费用项下，等待后续被分配到在产品成本中去。

⑨企业支付的全部工资总额（30,000 元 +15,000 元 +13,000 元）借记应付职工薪酬账户。该账户的期末余额表示应该支付的工资和已经支付的工资之间的差额。本期贷方余额 5,000 元表示本期尚未支付的工资费用，应该结转到下期，作为下期应付职工薪酬账户的期初余额。

⑩制造费用控制账户的余额表示本期发生的制造费用和已经吸收到在产品成本中的制造费用的差额。在制造费用账户有余额的情况下，吸收不足的制造费用应该借记到利润表中，减少利润额。

四、工资费用的会计分录举例

工资费用核算学生理解起来有一定难度，因此，我们来看一道例题，这道例题将向学生们展示如何处理扣除个人所得税和保险费用等。

【例 8 –7】以下细节信息是某企业一周的职工工资情况，该企业拥有雇员 80 人：

	直接工人工资	间接工人工资	总计
工资项目构成	元	元	元
基本工资	38,000	23,000	61,000

续表

	直接工人工资	间接工人工资	总计
加班工资：基础工资	8,500	5,400	13,900
加班津贴	4,550	2,750	7,300
转移/轮班津贴	3,468	1,832	5,300
病假工资	980	600	1,580
带薪休假工资（idle time）	3,000	—	3,000
应付职工薪酬合计	58,498	33,582	92,080
实际支付工资	55,605	28,220	83,825

要求：画出该企业一周的工资控制账户。

解决办法：

（1）工资控制账户扮演着一个集合地点的角色，实际支付的工资和应该从总工资中扣除的那部分都会体现在工资控制账户。全部工资会被分解为直接工资和间接工资。

（2）第一步：需要确定哪部分工资是直接工资和哪部分工资是间接工资。直接工资应该被借记到在产品成本账户，间接工资应该被借记到制造费用账户。

（3）在本例中，直接工资实际包含两个要素，基本工资（38,000 元）和加班工资中的基础工资（8,500 元）部分。至于其他所有的支付（包括加班工资中的保险部分），都是间接工资。

（4）实际支付的工资应该借记到应付职工薪酬账户，从全部工资中扣除，但没有支付给职工的那部分工资也应该借记到应付职工薪酬账户，例如，个人所得税、社会保险费等。

应付职工薪酬账户　　单位：元

实际支付的工资	83,825	直接人工	46,500
应扣除工资（92,080 − 83,825）	8,255	制造费用：间接人工	28,400
		加班津贴（Overtime premium）	7,300
		转移/轮班津贴	5,300
		病假工资	1,580
		带薪休假工资	3,000
	92,080		92,080

【习题 8－2】以下信息是 A 公司 4 月的相关生产信息：

原材料期初余额　14,000 元

本期购进原材料（货款尚未支付）　90,000 元

本期领用原材料：生产领用 70,000 元

产品维修领用 9,000 元

原材料退回供应商 3,000 元

由以上信息可知，4 月底的原材料库存余额为（ ）元。

【习题8-3】 以下为一个工资控制账户：

工资控制账户 单位：元

实际支付	320,000	在产品	250,000
个人所得税	46,000	制造费用	177,000
职工社会保险	30,000		
雇主的社会保险	31,000		
	427,000		427,000

（1）请计算全部工资是多少。

（2）间接工资和直接工资各是多少？

五、生产账户

与产品相关的分类账可以被进一步转化为生产账户。

假设一个企业目前使用如下的分类账形式来控制本期的生产活动（数字单位均为千元）：

原材料控制

余额结转	50	在产品	250
本期购进	275	期初余额	75
	325		325

在产品控制

余额结转	40	库存商品	810
原材料控制	250		
工资控制	380		
制造费用控制	200	期初余额	60
	870		870

将以上分类账转化为生产账户后：

生产账户

原材料（期初存货）	50	本期原材料消耗	250
本期购进	275	原材料（期末存货）	75
	325		325
在产品（期初存货）	40	在产品（期末存货）	60
本期原材料消耗	250	已生产产品成本	810
工资	380		
制造费用	200		
	870		870

六、集成化系统的优点和缺点

集成化系统与那些独立核算的成本系统和财务系统相比，大大减少了管理人员的工作量。而且应用集成化系统只需使用并维护一套会计账户而不是两套，因为只使用一套会计账户就可以很好地规避由两套账户可能造成的多个账户间不同数字的混乱现象（例如，存货价值和利润）。

不可避免地，集成化系统仍然存在缺点。集成化系统只使用一套会计账户，但是又必须满足两个不同的使用目的，这就为集成化系统的使用带来了困难：

（1）必须既可以供内部管理人员使用，也要同时符合外部报告的要求。

（2）必须满足内部关系信息的合规要求。

有时以上两个要求可能是互相矛盾的，例如，集成化系统中的存货价值将会符合法律要求，而管理信息的目的可能更倾向于期末存货的价值是以变动成本或者重置成本（Replacement cost）核算的。

在实务中，计算机已经克服了这些缺点并且大部分现代成本核算系统都是集成化系统，合并的编码系统（Incorporating coding systems）允许基础数据被分析并且可以根据不同的目的以不同的形式呈现给用户。

【习题8－4】以下是B公司的相关生产信息：

本期发生的制造费用	55,000元
发生的人工小时	5,000小时
制造费用吸收率	每人工小时12元

（1）根据以上信息判断该公司的制造费用是（　　）吸收。

A. 过度　　B. 不足

（2）过度吸收或者吸收不足的金额是（　　）元。

A. 6,000　　B. 5,000　　C. 4,000

(3) 这部分差额应该（　　）记制造费用账户。

A. 借　　　　　　　　　　B. 贷

【习题8-5】期末，在一个集成化的成本和财务系统中，制造费用吸收不足20,000元的会计分录，正确的是（　　）。

A. 借：在产品控制账户　贷：制造费用账户

B. 借：利润表　贷：在产品控制账户

C. 借：利润表　贷：制造费用账户

D. 借：制造费用账户　贷：利润表

第三节　标准成本记账

一、基本原则

当一个企业使用标准成本核算系统时，产生的成本差异也应该记录到分类账中，这就是众所周知的标准成本记账。不同企业使用的会计核算方法存在一定的差异，尤其是在记录间接费用方面，差异最大，但是，以下几个基本原则还是大致相同的：

（一）成本差异记录的账户

在标准成本记账系统中，成本差异被记录在如下几个账户中：材料价格差异被记录在存货控制账户中；人工率差异被记录在工资控制账户中；物料消耗差异、闲置时间差异、人工效率差异（Labour efficiency）、变动制造费用效率差异（Variable overhead efficiency）被记录在产品账户中；制造费用价格差异被记录在制造费用控制账户中；制造费用数量差异被记录在固定制造费用控制账户中（有时还会被记录在在产品账户中）；销售收入差异不会出现在账户记录中，因为销售收入是以实际发票上的价格被记录在销售收入账户中的；成本差异账户中的差异余额在期末会被结转进利润表。

（二）成本差异记录的时间

标准成本记账的一般原则是当成本差异产生时能够尽可能早地予以记录。成本差异被记录在它们初始产生的相关账户中，适当的对方科目就是成本差异账户。

材料价格差异是在材料被采购时产生的，因此，应该将材料价格差异记录在存货账户中。如果价格差异是不利差异，我们应该按照成本差异金额贷记存货账户，借记成本差异账户。

物料消耗差异直到产品被实际生产时才会产生，因此，应该将物料消耗差异记录在在产品账户中。如果物料差异是有利差异，我们应该按照成本差异金额借记在产品账户，贷记材料成本差异账户。

（三）不利差异和有利差异

不利差异应该借记到相关成本差异账户；有利差异应该贷记到相关成本差异账户。不利差异是指实际成本大于计划成本的差异额，有利差异是指实际成本小于计划成本的差异额。

二、成本记账和成本差异处理举例

【例 8 -8】 C 公司目前正在使用一个集成化系统和标准变动成本记账系统，现在想要进行 2 月月度结账，以下是一些相关信息：

2 月期初余额

机器设备成本	700, 000 元
原材料存货	500, 000 元
应付职工薪酬	30, 000 元
库存商品	152, 000 元

2 月当期数据

原材料本期购进（货款尚未支付）	500, 000 千克，4. 5 元/千克
生产领用	320, 000 千克
本期发生的直接工资	220, 000 小时，4. 5 元/小时
本期已经支付的直接工资	950, 000 元
本期发生的变动费用	1, 380, 000 元
本期销售收入	5, 000, 000 元
产销量	40, 000 件

其他数据

原材料和库存商品按照标准成本核算

标准成本数据

直接材料价格	5 元/千克
直接材料消耗	7. 5 千克/件
直接工资	4 元/小时
直接人工小时	6 小时/件
变动费用	6 人工小时/件，6 元/小时
预计产出量	12, 000 件/周

要求：（1）计算该公司2月的成本差异。

（2）列出该公司2月以下分类账户：

①存货分类控制账户 ⑥主营业务成本控制账户
②直接工资控制账户 ⑦主营业务收入控制账户
③变动费用控制账户 ⑧成本差异账户
④在产品控制账户 ⑨利润表
⑤库存商品控制账户

计算过程：

（1）首先要计算单位产品的标准成本、成本差异：

标准变动成本（每件）

直接材料（7.5千克×5元）	37.5元
直接人工（6小时×4元）	24元
变动制造费用（6小时×6元）	36元
总计	97.5元

直接材料价格差异

500,000千克材料的标准成本（5元/件）	2,500,000元
实际成本（500,000千克×4.5元）	2,250,000元
总计	250,000元（F）

直接材料消耗差异

40,000件消耗的标准材料数量（×7.5千克）	300,000千克
实际耗用数量	320,000千克
数量差异	20,000千克（A）
×每千克标准价格	×5元
总计	100,000元（A）

直接人工率差异

220,000小时花费标准成本（×4元）	880,000元
实际花费（220,000×4.5元）	990,000元
总计	110,000元（A）

直接人工效率差异

40,000件花费标准工时（×6小时）	240,000小时
实际花费	220,000小时
小时数差异	20,000小时（F）
×每小时标准率	×4元
总计	80,000元（F）

变动费用价格差异

220,000 小时花费的标准成本（×6 元）	1,320,000 元
实际花费	1,380,000 元
总计	60,000 元（A）

变动费用效率差异

人工效率差异小时数	20,000 小时（F）
×每小时标准率	×6 元
总计	120,000 元（F）

（2）①

存货分类（原材料）控制账户

期初余额	500,000 元	在产品（320,000×5 元）	1,600,000 元
应付账款（500,000×4.5 元）	2,250,000 元	余额结转	1,400,000 元
材料价格差异	250,000 元		
	3,000,000 元		3,000,000 元
余额结转	1,400,000 元		

注：①原材料是以标准价格领用。

②材料价格差异被记录在本账户，因为它是一个有利差异，所以应该贷记到成本差异账户，借记本账户。

②

直接工资控制账户

实际支付	950,000 元	期初余额	30,000 元
余额结转	70,000 元	在产品（220,000 小时×4 元）	880,000 元
		人工率差异	110,000 元
	1,020,000 元		1,020,000 元
		余额结转	70,000 元

注：①人工小时是以每小时的标准率吸收到在产品中的。

②人工率差异被记录在此账户，因为它是一个不利差异，所以应该借记到成本差异账户，贷记本账户。

③

变动费用控制账户

应付账款	1,380,000 元	变动费用价格差异	60,000 元
		在产品（220,000×6 元）	1,320,000 元
	1,380,000 元		1,380,000 元

注：①变动费用是以每小时的标准率吸收到在产品中的。

②变动费用价格差异被记录在此账户，因为它是一个不利差异，所以应该借记到成本差异账户，贷记本账户。

④

在产品控制账户

存货分类控制	1,600,000 元	库存商品（40,000×97.5 元）	3,900,000 元
直接工资控制	880,000 元	直接材料消耗差异	100,000 元
变动费用控制	1,320,000 元		
直接人工效率差异	80,000 元		
变动费用效率差异	120,000 元		
	4,000,000 元		4,000,000 元

注：①产出是以标准变动产品成本转移到库存商品中的。
②因此，效率差异被记录在此账户中。

⑤

库存商品控制账户

期初余额	152,000 元	主营业务成本（40,000×97.5 元）	3,900,000 元
在产品	3,900,000 元	余额结转	152,000 元
	4,052,000 元		4,052,000 元
余额结转	152,000 元		

⑥

主营业务成本控制账户

库存商品	3,900,000 元	利润表	3,900,000 元

⑦

主营业务收入控制账户

利润表	5,000,000 元	银行存款/应收账款	5,000,000 元

⑧

成本差异账户

工资（人工率）	110,000 元	存货（材料价格）	250,000 元
在产品（费用）	60,000 元	在产品（人工效率）	80,000 元
在产品（材料消耗）	100,000 元	在产品（费用效率）	120,000 元
利润表	180,000 元		
	450,000 元		450,000 元

注：成本差异被记录在成本差异账户中，作为复式记账系统的一部分。该账户的期末余额会被转到利润表中。有时成本差异采用单独账户核算，但是复式记账法的基本原则是相同的。不利差异借记到成本差异账户，有利差异贷记到成本差异账户。

⑨

利润表

主营业务成本	3,900,000 元	主营业务收入	5,000,000 元
		成本差异	180,000 元
月度利润总额	1,280,000 元		
	5,180,000 元		5,180,000 元

三、日记账举例

【例8-9】假设生产一件甲产品需要5千克原材料D，每千克单价12元。每件甲产品耗用4小时人工小时，每小时工资率5元。相关信息如下：

原材料D：本期购进8,000千克，货款尚未支付* 100,000元

原材料D：本期领用数量* 8,000千克

甲产品本期产量* 1,500件

本期发生的直接人工小时数* 8,000小时

直接人工成本* 30,000元

假设该公司使用集成化会计系统且没有期末或期初在产品存货。

要求：（1）计算本期如下项目的成本差异：①材料价格差异；②材料消耗差异；③人工率差异；④人工效率差异。

（2）写出带有*的交易事项的日记账及第一题中计算出的材料差异。

计算过程：

（1）

①

8,000千克材料应该花费 96,000元

实际花费 100,000元

材料价格差异 4,000元（A）

②

1,500件甲产品应该耗用 7,500千克

实际耗用 8,000千克

耗用差异（千克数） 500千克（A）

×每千克标准价格 ×12元

材料消耗差异 6,000元（A）

③

8,000 小时应该花费　　40,000 元

实际花费　　30,000 元

人工率差异　　10,000 元（F）

④

1,500 件甲产品应该耗用　　6,000 小时

实际耗用　　8,000 小时

效率差异（小时数）　　2,000 小时（A）

×每小时标准率　　×5 元

人工效率差异　　10,000 元（A）

（2）

①

存货分类控制账户　　96,000 元

材料价格差异　　4,000 元

应付账款　　100,000 元

（原材料 D：本期购进 8,000 千克，货款尚未支付）

②

在产品控制账户　　96,000 元

存货分类控制账户　　96,000 元

（原材料 D：本期领用）

③

材料消耗差异　　6,000 元

在产品控制账户　　6,000 元

（记录原材料 D 的材料消耗差异）

④

在产品控制账户　　40,000 元

直接人工控制账户　　30,000 元

直接人工率差异　　10,000 元

（吸收到在产品中人工）

⑤

直接人工效率差异　　10,000 元

在产品控制账户　　10,000 元

（记录人工效率差异）

⑥

库存商品控制账户　　120,000 元

在产品控制账户（1,500×80）	120,000 元
（在产品向库存商品转移）	
甲产品单位标准成本	
原材料 D	60 元（12×5）
直接人工	20 元（4×5）
	80 元

【习题 8－6】E 公司使用原材料 M 生产产品，原材料 M 的标准价格为 4 元/米，本期购进 5,000 米，花费 20,600 元，本期生产领用 4,000 米。

要求根据以下情况写出对应事项的日记账记录（使用集成化系统）：

（1）当原材料存货采用标准成本法时，产生的直接材料价格差异被记录在单据上。

（2）当原材料存货采用实际成本法时，直接材料价格差异被包含在使用的原材料成本中。

【习题 8－7】F 公司使用集成化系统中的标准成本法核算产品成本，不利差异的会计分录，正确的是（　）。

A. 借：存货控制账户　贷：在产品控制账户

B. 借：材料消耗差异账户　贷：存货控制账户

C. 借：在产品控制账户　贷：材料中差异账户

D. 借：材料消耗差异账户　贷：在产品控制账户

本章小结

本章首先对集成化系统给予了简单介绍，集成化系统的最大优点就是将成本核算系统与财务系统联合起来，大大减少了工作人员的工作量，但是，与此同时也会存在难以同时满足内部管理者和外部报告使用者要求的问题。

其次本章通过举例详细阐述了各项成本活动在集成化系统中的具体记录方式。每个企业都应该遵循复式记账法的基本原则——有借必有贷，借贷必相等。学生对此应该熟练掌握。

最后本章着眼于集成化系统汇总标准成本核算系统的使用，以及产生的成本差异应该如何处理的问题。基本原则就是不利差异借记到成本差异账户，有利差异贷记到成本差异账户，对方科目则根据成本差异产生的来源记录到相关账户。对于此项内容，学生们也应该熟练掌握。

成本核算虽然有着一定的复杂性，学习起来较有难度，但是对于企业决策和日后发展有着重大影响，不应忽视。

第九章　订单成本法

本章概述

首先，本章介绍了订单成本法的概念和特点，订单成本法是指将成本分别归集到个别订单或批次中的成本核算方法。其次，本章阐述了该方法的具体核算程序，以及在该方法下对成本的记录和归集方法，进而对电算化系统下的成本记录方法进行了详细说明。再次，本章阐述了订单及分批成本计算法下的特殊定价方式——成本加成定价。最后，本章将订单成本与内部服务系统相联系，进一步说明了订单成本法的优势。

订单成本法是成本核算的重要方法之一，主要以产品订单或产品生产批别为成本对象。使用订单成本法，能够获得不同订单或者批别的成本信息，有利于企业进行分批成本管控，也为企业的后续成本分析决策提供了依据。因此，本章是成本核算的重要部分，也是企业进行成本归集的重要工具。

学习目标

※ 了解订单成本法的概念及特点

※ 掌握订单成本法的核算程序和成本归集方式

※ 掌握成本加成定价方法

※ 了解电算化系统下的成本记录方法

※ 了解订单成本在内部服务系统中的应用

※ 了解分批成本法的基本原理

商业观察

戴尔——IT“小弟”与“营利大哥”①

戴尔（Dell），是一家总部位于美国得克萨斯州朗德罗克的世界500强企业，由迈

① 整理自价值中国网刘昆山专栏，《“轻资产”实质探析——三论知识资本是企业的“第一资本”》，2010年2月2日。

克尔·戴尔于1984年创立。戴尔以生产、设计、销售家用以及办公室电脑闻名，不过它同时涉足高端电脑市场，生产与销售服务器、数据储存设备、网络设备等。1984年创立的戴尔集团，创立时间比微软晚9年，比英特尔晚14年，并且戴尔公司的注册资金仅有1,000美元，固定资产和经营规模与微软和英特尔相比，可谓“九牛一毛”。无论从哪方面来说，在IT行业，戴尔绝对只能称得上是“小弟”。然而当人们将戴尔公司的盈利水平与领军企业微软相比时，人们惊奇地发现，就是这样一个没有技术支撑，缺乏大量资本投入，规模也小得可怜的“小弟”，盈利水平竟连续十几年超过行业“领头大哥”！

戴尔创造奇迹的原因是多方面的，但其中最重要的一个原因就是其从创立之初就实施成本控制，创新营利模式，最具特色的就是实现“双赢”的直销营利模式和分批成本法。

戴尔公司创建了一套绕过中间商、直接面对顾客的营销方式，企业直接接受顾客的订单，并把产品直接销售给“最终顾客”，为顾客提供全过程的服务。按照惯例，中间商在销售电脑中一般要加价7%～9%，直销就完全以出厂价销售。戴尔公司从源头上实现了成本控制，即公司以出厂价销售，已经让顾客得到了7%～9%的价格优惠，实现了“相对较低的价格”与“相对较好的质量”的完美组合，即买同样配置的电脑可以花较少的钱，或出同等价格可以买到更高配置、更快速度的机器，实现了“双赢”。同时，因为公司的每台电脑都是依客户订单而生产，所以戴尔没有产成品存货，直接材料的周转率也较理想，为30天，这也大大降低了存货成本。

除此之外，分批成本法也为戴尔集团的成本控制贡献良多。分批法是以产品批别作为成本计算对象，归集各项生产耗费，计算产品成本的一种成本计算方法。戴尔的销售目标是平均5～6天完成一笔客户订单，这笔订单中的每台电脑都单独为一批次，而根据客户的不同特定需求，每台电脑制造零件也不尽相同。戴尔集团在使用分批成本法时，首先确认一台电脑为一个批次，随后确认直接成本，这里需要确认的直接成本主要为直接材料耗费，一般包括CPU、内存、硬盘、液晶显示屏等。最后一步则是根据制造费用分配率分配间接费用。

按订单生产和分批成本法不仅降低了存货成本，提高了存货周转率，实现了成本控制目标，也使戴尔集团在短时间内脱颖而出，跻身世界500强企业，创造了由IT“小弟”到“营利大哥”的奇迹。但并非所有企业都适用这两种方法，不抽丝剥茧分析方法和原因，仅一味复制相同套路来期望复制相同的奇迹，是万万不可取的。本章将详细介绍订单成本法的原理、方法与适用范围，进一步解开戴尔创造奇迹的谜团。

第一节　订单成本法基本概念与方法

一、订单成本法基本概念

订单成本法（Job and batch costing）是针对特别订单或批次进行成本核算的一种形式，是指将成本分别归集到个别订单或批次中的成本核算方法。一般适用于单件小批生产类型的企业，如船舶制造、重型机械制造以及精密仪器、专用设备生产等企业。

订单及批次是指一个相对短期的顾客订单或者任务。一个订单（A job）是指由单一订单或者合同构成的成本单位。一个批次（A batch）是指由单一容易识别的一组单位构成的成本单位。

为了达到顾客的特殊需求，每个订单和批次都是相对短期的，与订单批次相关的工作通常在一个工厂或者车间内进行，并且贯穿于整个操作流程，作为一项持续可识别的单元。

订单成本法的特点如下：

（1）工作根据顾客要求进行。

（2）每个订单都是短期的。

（3）每个订单都与其他订单相互独立，并且可识别。

二、订单及批次成本核算程序

在订单及批次核算过程中，适用的正常程序如下：

（1）潜在顾客与供应商取得联系，并表明订单及批次的生产要求。

（2）负责人与潜在顾客见面，商定提供订单及批次的相关细节，例如，数量、质量、商品规格和颜色、交货日期以及其他特殊要求。

（3）企业的评估部门准备对订单批次进行评估。评估内容具体包括耗用的原材料成本、预期需要支付的工资成本、需要消耗在工厂方面的成本、制造及销售管理费用、订单及批次特殊需求引起的额外的机器设备成本，以及最终供应商的边际利润。以上所有这些成本项目的总和构成销售价格。

（4）这一批次及订单产品需要在合适的时间开始加工生产。在满足其他工序的计划安排并获得所有原材料、人工和设备时，订单就可以开始加工生产。在一个有效的组织中，确定订单及批次开始投入生产的时点，需要确保在承诺交货的时间之前完工，同时又不会使订单及批次投入生产的时间太早，否则在顾客要求的交货日期之前企业需要为完工产品寻找储存的地点，会增加储存成本。

三、订单及批次成本记录

每个订单及批次的细节内容必须分别进行记录。在人工系统（Manual systems）中，这些细节内容需要计入分批成本卡（Job cost cards）或者分批成本计算单（Job cost sheets）。在电算化系统（Computerized systems）中，分批成本会按照订单及批次账户分别进行归集。

（一）订单及批次账户（Job accounts）

在订单及批次账户中，一个订单或批次的投入需要计入账户的左侧，产出需要计入账户的右侧。

（二）订单及批次成本的归集

订单及批次成本归集的关键点如下：

（1）一些人工成本，如加班费，可以直接计入这一订单及批次的成本，或者作为间接成本核算，这取决于已经发生成本的归集情况。

（2）耗用的原材料成本、直接人工成本和发生的直接费用，需要计入分类账中相应的订单账户，分类账中需要记录所有在产品的成本。

（3）订单及批次账户需要根据每个订单及批次间接成本所占的份额进行分配，以核算过程中的吸收率为分配基础。如果这一批次在会计期间结束时没有完成，那么需要将其计入财务状况报表的期末工厂成本（在吸收成本核算系统中）。

（4）订单完成后，如果订单总成本可以确定，那么需要将销售管理费用分配到各个订单账户中。这一批次的在产品转移到完工产品。

（5）销售价格与实际总成本之间的差额为供应商的利润或亏损。

（6）当产品交付给顾客时，成本转变为销售成本。

【例9－1】T企业是实行单件小批生产的企业，在1月生产一批产品，相关信息如下：

直接材料

	耗用材料数量（千克）	单位材料价格（元）	剩余材料数量（千克）
Y材料	400	5	
Z材料	800	6	60

直接人工

	耗用人工工时（小时）	加班额外工时（小时）
P部门	320	100
Q部门	200	100

P 部门加班后的工资为基本工资 8 元/小时加上额外的加班工资 2 元/小时。其他客户对新订单的要求，导致 Q 部门需要在 1 月加快现有订单的完工速度，因此，Q 部门 1 月出现加班工时。Q 部门加班后的工资为基本工资 10 元/小时加上额外的加班工资 3 元/小时。两个部门的间接费用都按照 3 元/工时进行分配。

（1）求解该批次产品的直接材料成本；

（2）求解该批次产品的直接人工成本；

（3）求解该批次产品的总生产成本。

解答：

（1）

该批次产品直接材料成本（元）	6, 440
直接材料 Y 成本（元）	400 × 5 = 2, 000
直接材料 Z 成本（元）	（800 − 60）× 6 = 4, 440
总直接材料成本（元）	2, 000 + 4, 440 = 6, 440

（2）

该批次产品直接人工成本（元）	4, 560
P 部门直接人工成本（元）	320 × 8 = 2, 560
Q 部门直接人工成本（元）	200 × 10 = 2, 000
总直接人工成本（元）	2, 560 + 2, 000 = 4, 560

（3）

该批次产品总生产成本（元）	12, 560
直接材料成本（元）	6, 440
直接人工成本（元）	4, 560
产品间接成本（元）	520 × 3 = 1, 560
总生产成本（元）	6, 440 + 4, 560 + 1, 560 = 12, 560

在 P 部门，加班工资计入间接成本，在 Q 部门，加班工资计入顾客要求进行加班的批次订单。

将 P 部门的加班工资计入产品间接费用是错误的，间接成本分配率是采用预算数据预先决定的，实际数据是用来确定期末分配额是高于预算还是低于预算的。

四、订单成本系统中的产品定价

采取订单成本法的企业，其成本的构成根据客户需求的差异而变化，一般而言，并没有固定的价格指导或市价参考，因此，订单成本法中普遍的定价方法为成本加成定价。以前章节中，我们已经学到过关于成本加成定价的方法与应用——成本加成定价法是根据相关总成本与预计利润的加成来确定产品价格的方法。

成本加成定价法的缺点是显而易见的：

（1）价格由总成本与利润率加成确定，产品加成定价法下企业将缺乏控制成本以获取最大利润的动力。

（2）产品加成定价法下，企业同样缺乏动力避免资源的浪费或低利用率。

（3）成本加成定价法下，企业不考虑实际业务量与估计业务量之间的差额，当间接成本分配率根据估计业务量确定时，将会出现分配差异漏记的情况。

（4）成本加成定价法下，并没有确定固定的间接费用分配方法，因此，有可能出现定价过高或过低的情况。

订单成本法中采用成本加成定价时，通常要求客户对订单的需求一致，即订单统一。此时，应先分辨出订单的所有相关成本，再计算此订单耗费的总成本，然后根据产品价格的一定比率确认订单成本的预计利润率，注意，此处的成本加成是以成本和利润占产品价格的比率为基准的，即产品价格表示为100%。下面以一个例子说明：

【例9－2】 X工厂采用订单成本法计算成本，订单259的相关总成本为80元，预计利润率为20%，请问该订单产品将如何定价？

由题意可知，订单总成本占产品价格的比率为1－20%＝80%，则产品价格为80÷80%＝100元。

注意，此时的利润率是以产品价格为准的，即利润率20%，它是指该订单的利润占产品价格的20%。

【习题9－1】 A制造厂接受了两批订单，分别编号为订单201和订单202，订单201的单位直接人工耗费为2元、直接材料为3元、制造费用为1元；订单202的单位人工耗费为5元、直接材料为5元、制造费用为4元，订单201和订单202的利润率分别为25%和30%，请问两个订单产品如何定价才能达到上述利润水平？

五、订单成本电算化（Computerisation）

会计电算化是指以电子计算机为主的信息技术在会计工作中的应用，具体而言，就是利用会计软件来代替或完成手工会计的过程。它实现了数据处理的自动化，使传统的手工会计记账系统发展演变为电算化会计信息系统。会计电算化是会计历史上具有里程碑意义的变革，它不仅使会计数据处理更具时效性和准确性，也提高了会计核算的水平和质量，减轻了会计人员的劳动强度，同时还提高了经营管理水平，使会计管理由事后报告发展为事前预测、事中控制和事后总结，奠定了财务管理的信息化发展基础。会计电算化的逐步实施推动了会计技术、方法及理论、观念的创新，促进了会计工作的进一步发展。

订单成本法在手工记账系统中以订单成本卡为主要方法，但这仅适用于生产规模小、业务少且形式单一的企业，当企业规模和业务量达到一定水平时，手工记账不仅烦琐而且容易出现错误，大大增加了记账成本。因此，在大型企业中，订单成本电算化已逐步实施。订单成本电算化即利用专门的会计软件处理不同订单成本需求的会计方法。订单成本电算化的一般步骤如下：

（1）为每个订单创建订单号，将相关数据存储在以各自订单号命名的文件夹中。

（2）以一系列的数字命名订单中可能发生的每个相关成本。例如，所有订单中都将会出现“直接人工”这一成本项目。

（3）在较为复杂的系统中，可以用两种分析方法分析成本：一种根据不同订单来分析成本（例如，编号为123的订单的成本为200万元）；另一种根据成本的不同分类来分析成本（如所有订单中的直接人工费用为200万元）。这样一来，订单之间的比较分析和成本控制就变得容易了。

（4）订单成本系统中可能包括与该订单相关因素分析的子系统，如时间管理系统。在处理复杂订单时，为确保订单在第一时间被处理，时间管理系统被设计进订单成本系统以提高系统效率。

六、订单成本与内部服务系统

内部订单成本法可以用于计算内部服务部门的成本，例如，维修部门等，订单成本系统可以用来控制内部服务部门的成本。订单成本系统可以计算各个部门发生的具体成本，每项工作完成之后，直接计算该部门的成本，不再用总成本进行分摊。

服务部门的内部订单成本系统有以下优势：

1. 成本分摊更加准确

内部订单成本系统对每项工作的费用进行确认并计入相应的部门，说明成本是谁发生由谁承担，因而成本的分摊更加准确。

2. 增加了责任意识

内部订单成本系统使得成本发生部门更加注意具体服务项目的计价问题，可能会更加小心、更加高效地使用设备。各部门也会了解设备发生的实际成本，并为之后的决策提供支持。

3. 控制服务部门的成本

内部订单成本系统下，在每项具体的成本发生时，服务部门只能使用标准成本计价。将标准成本和实际支出进行对比，各部门可以通过二者之间的差异评价有效性。

4. **为预算提供有用信息**

内部订单成本系统将服务部门的每项成本分别予以确认，这些信息有利于成本预算的顺利进行。

第二节　订单成本法的应用

【例9-3】AM公司是一家经销公司/承包公司，20×5年2月1日工厂中存在一项尚未完成的订单。本周工单汇总信息如下：

订单编号6832：

成本（截至当前）（Costs to date）

直接材料	600元
直接人工（120小时）	850元
制造费用（Factory overhead）	250元
制造成本（Factory cost）	1,700元

2月当中有3项新的订单开始进行，产品成本信息如下：

直接材料	
领用：6832号订单	2,450元
6833号订单	1,720元
6834号订单	3,890元
6835号订单	4,560元
存货损失	2,500元
材料转移：	
6834号订单转到6833号订单	270元
6832号订单转到6834号订单	650元
剩余材料退库	
6832号订单	890元
6835号订单	150元
直接人工小时数：	
6832号订单	450小时
6833号订单	630小时
6834号订单	270小时
6835号订单	420小时

20×5年2月的小时工资率是9元/小时，制造费用吸收率为3元每直接人工小时。当月发生的制造费用总计为4,800元。产品一旦完工就立即被运送到客户公司，发票

上记载的交易金额如下：

6832 号订单	9, 900 元
6834 号订单	9, 200 元
6835 号订单	9, 300 元

管理费用和销售费用按照工厂成本的 20% 计入主营业务成本。2 月发生的实际成本总计 4, 600 元。

要求：(1) 为 20×5 年 2 月的每一项订单画出 T 型账户（账户左侧表示要素投入，账户右侧表示要素转出）。

(2) 为每一项订单计算总成本，计算每一项完成的订单的利润。

解题步骤：

(1) T 型账户

6832 号订单

期初结转	1, 700	6834 号订单往来（材料转移）	650
材料（库存往来 a/c）	2, 450	材料进库（材料退回）	890
人工（工资往来）	4, 050	主营业务成本	8, 010
制造费用（往来）	1, 350		
	9, 550		9, 550

6833 号订单

材料（库存往来 a/c）	1, 720	结转下期	9, 550
人工（工资往来）	5, 670		
制造费用（往来）	1, 890		
6834 号订单往来（材料转移）	270		
	9, 550		9, 550

6834 号订单

材料（库存往来 a/c）	3, 890	6833 号订单往来（材料转移）	270
人工（工资往来）	2, 430	主营业务成本（余额）	7, 510
制造费用（往来）	810		
6832 号订单往来（材料转移）	650		
	7, 780		7, 510

6835 号订单

材料（库存往来 a/c）	4, 560	剩余材料退库	150
人工（工资往来）	3, 780	主营业务成本（余额）	9, 450
制造费用（往来）	1, 260		
	9, 600		9, 600

（2）各项订单总成本及利润

	6832 号订单	6833 号订单	6834 号订单	6835 号订单
材料	1, 510①	1, 990	4, 270②	4, 410
人工	4, 900	5, 670	2, 430	3, 780
制造费用	1, 600	1, 890	810	1, 260
工厂成本	8, 010	9, 550（结转下期）	7, 510	9, 450
管理费用和销售费用（20%）	1, 602		1, 502	1, 890
主营业务成本	9, 612		9, 012	11, 340
销售额	9, 900		9, 200	9, 300
利润/损失	288		188	(2, 040)

注：①（600 + 2, 450 − 650 − 890）。

②（3, 890 + 650 − 270）。

【例 9 −4】订单成本核算与成本簿记。

要求：写出上例中记录的成本信息在公司的成本控制账户中的展示过程（这个例子将会向你展示如何将订单成本核算法与成本簿记的知识结合起来）。

过程如下：

存货控制（尚未完工）

在产品（剩余材料退库）	1, 040	在产品（往来）	
		（2, 450 + 1, 720 + 3, 890 + 4, 560）	12, 620
		利润表：	
		存货注销	2, 500

在产品控制

期初结转	1, 700	存货控制（往来）（退库）	1, 040
存货控制	12, 620	工厂成本	
工资控制	15, 930①	（8, 010 + 7, 510 + 9, 450）	24, 970
制造费用控制（往来）	5, 310②	结转下期	9, 550
	35, 560		35, 560

注：①1, 770 小时，每小时 9 元。

②1, 770 小时，每小时 3 元。

主营业务成本控制

在产品控制（往来）	24, 970	利润表	29, 964
管理费用和销售费用（往来）			
(1, 602 + 1, 502 + 1, 890)	4, 994		
	29, 964		29, 964

销售收入

利润表	28, 400	应收账款	28, 400
		(9, 900 + 9, 200 + 9, 300)	
	28, 400		28, 400

制造费用控制

应支付的制造费用	4, 800	在产品（往来）	5, 310
吸收过度	510		
	5, 310		5, 310

管理费用和销售费用

应支付的管理费用和销售费用	4, 600	主营业务成本	4, 994
过度吸收制造费用	394		
	4, 994		4, 994

制造费用、管理费用和销售费用吸收不足/吸收过度

利润表	904	管理费用和销售费用	394
		制造费用控制（往来）	510
	904		904

利润表

主营业务成本（往来）	29, 964	销售收入（往来）	28, 400
存货（往来）	2, 500	吸收过度制造费用	904
		损失	3, 160
	32, 464		32, 464

3, 160 元的损失是由 3 个已完工订单的利润/损失加总（288 + 188 − 2, 040 = − 1, 564 元），加上总的吸收过度的费用 904 元，减去存货注销的 2, 500 元而来。

第三节　分批成本法

分批成本法与订单成本法类似，是将相似的商品按批分别确认的成本核算方法。一般情况下，商品的单位成本为每批商品的总成本除以该批商品的总件数。

下面通过例题来进一步了解分批成本法。

【例9-5】 H公司是一家生产汽车零部件W的制造商，该公司本年的预算制造费用和预算工时如下表所示，销售及行政管理费用为制造成本的20%。现有一笔800个W零部件的订单，其中，直接材料成本为730,000元；焊接部门耗费100工时，每工时的人工成本为60元，组装部门耗费200工时，每工时的人工成本为50元；租赁检验焊接质量的设备花费3,000元。

本年预算资料

部门	预算制造费用（元）	预算工时（小时）
焊接部门	36,000	2,000
组装部门	60,000	1,500

要求：计算该笔订单的单位成本。

先计算生产部门的制造费用吸收率，焊接部门的吸收率为36,000÷2,000=18元/小时，组装部门的吸收率为60,000÷1,500=40元/小时；再计算该订单的总成本，总成本由直接材料、租赁费用、直接人工、制造费用、销售及行政管理费用构成。

总成本 =（730,000 + 100 × 60 + 200 × 50 + 3,000 + 100 × 18 + 200 × 40）×（1 + 20%）= 910,560（元）；

最后计算订单的单位成本，即用总成本除以件数，单位成本为910,560÷800 = 1,138.2（元/件）。

【习题9-2】 M印刷厂为客户提供印制广告宣传单的服务，下表是该厂印制一批1,000份宣传单的成本，此外，这项服务的固定管理费用为每年9,000元，按年内预计发生的订单数进行平分，20×6年M印刷厂预计接收150份订单（每周3份订单，按50周计算），并且管理者期望的利润率为25%。

M厂印制宣传单的成本

项目	成本
设置机器	50元/小时（每份订单需6小时）
插图	180元/笔

续表

项目	成本
纸张	100 元
其他印刷材料	120 元
直接人工成本	45 元/小时（共需 5 小时）

要求：(1) 分别计算 5,000 份宣传单和 10,000 份宣传单订单的每千份售价（结果保留两位小数）。

(2) 假设上周该印刷厂完成四笔订单，其中，两笔为 5,000 份宣传单，两笔为 10,000 份宣传单，请计算上周的收益。

【习题 9-3】 P 是一家小型管理咨询公司，以下是一些关于它的资料：咨询 1 小时的管理费用吸收率为 75 元，高级咨询师每小时的咨询费为 200 元，初级咨询师每小时的咨询费为 150 元，该公司的咨询费定价标准为成本加成 40%。

(1) 某客户总计咨询 300 小时，其中，高级咨询师 120 小时，初级咨询师 180 小时，本次咨询应如何收费？

(2) 上月，该公司共接受咨询 2,500 小时，高级咨询师和初级咨询师的咨询时间比例为 1:4，管理费用与预算一致，那么上个月该公司的收益为多少？

本章小结

本章主要讲解订单成本法的相关知识，首先介绍了订单成本法的基本概念，对订单成本法进行了初步解释；其次介绍了订单成本法的具体计算方法，还有订单成本电算化与加成定价，然后通过几个例题让同学们对订单成本法有了更直观的认识；最后介绍了内部服务部门使用订单成本法的优势以及与订单成本法类似的成本计算方法——分批成本法。

订单成本法是企业成本核算常用的方法之一，使用订单成本法有利于企业成本的精细化管理，也为预算等企业决策提供支持，因此，本章为重点章节。通过本章的学习，同学们能掌握订单成本法和分批成本法，会使用订单成本法进行成本核算。

第十章　分步成本法

本章概述

在上一章，我们学习了订单和批次成本计算方法，成本采用什么方法核算，是由产品生产的方式决定的，如果产品的生产不是按照订单生产或者按照批次生产，而是需要经历一系列连续的生产步骤，那么我们就需要用一种新的方法来进行成本计算，本章我们将学习分步成本法。

对于本章的学习，我们将首先讲解分步成本法的基本原理和涉及的一些概念，然后讲解分步成本法的具体操作。

通过对本章的学习，同学们可以了解对于连续多个步骤生产的产品应该怎么核算各个步骤的完工产品成本和在产品成本。本章也是成本会计的重要内容，学生们要重视本章的学习，学会运用分步成本法核算企业的产品成本。

学习目标

※ 了解分步成本法的含义
※ 掌握分步成本法的计算步骤
※ 掌握完工产品和在产品成本的计算
※ 了解联产品和副产品

商业观察

高铁列车中的成本问题①

2016 年 9 月 10 日，郑州至徐州高速铁路开通运营。郑州至徐州高速铁路自河南省郑

① 资料来源：中国铁路总公司新闻中心。

州市起，经开封、商丘，安徽省砀山、萧县，至江苏省徐州市，全长360千米，设郑州东、开封北、兰考南、民权北、商丘、砀山南、永城北、萧县北和徐州东9个车站，初期运营时速300千米。郑州至徐州高速铁路于2012年12月开工建设，2016年4月开始联调联试。开通初期，将安排动车组列车58对。郑州至上海最快列车的运行时间由原来的6小时47分钟缩短至约4小时，西安至上海最快列车的运行时间由原来的10小时47分钟缩短至约6小时。郑州至徐州高速铁路，是国家中长期铁路网规划的高速铁路陆桥通道的重要组成部分，该铁路与已运营的郑西高铁、西宝高铁、兰新高铁和在建的宝兰高铁，共同构成新的高标准、大能力欧亚大陆桥运输通道，对于发挥铁路在推进“一带一路”建设中的服务保障作用具有重要意义。该铁路建成通车后，将大大缩短我国西部地区与中东部地区的时空距离，并连通已运营的京沪高铁和京广高铁，使我国高速铁路网进一步完善，对于发挥高铁成网优势具有十分重要的作用。郑州至徐州高速铁路开通运营后，中国高速铁路总里程超过2万千米，继续保持世界第一。

中国已经形成庞大的高铁铁路网，让我们的出行方式更加便捷，但大家都了解高铁的生产过程吗？

高铁列车的生产过程涉及许多专业的高深技术，我们放下那些高深的技术不谈，直观简单地说，高铁列车由四部分组装而成：车体、转向架、车上下大部件、车内设施。这四大部分的生产制造也分为不同的步骤，前两部分同步进行，后两部分同步进行，并且四大部分的制造过程在不同的车间同步生产。流程上，一辆高铁列车出厂，要经过四个厂房——铝合金厂、涂装厂、总装配厂和调试厂。在铝合金厂，主要的任务就是将各种铝合金型材按照设计的样式进行焊接铸造雏形。经过铝合金厂的加工，高铁列车算是大致成型。接着，从铝合金厂完工出来的产品会进入涂装厂，在此工人们会对高铁列车进行防腐和喷刷。完工后，从涂装厂出厂的产品会进入总装配厂进行各种配套设施的装配，完工后从总装配厂出厂的产品会进入调试厂，也就是最后的检查调整阶段了，经过调试厂检查工人的性能试验和安全检测后，达标的高铁列车就可以进入运营状态了。

在以上一系列的生产流程中我们可以看出，高铁列车生产需要经过几个步骤，每个步骤都会有不同程度的材料、人力投入等。因此，在整个过程当中，我们如果想搞清楚高铁列车的成本问题，就必须学会对每个步骤的成本进行核算，那么，对于这种复杂的多步骤的生产过程究竟应该怎么进行成本核算呢？接下来本章就会对这种成本核算的方法进行详细的讲解。

第一节　分步成本法概述

在企业的生产过程中，有的时候不能单独地识别出产品的消耗来完整地归集一个订单的产品成本，主要原因可能是该产品的生产是一个连续不断的过程，这个过程分为几个步骤，在连续不断的过程中我们无法单独识别出一件产品或者一个订单的产品成本是多少，这时就需要采用分步成本法（Process costing）来计算产品的成本。因此，分步成本法适用于产品需要通过连续不断的生产流程进行生产的情况。例如，玩具的生产需要通过一系列加工程序，不断地投入不断地有产出。

一、分步成本法的介绍

在分步成本法下，计算产品成本会列出每个生产步骤的分步账户（Process accounts）。分步账户就是记录本步骤发生的产品成本的一个表格。分步账户有左、右两个部分，每个部门都有两列，一列记录产量，一列记录成本金额。

分步账户的左边记录的是该步骤的投入，可以反映出对于该生产步骤投入的产品数量和材料成本、人工成本、制造费用等各项成本费用。分步账户的右边记录的是对于左边的投入，经历过该步骤后会变成什么状态，一共有3种可能的状态：

第一种状态是本步骤的投入经过本步骤生产变成了完工产品，因此，可以通过分步账户看出完工产品的数量和成本。

第二种状态是损失，投入的产品可能出现了损坏（即残次品，本章假定损失均为残次品），因此，分步账户会反映出残次品的数量和金额。

第三种状态是还在继续生产，也就是说在期末并没有对这部分产品进行加工完毕，所以不能转入完工产品，因此，在分步账户可以反映出期末在产品的数量和在产品成本。

分步账户的左边和右边的数量总计必须要一致，这是因为左边记录的是投入，右边记录的是投入的去向。例如，投入了100千克的木材生产木头桌子，最终期末的时候，这100千克的木材，有可能变成了桌子，有可能是半成品，有可能损失掉了一部分，但是这些状况加在一起应该还是那100千克的重量。另外，左边部分投入的金额和右边部分产品去向的金额汇总也应是一致的。下面我们看一个简单的分步账户的样式：

	数量（件）	金额（元）		数量（件）	金额（元）
直接材料成本	2,000	12,000	在产品	500	4,000
直接人工成本		6,000	完工产品	1,500	17,000
制造费用		3,000			
合计	2,000	21,000		2,000	21,000

通过上面的分步账户，我们可以看出，左边部分的数量合计和右边的数量合计都是2,000件，成本合计都是21,000元，左右是一致的。

接下来，我们通过一个例题来看一下分步成本法核算的分步。

【例 10-1】 X 公司生产玩具汽车，生产玩具汽车需要两个步骤：组装成型和染色。在 20×5 年，10,000 套生产汽车的组装套件会投入第一个步骤生产，这些套件价值 20,000 元。第一生产步骤还需要投入直接人工成本 2,000 元，其他间接成本 500 元。本期第一生产步骤即组装车间没有期初存货和期末存货，组装完成的玩具汽车都直接转入下一个生产步骤——染色。因此，组装车间 20×5 年的分步账户如下表所示：

	数量（件）	金额（元）		数量（件）	金额（元）
直接材料成本	10,000	20,000	完工转入染色车间	10,000	22,500
直接人工成本		2,000			
其他间接成本		500			
合计	10,000	22,500		10,000	22,500

因为生产玩具汽车需要两个步骤，所以第一个步骤生产出来的完工产品就直接转入第二个步骤进行染色。在 20×5 年，除了从第一个步骤转入的直接材料外，第二步骤还投入了 5,000 件直接材料，价值 12,000 元，染色车间投入直接人工成本 10,000 元，其他间接成本为 2,000 元。染色车间也是没有期初和期末存货。因此，染色车间 20×5 年的分步账户如下表所示：

	数量（件）	金额（元）		数量（件）	金额（元）
组装车间转入材料	10,000	22,500	完工产品	15,000	46,500
染色车间增加材料	5,000	12,000			
直接人工成本		10,000			
其他间接成本		2,000			
合计	15,000	46,500		15,000	46,500

有的时候，直接人工成本和其他的间接成本等会合计在一起成为流转成本（Conversion cost）。

二、分步成本法的特点

相较于其他的产品成本计算方法，分步成本法有以下几个特点：

（1）在分步成本法下，由于产品是连续进行生产，在进行产品核算的期间，可能会有未完工的产品，这个时候就需要对这部分产品即在产品的部分进行成本计算，具体计算方法本章的后面会具体讲解。因此，分步成本法下，没有办法建立某个产品成本的分步账户，因为产品处于一个连续不断的生产过程。

（2）在分步成本法计算过程中，会考虑产品生产过程中的损失。例如，生产过程中的浪费、生产过程中的损坏等。

（3）在分步成本法下，在某一个步骤生产的完工产品会投入到下一个生产步骤，直到产品走完所有流程真正完工为止。

（4）在分步成本法下，完工产品可能是单一产品，也可能是副产品或联产品。

第二节　分步成本法计算方法

在运用分步计算法时，一般分为4个核心步骤，围绕这4个计算步骤展开，这4个步骤如下：

（1）确定产出和损失。在这个步骤中，首先要确定产出量；其次要确定生产过程中的损失；最后如果期末存在在产品，则需要确定期末在产品的约当产量（Equivalent units）。

（2）计算产出、损失或者在产品的单位成本。

（3）计算产出、损失或者在产品的总成本。

（4）完成分步账户的填制。

接下来，我们就具体讲解下分步成本法计算过程中应该重点解决的问题。

一、生产过程中的损失

在企业的生产过程中可能会出现残次品。在分步计算法中，我们需要考虑损失，损失又分为两种不同的类型，一种是正常损失（Normal loss），另一种是异常损失（Abnormal loss）。正常损失是指可以预期到的损失，因为企业生产活动是一直进行的，以前的经验或者行业数据就可以大概预测在生产过程中会发生的损耗，所以正常损失一般按照产出量的一定百分比来确定。在生产过程中残次品可能就完全没有价值了，但有些情况下也可能会有部分价值，即残次品还是可以以一个销售价格低价出售的。异常损失是企业生产之前没有能够预期到的损失。另外，在生产过程中，企业还会出现不能预期的异常收益（Abnormal gain）。企业实际产生的残次品数量没有达到事先预期的水平，二者的差额就是企业的异常收益。

如果企业发生的是正常损失，在企业生产之前就已经对这部分的损失进行了考虑，正常损失并不会影响产品的单位成本。如果发生了异常损失或者异常收益，损失和收益部分也不会影响产品的单位成本，但是损失和收益会对利润表造成影响，如果有异常损失，则直接减少企业的利润；如果是发生了异常收益，则是直接增加企业的利润。也就是说，超出预计的残次品所消耗的成本会转入利润表，而不是转入下一个生产步骤；同理，异常收益的部分也会转入利润表，只是与异常损失的方向相反。在发生异常损失的时候，是贷记分步账户，转入利润表；在发生异常收益时，是借记分步账户，转入利润表。下面我们通过一道例题来具体看一下异常损失和异常收益的核算。

【例 10－2】假设某企业在一个生产车间投入了 5,000 件原材料进行产品生产，原材料价值 90,000 元，企业的正常损失是 10%。该生产车间没有期初存货和期末存货。

要求：写出下列两种实际产出量情况下的分步账户和损失账户：

（1）实际产量为 4,200 件（实际损失 800 件）；

（2）实际产量为 4,800 件（实际损失 200 件）。

解题思路：在运用分步成本法的四步骤之前，我们需要先分析损失的情况，正常损失是 5,000 × 10% = 500（件），这 500 件损失不会对产品成本造成影响。因为正常情况下，该生产车间的产出就是 5,000 − 500 = 4,500（件）。在第一种情况下，实际损失为 800 件，存在异常损失，异常损失会减少企业利润；在第二种情况下，实际损失为 200 件，存在异常收益，异常收益会增加企业利润。基于此，我们开始进行分步成本法计算。

（1）实际产量为 4,200 件

步骤一：确定产出和损失

	数量（件）
实际损失	800
正常损失	500
异常损失	300

步骤二：计算产出、损失的单位成本

产出和损失的单位成本是根据预期的产出水平计算的，即用实际成本投入除以预期的产量水平：90,000 ÷ 4,500 = 20（元/件）。

步骤三：计算产出、损失的总成本

因为在计算单位成本的时候已经将正常损失考虑进去，所以正常损失是不会有成本的。

	金额（元）
产出（4,200 × 20）	84,000
正常损失	0
异常损失（300 × 20）	6,000
合计	90,000

步骤四：完成账户

分步账户

	数量（件）	金额（元）		数量（件）	金额（元）
投入成本	5,000	90,000	正常损失	500	0
			产出	4,200	84,000
			异常损失	300	6,000
合计	5,000	90,000	合计	5,000	90,000

异常损失账户

	数量（件）	金额（元）		数量（件）	金额（元）
分步账户转入	300	6,000	利润表	300	6,000

（2）实际产量为4,800件

步骤一：确定产出和损失

	数量（件）
实际损失	200
正常损失	500
异常收益	300

步骤二：计算产出、损失的单位成本

产出和损失的单位成本是根据预期的产出水平计算的，即用实际成本投入除以预期的产量水平：90,000÷4,500=20（元/件）。

步骤三：计算产出、损失的总成本

因为在计算单位成本的时候已经将正常损失考虑进去，所以正常损失是不会有成本的。

	金额（元）
产出（4,800×20）	96,000
正常损失	0
异常收益（300×20）	-6,000
合计	90,000

步骤四：完成账户

分步账户

	数量（件）	金额（元）		数量（件）	金额（元）
投入成本	5,000	90,000	正常损失	500	0
异常收益	300	6,000	产出	4,800	96,000
合计	5,300	96,000	合计	5,300	96,000

异常收益账户

	数量（件）	金额（元）		数量（件）	金额（元）
利润表	300	6,000	分步账户转入	300	6,000

【习题 10－1】 C 公司生产产品的某一个生产车间的信息如下：该车间 20×5 年 8 月投入 27,000 元进行生产，投入 1,000 件，正常损失为 10%。8 月的实际产出是 850 件。在 20×5 年 9 月，该车间仍然投入 1,000 件成本为 27,000 元进行生产，9 月实际产出是 950 件。该车间 8 月、9 月两个月都没有期初存货和期末存货。

要求：写出该车间两个月的分步账户和异常损失或者异常收益账户。

二、残值的核算方式

残值（Scrap）指的是残次品的价值，即残次品可以出售或者通过其他方式产生的一定的价值。在上面我们所讲的部门是将残次品的残值假设为零，但是实际生产过程中残次品可能是有残值的，这个时候就要对残值进行计量。

（一）正常损失的残值核算方式

没有变成完工产品的残次品如果以低价出售，取得的销售收入就是残次品的残值，这部分收入不作为企业的收入，而是作为成本的抵减项。通常情况下，残值收入抵减材料成本，在记账处理时是借记残值收入账户，贷记分步账户。

（二）异常损失的残值核算方式

异常损失是不会影响产出产品成本的，所以这部分残次品的残值收入不会贷记分步账户而是贷记异常损失账户。同时，因为发生异常损失时比发生正常损失时产生更多的残次品，相应地也会增加残值收入，所以是借记残值收入账户，贷记异常损失账户。

（三）异常收益的残值核算方式

异常收益的情况下，实际残次品的数量比正常残次品的数量少，获得的残值收入也会减少，所以应该贷记残值收入账户，同时借记异常收益账户。

最后汇总以后，残值收入对应的是处置这些残次品得到的现金，即借记现金，贷记残值收入账户。

下面我们通过一道例题来具体分析残值收入的处理方式：

【例 10－3】L 工厂有两个生产车间，生产产品需要两个车间的连续生产。L 工厂两个车间的正常损失率为 10%，第一车间残次品的残值为每件 1 元，第二车间残次品的残值为每件 2 元。上个季度相关信息如下：

	第一车间	第二车间
投产（件）	2,000	1,250
投入材料成本（元）	8,000	3,850
直接人工成本（元）	6,000	8,000
制造费用（元）	6,000	10,000
实际产出（件）	1,750	2,800

要求：写出第一车间、第二车间分步账户；残值账户和异常收益或损失账户。

步骤一：确定产出和损失

第一车间最终实际产出 1,750 件，转入第二车间，因此，第二车间投入量为 1,750 + 1,250 = 3,000（件）。

	第一车间数量（件）	第二车间数量（件）
产出	1,750	2,800
正常损失	2,000 × 10% = 200	3,000 × 10% = 300
异常损失	50	-
异常收益		－100
合计	2,000	3,000

步骤二：计算产出、损失的单位成本

	第一车间成本（元）	第二车间成本（元）
材料成本	8,000	3,850
第一车间转入成本		1,750 × 11 = 19,250
人工成本	6,000	8,000
制造费用	6,000	10,000
小计	20,000	41,100

续表

	第一车间成本（元）	第二车间成本（元）
减去：正常损失残值价值	200 × 1 = 200	300 × 2 = 600
成本合计	19, 800	40, 500
单位产出成本	19, 800 ÷ 1, 800 = 11	40, 500 ÷ 2, 700 = 15

步骤三：计算产出、损失的总成本

	第一车间成本（元）	第二车间成本（元）
产出	1, 750 × 11 = 19, 250	2, 800 × 15 = 42, 000
正常损失	200 × 1 = 200	300 × 2 = 600
异常损失	50 × 11 = 550	
异常收益		− 100 × 15 = − 1, 500
合计	20, 000	41, 100

这一个步骤需要注意的是，正常损失是不计算成本的，而计量其残值价值。

步骤四：完成账户

第一车间分步账户

	数量（件）	金额（元）		数量（件）	金额（元）
直接材料	2, 000	8, 000	残值价值	200	200
直接人工		6, 000	转入第二车间产出	1, 750	19, 250
制造费用		6, 000	异常损失	50	550
合计	2, 000	20, 000	合计	2, 000	20, 000

第二车间分步账户

	数量（件）	金额（元）		数量（件）	金额（元）
第一车间转入	1, 750	19, 250	残值价值	300	600
本车间新增材料	1, 250	3, 850	完工产品	2, 800	42, 000
直接人工		8, 000			
制造费用		10, 000			
小计	3, 000	41, 100			
异常收益	100	1, 500			
合计	3, 100	42, 600	合计	3, 100	42, 600

异常损失账户

	金额（元）		金额（元）
第一车间分步账户（50 件）	550	残值收入（50 件）	50×1=50
		利润表	500
合计	550	合计	550

异常收益账户

	金额（元）		金额（元）
残值收入（100 件）	100×2=200	第二车间异常收益（100 件）	1,500
利润表	1,300		
合计	1,500	合计	1,500

残值账户

	金额（元）		金额（元）
第一车间正常损失残值	200	第一车间损失现金收入	250×1=250
第二车间正常损失残值	600	第二车间损失现金收入	200×2=400
异常损失残值	50	异常收益残值	200
合计	850	合计	850

通过上面的例题，我们可以看出，在计算单位产出成本的时候，实际上是拿投入的总成本减去正常损失的残值收入后计算出的成本总计除以预计的产出，因此，可以用以下公式直接计算单位产出成本：

单位产出成本=（成本投入-正常损失残值收入）÷（投产数量-正常损失数量）

三、期末存在在产品时

在上面两个部分，我们所讲述的内容都是假设生产部门期末没有存货，即所有投入的产品到期末均生产完毕。但是在实际生产中，由于核算的成本有一定的期间限制，可能需要一个月进行一次核算，或者一个季度进行一次核算，假设车间每个月都进行成本核算，在月末很有可能存在生产了一半，没有完全加工完毕的产品。出现以上情况，核算的时候该车间就存在期末存货，我们把没有生产完毕的存货称为在产品。下面我们就详细讲解期末存在在产品时的核算方法。

要想计量在产品的成本，首先要将在产品按照约当产量（Equivalent units）转换为完工产品。约当产量指在产品相当于完工产品的数量。例如，一件完工产品的成本是100 元，某个期末车间有 100 件在产品，这些在产品的完工程度是 50%，那么这 100 件在产品的约当产量就是 100×50%=50（件），即这 100 件在产品相当于 50 件完工产品。因此，期末在产品的成本就是 50×100=5,000（元）。

下面我们还是通过例题来具体看一下期末在产品的核算：

【例 10-4】H 公司 20×5 年 2 月某生产车间没有期初存货，2 月投入 3,000 件进行生产，相关成本信息如下：

	金额（元）
直接材料	15,000
直接人工	5,000
制造费用	4,000
合计	24,000

2 月末 2,000 件产品完工并转入下一个车间进行进一步加工，剩余 1,000 件没有完工，完工百分比为 40%。

要求：写出该生产车间 2 月的分步账户。

解题思路：本题的关键就在于期末存在在产品，我们已经知道了生产的全部投入是 24,000 元，所以关键就是要把 24,000 合理地分配给完工产品和在产品。因为在产品并没有完工，所以在产品和完工产品的资源消耗率肯定是不同的，为了更加合理地分配就需要采用约当产量的方式，将在产品转化为完工产品，在此基础上就可以将 24,000 元的总成本分给完工产品和在产品了。

步骤一：确定产出

	数量（件）	约当产量（件）
完工产品	2,000	2,000
期末存货	1,000	1,000×40%=400
合计	3,000	2,400

步骤二：计算完工产品、在产品的单位成本

根据步骤一我们可以知道，该车间最终约当产量合计是 2,400 件，所以单位完工产品的成本是 24,000÷2,400=10（元/件）。

步骤三：计算完工产品、在产品的总成本

	约当产量（件）	成本（元）
完工产品	2,000	20,000
期末存货	400	4,000
合计	2,400	24,000

步骤四：完成账户

分步账户

	数量（件）	金额（元）		数量（件）	金额（元）
直接材料	3,000	15,000	转入下一车间产出	2,000	20,000
直接人工		5,000	期末在产品	1,000	4,000
制造费用		4,000			
合计	3,000	24,000	合计	3,000	24,000

在实际生产过程中，许多生产车间的原材料消耗、人工成本消耗和制造费用消耗的比率可能是不同的，就是说一件产品最终在期末如果是在产品，可能关于直接材料的消耗已经是100%，即材料的完工程度是100%，而直接人工完工程度还不足100%。例如，生产一件玩具汽车，组装车间的任务就是对投入车间的组件进行组装，在期末的时候，如果有100件玩具汽车还没有组装完毕，这时这100件就是在产品，而这些玩具汽车虽然没有完工，但是它们的直接材料（即组装件）已经投入车间了，所以这100件在产品已经消耗了全部的直接材料，直接材料完工程度100%，它们只是还缺少部分人工组装，由此人工成本的完工程度是不足100%的。这个时候如果按照全部成本总和直接乘以完工百分比计算的约当产量来计算单位成本，就会不准确。因此，这个时候应该按照各个成本的完工百分比分别在完工产品和在产品中分摊成本。

一般而言，如果是上一个车间转入本车间的材料，都是一次性转入的，所以本车间最终在产品对于这部分材料的完工程度就是100%，而如果是本车间陆续投入的成本，则一般在期末在产品中的完工百分比不足100%。上面所讲的那个例子，如果组件不是生产开始就投入车间，而是在生产过程中逐渐投入，那么最终在产品的材料完工程度也会不足100%。因此，总结来看，一次性投入的原材料和上一个车间转入的原材料一般是100%的完工程度，而逐渐投入的原材料是不足100%的完工程度的。另外，对于人工成本和制造费用等，一般也是不足100%的完工程度。而且，很多时候制造费用是按照直接人工工时进行吸收分摊到产品的，所以直接人工的完工程度和制造费用的完工程度可能是一样的。下面我们来看一道例题具体进行讲解：

【例10-5】 F公司某个生产车间在20×5年1月没有期初存货，其他相关信息如下：

	金额（元）
上一车间转入材料（2,000件）	12,000
本车间投入其他材料	5,250
转换成本	9,900
合计	27,150

本期完工 1,500 件转入下一个生产车间，其余 500 件没有完工，完工程度信息如下：

	完工程度（%）
上一车间转入材料	100
本车间投入其他材料	50
转换成本	30

要求：写出本车间 1 月的分步账户。

步骤一：确定产出

	数量（件）	上一车间转入材料约当产量（件）	本车间投入其他材料约当产量（件）	转换成本约当产量（件）
完工转出	1,500	1,500（100%）	1,500（100%）	1,500（100%）
期末存货	500	500（100%）	250（50%）	150（30%）
合计	2,000	2,000	1,750	1,650

步骤二：计算完工产品、在产品的单位成本

	成本（元）	约当产量（件）	单位成本（元）
上一车间转入材料	12,000	2,000	6
本车间投入其他材料	5,250	1,750	3
转换成本	9,900	1,650	6
合计	27,150		15

步骤三：计算完工产品、在产品的总成本

	上一车间转入材料成本（元）	本车间投入其他材料（元）	转换成本（元）	合计（元）
完工转出	1,500 ×6 =9,000	1,500 ×3 =4,500	1,500 ×6 =9,000	22,500
期末存货	500 ×6 =3,000	250 ×3 =750	150 ×6 =900	4,650
合计	12,000	5,250	9,900	27,150

步骤四：完成分步账户

分步账户

	数量（件）	金额（元）		数量（件）	金额（元）
上一车间转入材料	2,000	12,000	转入下一车间产出	1,500	22,500
本车间投入其他材料		5,250	期末在产品	500	4,650
转换成本		9,900			
合计	2,000	27,150	合计	2,000	27,150

通过前3个部分，我们分别学习了在残次品有残值和存在期末存货的情况下分步成本法的处理情况，单独出现一种情况，我们会处理了，但是如果企业同时出现三种情况，我们应该怎么处理呢？接下来我们就讲解下企业生产同时存在损失、残值和期末存货的时候应该怎么处理：

正常损失的约当产量为0，异常损失的约当产量完工程度为100%，并且，如果残次品有残值，也是按照上面所讲进行处理。如果直接材料、转换成本等的完工程度不一样，那么一般来说，是将残值抵减直接材料成本。下面通过一个例题来进行具体讲解：

【例10－6】 R企业某个生产车间在20×5年1月没有期初存货，其他相关信息如下：

投产量（件）	1,000
材料成本（元）	1,885
人工成本（元）	4,500
正常损失率	5%
单位残值（元）	0.5
完工产出（件）	800
期末存货（件）	100
材料完工程度	80%
人工成本完工程度	50%

要求：写出R企业该生产车间20×5年1月的分步账户。

步骤一：确定产出

	数量（件）	材料成本约当产量（件）	人工成本约当产量（件）
完工转出	800	800（100%）	800（100%）
期末存货	100	80（80%）	50（50%）
正常损失	50	0	0
异常损失	50	50（100%）	50（100%）
合计	1,000	930	900

步骤二：计算完工产品、损失、在产品单位成本

	成本（元）	约当产量（件）	单位成本（元）
材料成本	1,885 − 50 × 0.5 = 1,860	930	2
人工成本	4,500	900	5
合计	6,360		7

步骤三：计算完工产品、在产品、损失的总成本

	材料成本（元）	人工成本（元）	合计（元）
完工转出	800 × 2 = 1,600	800 × 5 = 4,000	5,600
期末存货	80 × 2 = 160	50 × 5 = 250	410
异常损失	50 × 2 = 100	50 × 5 = 250	350
合计	1,860	4,500	6,360

步骤四：完成分步账户

分步账户

	数量（件）	金额（元）		数量（件）	金额（元）
材料成本	1,000	1,885	完工产品	800	5,600
人工成本		4,500	期末存货	100	410
			正常损失	50	25
			异常损失	50	350
合计	1,000	6,385	合计	2,000	6,385

四、期初存在在产品时

存在期初在产品时，可以选择先进先出法（First in first out，FIFO）或者加权平均成本法（Weighted average cost method）。

（一）先进先出法

先进先出法指的是本期先加工完期初存在的在产品，然后再加工本期新投产的部分。按照投入生产的顺序，因为期初存在的在产品肯定是以前期间投入生产的，顺序比本期靠前，所以最终完工产品中先完工的是期初存在的在产品。

下面我们通过一道例题来理解下先进先出法：

【例 10 –7】生产某商品需要两个车间进行生产，6 月，第一生产车间有存货 500 件，完工程度为 60%，成本为 2,000 元，与第一车间相关的其他信息如下：

6 月发生成本	金额（元）
直接材料成本（投入生产 2,000 件）	12,000
直接人工成本	6,000
制造费用	3,400
合计	21,400

期末存货有 300 件在产品，完工程度为 80%，本期生产过程中没有损失。

要求：写出 20×5 年 6 月第一车间的分步账户。

按照先进先出法，我们知道，本期本步骤完工的产品首先是期初的在产品，意思就是期初在产品在 6 月初完工了 60%，在 6 月继续完工了 40%，总计 100%，即在 6 月末是第一生产步骤的完工产品。因此，第一生产步骤期初在产品的最终产成品成本是期初的 2,000 元，加上本期完工的 40% 的部分成本。

因为期初有 500 件产品，本期投入生产 2,000 件，期末有 300 件在产品，所以本期完工的产成品有 500 + 2,000 – 300 = 2,200（件）。在 2,200 件产成品中，有 500 件是前期投产本期完成的，剩余 1,700 件是本期投入本期就完成的，这 2,200 件在第一个步骤完工的产成品将会进入第二个生产步骤。通过上述分析，我们将本期第一步骤完工产品分成两个部分：一部分是期初 500 件在产品按照先进先出原则本期完成；另一部分是本期投产本期就完成的产品 1,700 件。这个分类就是先进先出法的关键特征。下面我们分四个步骤来计算产品成本：

步骤一：确定产出

	数量（件）	完工百分比	约当产量（件）
期初在产品本期完工	500	40%	200
本期投产本期完工	1,700	100%	1,700
完工产品	2,200		1,900
期末在产品	300	80%	240
合计	2,500		2,140

步骤二：计算完工产品、在产品单位成本

完工产品的单位成本为 21,400 ÷ 2,140 = 10（元/件）。

步骤三：计算完工产品、在产品的总成本

	约当产量（件）	成本（元）
期初在产品本期完工	200	2,000
本期投产本期完工	1,700	17,000
期末在产品	240	2,400
合计	2,140	21,400

期初在产品本期完工的总成本应该是本期发生的总成本 2,000 元加上期初的 2,000 元，即 4,000 元。

步骤四：完成分步账户

分步账户

	数量（件）	成本（元）		数量（件）	成本（元）
期初在产品	500	2,000	转入二车间产成品：		
直接材料成本	2,000	12,000	期初在产品部分	500	4,000
直接人工成本		6,000	本期投入部分	1,700	17,000
制造费用		3,400	小计	2,200	21,000
			期末在产品	300	2,400
合计	2,500	23,400		2,500	23,400

【习题 10-2】M 公司采用先进先出法进行分步成本核算。甲产品某一生产车间的成本信息如下：

期初在产品	2,000 件（完工百分比 80%）
期末在产品	1,000 件（完工百分比 60%）
转入下一车间产成品	6,000 件

根据上述信息，有多少产品是本期投入本期完工的呢？（　　）

A. 3,000 件　　B. 4,000 件

C. 4,400 件　　D. 5,200 件

【习题 10-3】N 公司采用先进先出法进行分步成本法核算，上个期间的生产信息如下：

	金额（元）
直接材料成本（投入生产 2,000 件）	7,000
直接人工成本	4,000
期末在产品成本（1,000 件）	3,000
合计	14,000

本期本步骤完工产品为 2,200 件，期末在产品为 800 件，期初在产品的完工程度信息：材料完工 100%，人工完工 60%。期末在产品的完工程度为材料完工 100%，人工完工 80%。

要求：计算本期人工成本的约当产量。

（二）加权平均法

在这种方法下，要计算期初在产品和本期投入的产品成本的加权平均数。因此，运用这种方法计算时不对期初在产品和本期投产产品进行区分，期初在产品的成本直接加入本期投入产品成本。我们通过一个例题来具体看一下加权平均法的运用：

【例 10－8】 P 公司生产一种产品需要经过两个连续的车间进行生产，20×5 年 8 月 P 公司第二个生产车间的相关信息如下：

期初在产品完工信息（600 件）	完工百分比（%）	成本（元）
直接材料	100	5,000
其他附加材料	50	600
直接人工	30	2,000
合计		7,600

20×5 年 8 月 3,000 件产品从第一生产车间转入，直接材料成本为 13,000 元，其他附加材料成本为 5,800 元，直接人工成本为 10,000 元。

20×5 年 8 月期末在产品 1,000 件，直接材料完工 100%，其他附加材料完工 60%，直接人工完工 40%。P 公司采用加权平均法核算成本。

要求：写出二车间的分步账户。

步骤一：确定产出

在加权平均法下，期初在产品按照 100% 的完工比例进行约当产量计算，期末在产品按照实际的完工百分比进行约当产量计算。本期投入 3,000 件，期末在产品为 1,000 件，所以本期投入本期完工产品为 3,000－1,000＝2,000（件）。

	产量（件）	直接材料约当产量（件）	其他附加材料约当产量（件）	直接人工约当产量（件）
期初在产品	600	600（100%）	600（100%）	600（100%）
本期投入完工产品	2,000	2,000（100%）	2,000（100%）	2,000（100%）
完工产品合计	2,600	2,600	2,600	2,600
期末在产品	1,000	1,000（100%）	600（60%）	400（40%）
合计	3,600	3,600	3,200	3,000

步骤二：计算完工产品、在产品单位成本

期初在产品的成本加入本期投产的成本，然后计算加权平均成本。

	直接材料成本（元）	其他附加材料成本（元）	直接人工成本（元）
期初在产品	5,000	600	2,000
本期投入	13,000	5,800	10,000
合计	18,000	6,400	12,000
约当产量（件）	3,600	3,200	3,000
单位价格（元）	5	2	4

步骤三：计算完工产品、在产品的总成本

	直接材料（元）	附加材料（元）	直接人工（元）	合计（元）
完工产品（2,600件）	13,000	5,200	10,400	28,600
期末在产品	5,000	1,200	1,600	7,800
合计				36,400

步骤四：完成分步账户

二车间分步账户

	数量（件）	成本（元）		数量（件）	成本（元）
期初在产品	600	7,600	完工产品	2,600	28,600
直接材料成本	3,000	13,000			
其他附加材料成本		5,800			
直接人工成本		10,000	期末在产品	1,000	7,800
合计	3,600	36,400		3,600	36,400

【习题 10－4】在 20×5 年 1 月 Q 公司投入了 2,000 件产品进行生产，在 1 月期初没有在产品，1 月末在产品为 400 件，完工成本是 50%。这个月发生的成本为 36,000 元，回答下列问题：

（1）期末在产品的约当产量是多少？

（2）本期生产完工产品成本是多少？

两种计算方法有不同的适用情况，如果给出了期初在产品的完工百分比，那么我们可以用先进先出法；如果仅仅给了期初在产品的完工百分比和在产品总成本，没有给出各个完工百分比对应的成本，那么我们也只能用先进先出法计算；如果给出了期初产成品的各个成本金额，没有给出完工百分比，那么我们只能运用加权平均法计算。

第三节　联产品和副产品

在实际的生产过程中，生产车间有时候投入的资源生产出来的不是一种产品，伴随着生产，企业会产生联产品（Joint products）和副产品（By－products）。

一、联产品

联产品是指用同一种原料，经过同一个生产过程，生产出两种或两种以上的且经济价值较大的主要产品，这些产品在经济上有不同的性质和用途，不仅在经济上有重要的意义，而且属于企业生产的主要目的。联产品有以下两个特点：第一，联产品是企业的主要产品；第二，联产品的销售价格较高，可以给企业带来收益。因此，在实际核算产品成本的时候，要对同一个车间生产出来的产品和联产品进行分离。在产品生产出来即分离之前，车间发生的成本是共同成本，在分离之后，联产品可以进入其他的加工步骤或者直接出售，因此，分离之前的成本需要按照一定的标准在产品和联产品之间进行分摊，这样才能够做到成本核算明晰。一般分离的标准可以是各个产品的产量、产品的销售价值、产品在分离时点的净现值①（Net present value，NPV）。

二、副产品

副产品是指在生产主要产品过程中附带生产出的非主要产品。副产品有以下两个特点：第一，副产品是企业的次要产品；第二，副产品的销售价格较低，在企业收入中占比很小，大大低于主要产品。因此，对于副产品，一般不需要像联产品那样进行分摊成本。如果副产品是经常产生的，那么副产品的销售收入可以作为生产车间发生

① 关于净现值的概念，将在投资决策章节进行详细讲解。

成本的抵减项，如果副产品是一次性产生的，则可以将副产品收入作为其他收入。

本章小结

本章讲解了企业产品成本核算的一种方法——分步成本法。本章首先讲解了分步成本法的一些基本理论知识，其次给出了分步成本法的计算框架，分为四个步骤，最后对不同的情况分别进行讲解，一步一步加深分步成本法核算的细节，填充分步成本法四步骤的框架。

分步成本法过程比较复杂，希望同学们认真学习本章内容，通过例题加深对分步成本法的理解，一定程度上掌握分步成本法的计算，做到理解和运用。本章还简单介绍了企业生产过程中会出现的联产品和副产品，对于联产品和副产品，学生们只需要稍做了解即可。

第十一章　服务业成本和管理报告

本章概述

之前的章节介绍了很多成本计算方法，包括订单成本计算法、分批成本计算法、分步成本计算法等，还学习了不同的成本核算体系，但是这些主要是针对传统制造业企业的，而大多数的成本核算原则同样适用于服务业，那么本章就来简要介绍下服务组织（Service organisations）的成本核算。

本章的具体内容主要包括服务机构的概念，成本单位以及单位成本的计算，服务业由于其行业特殊性无法运用某个特定的成本单位进行核算，因此介绍了更适合服务机构的复合单位成本。管理报告（Management reports）是管理会计的重要工具，在本章的最后简单介绍了管理报告包括的内容。本章的知识点都比较简单，对本章内容做到理解即可。

学习目标

※ 了解服务机构的概念
※ 掌握服务的特点
※ 掌握服务业单位成本的计算
※ 了解管理报告的内容

商业观察

滴滴出行是北京小桔科技有限公司推出的产品，目前是国内最受欢迎的打车平台。北京小桔科技有限公司成立于2012年6月6日，经过3个月的准备与司机端的推广，9月9日在北京正式上线一款出租车打车软件。使用这款软件的乘客可以在有乘车需求的时候随时呼叫出租车，所有安装软件的出租车也能够收到顾客的乘车信息，并可以在自己的空闲时间随时选择接单，充分降低了出租车的空载率，也极大地节省了乘客打车的时间。经过一年的运营，2013年10月艾瑞集团发布打车软件唯一一份行业报告：滴滴打车市场份额59.4%，超过其他打车软件市场份额之和，可见滴滴打车的发展速度之快和其受欢迎程度之高。为了和当时最大的竞争对手，另一个打车软件——快的打车相竞争，2014年1月滴滴打车与微信达成战略合作，开启微信支付打车费“补贴”营销活动。之后还推出了一系列补贴活动，一直持续到当年8月，大规模的补贴使得滴滴打车的市场影响力进一步扩大。

2015年2月14日，滴滴打车与快的打车实现战略合并，成立滴滴快的，开启中国移动出行市场发展新阶段。2015年9月9日，滴滴快的宣布完成总计30亿美元的新一轮融资。同时，滴滴打车进行全面品牌升级，更名为“滴滴出行”，并启用了新的Logo（商标）和App（应用程序）。2016年，滴滴出行与优步中国战略合并。现在的滴滴出行是一款集专车、快车、出租车、顺风车、巴士、代驾、试驾等服务于一体的出行平台。其中，滴滴专车针对中高端商务群体，为乘客提供高端的出行服务，专车车辆来自正规的租赁公司，专车司机均签有第三方劳务合同；滴滴快车定位普通消费群体，是私家车主在平台注册，为乘客提供的营利性搭车服务；滴滴出租车提供便捷乘坐出租车的服务；顺风车是滴滴打车推出的拼车服务；滴滴巴士是在密集居住区和办公区之间开通的类似公交的出行服务。

滴滴出行是服务业企业，它的主要业务就是服务大众，为大众提供便捷、多样化的出行服务。但服务业企业不同于工业企业，它所提供的产品就是无形的服务，那么在核算成本、计算利润时，就不能如工业企业一样简单地归结成本，这时就需要使用特殊方法来归结服务成本并计算出企业的利润。服务业企业的成本具体应该如何核算呢？本章就来学习服务业的成本核算。

第一节　服务成本核算

一、服务型组织介绍

服务型组织是对外提供服务的组织机构，服务机构提供的服务是无形的产品。服务机构按照是否以营利为目的分为两类：以营利为目的的服务机构包括会计师事务所、律师事务所、管理咨询公司、运输公司、银行、保险公司和旅馆等；不以营利为目的的服务机构，也就是非营利组织，包括慈善机构、医院、学校等。

二、服务的特征

服务机构所提供的服务满足以下四个特征的，就需要进行服务成本计算：第一，无形性，所提供的服务是无形的产品，没有实物特征；第二，同时性，服务机构内生产和消费的过程同时进行，提供服务的过程既是生产过程又是消费过程；第三，易逝性，服务产品不能储存，当服务过程结束之后，产品也就消耗完了；第四，差异性，服务机构往往会根据客户的不同需求有针对性地提供差异化的产品。

下面以快递业为例具体来解释下这四个特征。第一，快递业所提供的服务是为每位顾客递送货物，货物是有形的，但服务过程中会包括很多其他的无形要素，如递送货物途中发生的事务、快递员的个性人格等。第二，快递服务的生产过程和消耗过程同时进行，顾客无法提前预知服务的质量，对服务质量不满意也无法退回。第三，快递服务是消耗性的，不能储存，具有易逝性，顾客不能大批地购买，快递员也不能在需求量大的时候提前提供服务"囤货"。第四，快递服务是差异化的，每位顾客每次收到的服务都是不同的，不仅是各个快递员提供的服务质量不同，即使是相同的快递员，也可能因为每次投递时心情不同致使所提供的服务质量也有所不同。

三、服务成本的主要特征

与传统的制造企业的成本相比，服务机构的成本有很大不同，服务成本的计算也有所差异。对于很多服务机构来说，其消耗的直接材料成本与直接人工成本、直接费用、间接费用相对较小，间接成本比例较高；而在生产有形产品的公司中，直接材料成本占总成本的比重较高。另外，服务成本很难用某个特定的成本单位来计量，与有形产品成本相比，服务成本中的间接成本所占的比重更高。服务机构的产出一般是无形产品，很难定义，因此，很难设立一个单一可衡量的成本单位。而且，服务行业包含了很多种类的机构，这些机构提供不同的服务，并且有各自不同的成本结构，那么，确定的成本单位就不同，成本的计算也各不相同。为了维持产能，有些企业会发生很高的固定成本，如机器维修保养费等，在特定的时间段还会出现使用率不足的问题。以地铁和公交公司为例，高峰期的客运需求显然高于其他时段，必要的时候可能还须加开车次，因此，在计算成本时也应该进行区分。这就要求成本计算系统综合考虑企业运营当中的需求问题，包括将成本分为固定成本部分和变动成本部分，使用边际成本法和盈亏平衡点法得到较低的价格，这个价格对于高昂的运营固定成本来说是较低的，但是是正的贡献。

服务机构通常包括大规模的运营，尤其是大型医院这些公共部门，在成本计算时需要复杂的成本控制方法来管理成本，例如，弹性预算等。

【习题11-1】下列关于服务成本核算的描述，正确的是（　　）。

①总成本中间接成本占很高比例

②使用复合成本单位

③使用约当产量

A. ①　　B. ①②　　C. ①③　　D. ②③

【习题11－2】下列哪个组织不应该使用服务成本？（　　）

A. 铁路货运公司　　B. 公司内的IT部门

C. 餐厅　　D. 服装企业

四、成本单位

服务成本的核算会遇到这样一个问题，那就是很难找到一个合适的成本单位来计量机构提供的服务。通常来说，如果服务是由两个不同的活动产生的，则使用复合成本单位比较合适。例如，旅馆提供的住宿服务，既要用房间数计量，又要用住宿天数计量，所以旅馆的成本可以使用每间房每天所消耗的成本来计算。每个服务机构都应当选择适合各自服务的成本单位，常用的服务机构的复合单位如表11－1所示：

表11－1　　常用的服务机构的复合单位

服务	成本单位
航空货运	重量×公里（千米）数
旅馆	天数×房间数
教育	学生数×课时数
医院	病人数×住院天数
餐厅	客人数×提供的餐饮

单位成本的计算：

$$服务的平均单位成本=\frac{本期发生的总成本}{本期提供的服务单位数}$$

【习题11－3】某跨国公司配送部门的资料如下，利用这些信息计算其最合适的单位成本：

项目	数量
配送距离（千米）	63,500
货物重量（吨）	2,479
司机数量（人）	20
司机工作时长（小时）	35,520
吨千米数	375,200
总成本（元）	5,628,000

A. 8.8元　　B. 15元　　C. 158.4元　　D. 281,400元

前面提到非营利组织不以营利为目的，不参与市场竞争。非营利组织包括私营部

门机构，如慈善机构、教会等；但大多数都是公共部门机构，如学校、医院等。商业机构（企业）通常有收益或市场竞争的目标，引导其高效、经济地管理资源。而非营利组织不以营利为目的，也不必参与市场竞争，所以需要使用其他的非营利指标来管理资源和评估业绩。大多数非营利的财务指标都是以成本为基础的。根据产品产出和上述的成本单位的计量，这些非营利组织可以归集成本。

非营利组织计量单位成本有以下 3 种主要用途：

第一，可以作为衡量相对效率的方法。有效性意味着在一定的投入基础上得到尽可能多的产出，大多数非营利机构不会面临竞争，但并不是说非营利组织没有比较业绩的对象，各个政府、各个医院的业绩可以相互比较，单位成本指标如医院的“人/天”等可以衡量出它与同行业其他机构的业绩孰好孰坏。然而，需要注意的是，成本的比较只能运用在相似的机构之间，比如，面向相同类型的病人，设立相同的科室、安装相同医疗设备的医院之间才有可比性。

第二，可以作为衡量不同时期工作效率的方法。同一组织不同时期的单位成本可以相互比较，从而更好地了解有效性是否改善。

第三，可以控制成本。如果单位成本是基于普通基础产生的并且与相似机构进行对比，这就有助于非营利机构进行成本控制，并使其更加注重节省成本。

【例 11－1】假设 A 是一个派出所，平均每年投入的成本为 120,000 元和 4,000 工时，两名警察某年巡逻 12,000 千米，逮捕 200 人，根据这几个数字，下表列示了所有可能有意义的单位成本：

		120,000 元	4,000 小时	6,000 千米	200 人
成本	120,000 元		120,000 ÷ 4,000 = 30 元/小时	120,000 ÷ 6,000 = 20 元/千米	120,000 ÷ 200 = 600 元/人
时间	4,000 小时	4,000 ÷ 120,000 = 0.033 小时/元		4,000 ÷ 6,000 = 0.67 小时/千米	4,000 ÷ 200 = 20 小时/人
距离	6,000 千米	6,000 ÷ 120,000 = 0.05 千米/元	6,000 ÷ 4,000 = 1.5 千米/小时		6,000 ÷ 200 = 30 千米/人

根据这些单位成本并不能得出发生成本的因果关系和个人责任，不利于问责。实际的业绩需要根据以下指标进行对比评估：行业标准（横向对比）、历史数据（纵向对比）、组织目标、相同的外部活动、相同的内部活动。

【例 11－2】C 大学开设一系列的课程，该大学包括三个学院，分别是商学院、机械工程学院和人文学院，每个学院下设若干教学部，另外，学校还设有行政管理部门和服务中心。

以下是截至 20×5 年 6 月 30 日各部门的相关成本信息：

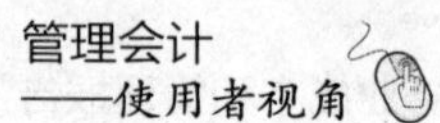

总的房屋占用成本为1,500千元，这些成本按照各部门占地面积的比例进行分摊，各部门的占地面积如下表所示：

部门	占地面积（平方米）
学院	7,500
教学部	20,000
行政部	7,000
服务中心	3,000

各部门的直接成本和间接成本的分配如下：

部门	直接成本（千元）	间接成本	成本分配基础
学院	1,775	分摊的房屋占用成本	学位课程的百分比
教学部	5,525	分摊的房屋占用成本、服务中心成本和所有的教职工成本	教学部
行政部	700	分摊的房屋占用成本和服务中心成本	学位课程的百分比
服务中心	1,000	分摊的房屋占用成本	—

截至20×5年6月30日C大学的在校生人数为2,500人。

要求：计算20×5年6月30日在校生的平均成本。

思路：先计算出总成本，然后用总成本除以在校生人数得出在校生的平均成本。

计算学校总成本：

部门	成本（千元）
房屋占用	1,500
行政部	700
学院	1,775
教学部	5,525
服务中心	1,000
总计	10,500

$$在校生的平均成本 = \frac{10,500,000}{2,500} = 4,200（元）$$

【习题 11－4】 简述运输公司适用的成本单位。

【习题 11－5】 E 运输公司有一个小的运输车队，包括两辆卡车和两个司机，发生的成本如下：

成本项目	成本
装货成本：	
人工成本	20 元/小时
设备折旧	800 元/周
管理成本	800 元/周
司机工资	1,000 元/人/周
汽油成本	1 元/千米
维修成本	0.5 元/千米
卡车折旧	800 元/周/辆
管理成本	1,200 元/周
其他一般性费用	2,000 元/周

上周，E 公司共接到 6 笔运输订单，相关信息如下：

订单编号	货物重量（吨）	运输时间（小时）	单程运输距离（千米）
1	5	5	100
2	8	8	20
3	2	2	60
4	4	4	50
5	6	6	200
6	5	5	300

要求：计算每吨每千米的成本。

下面来看一个关于小时费率的例子。

【例 11－3】 H 是一家刚刚成立的咨询公司，需要你给其一些成本和费用方面的建议。H 公司目前有两名员工，他们希望第一年能够赚取咨询费 40 万元，他们购买了两辆汽车，每辆汽车 13 万元，计划使用 3 年，使用直线法计提折旧，现在每辆汽车的出售价为 4 万元。公司期望员工每天工作 8 小时，每周工作 5 天，每年工作 45 周，公司将这些时间定义为工作时间。其中，25% 的时间用来处理与公司相关的行政事务，期望在公司运营的第一年，有 22.5% 的工作时间为空闲时间，剩余的工作时间用来为客户提供咨询服务。H公司的费用结构包括为客户提供服务工作的小时费率、出差的小时费率、每出差一千米的费率。他们期望出差的里程为18,000千米，出差的时间为服务时间的25%，经协商决定出差的小时费率为提供服务时小时费率的1/3。

除了上面提到的成本，H公司估算了经营开始后12个月的其他成本：

成本项目	金额（元）
电费	12,000
油费	18,000
保险费（职业责任保险和办公室保险）	6,000
保险费（车辆）	8,000
移动电话	12,000
办公室租金及土地税	84,000
办公室电话和传真	18,000
邮费和办公文具费	5,000
秘书费用	84,000
车辆修理费	12,000
车辆公路税	2,800

H公司要求在支付完员工薪资后能够保本，如果将成本分为专业服务成本和车辆成本，那么根据以上资料计算：

（1）服务工作的小时费率；

（2）出差的小时费率；

（3）每出差一千米的费率。

先来分析成本，将成本分为专业服务成本和车辆成本：

成本项目	专业服务成本（元）	车辆成本（元）
电费	12,000	
油费		18,000
保险费（职业责任保险和办公室保险）	6,000	
保险费（车辆）		8,000
移动电话	12,000	
办公室租金及土地税	84,000	
办公室电话和传真	18,000	
邮费和办公文具费	5,000	

续表

成本项目	专业服务成本（元）	车辆成本（元）
秘书费用	84, 000	
车辆修理费		12, 000
车辆公路税		2, 800
车辆折旧		60, 000
工资	400, 000	
总计	621, 000	100, 800

其中，车辆折旧是用直线法计提的：$\frac{130,000-40,000}{3}\times 2=60,000$(元)。

再来分析工作时间，总工作时间为 $8\times 5\times 45\times 2=3,600$(小时)，扣除25%的处理行政事务的时间和22.5%的空闲时间，剩下用于专业服务的时间为 $3,600\times(1-25\%-22.5\%)=1,890$(小时)，其中，出差的时间占25%，提供服务的时间占75%，那么出差的时间为 $1,890\times 25\%=472.5$(小时)，提供服务的时间为 $1,890-472.5=1,417.5$(小时)。

最后计算费率，总的专业服务成本为621,000元，用于专业服务的时间为1,890小时，但是出差的费率为提供服务时费率的1/3，所以专业服务的小时费率为 $\frac{621,000}{1,417.5+(472.5\div 3)}=394.29$(元)，出差的小时费率为 $394.29\div 3=131.43$(元)。出差的总里程为18,000千米，车辆成本为100,800元，那么每出差一千米的费率为 $\frac{108,000}{180,000}=5.6$(元)。

订单成本计算法适用于那些满足顾客特定要求的工作，服务机构提供的产品是服务，有的服务是标准化的，例如，客运服务中，从A地到B地的票价是固定的，但是更多的服务是需要满足客户特定要求的、定制化的一次性服务。那么，在这种情况下，使用订单成本计算法就比采用服务成本计算法更加合适。例如，咨询公司虽然属于服务部门，也可以使用订单成本计算法。

五、使用单位成本的局限性

单位成本是将所有资源进行平均，主要有以下几方面的局限性：

第一，忽视了业绩质量。单位成本可以衡量服务机构产出的有效性，但不能衡量其产出的质量，如每位患者每天的成本并不能提供医疗服务质量相关的信息，患者最终有没有痊愈、有没有转院等这些用来评价医院的业绩指标，都被忽略了。

第二，各部分投入并不平均。服务机构内部各部门投入的成本并不平均，而单位成本是对所有部门进行加总平均，这显然并不能反映服务机构的实际状况。例如，每位重症监护病房患者的成本和普通术后康复病房患者的成本显然是不同的，重症监护病房患者的成本要远远高于普通病房患者的成本。

第三，单位成本考虑的是投入而非目标。例如，如果医院内的眼科的单位成本是根据手术数量计算出来的，那么每台眼部手术的成本并不能为眼科的成本目标提供参考，因为每台手术的难度不同，差异很大，并不能指导部门成本目标的实现。

第四，没有考虑地域差别。不同地区的消费水平是有差异的，同一地区的城乡之间消费水平也有所不同，单位平均成本没有考虑到这一差异。

第二节　管理报告

管理报告为管理者提供成本会计信息，通过计算产品或服务的成本，进而为计划、控制、决策提供支持。成本会计报告的形式完全由管理者决定，没有固定的要求，每个组织都可以设计属于自己的管理会计系统和报告形式。

因此，无论一个组织的类型是什么样的，提供的是有形产品还是服务，是商业性质的还是非营利性质的，是私有部门还是公共部门，都应该根据自身的实际情况设计最合适的管理报告形式，以便于产品或服务成本的计算，为决策提供支持。结合前几章的内容，还有一点值得注意，即在使用订单成本计算法、分批成本计算法、分步成本计算法和服务成本计算法时需要提供的信息不同。下面具体来看看管理报告包括哪些信息。

一、管理信息

假设一家私立医院的收入主要来自三个部门——内科、外科和儿科，但是这三个部门的正常运营离不开其他部门的支撑，例如，医生可能需要其他科室的辅助检查才能对患者确诊，如放射科，以上三个部门需要患者照 X 光时，都需要到放射科，除了为这三个部门服务外，放射科还为其他患者提供服务，因为有些患者在接受医生的初级诊断后需要通过观察 X 光才能进行下一步诊断。

思考这样一个问题，在这家医院的管理报告中，出于运营控制和服务收费定价的目的，分别应该提供什么样的信息呢？

（一）运营控制的信息

1. 责任中心

为了更好地对医院的各部门进行运营控制，每个部门都应该设立一个独立的成本或利润中心，并且设置一名责任人负责每个中心的业绩。前面提到这家医院的收入主要来源于内科、外科和儿科，放射科这样的支撑部门也有一部分收入，那么像内科、外科、儿科和放射科这些有收入的部门就可以设置为利润中心，因为它们的产出量化为收入，得到这些部门收入方面的信息就可以进一步计算利润。其他的部门则可以设置为成本中心，负责对各自的成本进行控制。

2. 编码系统

信息系统中应该包括一个有效的编码系统，以保证所有的成本和获取收入的信息计入正确的责任中心。

3. 控制报告

每个责任中心都应该定期将成本和收入信息报告给中心管理者，形成控制报告，报告频率至少为每月一次。控制报告应该将成本项目分为可控成本和不可控成本，例如，某个部门直接发生的成本对于该部门的责任中心来说是可控的，那么这些成本项目就应该分类为可控成本，而类似综合行政费用这样的项目，就应划分为不可控成本。尽管对于非可控项目是否应该放入控制报告仍然存在争论，但是在控制报告中列示非可控项目，有助于管理者注意到这些项目。

4. 比较信息

实现运营控制的最有效方法，是以适当的某种形式的标准，对各个部门的成本、收入进行对比。而最好的比较标准就是预算，预算按照编制控制报告的频率对时间周期进行分割。对比之后，接下来就是计算各部门成本和收入的差异，分析差异原因。根据差异原因形成一份差异报告，使得忙碌的管理者将有限的精力集中在要紧的管理活动上。

5. 合适的成本单位

对于那些有可计量作业的部门来说，需要使用一个合适的成本单位或一系列成本单位计算成本，尤其是产出标准化的部门或者作业可以细分为具体的产品，如每个X光等的部门。成本单位可以通过计算标准成本来控制成本，将实际的单位成本与标准成本相比较，分析其中的差异，并将这些信息提交给管理者，为其提供决策支持。

6. 弹性预算

在弹性预算系统基础上得出的成本信息是更加可靠的，因为如果作业水平预期波动很大或成本变动的比例显著，那么利用弹性预算法计算的成本更加准确。

一旦确定了成本单位，本期内预算成本限额也就可以依据实际发生的作业确定了。这样可以得到更加实际的比较结果，更有效地进行运营控制。

7. 临时报告和未来的预测

除了常规报告，医院信息系统应该给管理者提供临时报告，包括与作业相关的成本和收入的信息。临时报告有助于为未来的招标工作预测未来的成本。

（二）服务收费定价的信息

一个设计良好的信息系统会为合理的服务收费提供基础。当确定了合适的成本单位之后，系统就可以准确计算所有作业的单位数，从而确定合理的服务收费。出于招标和报价目的，系统需要具备预测未来的成本的能力，以确定合理的服务收费价格，这就需要充分理解每个部门的成本性态类型。

用于运营控制的标准成本，可以为服务收费的确定提供基础，对一项作业进行分析，能够更好地理解其服务成本，例如，拍一张 X 光片的过程可以进一步分解为一系列作业，每个细分的作业又有独立的成本动因。实际的标准成本确定之后，管理者就可以在成本的基础上加上要求的保证金来确定提供服务的收费价格了。

二、管理指标

在管理报告中，需要重点关注以下几个指标：

1. 收入总额

收入总额是一定期间内销售产品或服务取得的总收入（按发票上的金额计算），它反映了一个组织的产品或服务的需求水平。

2. 附加值

附加值是销售收入减去购进的材料成本或服务成本之后的差额，有时也用利润加上利息和转换成本计算，它代表一个组织经过一段时间的运营之后所创造的价值或财富。附加值只受发生在组织内部的成本的影响，如人工成本等，因此，把附加值作为一个组织目标是有意义的。

3. 贡献

贡献是销售收入减去变动成本之后的差额，反映了组织销售的产品或服务的盈利水平，当固定成本作为不相关成本时，贡献可用于成本决策。

4. 毛利率

毛利率是毛利和销售收入的比率，这个指标用来反映产品成本和收入之间的关系，分析组织内纯粹的交易活动。提高毛利率的方式有两种：一种是提高销售价格；另一种是设法降低供应商的供货成本。毛利率的计算公式：

$$\frac{营业收入-营业成本}{营业收入}\times 100\%$$

5. 销售费用

销售费用是组织内发生的与销售产品或服务相关的费用，包括广告费、展览费等，销售费用应该与本期的收入进行对比，从而观察这项费用的发生是否增加了期望的销售收入。

6. 管理费用

管理费用是组织在进行日常的运营管理过程中发生的费用，这项费用需要精心控制以保证净利率维持在可接受的水平。如果一个组织打算提高收益率，则可以将减少管理费用作为目标之一。

本章小结

本章介绍了服务机构的概念和分类，服务业的成本核算与传统制造业的区别，以及服务的四个特征、单位成本的具体计算。通过本章的学习，我们了解了服务业的成本核算方法和管理报告的内容。前面的章节主要针对传统制造业的内容，本章介绍服务业的成本核算，使得整个知识体系更加完整。本章是非重点章节，内容比较简单，重在理解。

第十二章　预算编制

本章概述

首先，阐述了企业编制预算的原因、框架、步骤和方法；其次，从功能性预算角度介绍了销售预算、生产预算、直接材料预算等；再次，从财务预算角度介绍了现金预算和资本支出预算；最后从总体上介绍了全面预算的编制方法，并进一步介绍了管理计划与控制的工具——弹性预算。

预算编制作为企业常用的方法，为企业完成短期任务和实现长期目标提供了保证，也为企业后续的经济活动提供了依据，在企业内部管理中发挥着重要的作用。因此，学生应该重点把握本章的内容，了解预算对于企业管理的影响，以及预算章节在管理会计中的核心地位。本章是学习管理会计的重点与难点，应予以重视。

学习目标

※ 了解预算编制的含义、原因和步骤
※ 掌握功能性预算的编制方法
※ 掌握财务预算的编制方法
※ 了解全面预算的含义和过程
※ 掌握全面预算的编制方法
※ 了解弹性预算的含义和优点
※ 掌握弹性预算的编制方法

商业观察

政府预算超支51%，里约奥运会还“约”吗?

2009年10月2日，在丹麦首都哥本哈根，巴西里约以66票击败美国芝加哥、日

本东京和西班牙马德里，成为第31届夏季奥林匹克运动会的举办城市，此届奥运会将于2016年里约热内卢当地时间8月5日20时拉开帷幕，然而奥运会的准备工作却险象环生，上演了真实版的“里约大冒险”，连国际奥组委都对奥运会能否顺利举行表示怀疑。

在距离奥运会开幕仅剩一个月的时候，虽然巴西政府声称奥运会准备工作一切顺利，但前去考察的奥组委成员却不这么认为。距离比赛仅倒计时一个月，奥运会比赛项目要用的6个体育场馆仍未完工，连通四个最大奥运场馆和市区的地铁线路也被曝因资金问题被停工，奥运吉祥物美洲豹更是在火炬传递过程中被意外击毙，更不用提巴西国内的经济危机、政治腐败问题和民众对奥运的抵制情绪。

经济危机的压力使巴西千方百计削减预算，水质处理计划被放缓，我国奥运帆船冠军发微博称在里约训练场地训练时感受到了刺鼻的异味，并在接触海水后有明显的不良反应。原定招募的7万名志愿者因节约交通费和服装费降至5万名，奥运用车也将减少20%，多处场馆看台座位也将减少，奥运会参赛运动员的住宿条件也一再降低标准，甚至可能不提供免费网络和空调服务。哪怕巴西国内犯罪率急速上升，安保预算仍被削减20%，前去训练的多名运动员反映均有被洗劫一空的遭遇，当地警察也因政府发不出工资而集体罢工。

即使是这样全方位地削减预算，里约投入奥运会项目金额截至目前也已超过计划预算的51%①，这对于已经捉襟见肘的巴西来说无疑是一笔极大的开销。奥运会预算严重超支，加上巴西国内的经济不断衰退、总统面临弹劾威胁及石油公司腐败案的多重危机，使得巴西政府对奥运会的举办力不从心，不仅民众对奥运会的举办积攒了越来越多的抵触情绪，政府自身的经营及对民生的管理都成问题。

里约奥运会能否顺利无虞的进行，我们暂时无从得知，但是其在筹备过程中的预算误差所带来的严重后果我们却有目共睹，巴西政府面临的这一幕幕可笑的预算窘境，使其不仅没有达到通过奥运会促进经济的目的，反而令国家蒙羞，沦为世界各地的笑柄。当然，目前巴西政府无暇顾及面子问题，如何能够完成这次奥运会的工作，才是最大难题。

巴西政府的预算闹剧给我们的企业预算敲响了警钟，政府预算虽然与企业预算在核算方法与准则上有诸多不同，但同样的也是最重要的问题就是，若没有做好全面的预算工作，无论是政府还是企业，均会面临经营危机甚至是生存危机。巴西政府的世界闹剧便是企业预算不足后果的“放大版”，由此可知，企业在实现目标前做好预算尤为重要。本章主要介绍企业的预算问题。

① 资料来源于网易体育，师琰《里约奥运花费46亿美元　节省开支仍超预算51%》，2016年7月8日。

第一节　预算的介绍

一、编制预算的作用

预算（Budget）是企业未来的财务计划，它确定了企业未来的经营目标及实现这些目标的行动计划。

（一）编制预算的作用

（1）有助于企业制订计划。预算促使企业在管理的过程中考虑未来，为实现各个部门的目标制订详细的计划，根据实际与预算的差异，企业可以更好地制订新的计划。

（2）有助于企业内部沟通。规范化的管理系统需要保证每位员工都了解自己的工作职责，这就需要各部门以及部门内部做好沟通，预算将工作进行细分，有助于各部门之间进行沟通。

（3）有助于协调企业活动。企业各部门的活动需要进行协调，以保证每位员工都为相同的目标而努力。例如，采购部门需要将其预算建立在生产需求的基础之上，而生产预算应该建立在预期销售量的基础之上。

（4）提供责任会计（Responsibility accounting）① 的框架。经理在完成预算目标的过程中需要自觉树立责任意识。

（5）有助于建立控制系统。企业通过比较实际结果与预算计划来控制实际运营活动，及时发现实际脱离预算的差异并分析原因中的可控因素和不可控因素，以便采取措施，使经营活动重回正轨。

（6）有助于评价业绩。通过比较实际产出与预算目标之间的差异，预算可以用来评估员工的业绩。

（7）促进激励员工。客观地评估业绩可以保持员工的工作积极性，实际与预算比较过程中发现的可控因素，可以激励员工改进以后的工作，同时有助于企业健全激励机制。

（二）编制预算的用途

预算是特定时间段内一个计划的数量表现，包括预计销量及收入，预计资源数量、成本和费用，预计资产、负债和现金流量等。预算的用途有很多，可以用来作预测，也可以用来分配资源，还可以作为衡量业绩的标准，为企业制订目标。

---

① 责任会计，主要为控制企业内部各责任单位的生产经营活动朝着预定的目标和任务有效运行而提供有用信息的会计工作。

（1）预算帮助管理者计划未来，然而，考虑到未来的不确定性，预算很可能会随着时间的推移而过时，那么这时旧的预算就要终止并进行新的预算。

（2）预算可以用来决定企业的各个活动需要多少资源以及应该分配多少资源，对于稀缺资源，尤其如此。预算会给出各个部门需要资源的数量区间。

（3）通过与实际业绩相比较，预算提供了一种标准来衡量何时需要采取控制行动以及如何量化奖惩制度。

（4）预算设定了一段时期内企业的经营目标，可以激励员工提高业绩，以更好地完成组织目标，是控制的一个方面。

二、预算体系的相关要素

（一）预算委员会

预算委员会（Budget committee）是预算编制和执行过程中的协调主体。预算委员会通常由总经理领导，设一名预算干事（一般是会计师）进行协助。组织中的每个部门都要在预算委员会中设立代表。预算委员会的职责包括以下几个方面：

（1）为编制预算协调和分配各部门的责任。

（2）发布预算手册。

（3）安排工作进度。

（4）提供信息以协助预算编制。

（5）与相应的管理层讨论预算问题。

（6）通过比较实际结果与预算计划，监督预算进程。

（二）预算期间

预算期间（Budget period）是指编制和使用预算的期间，根据管理层希望达到的控制程度，每个预算期可以细分为不同长度的控制期间，控制期间通常为一个月。除了资本支出预算之外，预算期间通常与会计期间一致。

（三）预算编制的责任主体

一般情况下，部门经理负责编制预算并执行预算。各部门的预算编制可以这样分配：销售经理负责编制销售预算（Sales budget）和销售费用成本中心预算；采购经理负责编制材料采购预算（Purchasing budget）；产品经理负责编制直接产品成本预算（Production cost budget）等。

（四）预算手册

预算手册（Budget manual）是一个规定了与预算控制相关的标准化的方法和程序

的文档，同时也阐明了参与预算过程的人员的责任。

预算手册通常包括以下内容：

（1）对预算过程中的目标进行解释：①预算计划和控制的目的；②不同预算阶段的目标；③在企业长期计划中预算的重要性。

（2）组织结构：①组织结构图；②个人控股的预算责任的列表。

（3）主要预算的概述及它们之间的关系。

（4）预算编制的管理细节：①预算委员会的成员及职权范围；②预算编制的顺序；③预算时间表。

（5）程序性事项：①完成的表格样本及说明；②报告样本；③账户代码；④提交负责调查的预算干事的姓名。

三、预算编制的方法

（一）固定预算

固定预算（Fixed budget）又称静态预算，是指按固定业务量编制的预算，一般选择预算期内可实现的业务量编制。

固定预算法简单易行，是最基本的预算编制方法。但是，固定预算不考虑预算期内可能使业务量发生变动的因素，只按照预算期内计划的某一确定的业务量水平为基础确定相应的数据，这就使得预算的数据准确性不高；同时，通过分析实际执行结果与预算数据之间的差异，据以进行业绩考核，然而当实际业务量与预算业务量差异较大时，就会影响业绩考核的效果。

（二）弹性预算

弹性预算（Flexible budgets）又称变动预算，是指一种具有伸缩性的，能够适用于一系列业务量变化的预算。它是在企业不能准确预测业务量的情况下，根据收入、费用、成本和业务量之间有规律的依存关系，以未来不断变化的业务量水平为基础编制的一系列预算。

弹性预算的优点：第一，扩大了预算的范围，使预算与实际更加具有可比性，能够更好地发挥预算的控制作用，预算编制后，只要各项消耗标准和价格等依据不变，之后只需改变业务量即可，大大减少了预算编制的工作量；第二，运用弹性预算，能够在控制数量变化后更好地对预算责任单位的工作业绩进行评估。

（三）增量预算

增量预算（Incremental budgeting）一般以上一期的成本费用水平为基础，结合预算期内业务量水平及降低费用的有关措施，调整以后编制的预算。

增量预算法的优点：第一，编制方法简单，只需在上一期的预算上进行调整；第二，在市场和运营环境稳定的情况下，增量预算可以提供准确的结果，使得各年之间的业绩水平可比；第三，增加确定性和减少变化性意味着这种方法可以用于长期项目的规划。

这种方法存在以下缺点：第一，增量预算忽略当期的市场状况，往往直接保留原有的成本项目，对于过去计算不准确的项目或不合理的费用仍然在下一期中延续，使得不必要的支出合理化，继续造成预算上的浪费；第二，考虑到一些不可控因素，多次变化可能会使实际结果与预算相去甚远，打击各责任单位和员工降低费用的积极性，容易造成预算编制人员凭主观臆断按成本项目平均削减预算或只增不减预算，这种情况下编制的预算显然是不符合实际的；第三，增量预算的关注点在过去，并且不鼓励承担风险，阻碍创新，对于那些未来实际需要开支的项目，可能因没有考虑未来的变化而造成预算的不足。

（四）零基预算

零基预算（Zero - based budgeting）的出现弥补了增量预算的不足，打破了其基于上期成本费用的固有假设，许多国家普遍采用这种方法，并达到控制成本费用的目的。零基预算在编制成本费用预算时，不考虑以往会计期间所发生的费用项目或费用数额，所有的项目预算支出均以零为基础，一切从实际需要出发，逐项审议预算期内各项费用的项目及支出标准是否合理，在综合评估的基础上编制费用预算。

零基预算法的优点：第一，成本费用预算编制不受过去的限制，零基预算更加真实地反映了企业的需求，能够充分发挥各级管理人员的积极性和创造性，促进各预算责任中心精打细算，量入为出，提高经济效益；第二，零基预算不仅能压缩费用的支出，而且能够最大限度地提高资金的使用效率。

零基预算法的缺点：第一，使用零基预算法编制预算工作量大，耗时长，花费高，需要预算编制人员投入更多的精力，同时，员工及管理人员对于保留或增减哪些活动的不确定性提高；第二，容易助长管理者的短视行为；第三，不同期间不同项目之间的可比性有所下降。

【习题 12 -1】 下列有关零基预算法的说法，不正确的是（　　）。

A. 受现有费用项目的限制

B. 不受现行预算的束缚

C. 能够调动各方面节约费用的积极性

D. 有利于促使各基层单位精打细算，合理使用资金

（五）定期预算

定期预算（Period budget）是指在编制预算时以固定的会计期间作为预算期的一种

方法。定期预算的优点是能够使预算期间与会计年度相对应，便于考核和评估预算的执行结果。

定期预算法的缺点：第一，定期预算往往是在年初甚至提前两三个月编制，对于整个预算年度的生产经营活动很难作出准确的预算，尤其是对后期的预算只能给出大概的数据，给预算执行以及之后的考核带来很多不便；第二，定期预算不会根据实际情况的变化及时做出调整，当预算中计划的各种生产经营活动发生变化时，预算就会滞后过时，容易使预算与实际情况严重偏离；第三，受预算期间的限制，管理者的决策往往局限于本期的经营活动，通常缺乏对未来期间的考虑。

（六）滚动预算

滚动预算（Rolling budget），又称连续预算（Continuous budget）或永续预算（Perpetual budget），是指在编制预算时，将预算期与会计年度脱离开，随着预算的执行不断延伸补充预算，逐期向后滚动，使预算期永远保持12个月的一种预算方法。在编制预算的过程中，可以根据实际需要半年滚动一次，一个季度滚动一次，或者每个月滚动一次。图12-1是每季度滚动一次的预算示意图。

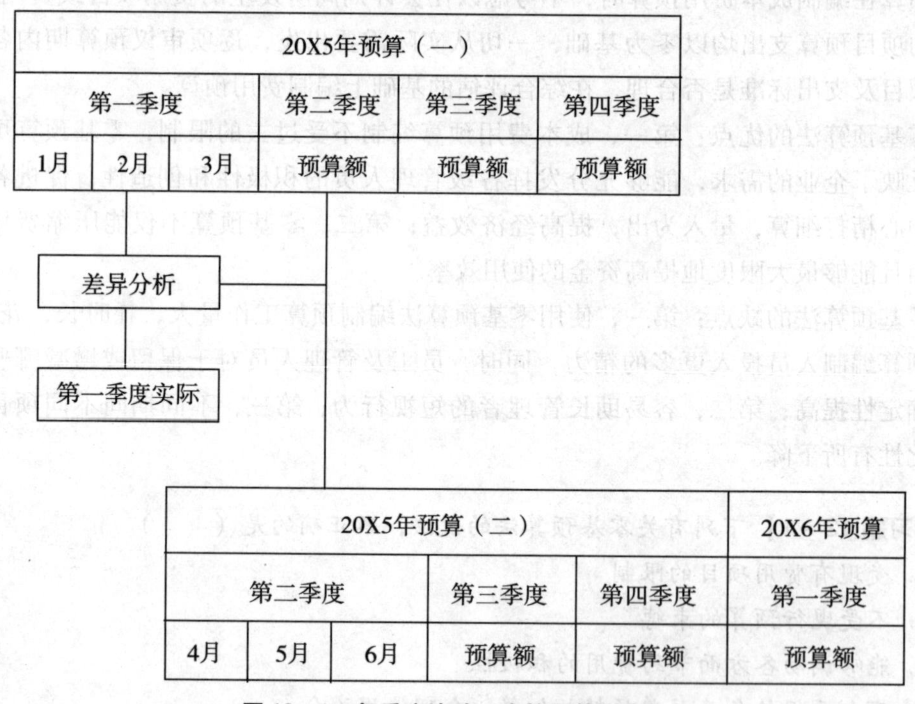

图12-1 每季度滚动一次的预算示意图

滚动预算可以克服定期预算的缺点，它的优点：第一，与日常经营管理紧密相关并且着眼于未来，使预算能够更好地指导未来的生产经营活动计划；第二，滚动预算能够根据前期预算的执行情况，结合市场环境等因素的变动，通过及时评估对未来的预算做出调整，从而使预算更加真实并且切合实际；第三，滚动预算连续不断地规划企业未来的生产经营活动，不会造成预算的人为间断，保证企业管理工作的完整性和稳定性。

滚动预算的缺点是工作量大、耗时长、花费高。

【习题12-2】 下列各项中，可能会使预算期间与会计期间相分离的预算方法是（　　）。

A. 增量预算法　　B. 定期预算法

C. 滚动预算法　　D. 零基预算法

【习题12-3】 强调以过去的费用发生水平为基础的预算方法是（　　）。

A. 增量预算法　　B. 零基预算法

C. 定期预算法　　D. 滚动预算法

（七）参与式预算

参与式预算（Participative budgeting）是让组织内所有与预算有关的员工都有机会参与预算编制工作的预算体系。在制定预算的过程中，每位员工均发挥了各自的作用，参与式预算有利于提高员工的责任意识和工作积极性，提高预算的完成效率。

在参与式预算中可能存在预算松弛的现象，预算松弛是指在编制预算的过程中故意高估成本，低估收入的行为。预算松弛减少了员工执行预算的压力，使得员工更容易实现较好的经营业绩，以获得一定奖励或者避免惩罚，当依据这样的预算执行结果做决策时，则会使决策出现偏差。

第二节　功能性预算

功能性预算（Functional budgets）又被称为部门预算，是指适用于特定职能的由收入和支出所构成的预算，具体包括销售预算、生产预算（基于预算产品、效率和使用）、直接材料预算、直接人工预算、市场预算和研发预算。

一、销售预算

销售预算是全面预算的关键和起点，后续许多预算都需要根据商品预期销售量进行编制。编制销售预算的主要依据是预计销售量、销售单价和销售收款情况。

根据预计销售量和销售单价，可以求出预计销售收入，其中，销售收款情况将在现金预算章节予以讲解。计算公式为：

$$预计销售收入=预计销售量\times预计销售单价$$

【例 12-1】J 企业生产和销售 A 产品，其中，20×5 年和 20×6 年第一、第二季度的销售预测如下：

	20×5 年第一季度	20×5 年第二季度	20×5 年第三季度	20×5 年第四季度	20×6 年第一季度	20×6 年第二季度
销售数量（件）	100	150	200	180	200	200
单价（元）	200	200	200	200	200	200

其中，各季度销售额中，60% 的货款将于本季度收到，另 40% 的货款将于下季度收到。现根据以上资料，编制 20×5 年的销售预算：

	第一季度	第二季度	第三季度	第四季度	全年
销售数量（件）	100	150	200	180	630
销售单价（元）	200	200	200	200	200
销售收入（元）	20,000	30,000	40,000	36,000	126,000
预计现金流入					
确认上期的销售收入（元）	6,200				6,200
第一季度（销售收入 20,000 元）	12,000	8,000			20,000
第二季度（销售收入 30,000 元）		18,000	12,000		30,000
第三季度（销售收入 40,000 元）			24,000	16,000	40,000
第四季度（销售收入 36,000 元）				21,600	21,600
现金流入合计（元）	18,200	26,000	36,000	37,600	117,800

其中，每季度预计现金流入 = 上季度销售收入 ×40% + 本季度销售收入 ×60%，因此：

第一季度预计现金流入 = 6,200 + 20,000 ×60% = 18,200（元）

第二季度预计现金流入 = 20,000 ×40% + 30,000 ×60% = 26,000（元）

第三季度预计现金流入 = 30,000 ×40% + 40,000 ×60% = 36,000（元）

第四季度预计现金流入 = 40,000 ×40% + 36,000 ×60% = 37,600（元）

【习题 12-4】企业生产经营决策通常是在（　　）的基础上进行的。

A. 现金预算　　B. 销售预测

C. 成本预算　　D. 生产预算

二、生产预算

根据“以销定产”，生产预算是在销售预算基础上编制的。编制生产预算的主要依据是销售预算的预计销售量、期初期末库存量。计算公式为：

预计产量 = 预计销售量 + 期末预计库存量 - 期初预计库存量

【例 12 -2】 K 公司生产并销售 B 产品，期末存量为下一季度销售数量的 10%，销售预测如下：

	20×5 年 第一季度	20×5 年 第二季度	20×5 年 第三季度	20×5 年 第四季度	20×6 年 第一季度	20×6 年 第二季度
销售数量（件）	100	150	200	180	200	200
单价（元）	200	200	200	200	200	200

根据上述材料，编制生产预算：

	第一季度	第二季度	第三季度	第四季度	全年
产品销售数量（件）	100	150	200	180	630
加：期末存量（件）	15	20	18	20	20
产品需要数量（件）	115	170	218	200	650
减：预计期初存量（件）	10	15	20	18	10
生产数量（件）	105	155	198	182	640

其中，每季度生产数量 = 本季度销售数量 + 下季度销售数量 ×10%（期末存量）- 预计期初存量，因此：

第一季度生产数量 = 100 + 150 × 10% - 10 = 105

第二季度生产数量 = 150 + 200 × 10% - 15 = 155

第三季度生产数量 = 200 + 180 × 10% - 20 = 198

第四季度生产数量 = 180 + 200 × 10% - 18 = 182

三、直接材料预算

直接材料预算的编制是以生产预算为基础的。编制直接材料预算的主要依据是生产预算中的预计产量、单位产品材料耗用量、预计期初期末材料库存量、预计材料单价、采购材料付款条件等。计算公式为：

预计材料采购量 = 预计材料耗用量 + 预计期末材料库存量 - 预计期初材料库存量

【例 12 -3】 L 制造业企业生产两种产品 A 和 B，两种产品采用相同的原材料 C 和

D。其中，生产一件产品 A 耗用 3 千克 C 材料和 4 千克 D 材料，生产一件产品 B 耗用 5 千克 C 材料和 2 千克 D 材料，一千克 C 材料成本为 3 元，一千克 D 材料成本为 7 元。

20 ×5 年的预算销售量为 A 产品 8,000 件，B 产品 6,000 件。20 ×5 年年初库存量为 A 产品 1,500 件，B 产品 300 件。企业计划 20 ×5 年期末留存 A 产品 600 件，B 产品 600 件。

原材料年初库存为 C 材料 6,000 千克，D 材料 2,800 千克。企业计划 20 ×5 年期末留存 C 材料 5,000 千克，D 材料 3,500 千克。仓库管理者提出建议，供应过程中应该考虑储存在仓库中的产品和材料的损坏和变质：

产品 A	损失 50 件	产品 B	损失 100 件
材料 C	损失 500 千克	材料 D	损失 200 千克

编制 20 ×5 年材料采购预算。

提示：计算材料采购量，首先应该计算材料耗用量，而材料耗用量来自预算产量。

需求产品	A 产品	B 产品
销售需求量（件）	8,000	6,000
库存损耗量（件）	50	100
期末库存量（件）	600	600
小计（件）	8,650	6,700
减：期初库存量（件）	1,500	300
预算产量（件）	7,150	6,400

耗用材料	C 材料	D 材料
7,150 件 A 产品（千克）	21,450	28,600
6,400 件 B 产品（千克）	32,000	12,800
库存损耗量（千克）	500	200
期末库存量（千克）	5,000	3,500
小计（千克）	58,950	45,100
减：期初库存量（千克）	6,000	2,800
预算材料采购量（千克）	52,950	42,300
材料单位成本（元）	3	7
材料采购成本（元）	158,850	296,100
材料采购总成本（元）	454,950	

四、直接人工预算

直接人工预算的编制，也是以生产预算为基础的。编制直接人工预算的主要依据是生产预算中的预计产量、单位产品耗用的工时、单位工时的工资率。计算公式为：

预计直接人工成本总额 = 预计产量 × ∑（单位产品耗用工时 × 单位工时工资率）

【例 12－4】 M 企业生产 C 产品，生产数量如下，单位产品耗用工时为 10 小时/件，单位工时工资率为 2 元/小时，根据以上材料编制直接人工预算。

	第一季度	第二季度	第三季度	第四季度	全年
生产数量（件）	100	150	168	187	605
单位产品耗用工时（小时/件）	10	10	10	10	10
人工工时总量（小时）	1, 000	1, 500	1, 680	1, 870	6, 050
单位工时工资率（元/小时）	2	2	2	2	2
人工费用总额（元）	2, 000	3, 000	3, 360	3, 740	12, 100

【习题 12－5】（　　）包括销售预算、生产预算、直接材料预算、直接人工预算等。

A. 材料预算　　　　B. 功能性预算

C. 财务预算　　　　D. 销售预算

【习题 12－6】 P 公司生产三种产品 X，Y，Z，根据以下信息编制预算：

预计销售量

产品	预计销售量（件）	预计单价（元）
产品 X	2, 000	100
产品 Y	4, 000	130
产品 Z	3, 000	150

预计原材料耗用量

	原材料 S	原材料 T	原材料 Q
产品 X（千克）	5	2	
产品 Y（千克）	3	2	2
产品 Z（千克）	2	1	3
材料单位成本（元）	5	3	4

已完成的库存预算

	产品 X（件）	产品 Y（件）	产品 Z（件）
期初	500	800	700
期末	600	1,000	800

原材料库存预算

	原材料 S（千克）	原材料 T（千克）	原材料 Q（千克）
期初	21,000	10,000	16,000
期末	18,000	9,000	12,000

人工预算

	产品 X	产品 Y	产品 Z
单位产品耗用工时（小时）	4	6	8
单位工时工资率（元）	9	9	9

填表：

销量预算

	产品 X	产品 Y	产品 Z	总数
销售量（件）				
销售额（元）				

产品预算

	产品 X	产品 Y	产品 Z
预算产量（件）			

材料耗用预算

	原材料 S	原材料 T	原材料 Q
预计材料耗用量（千克）			

材料采购预算

	原材料 S	原材料 T	原材料 Q
预算材料采购（元）			

人工预算

预算总工资（元）	

总结：需要掌握如何从一个预算数求得另一个预算数。例如，已知销售预算，求解生产预算，需要用到以下公式：

生产量 = 销售量 + 期末存货量 - 期初存货量

企业必须生产足够数量的产品来满足销售的需求量，同时出于对以后期间销售的考虑，需要保证一定的期末库存量。但是，两部分的需求量并不完全需要生产量来负担，期初存在一定数量的存货，能够分担一部分本期产量，这也就是扣除期初存货量的原因。这个原则同样适用于其他预算领域。例如：

材料采购量 = 材料耗用量 + 期末库存材料 - 期初库存材料

【习题 12 -7】 Q 公司有如下预算信息：

年度预算销售量（件）	20, 000
期初库存量（件）	5, 000
期末库存量（件）	7, 500

本年度需要生产的产品量为多少？（　　）

A. 2, 500　　B. 7, 500

C. 10, 000　　D. 22, 500

第三节　财务预算

一、现金预算

（一）现金预算的定义

现金预算（Cash budgets）是估计现金流入和流出的详细预算，包含收益项和资本项。它是通过估计现金的流入量和支出量并且以表格的形式来展现对企业在固定周期内的现金余额（Cash balance）的预测。

其中，现金流入量主要来自企业的期初现金余额、销售收入、预计可收回的应收账款（Accounts receivable）等本期经营活动的现金收入；现金支出则主要包括生产和销售环节所发生的支出，例如，直接材料、直接人工、制造费用、销售费用和管理费用等；资本方面的支出，如固定资产购建、无形资产和长期投资支出，企业向税务部门缴纳的各项税务支出。

【例 12 -5】 20 ×5 年 12 月，某企业会计部门想要估算本企业在 20 ×5 年 4 月、5

月、6 月的货币头寸（Cash position）[①]。以下是该部门所做的现金预算：

单位：元

项目 \ 月份	4	5	6
加预计收入			
应收账款	16,000	16,000	18,000
销售收入	4,000	4,400	4,300
处置非流动资产收益	—	2,400	—
收入总计	20,000	22,800	22,300
减预计支出			
外购货物	9,000	8,800	10,500
职工工资	2,000	3,800	3,800
购买非流动资产	—	15,000	—
租金和利息	—	—	2,000
其他	2,200	2,200	2,200
贷款偿还	2,000	—	—
支出总计	15,200	29,800	18,500
每月净现金发生额	4,800	(7,000)	3,800
加期初余额	1,300	6,100	(900)
期末余额	6,100	(900)	2,900

本例中，4 月期初余额是 1,300 元，当月预计收入有应收账款、销售收入、处置非流动资产收益等，预计支出则有外购货物、职工工资、购买非流动资产（Non－current assets）、租金和利息、贷款偿还和其他等项目，因此，预计有一个正的现金余额 6,100 元。但不是每个月的现金余额都是正的，有的月份中现金支出可能会大于现金收入，出现逆差（Deficit），如 5 月，这是由于 5 月有一笔不小的非流动资产购买支出。

最后，以上的现金预算还反映出企业的现金余额是滚动的，即本期的期末余额是下一期的期初余额。比如，4 月的期初余额 1,300 元加上本期净发生额 4,800 元，形成期末余额 6,100 元，这 6,100 元则形成了 5 月的期初余额，再加上 5 月的净发生额 －7,000元，其期末余额就是 －900 元。以此类推。

【例 12－6】 王先生曾是某公司的一名高级管理人员，在本公司任职多年，如今王先生离开公司想要自己创业，请根据以下资料为王先生编制 20×5 年 9 月—20×6 年 2

① 货币头寸（Cash position）又称现金头寸，是指商业银行每日收支相抵后，资金过剩或不足的数量。

月的现金预算表：

（1）自有资本16,000元，购置固定资产花费9,000元，20×5年8月底付清全款，预计使用寿命5年，无残值。

（2）销售信用期[①]2个月，采购信用期1个月。20×5年8月，向供货商购货支出4,500元。

（3）预计20×5年9月销售额3,500元，10月和11月销售额6,500元，20×5年12月及以后各月销售额11,000元。

（4）成本利润率为50%，即销售价格=成本×（1+50%）。

（5）经营费用，估计每月固定在1,500元，包括租金支出，但不包括资产折旧，因为折旧并没有引起资金数量的变动。

（6）其他，预计每月会发生1,200元的其他性支出。

现金预算表

单位：元

项目	20×5年				20×6年	
	9月	10月	11月	12月	1月	2月
预计支出：						
采购支出	4,500	2,333	4,333	4,333	7,333	7,333
经营费用	1,500	1,500	1,500	1,500	1,500	1,500
其他	1,200	1,200	1,200	1,200	1,200	1,200
现金支出合计	7,200	5,033	7,033	7,033	10,033	10,033
预计收入：						
销售收入	—	—	3,500	6,500	6,500	11,000
现金余额	(7,200)	(5,033)	(3,533)	(533)	(3,533)	967
期初余额	7,000	(200)	(5,233)	(8,766)	(9,299)	(12,832)
期末余额	(200)	(5,233)	(8,766)	(9,299)	(12,832)	(11,865)

本例中，期初余额为王先生的自有资金减去8月底需支付的固定资产采购支出9,000元，也就是7,000元；采购支出的信用期为1个月，因此，8月的4,500元的采购支出需在9月支付，其他月份的采购支出也就是成本，根据成本利润率50%可以计算得出，比如，9月预计收入为3,500元，那么9月的成本就是3,500÷(1+50%)=2,333（元），之后月份以此类推；销售信用期为2个月，因此，9月和10月销售收入没有收到现金，从11月开始每月陆续收到前两个月的收入。据此可以得出期末余额，编制出现金预算表。

① 信用期：销售方给予客户赊销的账期。

【习题 12 -8】识别出哪些项目应该包含在现金预算中，在包含栏内标 T，不包含栏内标 F。

项目	包含	不包含
银行贷款收入		
非流动资产评估		
外部投资分得的股利		
折旧		
已核销的坏账		
股份支付		

【习题 12 -9】以下为 ABC 公司部分信息：

项目	7 月	8 月
预计收入（元）	50,000	60,000
毛利率	40%	40%
月末采购最低支付	50%	50%
期初应付（元）		
期末应付（元）		

请计算 8 月末应付（　　）元。

A. 30,000　　B. 33,000　　C. 40,000　　D. 45,000

（二）现金预算的用途

（1）现金预算是企业可以使用的一个非常重要的预算工具。它反映了预算过程中做出的所有项目的耗费对资金的影响，而且如果发现现金资源并不足以实现公司的计划目标，则还可以修改预算或者计划更高程度地实现计划目标。

（2）现金预算使得管理者可以根据需要制订与计划相关的决策，例如，当公司的预计收入并不充足时，管理层可能会希望应收账款及时回笼。因此，如果管理层希望客户快速支付货款，其就会建议银行评估顾客的透支需要或者加强信贷控制流程等。

（3）现金预算还可以提醒管理者注意生产经营过程中的一些潜在问题，以便及时采取应对措施，比如，短期现金盈余、短期现金紧缺、长期现金盈余、长期现金紧缺等。无论是现金盈余还是现金紧缺，都是现金管理不力。一个企业持有的现金并不是越多越好，而是持有量需要与企业日常经营相匹配，既不多也不少才是最好，但是实务中很难做到这一点。

现金管理问题及相应解决措施如表 12 －1 所示。

表 12 －1　　　　现金管理问题及相应解决措施

现金管理问题	相应解决措施
短期现金盈余	1. 在信用期内尽快偿付应付账款以获得现金折扣 2. 通过增加存货或者应收账款来提高收入 3. 进行短期投资
短期现金紧缺	1. 增加应付账款，暂不支付货款 2. 尽快回笼应收账款
长期现金盈余	1. 进行长期投资 2. 进行适当程度的企业扩张 3. 开发新品种 4. 升级换代非流动资产
长期现金紧缺	1. 进行长期融资，如发行股票、债券等 2. 考虑停工或者收回投资

二、资本支出预算

（一）资本支出预算的定义

资本支出预算（Capital expenditures budget）是公司不经常发生的资本投资性业务的预算，如公司固定资产的购置、扩建、改建、更新，长期股权投资等，具体反映投资的时间、规模、资金需要量以及资金的筹措方式等。因为资本支出预算也涉及需要的现金数量的问题，所以它是现金预算中一项主要的分预算（Subsidiary budgets）。

现金预算与资本支出预算的关系可以这样理解：现金预算是企业持续期间各项预计收入和预计支出的结果，它包括了资本支出预算中资本投资业务所需支出，同样包括其他业务活动所需的支出；资本支出预算则只是针对资本投资业务这一范围内的活动发生的支出编制的预算，是一个针对特定决策的预算，涵盖范围较现金预算略窄。二者是从不同角度出发编制的预算：现金预算是从维持一个企业正常运转的角度出发的，而编制资本支出预算的目的则是希望从预算中看出一个投资项目的优劣。

（二）编制资本支出预算的步骤

编制资本支出预算的步骤如图 12－2 所示。

一 • 成立预算编制小组，归集信息，制订预算编制时间计划

二 • 深入分析，制定详细的资本支出预算，需要满足短期、中期、长期的需要

三 • 将普通预算期——12个月细分到每个季度，甚至是每个月，然后再汇总到现金预算中

四 • 根据资金需要安排必要的融资计划

五 • 考虑周全，影响预算的关键因素不能遗漏

六 • 协调其他预算做出修改

七 • 根据其他临时性情况的出现不断修改资本支出预算

图 12－2　编制资本支出预算的步骤

以下给出几个资本预算的例子：

【例 12－7】

项目名称	项目描述	月份	资金支出量（万元）
A	办公室和工厂的空调安装	5	15
B	旧设备的更换	6	520
资本支出预算合计			535

【例 12－8】

20×5 年度资本支出预算和筹资决策预算表　　单位：万元

项目	第一季度	第二季度	第三季度	第四季度	全年
固定资产投资：					
勘察设计费	800	700			2, 000
土建工程	3, 200	6, 100			10, 000

续表

项目	第一季度	第二季度	第三季度	第四季度	全年
购置设备			38,000	31,000	75,000
安装工程				3,900	5,000
其他			12,000	3,134	15,000
合计	4,000	6,800	50,000	38,034	107,000
长期股权投资：					
股权购并	6,000	13,000	52,000	37,000	93,000
投资支出总计	10,000	19,800	102,000	75,034	197,000
资金筹措：					
发行公司债券				20,000	20,000
支付债券利息				12,000	12,000

（三）折旧预算

资本支出预算涉及的现有非流动资产的折旧，应该归于预算收入那一部分。因为购置固定资产是在购置年度一次性付出总价款，但是固定资产的收益期通常需要若干年度，并不只是购置的那一年，因而折旧也就是对收益的若干年度的一个补偿。虽然每年计提折旧计入管理费用，在计算利润时将其扣减，但是并没有发生实际的支出，因而在计算现金流量时需要将其加回。而且，未来计划中的非流动资产的折旧，也应该予以考虑，综合编制折旧预算表。

【例 12－9】 ABC 公司现有固定资产总值 4,000,000 元，直线法计提折旧，年折旧率 10%，预计使用寿命 10 年，无残值；需新购建固定资产 A，总价 100,000 元，10 月起计提折旧；固定资产 B，总价 500,000 元，4 月起计提折旧；需替换的旧设备总价 200,000 元，从 10 月起停止计提折旧，则其折旧预算为：

资产项	折旧（元）
现有资产本年折旧	400,000
减：被替换资产本年剩余折旧	5,000
加：新购建资产本年折旧	
A	2,500
B	37,500
折旧合计	435,000

现有资产本年折旧：4,000,000 × 10% ＝ 400,000（元）

被替换资产本年剩余折旧：200,000×10%×3÷12=5,000（元）

新购建资产本年折旧A：100,000×10%×3÷12=2,500（元）

新购建资产本年折旧B：500,000×10%×9÷12=37,500（元）

【习题12-10】 资本支出预算属于（　　）。

1. 专门决策预算　　B. 财务预算

C. 业务预算　　D. 总预算

第四节　预算编制的步骤

预算编制的第一项任务是识别主要预算因素（Principal budget factor），也被称为关键预算因素（Key budget factor）或限制预算因素（Limiting budgeting factor）。主要预算因素是那些限制组织活动的因素。

每个组织编制预算的步骤都不同，接下来介绍大多数组织编制预算的步骤。编制预算需要花费数周甚至数月的时间，在全面预算（Master budgets），包括预测的利润表、资产负债表和现金流量表等，最终通过之前，预算委员会需要召开数次会议。融合在全面预算中的功能性预算（包括收入预算、生产预算、直接人工预算等），需要在编制的过程中不断地进行修订，经过部门间的讨论、分析市场状况的变化等形成最后的结论。

（一）识别主要预算因素

主要预算因素限制企业的活动，确认主要预算因素通常是编制预算的起点，主要预算因素通常是销售需求。企业一般会在可接受的价格下尽可能多地增加产出，同时也会适当限制产量和销售量，因为市场需求有限。主要预算因素也可能是机器产能、可供分配和出售的资源、可供使用的关键原材料、可供使用的现金等。主要预算因素确认之后才可以进行接下来的预算编制。例如，如果销量是主要预算因素，那么生产部门就只能在销售预算编制完成后再编制生产预算。

（二）编制预算的具体步骤

假设主要预算因素确认为销售需求，则预算编制过程可以总结如下：

（1）销售预算的编制以产量和售价为单位，编制销售预算的同时可以编制产成品库存预算，因为销售预算决定产成品库存水平的变化。

（2）根据销售预算和产成品库存预算，编制生产预算。预计生产量等于预计销量加上（减去）预计增加（减少）的产成品库存量。生产预算以产品单位的形式表述。

（3）生产预算编制完成后是生产材料预算，包括原材料使用预算、机器使用预算和人工预算。除了生产材料预算，还需要编制材料库存预算，来决定预计库存水平的增加或减少。

（4）在原材料需求和原材料库存预算确定之后，采购部门就可以根据每种材料的数量和价格编制原材料采购预算。

（5）在编制销售预算和生产预算的过程中，企业成本中心的经理需要拟定各部门间接费用的预算。这些间接费用包括维修费用、管理费用、销售费用和研发费用等。

（6）根据以上预算信息可以编制预计利润表。

（7）编制资本支出预算（非流动资产预算）、营运资金预算（应收项目、应付项目及存货的变动预算）和现金预算，并根据这些预算编制预计资产负债表。

总预算是所有子预算的联合，一般包括利润表预算、资产负债表预算和现金预算。如前所述，预算的编制起点为销售预算，再根据预计销量依次编制生产预算、直接材料预算、直接人工预算、制造费用预算、销售及管理费用预算等，进而编制总预算。下面举例说明总预算的编制过程。

【例 12－10】假设某照明公司只生产一种型号的电灯，销售单价为 22 元，本预算年度四个季度预计销量分别为 1, 500 只、2, 500 只、1, 800 只、2, 200 只。一般而言，销货款于当季度只能收到 70%，其余部分则于下一季度收到。预算年度第一季度可收回上年度第四季度的应收账款 3, 600 元。

根据上述资料，首先编制销售预算表，如下表所示。

(1) **20××年某照明公司销售预算表** 单位：元

季度		1	2	3	4	总计
预计销售量（只）	①	1, 500	2, 500	1, 800	2, 200	8, 000
销售单价	②	22	22	22	22	22
预计销售额	③＝①×②	33, 000	55, 000	39, 600	48, 400	176, 000

根据销售预算及应收账款的相关资料，可编制预计现金收入计算表，如下表所示。现金收入计算表是编制现金预算的依据。

（2）　　20××年某照明公司预计现金收入表　　单位：元

季度		1	2	3	4	总计
预计销售额	①	33,000	55,000	39,600	48,400	176,000
收到上季度应收账款	②=上季①×30%	3,600	9,900	16,500	11,880	41,880
收到本季度货款	③=①×70%	23,100	38,500	27,720	33,880	123,200
现金收入合计		26,700	48,400	44,220	45,760	165,080

【例12-11】依例12-10资料，假设某照明公司期末存货量为下一季度销售量的20%，预算年度第一季度期初存货量为500只，预算年度期末存货量为600只。根据销售预算中的预计销售量及上述资料相关数据，可编制生产预算，如下表所示。

20××年某照明公司生产预算表　　单位：只

季度		1	2	3	4	总计
预计销售量	①	1,500	2,500	1,800	2,200	8,000
加：预计期末存货量	②=下季①×20%	500	360	440	600	600
减：期初存货量	③=上季②	500	500	360	440	500
预计生产量	④=①+②-③	1,500	2,360	1,880	2,360	8,100

【例12-12】依例12-10，假设某照明公司所生产的电灯只需要一种原材料，单位产品消耗原材料定额为2千克，每千克单位成本3元，每季度的材料存量为下一季度生产用量的20%，每季度购货款当季付清。估计预算年度期初材料存量为420千克，期末材料存量为500千克。

根据以上资料及已经编制的生产预算，可编制材料采购预算，如下表所示。

（1）　　20××年某照明公司材料采购预算表　　单位：千克

季度		1	2	3	4	总计
预计生产量（只）	①	1,500	2,360	1,880	2,360	8,100
单位产品材料消耗定额	②	2	2	2	2	2
生产需要量	③=①×②	3,000	4,720	3,760	4,720	16,200
加：期末存量	④=下季③×20%	944	752	944	500	3,140
减：期初存量	上季④	420	944	752	944	3,060
材料采购量	⑤	3,524	4,528	3,952	4,276	16,280

编出采购预算后，根据预计材料采购量和单位成本可进一步编制材料采购现金支

出计算表，如下表所示。

（2） **20××年材料采购现金支出计算表** 单位：元

季度		1	2	3	4	总计
材料采购量（千克）	①	3, 524	4, 528	3, 952	4, 276	16, 280
材料单位成本	②	3	3	3	3	3
预计材料采购额	③=①×②	10, 572	13, 584	11, 856	12, 828	48, 840
现金支出	③	10, 572	13, 584	11, 856	12, 828	48, 840

【例12－13】依前例资料，假定某照明公司生产电灯所需直接人工平均成本为3元，单位产品定额工时为2小时，直接人工费用于当期直接现金付清。根据前例数据及上述资料，可编制直接人工预算表，如下表所示。

20××年某照明公司直接人工预算表

季度		1	2	3	4	总计
预计生产量（只）	①	1, 500	2, 360	1, 880	2, 360	8, 100
单位产品工时定额（小时）	②	2	2	2	2	2
总工时用量（小时）	③=①×②	3, 000	4, 720	3, 760	4, 720	16, 200
单位工时成本（元）	④	3	3	3	3	3
直接人工成本（元）	⑤=③×④	9, 000	14, 160	11, 280	14, 160	48, 600

【例12－14】假设预算年度内某照明公司变动间接制造费用为20, 250元，固定间接制造费用为16, 200元（包括设备折旧费12, 000元），已知该公司变动间接费用按产量分配且费用均于当期付清。

依前例资料及上述数据，可得出变动间接制造费用分配率：变动间接制造费用总额÷预计生产总量，即20, 250÷8, 100＝2. 5，由此可编制间接制造费用预计现金支出计算表，如下表所示。

（1） **20××年间接费用预计现金支出计算表** 单位：元

季度		1	2	3	4	总计
预计生产量	①	1, 500	2, 360	1, 880	2, 360	8, 100
变动间接制造费用分配率	②=①×2. 5	3, 750	5, 900	4, 700	5, 900	20, 250
固定间接制造费用	③=16, 200÷4	4, 050	4, 050	4, 050	4, 050	16, 200
减：折旧	④=12, 000÷4	3, 000	3, 000	3, 000	3, 000	12, 000
合计	⑤=②+③－④	4, 800	6, 950	5, 750	6, 950	24, 450

根据以上所有表格数据内容，可编制产品单位成本及期末存货预算表，如下表所示。

（2）　　**20××年产品单位成本及期末存货预算表**　　单位：元

成本项目		单位价格	消耗定额	合计
直接材料	①	3元/千克	2千克	6
直接人工	②	3元/工时	2小时	6
制造费用	③=（20,250+16,200）÷8,100			4.5
产品单位成本	④=①+②+③			16.5
产品期末存货量	⑤			600
产品期末存货成本	⑥=④×⑤			9,900

【例12－15】假定预算年度内变动销售及管理费用共计4,000元，按销售量计算分配率；固定销售及管理费用为7,200元。

根据以上及前例资料，可编制销售及管理费用预算表，如下表所示。

20××年销售及管理费用计算表　　单位：元

季度		1	2	3	4	全年
预计销售量（只）	①	1,500	2,500	1,800	2,200	8,000
变动销售及管理费用分配率	②=4,000÷8,000	0.5	0.5	0.5	0.5	0.5
变动销售及管理费用现金支出	③=①×②	750	1,250	900	1,100	4,000
固定销售及管理费用现金支出	④=7,200÷4	1,800	1,800	1,800	1,800	7,200
现金支出合计	⑤=③+④	2,550	3,050	2,700	2,900	11,200

【例12－16】假定期初现金余额20,000元，根据上述资料和前例预算资料中的数据，可编制现金预算表，如下表所示。

20××年现金预算表　　单位：元

季度	1	2	3	4	总计
期初现金余额	20,000	14,828	20,534	28,128	20,000
加：现金收入［例12－10中表（2）］	26,700	48,400	44,220	45,760	165,080
可动用现金支出	46,700	63,228	64,754	73,888	185,080
减：现金支出					
直接材料［例12－12中表（2）］	10,572	13,584	11,856	12,828	48,840
直接人工（例12－13）	9,000	14,160	11,280	14,160	48,600

续表

季度	1	2	3	4	总计
间接制造费用［例 12－14 表（1）］	4,800	6,950	5,750	6,950	24,450
销售和管理费用（例 12－15）	2,550	3,050	2,700	2,900	11,200
支付所得税	4,500	4,500	4,500	4,500	18,000
现金支出合计	31,422	42,244	36,086	41,338	151,090
期末现金余额	15,278	21,434	29,568	33,990	33,990

【例 12－17】某照明公司预算年度初期资产负债表，如下表所示。

某照明公司期初资产负债表　　单位：元

流动资产		流动负债	
现金	20,000	应付账款	25,000
应收账款	3,600	长期负债	
原材料存货	1,260	负债合计	25,000
产成品存货	8,250		
合计	33,110		
固定资产		所有者权益	
土地	200,000	实收资本	200,000
房屋及设备	120,000	盈余公积	120,110
减：折旧	8,000	所有者权益合计	320,110
合计	312,000		
资产总计	345,110	负债及所有者权益总计	345,110

由此根据前例数据资料可编制预计利润表及预计资产负债表，如下表所示。

20××年预计利润表　　单位：元

销售收入	①	［例 12－10 中表（2）］	176,000
减：销售成本	②＝8,000×16.5	（例 12－11）［例 12－14 中表（2）］	132,000
销售毛利	③＝①－②		44,000
减：销售及管理费用	④	（例 12－15）	11,200
税前利润	⑤		32,800
减：所得税	⑥	（例 12－16）	18,000
净利润	⑦＝⑤－⑥		14,800

预计资产负债表

20××年×月×日　　　　单位：元

流动资产			
现金	①	（例 12－16）	33,990
应收账款	②＝48,400×30%	［例 12－10 中表（2）］	14,520
原材料存货	③＝500×3	［例 12－12 中表（1）］ ［例 12－12 中表（2）］	1,500
产成品存货	④	［例 12－14 中表（2）］	9,900
合计	⑤＝①＋②＋③＋④		59,910
固定资产			
土地	⑥＝200,000		200,000
房屋及设备	⑦＝120,000		120,000
减：折旧	⑧＝8,000＋12,000	［例 12－14 中表（1）］	20,000
合计	⑨＝⑥＋⑦－⑧		300,000
资产总计	⑩＝⑤＋⑨		359,910
流动负债			
应付账款	a		25,000
长期负债			
负债合计	b＝a		25,000
所有者权益			
实收资本	c		200,000
盈余公积	d＝120,110＋14,800		134,910
所有者权益合计	e＝c＋d		334,910
负债及所有者权益合计	f＝b＋e		359,910

第五节　弹性预算

根据前面几节的学习，我们了解了功能性预算和财务预算等预算的简单编制方法，并且对于预算的程序有了一定的认知。本节我们开始对预算进行深入的学习，本节讲述的弹性预算（Flexible budget）是预算管理过程中常用的管理控制工具。

一、固定预算

固定预算（Fixed budget）又称静态预算（Static budget），是以预算期内正常的、可能实现的某一业务量（如生产量、销售量）水平作为唯一基础，不考虑可能发生的变动因素而编制预算的方法。它是最传统的也是最基本的预算编制方法。固定预算是在一个可控的预算期间内不考虑业务量、成本或者销量会发生变化的一种预算编制方法，固定预算可以被用来当作业绩评价（Performance evaluation）的标杆（CIMA）。之前几节所讲述的全面预算的编制，都是基于预计的产量和销量的，并没有考虑实际销量可能会发生的变化，因此，这种不考虑业务量变化的预算编制方法均属于固定预算。

（一）固定预算的优缺点

固定预算的优点是简单、容易编制，因为它不需要考虑业务量可能的变动，编制预算的工作量会相对减轻。

固定预算的缺点主要是过于机械、呆板。因为编制预算的业务量基础是事先假定的某一个业务量，这个业务量可能是根据以往经验预估的一个业务量或者是企业计划的一个业务量，但是这个业务量确定后，不论预算期内业务量水平可能发生哪些变动，企业还是按照预先确定好的业务量作为编制基础，而不会进行调整。这也导致了固定预算的另一个致命的缺点，那就是可比性差。企业不根据实际情况调整编制预算的基础，当实际的业务量与编制预算所根据的预计业务量发生较大差异时，有关预算指标的实际数与预算数就会因业务量基础不同而失去可比性。因此，按照固定预算方法编制的预算，不利于正确地控制、考核和评价企业预算的执行情况，不便于企业进行差异分析（Variance analysis）。

（二）固定预算的适用情况

一般来说，固定预算只适用于业务量水平较为稳定的企业或非营利组织。同时，固定预算也可以用于各个企业的计划阶段，固定预算的编制可以作为企业的目标。

二、弹性预算

弹性预算又称变动预算（Variable budget）、滑动预算（Sliding budget），是在变动成本法的基础上以未来不同业务水平为基础编制预算的方法，是固定预算的对称。弹性预算，具体是指以预算期间可能发生的多种业务量水平为基础，分别确定与之相应的费用数额而编制的，能适应多种业务量水平的费用预算。弹性预算可以分别反映在各业务量的情况下企业的收入、成本和利润水平。因为这种预算可以随着业务量的变化而反映出不同业务量水平下的收入支出水平，具有一定的伸缩性，所以称其为弹性预算。

(一) 弹性预算的优点

在企业的计划阶段，企业采取弹性预算可以很好地体现出不同业务量情况下不同的预算情况，也就是说，可以看出不同的产出水平会对最终收益产生多大的影响。比如说，在计划的时候，预计将来的销售量是1,000，但是在做预算的时候，采取弹性预算的方法，对销量是800和1,200都做预算。这样可以更好地适应不同经营情况的变化，扩大预算的范围，将来实际销量在这个范围内的时候有一个可以比对的预算标准，从而更好地发挥预算的控制作用。

另外，由于预算是按各项成本的性态分别列示的，运用弹性预算可以方便地计算出在任何实际业务量水平下的预测成本，从而为管理人员在事前据以严格控制费用开支提供方便，也有利于在事后细致分析各项费用节约或超支的原因，及时解决问题。

最后，在预算期结束后，运用弹性预算可以计算出在实际业务水平下的预算，方便和实际情况进行对比，从而进行绩效考核和差异分析。

(二) 弹性预算的适用情况

弹性预算适用于全面预算中与业务量有关的各种预算，也就是说，弹性预算适用于各项随业务量变化而变化的项目支出。一般情况下，弹性预算主要用来编制成本的预算和利润的预算。

(三) 编制弹性预算

用弹性预算的方法来编制成本预算时，最关键的是把所有的成本划分为变动成本、固定成本和半变动成本三部分成本。变动成本主要根据单位业务量来控制，固定成本则按总额控制。因此，编制弹性预算的几个步骤如下：

(1) 选择和确定各种经营活动的计量单位消耗量、人工小时、机器工时等。

(2) 预测和确定可能达到的各种经营活动业务量。在确定经济活动业务量时，要与各业务部门共同协调，一般可按正常经营活动水平的70%～120%确定，也可以历史资料中的最高业务量和最低业务量为上、下限，再在其中划分若干等级，这样编出的弹性预算较为实用。

(3) 根据成本性态和业务量之间的依存关系，将企业生产成本划分为变动成本、固定成本和半变动成本。对于变动成本，预算按照单位变动成本和预算业务量确定；对于固定成本，预算是固定不变的；对于半变动成本，先采用高低点法计算出半变动成本的成本模型，然后依据业务量确定预算数。

(4) 按照第三步对企业生产成本三种不同成本性态的分类，计算各种业务量水平下的预测数据，形成某一项弹性预算。最终成本的弹性预算模型为：

成本的弹性预算 = 固定成本预算数 + (单位变动成本预算数 × 预计业务量)

在弹性预算编制的过程中，需要对成本按其性态进行划分，这是我们在第三章所学习的内容。其中，对于半变动成本可以采用高低点法进行混合成本分解，下面我们用一道例题来回顾下高低点法。

【例 12－18】XYZ 企业连续五年的机器维修成本的历史数据如下表所示：

年份	机器工时（小时）	维修成本（元）
20×1	250	3, 400
20×2	360	4, 500
20×3	330	4, 200
20×4	290	3, 600
20×5	350	4, 400

问题：当 20×6 年的预计机器工时为 380 小时时，忽视通货膨胀影响，20×6 年预计的维修成本大约为多少？

在回答这道题目的时候，我们运用高低点法进行解答，高点为（360，4, 500），低点为（250，3, 400）。

（1）变动成本差额为 4, 500－3, 400＝1, 100（元）。

（2）高低机器工时差额为 360－250＝110（小时）。

（3）因此，单位变动成本额为 1, 100÷110＝10（元）。

（4）将单位变动成本额任意代入最高或最低业务量总成本，求出固定成本额。代入高点得到最高点总成本中变动成本额为 360×10＝3, 600（元），则固定成本等于总成本减去变动成本部分，为 4, 500－3, 600＝900（元）。

综上所述，20×6 年的维修成本的预算即 900＋10×380＝4, 700（元）。

通过这道例题，我们回顾了高低点法的运用，同时讲解了弹性预算的编制过程中必不可少的一个步骤，即对于混合成本性态的成本进行预算编制的计算过程。下面，我们再看一个完整的编制弹性预算的案例。

【例 12－19】为一个生产车间编制 20×6 年的人工成本和期间费用的弹性预算，达到预计生产量的人工工时预算为 50, 000 小时，编制弹性预算的范围为 40, 000 人工工时、50, 000 人工工时和 60, 000 人工工时。成本详细信息如下：

（1）直接人工成本的单位成本是 20 元/小时。

（2）其他变动成本包括间接人工成本单位成本（5 元/小时）、人工消费品供应单位成本（2 元/小时）、人工的其他福利费用（直接人工成本和非直接人工成本合计数的 10%）。

（3）其他半变动成本是与人工工时有关的，假定 20×6 年的半变动成本与人工工时的关系与以往五年两者的关系是一致的，五年的历史数据如下表所示：

年份	人工工时（小时）	半变动成本（元）
20×1	55,000	26,800
20×2	52,000	24,000
20×3	62,000	28,000
20×4	58,000	27,600
20×5	53,000	25,000

（4）车间固定成本包括折旧费15,000元、维修费10,000元、管理费30,000元。

（5）不考虑通货膨胀。

解题思路：

本题是一道典型的编制弹性预算的案例，通过本题，我们可以更为生动、具体地学习弹性预算的编制方法。首先可以看出，题目中已经将变动成本、半变动成本和固定成本区分好，为了编制弹性预算，我们需要做的就是分三部分分别计算出每一部分成本性态在20×6年的预算数，合计数就是20×6年生产车间人工成本和期间费用的总成本数。

首先，我们采用高低点法计算出半变动成本的成本模型。高点为（62,000，28,000），低点为（52,000，24,000）：

（1）变动成本差额为28,000－24,000＝4,000（元）。

（2）高低人工工时差额为62,000－52,000＝10,000（小时）。

（3）因此，单位变动成本额为4,000÷10,000＝0.4（元）。

（4）将单位变动成本额任意代入最高或最低业务量总成本，以求出固定成本额，我们代入高点得到最高点总成本中变动成本额为62,000×0.4＝24,800（元），则固定成本等于总成本减去变动成本部分，为28,000－24,800＝3,200（元）。

综上所述，成本模型为半变动成本＝3,200＋0.4×人工工时。

因此，当预计人工工时为40,000小时时，半变动成本为3,200＋0.4×40,000＝19,200（元）；当预计人工工时为50,000小时时，半变动成本为3,200＋0.4×50,000＝23,200（元）；当预计人工工时为60,000小时时，半变动成本为3,200＋0.4×60,000＝27,200（元）。

20×6年的弹性预算编制如下表所示：

人工工时（小时）	40,000	50,000	60,000
变动成本：			
直接人工成本（元）	20×40,000＝800,000	1,000,000	1,200,000
间接人工成本（元）	5×40,000＝200,000	250,000	300,000
人工消费品成本（元）	2×40,000＝80,000	100,000	120,000
人工其他福利费（元）	（800,000＋200,000）×10%＝100,000	125,000	150,000

续表

半变动成本（元）	19,200	23,200	27,200
固定成本：			
折旧费（元）	15,000	15,000	15,000
维修费（元）	10,000	10,000	10,000
管理费（元）	30,000	30,000	30,000
预算总成本（元）	1,254,200	1,553,200	1,852,200

【习题12-11】相对于固定预算，弹性预算（　　）。

A. 过于呆板　　B. 预算范围宽

C. 可比性差　　D. 便于预算执行的考评

【习题12-12】弹性预算适用于全面预算中所有与业务量有关的预算，但是在实务中，弹性预算主要用于编制（　　）。

A. 弹性成本费用预算　　B. 经营决策预算

C. 投资决策预算　　D. 弹性利润预算

【习题12-13】R公司预期产品销售单价为300元，产品的单位变动成本为120元，固定成本总额为40,000元，现要求R公司充分考虑产品销售量发生变化的可能，分别编制出销售量为1,000件、1,100件和1,200件时的弹性利润预算表。

三、预算控制

预算控制指的是运用预算和实际差异的比较来评价分析业绩。预算和实际结果的差异称为预算差异（Budget variances）。识别出某部分的成本该由谁负责后，可以通过预算控制来评价负责人的业绩。比如说，对采购部门编制采购成本的预算，然后通过预算和实际采购成本的比较，评价采购部门管理者的业绩，并且通过预算差异的分析还可以找出企业成本管理控制中存在的问题，提升企业业绩水平。

利用预算进行成本控制的时候，需要注意预算方法的选择，不能采用固定预算的方法进行预算差异分析，而是要用弹性预算进行比较。这一点我们可以通过一个例子来进行说明：

【例12-20】如果我们采用固定预算进行预算控制分析，那么分析结果如下表所示：

	固定预算	实际	差异
销量（件）	1,000	2,000	
销售收入（元）	10,000	20,000	10,000（F）①
直接人工成本（元）	2,000	3,800	1,800（A）②
直接材料成本（元）	4,000	7,200	3,200（A）
折旧费用（元）	2,000	2,200	200（A）
租赁费用（元）	1,000	1,300	300（A）
其他成本（元）	500	1,000	500（A）
利润（元）	500	4,500	4,000（F）

通过这个例子，我们可以看出，各项成本相对于预算来说都比较大，出现了不利差异，可是虽然成本比预算高，销售量也比预算高，销售收入同样高于预算，是有利差异，并且最终的利润高于预算。从这个例子，我们没有办法确定是否需要控制成本，或者说需要控制哪一个方面的成本，所以说拿固定预算和实际结果进行比较的预算差异分析不能提供有用的预算控制信息。为了达到预算控制的目的，我们需要知道的信息：如果预算销量是2,000件的时候，实际成本是否高于预算成本？如果预算的销售量是2,000件，那么实际收入是否和预算收入一致？收入和成本产生预算差异的原因是否只是因为销售量不同？

基于预算控制所需要的信息，我们对上面的例子进行改进，采用弹性预算法进行预算差异分析。

【例12－21】在例12－20的基础上，我们采用弹性预算方法编制预算，按照实际销量进行预算编制。预算编制信息如下：

销售单价为10元/件，直接材料成本是变动成本，单位材料成本为4元/件；直接人工成本也是变动成本，单位人工成本为2元/件，折旧费和租赁费为固定成本；其他成本为半变动成本，其他成本＝300＋0.2×销售量。

根据各成本性态的成本信息及实际销售量，我们编制的以实际销售量为基础的弹性预算如下表所示：

	固定预算	弹性预算	实际	差异
销量（件）	1,000	2,000	2,000	
销售收入（元）	10,000	20,000	20,000	0
直接人工成本（元）	2,000	4,000	3,800	200（F）
直接材料成本（元）	4,000	8,000	7,200	800（F）

① 有利差异，即实际业绩比预期结果好，用F（Favourable）表示。后文第十三章第一节会对此进行详细解释。
② 不利差异，即实际业绩比预期结果差，用A（Adverse）表示。后文第十三章第一节会对此进行详细解释。

续表

	固定预算	弹性预算	实际	差异
折旧费用（元）	2,000	2,000	2,200	200（A）
租赁费用（元）	1,000	1,000	1,300	300（A）
其他成本（元）	500	700	1,000	300（A）
利润（元）	500	4,300	4,500	200（F）

从这个案例中，我们可以看出，实际利润和弹性预算利润差异是200元（4,500－4,300）的有利差异。如果我们分析实际结果和计划时候的预算，也就是实际结果和固定预算的差异，则差异还是4,000元（4,500－500）的有利差异。固定预算和按照实际销量重新编制的弹性预算的差异是3,800元（4,300－500）的有利差异。我们可以通过图12－3更清楚地看到，利用弹性预算其实是将差异划分成为两个部分。

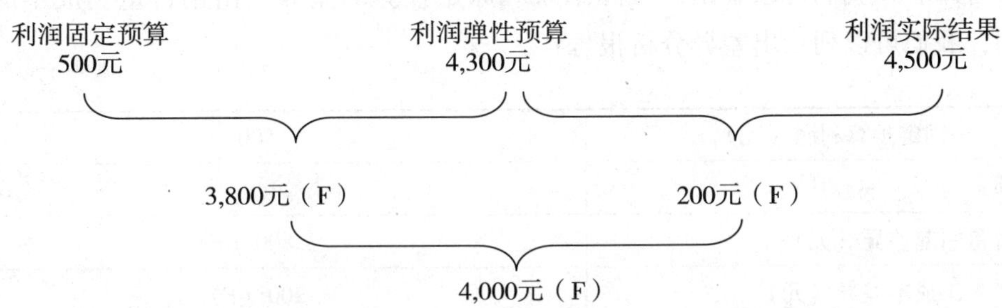

图12－3　弹性预算分别与固定预算和实际结果的差异

第一部分是弹性预算和固定预算的差异，这部分差异仅仅是因为销售量不同而产生的，固定预算是以1,000件的销售量为基础进行编制，而弹性预算是以2,000件的销售量为基础进行编制。这部分差异可以称之为业务量水平差异（Volume variance）。第二部分是实际结果和弹性预算的差异，这两个部分的销售量依据是相同的，均为2,000件，所以这部分产生差异的原因是销售价格或者成本的差异，我们称之为费用差异（Expenditure variance）。

通过这种分解，我们可以清楚地区分差异究竟是销量导致的还是成本控制环节出现问题导致的，利用弹性预算可以很好地进行差异分析和预算控制。还是参考上面的例题，我们可以分析出实际利润比原来的预算增加了4,000元的原因：

首先，我们看实际结果和弹性预算的差异，在销售量同样为2,000件的时候，实际利润还是比预算的利润高出了200元，说明利润水平是上升的，销售量不变，那么利润水平上升的原因就是成本下降，可以分析出相关部门对成本的管理控制做得是否良好。从上面的例子可以看出，直接人工成本和直接材料成本都是比预期下降的，这是利润上升的主要原因。

其次，利润上升的另一个原因就是销售量的上升，预计的销售量是1,000件，但是实际实现的销售量是2,000件。我们可以通过列表看出销售量上升1,000件对预计利润的影响：

预算销售收入的上升（元）	1,000×10=10,000
预算直接人工成本上升（元）	1,000×2=2,000
预算直接材料成本上升（元）	1,000×4=4,000
预算其他成本上升（元）	1,000×0.2=200
预算固定成本不变（元）	0
预算利润上升（元）	10,000-2,000-4,000-200=3,800

因此，销售量上升对于利润的影响就是3,800元的有利差异。

综合来看，我们可以看出，实际结果和原始预算的差异是由销售量和成本的差异构成的，我们可以列示出差异分析报告：

固定预算利润（元）	500
差异项：	
销售量引起差异（元）	3,800（F）
直接人工成本差异（元）	200（F）
直接材料成本差异（元）	800（F）
折旧费用差异（元）	200（A）
租赁费用差异（元）	300（A）
其他成本差异（元）	300（A）
实际利润（元）	500+3,800+200+800-200-300-300=4,500

以上过程就是预算控制的过程，最主要的是要区分开业务量水平导致的差异和费用导致的差异。

【习题12-14】 M公司上个季度的预算控制报告如下表所示：

	固定预算	弹性预算	实际结果
直接成本（元）	35,000	38,500	39,800
生产间接成本（元）	28,400	29,000	28,150
固定成本（元）	15,000	15,000	16,500
总成本（元）	78,400	82,500	84,450

请回答下面问题：

(1) 上季度M公司的业务量水平差异是多少？是有利差异还是不利差异？

(2) 上季度M公司的费用差异是多少？是有利差异还是不利差异？

【习题12－15】T公司主要生产T恤。下表是T公司20×5年10月的有关数据：

	固定预算	弹性预算	实际结果	销量差异	费用差异
销售量（件）			30,000		
销售收入（元）	4,400,000				300,000（A）
变动成本（元）					
固定成本（元）		750,000			
营业利润（元）			400,000		

T恤的实际售价为100元/件，生产T恤的单位变动成本为70元/件，预算的单位变动成本为75元/件。

要求：

(1) 填列上表中空缺的数字。

(2) 试讨论实际营业利润与预算营业利润之间差异产生的原因。

我们可以通过差异分析找出原因，了解成本是否被有效控制了，比如说，如果我们计算出来的直接材料成本比预算要多，也就是说，在材料消耗方面没有按照原来的预算计划进行，这时候问题就可以锁定在材料消耗相关部门，相关部门的主管也需要对此进行调查分析，并找到解决和改进的方法，这样可以控制企业的成本，促进企业的良好发展。因此，用弹性预算进行预算控制，有助于经理更清晰地锁定问题，锁定差异产生的来源，并找到负责人员。更进一步的差异分析我们将在下一章中讲解，比如说，我们找到了材料成本的差异后，进一步分析究竟是采购部门采购价格与预算不符，还是生产部门生产过程中消耗与预算不符，前者需要采购部门负责，后者需要生产部门负责，详细讲解见下一章。

本章小结

本章主要介绍了预算编制的原因、步骤和方法，重点讲解了功能性预算和财务预算的具体编制方法，其中，包括不同职能的预算编制、现金预算和资本预算的编制。最后，从总体上介绍了全面预算的编制方法，并进一步介绍了管理计划与控制的工具——弹性预算。通过本章的学习，要掌握各种预算的具体编制方法，从宏观上的全面预算，到微观上的功能性预算和财务预算，以及企业管控工具弹性预算。同时，学生需要了解预算编制对于企业的重要作用。

预算编制作为企业常用的方法，为企业完成短期任务和实现长期目标提供了保证，也为企业后续的经济活动提供了依据，在企业内部管理中发挥着重要的作用。因此，学生应该重点把握本章的内容，了解预算对于企业管理的影响，以及其在管理会计中的核心地位。本章是学习管理会计的重点与难点，应予以重视。

第十三章　成本差异分析

本章概述

一个企业在报告期间所达到的实际结果很可能与预期结果不同，这种差异（Variance）可能发生在个别项目中，例如，人工成本或销售数量，也有可能发生在预期总贡献与实际总贡献之间。

管理者花费大量时间和精力制定标准，但实际结果却与预期结果不同，精明的管理者会关注和分析这些差异，并采取合理措施帮助企业达到预期标准。成本差异分析就是管理者进行控制的一种重要方法。

这一章介绍了成本差异分析（Variance analysis），包括总差异、数量差异和价格差异。本章首先对直接材料差异（Direct material variances）、直接人工差异（Direct labour variances）、变动制造费用差异（Variable overhead variances）、固定制造费用差异（Fixed overhead variances）、销售差异（Sales variances）的计算方法进行了阐述，然后说明了成本差异在运营报告方面的应用，接着分析了差异出现的原因并探讨了成本差异之间的相互关系，强调全面考虑所有差异是决策的关键要素，最后对企业经过成本差异分析后的进一步行动进行了说明，主要包括差异调查的合理时机、对差异的处理及企业的下一步决策。

学习目标

※ 熟悉成本差异分析的概念及重要性

※ 掌握各种差异的计算方法

※ 熟悉差异出现的原因

※ 理解差异之间的相互关系

商业观察

武汉钢铁集团公司（以下简称“武钢”）于1955年开始建设，1958年9月13日建成投产，是新中国成立后兴建的第一个特大型钢铁联合企业。武钢拥有矿山采掘、炼焦、炼铁、炼钢、轧钢及物流、配套公辅设施等一整套先进的钢铁生产工艺设备，并在联合重组鄂钢、柳钢、昆钢后，成为生产规模近4000万吨的大型企业集团，居世界钢铁行业第四位。

为适应公司多产品、多制程的特点，武钢于2008年投入运行标准成本管理系统，将其贯穿于烧结、炼铁、炼钢到热轧、冷轧、硅钢等完整的冶金制造过程。这一系统由业务人员灵活设定核算对象标准，满足不同部门的个性化设计，通过计算可快速得到原料的标准成本，进而得到产品的标准成本，使财务人员的工作由低层次的手工计算转变为更高层次的成本分析。

武钢通过标准成本与实际成本对比产生成本差异，进行公司内部的绩效分析，成本差异精确到每一个成本中心的成本科目，能明确各成本中心责任，从而找到优化成本结构的关键点。在成本差异分析的过程中，公司通过建立包括成本中心技术人员、管理人员与财务人员共同参与的协商机制，更加充分地发挥标准成本管理系统的效用。公司人员可以根据差异分析情况，迅速做出是否采取新工艺、新操作或新技术的决策，以达到控制成本和改善销售经营状况的目的。另外，系统提供的查询和报表功能，也能帮助专业人员进行数据分析。

武钢通过成本差异分析，实现了公司业务动态调整，为管理人员的经营决策提供了依据，也对不同成本中心的责任进行了落实，最终在实现产品结构优化以及成本精细化管理中取得了良好的应用效果。①

第一节　成本差异分析概述

差异是指实际结果与预期结果之间的差额，也就是标准成本与实际成本之间的差额。

差异分析是指对标准结果和实际结果之间的总差额进行分析的过程。企业可以通过差异分析的方式对绩效进行评价，及时报告差异分析结果能够使企业管理行动实现价值最大化。差异分析是企业控制流程的一部分，是评估企业业绩的一种方法。

① 本文整理自王坚，胡星，程长虹《武钢标准成本管理体系的研究与应用》，《冶金自动化》2011年第1期。

在差异分析过程中，通常将差异划分为以下两种：有利差异，即实际业绩比预期结果好，用 F（Favourable）表示；不利差异，即实际业绩比预期结果差，用 A（Adverse）表示。

每一项标准成本都可以从数量和价格两个角度进行说明。其中，数量方面的差额主要体现为效率、耗用量以及产量的差异，价格方面的差额主要体现为工资率、材料价格以及支出的差异。

通过对成本差异进行分析，企业可以及时发现成本出现差异的原因，从而制定对策，采取措施加以纠正。这能够有效提高企业的成本管理水平，规范成本管理过程，控制资源耗用量，形成成本竞争优势，同时对于提高企业盈利水平也具有十分重要的意义。

第二节 成本差异的计算及应用

一、成本差异的计算

（一）直接材料差异

1. **直接材料总差异**（Direct material total variance）

直接材料总差异是指在实际产量下标准材料成本与实际材料成本之间的差额。

直接材料总差异的计算，具体需要考虑如下几个问题：

① 以产品实际产量为基础——“应该”耗费多少材料？

② 这些材料的成本“应该”为多少？

③ 这些材料的“实际”成本为多少？

其中，“应该”指实际产量应该承担的成本；“实际”指实际产量实际承担的成本。

这项差异能够衡量企业耗用材料的实际成本是否高于材料的标准成本。直接材料总差异能够被进一步划分为直接材料价格差异和直接材料耗用量差异。

（1）直接材料价格差异（Direct material price variance）

直接材料价格差异，是指耗用或采购的原材料标准成本和实际成本之间的差额，也就是应该承担的材料成本与实际承担的材料成本之间的差额。

直接材料价格差异的计算，需要考虑如下几个问题：

以材料单位成本为基础——“应该”承担多少成本？“实际”承担了多少成本？

其中，“应该”指材料实际采购量应该承担的成本；“实际”指材料实际采购量实际承担的成本。

直接材料价格差异能够衡量耗用材料的实际成本是否高于预期成本。

（2）直接材料耗用量差异（Direct material usage variance）

直接材料耗用量差异，是指在实际产量下应该耗用材料的数量与实际耗用材料的数量之间的差额，它通过材料的单位标准成本来计量。

直接材料耗用量差异的计算，需要考虑如下几个问题：

以产品实际产量为基础——“应该”耗用的材料数量是多少？“实际”耗用的材料数量是多少？

其中，“应该”指产品实际产量应该耗用的材料数量；“实际”指产品实际产量实际耗用的材料数量。

直接材料耗用量差异 = 耗用量差额 × 标准单位成本（元/千克）

直接材料耗用量差异能够衡量产品耗用材料的实际成本是否高于标准成本。具体通过比较产品实际产量下的标准材料耗用量与实际材料耗用量，对材料耗用效率进行衡量，进而得到用标准成本衡量的数量差异。

【例 13－1】 A 产品的标准直接材料成本如下：每件 A 产品耗用 10 千克 Y 材料，Y 材料每千克 10 元，因此，A 产品单位材料成本为 100 元。20×2 年 4 月，M 企业生产 A 产品 1,000 件，耗用了 11,700 千克 Y 材料，材料成本为 98,600 元。计算下列几种差异：

（1）直接材料总差异

在本题中，直接材料总差异是指生产 1,000 件 A 产品“应该”承担的材料成本与“实际”承担的材料成本之间的差额。

应该：1,000 × 100 = 100,000（元）。

实际：98,600 元。

直接材料总差异：100,000 − 98,600 = 1，400（元）（F）。

这项差异是有利差异，因为耗用材料的实际成本低于耗用材料应该承担的成本。

接下来，将直接材料总差异进一步划分为两个部分：直接材料价格差异和直接材料耗用量差异。

（2）直接材料价格差异

在本题中，直接材料价格差异是指耗用 11,700 千克 Y 材料“应该”承担的成本与耗用 11,700 千克 Y 材料“实际”承担的成本之间的差额。

应该：11,700 × 10 = 117,000（元）。

实际：98,600 元。

直接材料价格差异：117,000 − 98，600 = 18,400（元）（F）。

这项差异是有利差异，因为材料“实际”承担的成本低于材料“应该”承担的成本。

（3）直接材料耗用量差异

在本题中，直接材料耗用量差异是指生产 1,000 件 A 产品所耗用的 Y 材料的数量与生产 1,000 件 A 产品实际耗用的 Y 材料的数量之间的差额。

应该：1,000×10=10,000（千克）。

实际：11,700千克。

11,700-10,000=1,700（千克）（A）。

直接材料耗用量差异：1700千克×10=17000元（A）。

这个差异是不利差异，因为实际耗用的材料数量比应该耗用的材料数量多。

（4）综上，直接材料价格差异=18,400（元）（F）。

直接材料耗用量差异=17,000（元）（A）。

直接材料总差异=1,400（元）（F）。

2. 直接材料差异与期初期末存货

假设企业在生产产品过程中耗用P类原材料，这种原材料的标准价格为3元/米。在生产第一个月，企业购买了6,000米，花费18,600元，并且在生产过程中使用了5,000米。因此，在第一个月的月末，P类原材料的存货增加了1,000米。

在成本差异分析过程中，问题在于决定材料价格差异时，是应该以购买的材料数量（6,000米）为基础还是应该以耗用的材料数量（5,000米）为基础？这个问题的答案取决于原材料期初存货是如何核算的。

（1）如果原材料的期初存货是用标准成本核算的（1,000米，3元/米），那么直接材料价格差异就应该根据材料采购的数量来计算。

（2）如果原材料的期初存货是用实际成本核算的（1,000米，3.1元/米），那么直接材料价格差异应该根据生产过程中耗用材料的数量来计算。

3. 计算直接材料价格差异的时间

因为在标准核算系统中材料存货通常是以标准成本进行核算的，所以直接材料价格差异通常是在收到原材料采购单据时计算，而不是在原材料被实际耗用时计算。因此，在成本核算过程中，6,000米原材料的价格差异会被计入利润表，尽管这6,000米中只有5,000米被计入了产品成本。

在收到原材料采购单据时计算材料价格差异有两个优点：

（1）与材料耗用时计算价格差异相比，如果在收到原材料采购单据时计算直接材料价格差异，能够更早地引起管理者注意，如果有必要对差异进行修正，管理者能够更加及时地采取行动。

（2）差异是在收到材料采购单据时计算，在这个时候，所有存货以及存货中的所有项目都能够按照标准价格计算，便于企业进行管理。如果存货按照实际成本核算，则需要将存货项目进行分组，并对每一组分别计算其价格差异，这样会耗费大量时间和人力，尤其是在人工操作系统中。

因此，直接材料价格差异的计算如下：

6,000米P材料应该承担的成本：6,000×3=18,000（元）。

6,000米P材料实际承担的成本：18,600元。

直接材料价格差异：18,600 - 18,000 = 600（元）（A）。

【习题 13 - 1】如果材料存货通过标准成本进行核算，那么直接材料价格差异应该以该时期原材料的（　　）为基础；如果材料存货通过实际成本进行核算，那么直接材料差异应该以该时期原材料的（　　）为基础。

A. 采购量；采购量　　B. 采购量；耗用量

C. 耗用量；耗用量　　D. 耗用量；采购量

（二）直接人工差异

直接人工差异的计算方法与直接材料差异类似。

1. 直接人工总差异（Direct labour total variance）

直接人工总差异，是指在实际产量下标准人工成本与实际人工成本之间的差额。直接人工总差异的计算，需要考虑如下几个问题：

以产品实际产量为基础——“应该”耗用多少人工？这些人工的成本“应该”是多少？“实际”耗用了多少人工成本？

其中，“应该”指产品实际产量应该耗用的人工成本；“实际”指产品实际产量实际耗用的人工成本。

这项差异能够衡量实际耗用人工成本是否高于标准人工成本。

直接人工总差异可以进一步划分为直接人工工资率差异和直接人工效率差异。

（1）直接人工工资率差异（Direct labour rate variance）

直接人工工资率差异与直接材料价格差异类似，是指在实际需要支付工资的工时下，标准人工成本与实际人工成本之间的差额，也就是应该承担的人工成本与实际承担的人工成本之间的差额。

直接人工工资率差异的计算，需要考虑如下几个问题：

以需要支付工资的工时为基础——这些工时“应该”承担多少工资成本？这些工时“实际”承担了多少工资成本？

其中，“应该”指实际工时下的工资应该承担的人工成本；“实际”指实际工时下的工资实际承担的人工成本。

这项差异能够衡量实际支付工资是否高于标准工资。

（2）直接人工效率差异（Direct labour efficiency variance）

直接人工效率差异与直接材料耗用量差异类似，通过实际产量下应该耗费的人工工时与实际耗费的人工工时之间的差额乘以单位小时标准工资率来计算。

直接人工效率差异的计算，需要考虑如下几个问题：

以实际产量为基础——生产这些产品“实际”耗用了多长时间？生产这些产品“应该”耗用多长时间？

其中，“应该”指产品实际产量应该耗用的时间；“实际”指产品实际产量实际耗用的时间。

这项差异能够衡量生产产品实际耗用的时间成本是否高于标准时间成本。

【例 13-2】X 产品的标准直接人工成本如下：第一工作小组每小时工资率为 5 元，生产一件 X 产品需要耗费 2 小时，因此，每件 X 产品的人工成本为 10 元。20×4 年 4 月，生产了 X 产品 1,000 件，第一工作小组的直接人工成本为 8,900 元，实际工时为 2,300 小时。计算下列差异：

（1）直接人工总差异

在本题中，直接人工总差异是指生产 1,000 件 X 产品应该耗用的人工成本与生产 1,000 件 X 产品实际耗用的人工成本之间的差额。

应该：1,000×10=10,000（元）。

实际：8,900 元。

直接人工总差异：10,000-8,900=1,100（元）（F）。

这项差异是有利差异，因为实际耗用的人工成本低于应该耗用的人工成本。

然后，将直接人工总差异进一步划分为两个部分：直接人工工资率差异和直接人工效率差异。

（2）直接人工工资率差异

在本题中，直接人工工资率差异是指实际工时 2,300 小时应该承担的工资成本与 2,300 小时实际承担的工资成本之间的差额。

应该：2,300×5=11,500（元）。

实际：8,900 元。

直接人工工资率差异：11,500-8,900=2,600（元）（F）。

这项差异是有利差异，因为实际的工资成本低于应该承担的工资成本。

（3）直接人工效率差异

在本题中，直接人工效率差异通过生产 1,000 件 X 产品应该耗费的人工工时与实际耗费的人工工时之间的差额乘以单位小时工资率计算。

应该：1,000×2=2,000（小时）。

实际：2,300 小时。

工时效率差异：2,300-2,000=300（小时）（A）。

标准单位小时工资率：5 元/小时。

直接人工效率差异：300×5=1,500（元）（A）。

这项差异为不利差异，因为实际耗费的工时数比应该耗费的工时数多。

（4）综上，直接人工工资率差异=2,600 元（F）。

直接人工效率差异=1,500 元（A）。

直接人工总差异=1,100 元（F）。

2. **空闲时间差异**（Idle time variance）

空闲时间是指应该支付工资的工时与员工实际工作的工时之间的差额。

其中，“应该”指需要支付工资的工时；“实际”指员工真正工作的工时。

空闲时间差异 = 差额 × 单位小时标准工资率来计算

当支付工资的工时数超过员工真正工作的工时数时，就会出现直接人工空闲时间差异，也就是需要额外的人工成本来支付闲置工时带来的成本。如果空闲时间增加，则通常需要单独计算空闲时间差异，而效率差异的计算只能以员工实际工作的工时数为基础。

企业核算系统会对空闲时间进行记录。空闲时间的出现可能是由于机器故障或者是存在没有工作任务分配给员工的情况，也可能是因为生产过程中出现停滞或者客户订单短缺。当存在空闲时间时，企业仍然需要对员工支付工资，但是实际上员工并没有工作，为没有实际工作的工时支付工资，会导致低效率和零收益。因此，在成本差异分析中，空闲时间往往是负向效率差异。

当空闲时间被单独记录时，能够为企业提供控制信息，并单独识别空闲时间所带来的成本。在成本差异分析中，空闲时间差异是总人工效率差异中单独的一部分，其余的效率差异部分只与员工在实际工作工时下的生产能力有关。

【例 13 -3】根据例 13 -2，某企业 5 月生产了 1,500 件 X 产品，耗用第一工作小组人工工时 3,080 小时，人工成本为 17,500 元。但是，在这段时间，客户订单出现短缺，存在 100 小时的空闲时间。计算下列差异：

（1）直接人工总差异

1,500 件 X 产品本应该承担的成本：1,500 × 10 = 15,000（元）。

1,500 件 X 产品实际承担的成本：17,500 元。

直接人工总差异：17,500 - 15,000 = 2,500（元）（A）。

实际成本大于标准成本，因此，这项差异为不利差异。

（2）直接人工工资率差异

直接人工工资率差异是应该支付工资的工时数成本与实际支付工资的工时数成本之间的差额。

应该支付给第一工作小组 3,080 小时的工资成本：3,080 × 5 = 15,400（元）。

实际支付给第一工作小组 3,080 小时的工资成本：17,500 元。

直接人工工资率差异：17,500 - 15,400 = 2,100（元）（A）。

实际成本比标准成本高，因此，这项差异为不利差异。

（3）空闲时间差异

空闲时间差异 = 空闲时间的小时数 × 单位小时标准工资率

空闲时间差异：100（A）× 5 = 500（元）（A）。

（4）直接人工效率差异

效率差异通过实际工作的工时数进行计算，也就是支付工资的小时数与空闲时间小时数之间的差额。在本例中，员工实际工作的工时数为 3,080－100＝2,980（小时）。差异通过实际产量（X 产品 1,500 件）进行计算，并将应该耗用的工时数与实际耗用的工作工时数（2,980 小时）进行比较。工时差异通过单位人工工时标准工资率进行计算。

生产 1,500 件 X 产品应该耗用的工时：1,500×2＝3,000（小时）。

生产 1,500 件 X 产品实际耗用的工时：3,080－100＝2,980（小时）。

直接人工工时效率差异：3,000－2,980＝20（小时）。

单位工时标准工资率：5 元/小时。

直接人工效率差异：20×5＝100（元）（F）。

（5）综上，直接人工工资率差异：2,100 元（A）。

空闲时间差异：500 元（A）。

直接人工效率差异：100 元（F）。

直接人工总差异：2,500 元（A）。

注意：如果空闲时间被记录在核算系统，那么，在效率差异计算过程中，实际工时数指的是实际工作的工时数，而不是支付工资的工时数。

【习题 13－2】 Q 公司计划生产 100,000 件 W 产品，生产一件 W 产品需要耗用 2 小时人工工时，单位工时的员工工资为 11 元，实际工作的工时数比支付工资的工时数少，预计本期需要耗用的工时数为 250,000 小时。本期实际数据如下：

生产产量	120,000 件
直接人工成本	3,200,000 元
实际支付工资的工时	280,000 小时（20%）为空闲时间

求下列几项差异：

（1）直接人工工资率差异；

（2）直接人工效率差异；

（3）空闲时间差异。

（三）变动制造费用差异

变动制造费用总差异（Variable production overhead total variance），是指在实际产量下应该承担的变动制造费用与实际耗用的变动制造费用的差额。变动制造费用总差异可以进一步划分为变动制造费用支出差异和变动制造费用效率差异。

【例 13－4】 假设 D 产品的变动制造费用信息如下：生产一件 D 产品需要耗用 2 小时，每小时的变动制造费用为 1.5 元，因此，生产一件 D 产品的变动制造费用为 2×1.5＝3（元）。20×1 年 6 月，生产了 400 件 D 产品，人工工时为 820 小时，其中，60

小时为空闲时间。变动制造费用为 1, 230 元。请计算变动制造费用总差异。

因为本例与变动制造费用相关，所以总差异要以实际产量为基础进行计算（如果间接费用中包含变动销售费用，那么差异应该以销售量为基础进行计算）。

生产 400 件 D 产品应该承担的成本：400 × 3 = 1, 200（元）。

生产 400 件 D 产品实际承担的成本：1, 230 元。

变动生产间接费用总差异：1, 230 - 1, 200 = 30（元）（A）。

在一些差异报告系统中，往往不会对差异进一步分析，也就是不会计算变动制造费用支出差异和变动制造费用效率差异。但是，总差异是这两个要素之和，是两者共同作用的结果。

——实际花费在变动生产间接费用上的小时工资率比应该耗用的小时工资率高，就会产生支出差异。

——员工工作效率低，生产产品花费的时间比应该花费的时间长，实际发生的变动生产间接费用比应该发生的多，就会存在效率差异。变动生产间接费用效率差异在工时的计算上与直接人工效率差异的工时一样，发生的原因也是一样的。

通常假设变动制造费用根据员工实际工作工时进行计算，不包括闲置工时（例如，机器不运转，动力就不会被消耗，直接材料也不会被耗用）。也就是说，在本例中，尽管员工得到了 820 小时的工资，但是他们实际上只工作了 760 小时，因此，变动生产间接费用需要根据员工实际工作的 760 小时工时进行计算。

1. 变动制造费用支出差异（Variable production overhead expenditure variance）

变动制造费用支出差异，是指单位工时标准工资率变化引发的实际成本变动。

变动制造费用差异的计算，需要考虑如下几个问题：

以实际工作的工时数为基础——“应该”耗费多少成本？“实际”耗费了多少成本？

其中，“应该”指实际工作工时 × 标准变动制造费用/工时；“实际”指实际工作工时 × 实际变动制造费用/工时。

2. 变动生产间接费用效率差异（Variable production overhead efficiency variance）

变动制造费用效率差异，是指效率标准水平的变动引发的标准变动制造费用变动。

变动制造费用效率差异的计算，需要考虑如下几个问题：

以实际产量为基础——应该耗用多长时间？实际耗用了多长时间？

其中，“应该”指实际产量 × 标准工时/单位产品；“实际”指实际产量 × 实际工时/单位产品。

差额通过标准变动制造费用成本/单位工时来计算。

注意：假设变动制造费用每个人工工时都会产生，工时部分的计算与人工效率差异的计算相同。

【例 13 -5】根据例 13 -4 计算变动生产间接费用差异和变动制造费用效率差异。

变动生产间接费用差异的计算如下：

760 小时的工时应该承担的成本：760×1.5=1,140（元）。

760 小时的工时实际承担的成本：1,230 元。

变动生产间接费用差异：1,230-1,140=90（元）（A）。

变动制造费用效率差异的计算如下：

生产 400 件 D 产品应该耗用的工时：400×2=800（小时）。

生产 400 件 D 产品实际耗用的工时：760 小时。

变动生产间接费用效率的工时差异：800-760=40（小时）（F）。

单位小时变动制造费用：1.5 元。

变动生产间接费用效率差异：40×1.5=60（元）（F）。

综上，

变动生产间接费用差异：90 元（A）。

变动生产间接费用效率差异：60 元（F）。

变动生产间接费用总差异：30 元（A）。

（四）固定制造费用差异

1. 吸收成本法

固定制造费用差异通过单位产品制造费用来计算。固定制造费用差异可以进一步划分为固定制造费用数量差异（预算生产量-实际生产量）和固定制造费用支出差异（预算支出-实际支出）。

如果制造费用是以人工工时或机器工时为基础来吸收，那么数量差异还可以被进一步划分为数量效率差异（以实际产量为基础，实际耗费了多长时间？应该耗费多长时间？通过单位工时制造费用来计算）和数量产能差异（预算工时数，实际工时数，通过单位工时间接费用来计算）。

2. 变动成本法

当采用变动成本法时，只存在固定制造费用支出差异，这项差异表明固定制造费用在预算和实际情况下的差额。

3. 两种方法差异处理的不同点

吸收成本法和变动成本法下差异处理的不同点如表 13-1 所示。

表 13-1　　吸收成本法和变动成本法下差异处理的不同点

	吸收成本法	变动成本法
销售量差异	通过单位标准利润来计算	通过单位标准贡献来计算
差异处理	支出差异 数量差异（数量产能差异，数量效率差异）	只有支出差异

（五）销售差异

销售差异衡量了标准预算下不同销售价格对预期利润的影响，以及在原始预算下不同销售量对预期利润的影响。

1. **销售价格差异**（Sales price variance）

销售价格差异，是用来衡量不同销售价格与标准销售价格相比对预期贡献的影响，也就是在实际销售量下，应该发生的销售收入和实际销售收入之间的差额。

销售价格差异的计算，需要考虑如下几个问题：

以实际销售量为基础——销售收入“应该”达到多少？销售收入“实际”达到了多少？

其中，“应该”指实际销售量×标准销售价格；“实际”指实际销售量×实际销售价格。

【例13-6】假设W产品的标准销售价格为15元，实际销售量为2,000件，每件W产品实际售价为15.3元，销售价格差异的计算如下：

2,000件W产品应该获得的销售收入：2,000×15=30,000（元）。

2,000件W产品实际获得的销售收入：2,000×15.3=30,600（元）。

销售价格差异：30,600-30,000=600（元）（F）。

这项差异为有利差异，因为销售价格比预期销售价格高。

2. **销售数量差异**（Sales volume variance）

销售数量差异=实际销售量与预期销售量之间的差额×单位标准贡献（变动成本法）或单位标准利润（吸收成本法）

这项差异可以通过3种方式来衡量：标准收入，标准总边际以及标准贡献边际。

（1）单位产品标准总利润边际，这是用来计算不同销量下的利润差异，衡量实际销售数量与预期销售数量之间的差异对利润的影响的（在吸收成本核算系统中）。

（2）单位产品标准贡献，这是用来计算不同销量下的贡献差异，衡量实际销售数量与预期销售数量之间的差异对利润的影响的（在变动成本核算系统中）。

（3）单位产品标准收入，这是用来计算不同销量下的收入差异，衡量实际销售数量与预期销售数量之间的差异对销售收入的影响的。

【例13-7】假设企业预计销售J产品8,000件，每件12元，标准单位变动成本为4元，标准总成本为每件7元。实际销售量为7,700件，每件12.5元。

销售数量差异为300件不利差异（预计销售量8,000件-实际销售量7,700件），差异是不利差异，因为实际销售量比预计销售量少。销售数量差异可以通过以下三种方法进行计算：

（1）销售数量利润差异 =300 件 × 标准单位总利润边际 =300 ×（12 −7）=1,500（元）（A）。

（2）销售数量贡献差异 =300 件 × 单位标准贡献 =300 ×（12 −4）=2,400（元）（A）。

（3）销售数量收入差异 =300 ×12 =3,600（元）（A）。

注意，在利润边际率和销售贡献率已知的情况下，可以通过销售数量收入差异分别计算销售数量利润差异（在吸收成本核算系统中）和销售数量贡献差异（在变动成本核算系统中）。

在本例中，利润边际率为 41.67%（5 元/12 元 ×100%），销售贡献率为 66.67%（8 元/12 元 ×100%）。因此，销售数量利润差异和销售数量贡献差异，可以通过销售数量收入差异进行如下计算：

销售数量利润差异 =3,600（A）×41.67% =1,500（元）（A）。

销售数量贡献差异 =3,600（A）×66.67% =2,400（元）（A）。

本题要求同时计算销售数量利润差异和销售数量贡献差异，但是在实际应用过程中这两种差异不会在同一系统计算。也就是说，当系统为吸收成本核算系统时，只需要计算销售数量利润差异；当系统为变动成本核算系统时，只需要计算销售数量贡献差异。因此，在计算时，需要辨别企业的成本核算系统，判断需要对哪种差异进行核算，是销售数量利润差异还是销售数量贡献差异。同时，注意总销售差异为销售价格差异与销售数量差异之和。

【习题 13 −3】S 公司 20 ×3 年的预算和实际数据如下：

	预算	实际
销售量	600 件	620 件
单位销售价格	30 元	29 元

标准生产总成本 =28 元/件，标准生产变动成本 =19 元/件。

计算下列销售差异：

（1）销售价格差异；

（2）销售数量贡献差异；

（3）销售数量利润差异；

（4）销售数量收入差异。

二、成本差异分析的应用——运营报告

成本差异分析主要是对差异进行协调的过程。吸收成本法下，对预算利润和实际利润之间的差异进行协调；变动成本法下，对预算贡献和实际贡献之间的差异进行协调。到目前为止，我们已经了解了如何通过计算差异来使预算贡献与实际贡献数值相

一致，这个协调过程通常体现在报告中，在控制阶段的后期，需要将这份报告提交给高级管理人员，这份报告就被称为运营报告或者差异报表。运营报告能够表明如何通过成本差异使原始预算和实际利润相一致。

接下来通过一道例题来复习前面学过的差异计算问题，并进一步学习怎样将差异体现在运营报告中。

【例13-8】 F公司生产一种产品E，生产出来的产品全部被销售，没有期初存货和期末存货，在产品可以忽略不计。F公司采用标准成本核算系统，并且每个月进行成本差异分析。E产品的标准成本卡如下表所示：

直接材料	0.5×4	2元
直接人工	2×8	16元
变动制造费用	2×0.3	0.6元
标准变动成本		18.6元
标准贡献		13.4元
标准销售价格		32元

预计20×7年6月产出为5,100件，20×7年6月实际结果如下：

实际销售产品4,850件，共实现销售收入150,350元；

生产产品实际消耗原材料2,300千克，直接材料实际成本为9,800元；

生产产品实际消耗工时8,500小时，直接人工实际成本为67,800元；

实际耗用的工时为8,000小时；

变动制造费用为2,600元。

计算所有差异并编制20×7年6月30日的运营报告。

1. 差异计算

（1）2,300千克原材料应该承担的成本：2,300×4=9,200（元）。

2,300千克原材料实际成本：9,800元。

直接材料价格差异：9,800-9,200=600（元）（A）。

（2）生产4,850件产品应该耗用材料数量：4,850×0.5=2,425（千克）。

生产4,850件产品实际耗用的材料数量：2,300千克。

材料耗用数量差异：2,425-2,300=125（千克）（F）。

单位标准价格：4元/千克。

材料耗用差异：125×4=500（元）（F）。

（3）8,500小时应该耗用的人工成本：8,500×8=68,000（元）。

8,500小时实际耗用的人工成本：67,800元。

人工工资率差异：68,000-67,800=200（元）（F）。

（4）生产4,850件产品应该耗用的工时数：4,850×2=9,700（小时）。

生产4,850件产品实际耗用的工时数（实际工作的工时）：8,000小时。

人工效率工时差异：9,700－8,000=1,700（小时）（F）。

标准单位工时工资率：8元/小时。

人工效率差异：1,700×8=13,600（元）。

（5）空闲时间差异：500（A）×8=4,000（元）（A）。

（6）8,000小时应该承担的变动制造费用：8,000×0.3=2,400（元）。

8,000小时实际承担的变动制造费用：2,600元。

变动制造费用差异：2,600－2,400=200（元）（A）。

（7）变动制造费用效率工时差异与人工效率差异相同：1,700（F）×0.3=510（元）（F）。

（8）生产4,850件产品应该实现的销售收入：4,850×32=155,200（元）。

生产4,850件产品实际实现的销售收入：150,350元。

销售价格差异：155,200－150,350=4,850（元）（A）。

（9）预算销售数量：5,100件。

实际销售数量：4,850件。

销售数量贡献差异：5,100－4,850=250（件）（A）。

标准单位贡献：13.4元/件。

销售数量贡献差异：250×13.4=3,350（元）（A）。

2. 运营报告编制

运营报告有许多形式，其中，最普遍的形式是使预期贡献与实际贡献相一致。

（1）预期贡献通过销售数量差异进行调整，得到实际销售量下的预期贡献。

（2）通过销售价格差异得到实际销售收入与标准变动销售成本的差额。

（3）通过成本差异计算实际贡献。

运营报告

预计贡献（13.4×5,100）	68,340元
销售数量差异	3,350件（A）
实际销售量下的预计贡献	64,990元
销售价格差异	4,850元（A）
实际销售收入－标准变动销售成本	60,140元

成本差异

	有利差异	不利差异	
材料价格		600 元	
材料耗用量	500 元		
人工工资率	200 元		
人工效率	13,600 元		
人工空闲时间		4,000 元	
变动制造费用		200 元	
变动制造费用效率	510 元		
小计	14,810 元	4,800 元	10,010 元（F）
实际贡献			70,150 元

核对

销售		150,350 元
直接材料	9,800 元	
直接人工	67,800 元	
变动制造费用	2,600 元	
小计		80,200 元
实际贡献		70,150 元

【习题 13－4】 C 企业生产 K 产品，标准变动成本信息如下：

直接材料：原材料 P＝8×0.4＝3.2（元）。

原材料 Q＝4×0.7＝2.8（元）。

直接材料单位成本＝3.2＋2.8＝6（元）。

直接人工＝3×7.5＝22.5（元）

变动生产间接费用＝3×0.5＝1.5（元）

单位产品成本＝6＋22.5＋1.5＝30（元）

单位标准销售价格为 40 元，本期预计生产并销售 3,000 件。

本期实际结果如下：

生产并销售数量＝2,800 件

销售收入＝113,200 元

直接材料采购与耗用情况如下：

直接材料采购与耗用

原材料 P	19,000 千克	成本 7,500 元
原材料 Q	14,000 千克	成本 10,250 元

直接人工 8,600 小时，其中，300 小时为空闲时间，成本为 67,100 元；变动生产间接费用为 4,100 元。

编制下列运营报告，根据成本差异的正负，将每一项成本差异填入正确位置，并说明销售差异为有利差异还是不利差异。

运营报告

预算贡献	30,000 元	
销售数量贡献差异		
销售价格差异		
实际销售收入低于标准变动销售成本		
成本差异	有利差异	不利差异
直接材料价格差异		
直接材料耗用量差异		
直接人工工资率差异		
直接人工效率差异		
空闲时间差异		
变动生产间接费用差异		
变动生产间接费用效率差异		
总成本差异		
实际贡献		

【习题 13－5】 M 企业为一家制造企业，采用标准变动成本核算系统，生产单一产品 G，采用单一原材料。与 G 产品相关的标准成本信息如下：

直接材料 $= 100 \times 5 = 500$（元/件）

直接人工 $= 10 \times 8 = 80$（元/件）

变动生产间接费用 $= 10 \times 2 = 20$（元/件）

每件 G 产品成本 $= 500 + 80 + 20 = 600$（元）

G 产品的标准销售价格为 900 元，M 企业计划一个月生产并销售 1,020 件 G 产品。20×0 年 12 月，M 企业实际生产并销售 G 产品 1,000 件，相关的生产信息如下：耗用直接材料 90,000 千克，成本为 720,000 元；耗用直接人工工时 8,200 小时，支付总工资为 63,000 元；总变动生产间接费用为 25,000 元；直接材料的存货以标准单位价格 5

元/千克进行衡量；每件 G 产品销售价格为 975 元。

(1) 20×0 年 12 月变动生产成本差异为多少?

(2) 直接人工工资率差异为多少?

直接人工效率差异为多少?

(3) 直接材料价格差异为多少?

直接材料耗用量差异为多少?

(4) 变动生产间接费用差异为多少?

变动生产间接费用效率差异为多少?

(5) 销售数量贡献差异为多少?

销售价格差异为多少?

第三节　分析成本差异

一、出现差异的原因

对差异出现的原因进行解释很重要，特别是在对企业员工业绩进行评价的时候。有利差异和不利差异的存在都有许多原因，下面列举了一些差异出现的原因，可以作为企业进行差异分析时的参考依据。

(一) 材料价格差异（直接材料价格差异）

(1) 有利差异：获得事先未预料到的折扣；采购过程中更大的谨慎性；材料标准的改变。

(2) 不利差异：价格增长；采购过程中谨慎性不足；材料标准的改变。

(二) 材料耗用差异（直接材料耗用差异）

(1) 有利差异：使用的材料有更高的质量；更加有效地使用材料；将材料分配到各个部门的过程中存在错误。

(2) 不利差异：存在不合格的材料；材料使用过程中存在过度浪费或者盗窃问题；更严格的质量控制；将材料分配到各个部门的过程中存在错误。

(三) 工资率差异

(1) 有利差异：支付给员工的工资率低于标准。

(2) 不利差异：工资率上升。

（四）人工效率差异

（1）有利差异：员工生产产品的速度比预期快，因为存在员工激励以及质量更好的材料等；在分配工时的过程中存在错误。

（2）不利差异：过度浪费时间，耗用时间超过预期标准；产出比标准低，因为员工缺乏训练、材料低于质量标准等；在分配工时的过程中存在错误。

（五）固定制造费用的费用差异

（1）有利差异：成本节约；服务的应用更加具有经济性。

（2）不利差异：所采用服务的成本上升；服务过度使用；采用服务类型的改变。经常性费用的差异应该追踪到发生差异的个人成本中心。

（六）固定制造费用的数量差异

（1）有利差异：生产或者生产水平比预算更高。

（2）不利差异：生产或者生产水平比预算更低。

二、差异的相互关系

（一）差异的相互作用

在许多情况下，不能只关注某一项差异，一项差异可能与另一项差异相关，并且许多差异的发生都是由于与之相关的另一项差异的发生。当两项差异相关时，一项差异为不利差异，那么另一项差异就为有利差异。因此，为了更有效地解释差异，就必须了解差异之间的相互关系，也就是说，不可能抛开其他差异只考虑某一种差异。接下来，举例说明相互作用的差异：

1. 材料价格差异和耗用量差异

通常，为了获得正向价格差异，企业会选择购买更便宜的原材料，但是结果往往导致原材料的损耗过大，产生负向耗用量差异。如果原材料质量低，那对于员工来说，处理原材料的难度加大，因此，也可能存在负向的人工效率差异。

如果选择购买价格更高的原材料，可能会有更长的使用寿命，因此，价格差异为不利差异，而耗用量差异可能为有利差异。二者相互作用关系图如图 13－1 所示：

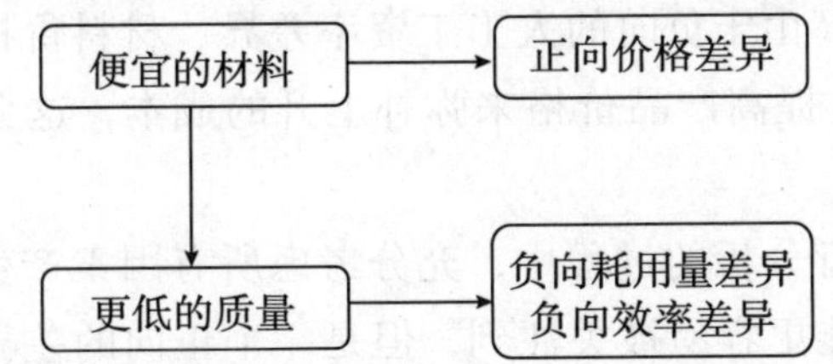

图 13－1　材料价格差异和耗用量差异相互作用关系

2. 人工工资率差异和效率差异

如果企业为员工的经验和技能支付更高的工资，那么技能水平更高的工作小组会产生负向的工资率差异，但是能够获得正向的效率差异。相反，对于经验技能水平较低的工作小组来说，会产生正向的工资率差异，但是会导致负向的人工效率差异，以及较低的原材料处理能力和较高的废品率（负向的原材料耗用量差异）。二者相互作用关系图如图 13－2 所示：

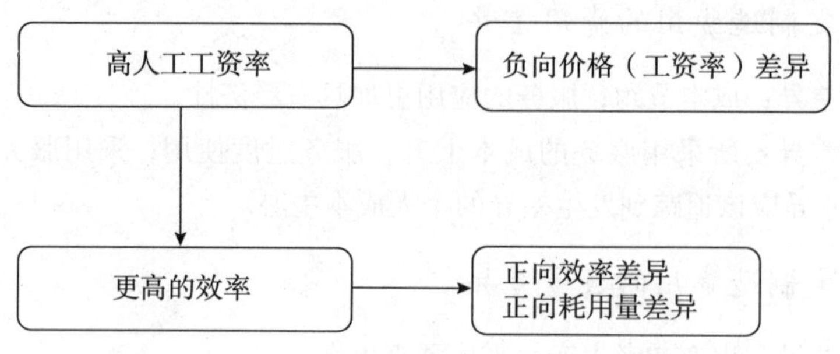

图 13－2　人工工资率差异和效率差异相互作用关系

3. 销售价格差异和销售数量差异

销售价格差异和销售数量差异之间可能存在的相互关系很明显。销售价格的下降会刺激需求，进而产生更大的销售数量，因此，负向的销售价格会被正向的销售数量差异补偿。类似地，价格上升会产生正向的价格差异，但是需求量会下降，进而产生负向的销售数量差异。

4. 成本差异和销售差异

（1）如果存在正向的成本差异（可能是耗用了更便宜的人工或者原材料，因此，出现正向的人工工资率差异或者材料价格差异），产品质量的下降可能会导致一项负向销售数量差异，因为顾客不希望购买低质量的产品。

（2）如果产品质量提高，将会导致一项负向的成本差异。

——如果采用价格更高的原材料（负向材料价格差异）。

——如果员工在产品生产过程中更谨慎，进而耗费比标准更长的时间（负向人工效率差异）。

——如果使用技术水平更高的员工（负向人工工资率差异），但是产品质量的改善会导致正向销售数量差异，顾客愿意购买更多的高质量产品。

——如果成本上升（由于负向的人工工资率差异、材料价格差异和变动制造费用差异），企业可能会通过提高产品价格来弥补上升的成本，这会导致正向的销售价格差异。

因此，在对差异进行分析的过程中，充分考虑所有因素产生的结果，是至关重要的。一个负向的差异可能更容易被关注到，但是一个正向的差异可能也会在差异间相互作用下产生负向差异。

【习题 13－6】H 企业去年在 T 供应商处购买原材料，今年改为在 R 供应商处购买原材料，R 供应商的原材料质量更好，但价格更高，H 企业改变供应商可能会导致本月材料价格差异出现（　　），材料耗用量差异出现（　　）。

A. 有利差异；不利差异　　B. 有利差异；有利差异

C. 不利差异；有利差异　　D. 不利差异；不利差异

（二）对差异进行调查需考虑的问题

一旦计算出差异，必须决定哪些差异需要被进一步调查。决定的过程中一般需要考虑如下因素：

（1）差异的规模。当差异规模足够大，预计会对企业产生重大影响时，企业需要加大关注并对差异进行进一步调查。

（2）调查的成本。当企业进行差异调查的成本过高时，需要对调查成本与调查成果进行权衡，决定是否进一步调查。

（3）该差异与其他差异之间的相互关系。当差异与计算出的其他差异之间相互关联，即对该项差异的调查结果能够对其他差异产生重要影响时，企业应该对该项差异做进一步调查。

（4）标准程度。将计算出的差异与已经设立的差异标准进行比对，当差异达到既定标准时，企业需要对差异做进一步调查。

（三）控制行动

如果差异存在的原因是可控的，那么可以采取相关的控制行动，在未来期间使系统恢复到原有的控制状态下。如果差异是不可控的，那么有必要对预期结果的预测标准进行检查并修正预算。

（四）逆差异

有时还需要通过一组差异值来计算实际或预算的数据，即在已知差异值的情况下，倒推出实际或者预算的数据。

【例 13－9】C 企业生产 T 产品，T 产品的标准变动成本卡如下：

直接材料：16 × 6 = 96（元）

直接人工：6 × 12 = 72（元）

C 企业在控制时期的报告中计算了如下差异：

直接材料价格差异：18,840 元（F）

直接材料耗用量差异：480 元（A）

直接人工工资率差异：10,598 元（A）

直接人工效率差异：8,478 元（F）

实际直接工资成本为 171,320 元，C 企业购买材料支付 5.5 元/千克，原材料没有期初存货和期末存货。请计算：

（1）实际产量；

（2）实际工作工时；

（3）平均实际单位工时工资率；

（4）平均购买并耗用的材料千克数。

解题思路：

（1）总直接工资成本 = 171,320 元

人工工资率差异 = （10,598 元）

人工效率差异 = 8,478 元

标准直接工资成本 = 171,320 − 10,598 + 8,478 = 169,200（元）

实际产量 = 总标准成本 ÷ 单位标准成本 = 169,200 ÷ 72 = 2,350（件）

（2）总直接工资成本 = 171,320 元

工资率差异 = （10,598 元）

实际工时下标准工资率 = 160,722 元

标准单位工时工资率 = 12 元

实际工作工时 = 160,722 ÷ 12 = 13,393.5（小时）

（3）平均单位实际工资率 = 实际工资 ÷ 实际工时

= 171,320 ÷ 13,393.5 = 12.79（元/小时）

（4）设购买并耗用的材料数量为 x 千克

耗用 x 千克材料应该承担的成本 = x 千克 × 6 元/千克 = $6x$（元）

耗用 x 千克材料实际承担的成本 = x 千克 × 5.5 元/千克 = $5.5x$（元）

直接材料价格差异 = $6x$ 元 − $5.5x$ 元 = $0.5x$（元）

$0.5x$ 元 = 18,840 元

x = 37,680 千克

【习题 13 − 7】 X 企业采用标准成本核算系统，第二工作小组的信息如下：

实际工作工时 = 10,400 小时

实际生产需要的标准工时 = 8,320 小时

标准单位工时工资率 = 5 元/小时

工资率差异（A）= 416 元

则单位工时下的实际工资率为（　　）。

A. 4.95 元　　B. 4.96 元　　C. 5.04 元　　D. 5.05 元

【习题 13－8】 生产一件 L 产品需要耗用 N 材料 10 千克，20×4 年 6 月，企业生产了 5,750 件 L 产品，存在负向材料耗用量差异 1,500 元。20×4 年 6 月耗用 N 原材料的数量为多少千克？

本章小结

本章介绍了成本差异分析的相关内容。成本差异的计算方法是本章的重点和难点，具体包括直接材料差异、直接人工差异、变动制造费用差异、固定间接费用差异和销售差异，每项差异均可以从总差异、数量差异和价格差异三个方面进行分析。

然后本章说明了成本差异在运营报告方面的应用以及差异出现的原因，并探讨了成本差异之间的相互关系。差异之间的相互作用，是企业控制过程中的一项重要因素，通常差异之间是存在相互关系的，因此，企业在决定接下来采取什么行动时，应该充分考虑差异之间的相互作用。

接下来，本章说明了企业经过成本差异分析后差异调查的合理时机。在决定是否对某一差异因素（如规模）进行调查时，应该考虑接下来的趋势和差异的可控性。

最后，本章对差异的处理和企业的下一步决策进行了说明。

成本差异分析是企业进行成本管控的重要方法之一，通过成本差异分析，企业能够发现经营过程中的相关问题，并进行分析和责任落实，进而采取有效措施消除差异，控制成本，实现成本的降低。因此，成本差异分析是企业管理成本的重要工具。

第十四章　定价决策

本章概述

本章介绍了定价决策（Pricing decisions）及其相关概念，具体内容包括影响价格的重要因素和企业的定价目标，并且重点介绍了几种常用的定价方法，如弹性定价法、最优定价法、成本加成法等。除此之外，本章还概括了企业定价过程中的一般定价策略，为同学们的实际学习和日后的工作提供了实践意义。

定价决策是指企业为实现其战略目标并依据相应定价基础而确定产品价格的过程。在购买产品的过程中，消费者往往对价格十分敏感，因而价格制订得恰当与否就在很大程度上影响了产品销量及最终利润的形成。另外，瞬息万变的营销环境，要求企业适当、适时地调整产品价格，这也是企业提升竞争力、攫取市场份额，从而实现企业目标的重要手段，因此，本章的学习极具现实意义，要求同学们认真研读。

学习目标

※ 了解影响价格的因素
※ 熟悉企业的定价目标
※ 熟练掌握需求定价法、最优定价法及成本加成法
※ 了解产品定价的其他方法
※ 熟悉产品定价的一般策略

商业观察

iPhone 将会降价，“肾机”为何这么贵?

苹果手机一直定位为高端智能机，几乎是国产智能机的 2 ~ 6 倍，利润率也高达 50%，除了三星以外，其他品牌手机价格一般不能与其相提并论，不过由于苹果强大的品牌影响力和软件流畅度，忠心的“果粉”们并未对其过高的价格有过多抱怨，甚至部分人将 iPhone 的高价视为身份的象征。近日，苹果公司首席执行官库克在接受印度 NDTV 电视采访时说道：“我承认，iPhone 的售价有点高。随着时间的推移，我们也想做一些事情，把 iPhone 售价下调到我们力所能及的水平。”对于整个行业来说，库克此番言论意义巨大，一向标榜“打造最优质产品，不打价格战”的苹果公司，终于也有向价格妥协的趋势了。但是，苹果手机之前凭何定价颇高却销量递增呢？

相比较前几代 iPhone，目前最新一代的 iPhone6s 无论是从硬件性能升级还是软件系统优化上，都算得上是最有诚意的一代，而据披露，iPhone6s 的物料成本仅为 234 美元（约人民币 1554 元），对于苹果直营店及各大网站 5000 ~ 6088 元的售价。[①] 人们不禁一边吐槽为何苹果手机成本这么低还这么贵，一边慷慨解囊购置新机，甚至还有一部分人慷慨解“肾”，因此，苹果手机一度被戏称为“肾机”。目前看来苹果手机的定价策略是相当成功的，价格在商品的购买过程中起着举足轻重的作用，它不仅影响和决定企业的竞争实力，还决定着企业的盈利水平。为了解苹果手机的成功之道，对苹果手机价格策略的有关分析如下：

首先，在定价前苹果手机有一个明确的产品定位。苹果公司将 iPhone 的受众定位为收入在 3500 美元以上的、22 ~ 35 岁的年轻白领阶层，这些目标受众既具备一定的购买能力又勇于尝试新事物，事实证明这部分人构成了忠实“果粉”的 80%。

其次，苹果公司对 iPhone 手机采用声望定价、撇脂定价、分区定价及差别定价等多种定价策略，这些策略均对 iPhone 的畅销起到不容忽视的作用。

声望定价是一些名牌或著名企业为创造产品高品质的形象、限制潜在顾客，故意定高价，以显示品牌代表声望的定价方法。苹果手机利用消费者追求创新时尚和高科技且对其价值缺乏判断的心理，设置高价格，配以饥饿营销的手段，将 iPhone 手机定位为集高品位、高质量、高地位于一体的手机。

撇脂定价是指在产品导入市场时将价格定在较高水平，在竞争者做出模仿行为前，尽快收回投资，而后降低该产品价格，以更新一代产品代替的策略。苹果手机每一代产品问世前，消费者均已被吊足了胃口，虽然新品较高的价格会丧失一部分消费者，但却更稳固了苹果手机高配置的形象，因此，总体销售反增不减。而后在这代产品销路甚好且市场并未饱和时，苹果公司又推出新一代的产品，之前产品迅速降价。由于高价格而对上一代产品望而却步的消费者，可以选择购买降价后的成熟产品，而非其他竞争者手中刚刚复制成功的版本。对于另一些更追求时髦和高科技且具备一定购买实力的人来说，苹果新推出的机器则完美地达到了他们的要求，因此，即使新一代产品价格偏高，人们还是乐此不疲地抢购，有些地区还出现了“预售一空”的火爆局面，

---

① 资料来源于网易科技，《成本这么低——苹果 iPhone 为何那么贵》，2015 年 10 月 6 日。

苹果手机就是这样将撇脂定价利用到极致的。

苹果手机的分区定价，主要表现为世界各地手机售价不等，就最新一代 iPhone6s 16G 版本来说，零售价格最便宜的地区为美国，仅为 649 美元（约人民币 4138 元），英国则高达 539 英镑（约人民币 5327 元）。即使在中国，大陆版 iPhone 与港版售价也大有不同，iPhone6s 在中国香港售价为 5588 港币（约人民币 4579 元），而在中国大陆则售价为人民币 5288 元。出现这些价格差别的原因，除了关税和物料成本之外，苹果公司针对每个国家和地区实施的定价策略的差异才是最重要的原因。例如，在此次库克宣布降价的地区印度，iPhone6s 在印度的上市价格为 62000 卢比，如今价格已调至 52000 卢比（约人民币 5085 元），这也是苹果公司第一次在上市新产品两个月后就开始降价。此次降价的起因，是在印度人们普遍认为苹果手机售价高于人们的消费水平，并且其售价与其能够获得的服务不成正比。据调查，iPhone 的很多功能在印度并不能加以应用，如 iBook。但是，iPhone 在中国地区没有采取降价行为，虽然中国地区同样面临销售下滑，市场份额被本地竞争者如华为、OPPO 抢夺的困境。

苹果公司的定价策略在中国地区来看取得了巨大的成就，即使是销量下滑，苹果手机最低的利润率也高达 35%，对其定价策略进行粗略分析后，下面我们来系统地介绍企业常见的定价策略。

第一节　影响价格的因素

价格是商品、服务、资产等流通产品在交换过程中所体现出来的价值，通常以货币的形式表现。过去的教材中，成本通常很大程度上决定了产品价格，此时产品单价一般是由产品的历史成本①加上预期利润得到的。而在今天的经济生活中，还有很多其他的因素影响产品价格，主要包括以下几个方面：

一、需求

一般而言，商品的成本影响价格，而商品价格影响市场需求，且在其他情况保持不变的情况下，商品价格与市场需求之间负相关，即当商品价格上升时，市场需求降低；商品价格下跌时，市场需求上升。这是商品市场行为的一般规律，反映了商品价格与需求量之间的一般关系，因此，需求是企业在进行产品定价决策时需要衡量的重要因素。当然，这里提到的需求与价格的关系，仅是相对于一般商品而言的，其他情况下需求与价格的关系会在本章第二节详细介绍。

① 以取得资产时实际发生的成本作为资产的入账价值，是会计计量成本的一种方法。

二、竞争

竞争环境也对商品价格有很大的影响，在现代市场经济中，竞争越激烈，对价格影响的程度也就越大，按照竞争的情况，可以将企业竞争分为以下几种形式：完全竞争市场、完全垄断市场、垄断竞争市场和寡头垄断市场。完全竞争市场下，竞争不受任何干扰和阻碍，且买卖双方数量众多，企业和消费者都是价格的接受者，无法主动决定价格。完全垄断市场下，几乎不存在竞争，在不存在政府干预的情况下，企业可以自由操纵价格。垄断竞争市场下，许多商家生产同种却不同质的商品，竞争与价格的关系不尽相同。寡头垄断市场下，仅有少数商家生产占市场占有量相当份额的商品，这些商家对商品价格和产量都有举足轻重的影响。

因为不同竞争环境下竞争对价格的影响不同，所以在定价时我们要充分考虑不同环境下竞争者的情况，如主要竞争者的数量、实力及定价策略等。

三、替代品

对于两种商品，如果一种商品价格的上升导致另一种商品市场需求的增加，则这两种商品互为替代品，如火车与飞机、公交车与出租车等。若一种商品有许多相近的替代品且其可替代的程度很高，则此种商品价格微小的变化都会引导市场需求变化，尤其是当价格上涨时，消费者往往会舍弃此种商品而去购买它的替代品。可见，替代品及其可替代程度也显著地影响着商品价格。

四、通货膨胀

在当前货币制度下，当流通中的货币数量超过经济实际需要量而引起货币贬值和物价水平全面而持续上升时，可以看作产生了通货膨胀，也就是说，社会总需求超过了总供给。通货膨胀的直接表现为纸币贬值，物价上涨，购买力降低，若没有适当调控，居民收入不变时就会直接导致居民生活水平下降、社会经济秩序混乱等不良后果。但在一定时期内，适当的通货膨胀又可以刺激消费，扩大内需，推动经济发展。总体而言，通货膨胀会导致商品价格上涨。

五、商品市场生命周期

商品市场生命周期一般包括以下 4 个阶段：投入期、成长期、成熟期和衰退期。同时，技术水平的变化、居民收入的变动及竞争环境的不同，均会影响产品生命周期，因此，在每个市场生命周期阶段企业均要审时度势，制定不同的定价策略，使商品发挥最大的利润效益。通常，在投入期企业会低价让利，使更多消费者了解商品价值，同时又要考虑补偿投入的高成本；成长期的定价策略则要考虑渗透市场，提高市场占有率；而成熟期一般以稳定价格、降低成本、扩大规模的定价策略为主；衰退期则应根据企业情况适当调低价格，促进销售。

六、可支配收入

居民可支配收入增加时，购买力水平提高，对不同商品的需求也会发生变化，对不同商品的价格影响也因而不同。对于低档品来说，居民收入的增加会导致对低档品的需求降低，低档品价格或会因此下跌；由于生活必需品并不会因收入高低显著变化，此类商品价格一般保持不变；对于奢侈品，可支配收入的增多或许会促进需求，导致价格上升。但这些商品的具体类别因人而异，也就是说，每个人对这三类商品的概念认知是不同的，对于处于贫困生活水平和小康生活水平的居民来说，三者定义必然不同。

第二节　定价方法

一、需求定价法

商品供给与需求的相互关系显著影响商品价格，因此，市场需求是企业定价时要着重考虑的问题，具体考核指标为需求价格弹性（Price elasticity of demand，PED）。需求价格弹性又称价格弹性或需求弹性，是指需求量对价格变动的反应程度，具体表现为需求量变化率与自身价格变化率之比。因为需求与价格反向变动的规律，即当价格上升时需求量往往下降，而价格下跌时需求量一般会上升，商品需求量变化率与商品价格变化率往往是相反的，所以价格弹性系数总是表现为负值。但是，在实际学习中，简单起见，习惯上用正数。

需求价格弹性公式表示如下：

$$PED = \frac{\text{需求量变动百分比}}{\text{价格变动百分比}} = \frac{\Delta Q/Q}{\Delta P/P}$$

其中，PED 表示价格弹性；Q 表示基期[①]需求量；ΔQ 表示需求变动量，为报告期需求量减去基期需求量的差额；P 表示基期价格；ΔP 表示价格变动量，为报告期价格减去基期价格的差额。

企业得到商品的价格弹性系数之后，可根据该系数的取值区间[②]，判定商品是否具有弹性。

（1）当 $0 < PED < 1$ 时，说明商品缺乏弹性，即需求量变动幅度小于价格变动幅度，当价格变动 1% 时，需求量反向变动幅度小于 1%。

① 统计期间为起始期、基础期，即变动前的期间，其相对概念为报告期。

② 简便起见，此处 PED 值均为绝对值，但应注意由于需求量与价格的反向变动，价格弹性系数为负值。

（2）当 $PED=1$ 时，商品表现为单位需求价格弹性，即需求量变动幅度与价格变动幅度相同，价格每变动1%需求量反向变动1%。

（3）当 $PED>1$ 时，商品富有弹性，即需求量变动幅度大于价格变动幅度，当价格变动1%时，需求量反向变动幅度大于1%。

市场上的所有产品都存在价格与需求之间的相互影响，但不同产品的影响程度是不同的，即不同产品的价格弹性不同。一般而言，人们对必需品商品的需求量往往无法随价格变动而产生大幅度的变化，如对食品和饮用水的需求。因此，生活必需品往往是缺乏弹性的，而相对于必需品而言，低档品相对更具弹性，奢侈品在三者中最富有弹性；同时，当商品同类可替代产品越多，可替代程度越高时，弹性越大，反之越小；另外，购买商品的支出在人们收入中所占比重越大，弹性就越大，比重越小，弹性也往往更小。在对商品定价时时刻考虑价格弹性，会促进企业销售目标的实现，有利于实现企业目标。当商品缺乏弹性时，可以考虑适当调高价格；而当商品富有弹性时，对商品定价时要考虑价格变动对销量产生的不利影响。

【例 14－1】 A影院设在一综合购物商城，一般票价为30元一张，平均落座数为每日2,000个，此时，电影票价每提高一元落座数降低100个。当票价为32元时，计算价格弹性 PED。

已知 $\Delta Q=-200$（人），$Q=2,000$（人），$\Delta P=2$（元），$P=30$（元），则价格弹性 $PED=\dfrac{\Delta Q/Q}{\Delta P/P}=\dfrac{-200/2,000}{2/30}=-1.5$。

注意：由于价格与需求量的反向变动，弹性实际应为负值。

【例 14－2】 A影院现在打算为B片做宣传，计划年度预计售出该影片票数4,000张，去年类似影片票价每张36元，平均售出3,000张影票，该影片的价格弹性约为－2。请计算计划年度该影院B片票价大约定价多少才能达到宣传效果。

令 P_1 为计划年度票价，则根据已知条件，

价格弹性 $PED=-2$　$\Delta Q=4,000-3,000=1000$（张）

基期需求量 $Q=3,000$（张）

基期票价 $P=36$（元）

将数据代入价格弹性计算公式 $PED=\dfrac{\Delta Q/Q}{\Delta P/P}$，得：

$$PED=\frac{1,000/3,000}{(P_1-36)/36}=-2$$

由此可得 P_1 的值为30元，因此，B片票价定为30元最佳。

【习题 14－1】 A影院的爆米花去年为14元一桶，共售出1,600桶，由于成本提高，今年预计提价至16元院一桶，预计销量为1,200桶，请计算爆米花的价格弹性系数并判定爆米花是否富有弹性并给出定价建议。若爆米花的销量低于1,400桶就不能

生产，那么价格至多要定在多少？

二、线性需求函数定价法

一般来说，商品的需求量与价格往往反向变动，即价格上升时需求量降低，而价格下降时需求量升高。这种需求与价格的反向变动的关系往往可用一种线性函数关系来表述，这种线性关系通常被称为线性需求函数。价格与需求量的函数图像表示如图 14－1所示：

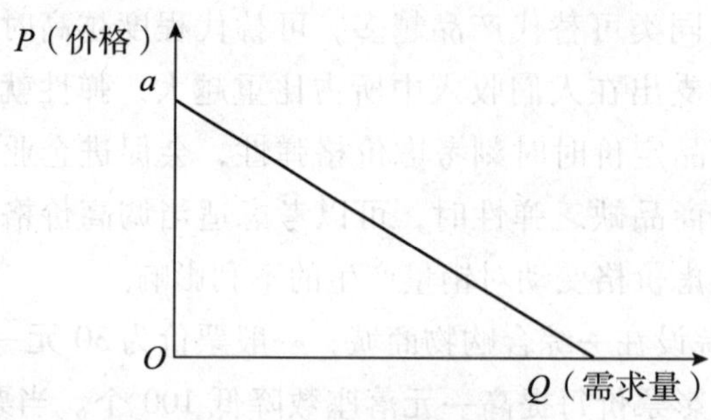

图 14－1　价格与需求量函数

需求函数的图像常表示为一条向右下方倾斜的图像，其中，纵轴表示价格 P，横轴表示需求量 Q，a 点表示当价格最大为 a 时，需求量变为 0。则需求函数可以用下列函数式表示：

$$P = a - bQ$$

其中，$-b$ 表示需求函数的斜率，即价格弹性。一般来说，图像越陡峭，商品越不具弹性；相反，图像越平缓，商品越具有弹性。当 a、b、Q 均已知时，即可计算出价格 P。

【例 14－3】某工厂加工 A 配件销售给五金店，收集到的市场的价格与销量的数据如下表所示：

某商店不同价格及其销量

价格（元）	10	12	16	20	24
销量（件）	55	54	52	50	48

用线性需求函数法计算该商品的价格弹性并回答当预计销量为 58 件时应定价多少。

（1）根据题意及线性函数公式 $P = a - bQ$，任选两组不同价格及其销售量，将其代入公式，即可确定参数 a、b 的值。假定将组合（10，55），（16，52）代入，得出 a、b 的值分别为 120 和 2，即 $P = a - bQ = 120 - 2Q$，因此，该商品价格弹性为 -2。

（2）当 $Q=58$ 时，代入由（1）求得的线性函数，得到 $P=120-2\times58=4$（元），即若要使销量达到58件，则需将此商品定价为4元。

三、成本定价法

成本是企业在经营过程中生产和销售产品时必须耗费的资源，也是在对商品定价时必须要考虑的因素。成本定价法则是以产品单位成本为依据，再加上预期利润来确定价格的方法，成本定价法简单明了且能保证企业的必要利润，因此，是中外企业最常用的最基本的定价方法，尤其是在企业引入新产品时，常使用成本定价法。常用的成本定价法包括成本加成法、盈亏平衡法等。

1. 成本加成法

成本加成法是指按商品单位成本加上一定比例利润来制定商品价格的方法，具体包括完全成本加成定价法、成本加成比例定价法等。

（1）完全成本加成定价法

完全成本加成定价法是指以全部成本作为定价基础的方法。其中，全部成本既包括产品的单位成本，又包括将生产销售过程中发生的固定费用分摊至各个产品的固定成本分摊额，全部单位总成本与预计单位贡献的加成即最后定价。

$$完全成本加成定价法=（单位变动成本+单位固定成本分摊额）\times（1+预计贡献率）$$

完全成本法是企业较常用的方法，虽然其具有计算简单易行，可轻易获得正常利润的特点，但由于完全成本加成法以促进生产为主，在面临瞬息万变、注重消费者需求的现代竞争环境，其难免缺乏灵活性，不能满足迅速变化的市场要求，更不利于产品扩大规模，降低成本。

（2）成本加成比例定价法

成本加成比例定价法，是指在定价时只考虑产品的变动成本部分，而将固定成本看作无关成本当期扣除，将变动成本与预期贡献加成得出产品单价。相对于完全成本加成法，以变动成本为基础的定价方法为价格的最低经济界限，定价往往要低于完全成本加成法，通常在是否追加订货及生产何种商品等类似问题中更具意义。因为只要价格不低于变动成本，产品就能为企业带来贡献。

【例14-4】某企业生产A产品，其中，生产每单位A产品消耗直接材料12元，直接人工3元，变动性制造费用1元，变动性销售费用2元，另需固定性专用成本4000元，若预计销售量为2500件，且预计贡献率为20%，试用完全成本加成法和变动成本加成法决定A产品价格。A产品成本项目及具体金额如下表所示：

单位产品消耗额

项目	金额（元）
直接材料	12
直接人工	3
变动性制造费用	1
变动性销售费用	2
固定专用费用	4,000

完全成本加成定价法下，单位产品固定成本分摊额为：

4000 ÷ 2500 = 1.6（元）

则产品单位总成本为 12 + 3 + 1 + 2 + 1.6 = 19.6（元）

预计贡献率为 20%，则完全成本法下应定价：

19.6 ×（1 + 20%）= 23.52（元）

变动成本加成法下，单位产品成本仅包括变动成本，为：

12 + 3 + 1 + 2 = 18（元）

预计贡献率为 20%，则变动成本加成法下，应定价：

18 ×（1 + 20%）= 21.6（元）

【习题 14－2】 某面粉加工厂加工面粉，同时还可用剩余生产能力将生产出来的面粉生产销售面包，不用另行购入设备，每袋面粉可加工面包 20 个。加工每袋面粉过程中需直接生产成本 35 元，直接人工费用 3 元，变动制造费用 2 元，变动销售费用 2 元，固定设备维护费用 2,000 元，每月面粉加工厂平均生产面粉 800 袋；将面粉进一步制作成面包的过程中，每个面包另需变动性制造费用 2 元，变动性销售费用 1 元，直接人工费用 3 元。完全成本加成比例为 30%，具体如下表所示。

某工厂生产单位成本消耗额

项目	直接材料费用（元）	直接人工费用（元）	变动制造费用（元）	变动销售费用（元）	固定成本（元）
面粉	35	3	2	2	2,000
面包		3	2	1	

（1）用完全成本加成法分别对该厂生产的面粉和面包定价。

（2）若该厂已生产面包 2,400 个，预计销量却因意外原因降至 1,600 个，A 商店想以 8.15 元/个的价格收购其余 800 个面包，根据两种加成方法考虑，是否应该接受？哪种方法更为科学？

(3) 标准成本加成法

标准成本加成法是在标准成本法的基础上，加上一定的利润作为内部转移价格的方法。标准成本法是指以预先制定的标准成本为基础，用标准成本与实际成本进行比较、核算和分析成本差异的一种产品成本计算方法，也是加强成本控制、评价经济业绩的一种成本控制制度。这种方法的使用，能够避免上下游之间的转移现象，当产品在利润中心或投资中心转移时常用到此种方法。计算公式：

$$标准成本=实际产量\times单位标准成本$$

标准成本加成法一般适用于产品种类少批量大的生产制造型企业，且其存货种类往往较单一，采用这种方法通常需要对这些大批量的单一产品实行统一的管理制度。若企业生产的产品种类繁杂、生产批量也比较小，使用这种方法反而会加大工作量，降低工作效率。

成本加成法有诸多优点。首先，这种定价方法简便易行，定价所需的资料都比较易得，计算方法也简洁直观；其次，这种方法能保证企业在收回成本的同时获得正常的利润，使产品价格水平长期稳定，有助于产品平稳发展。但是，成本加成法却忽视了市场供求和竞争等因素的影响，也没有考虑产品不同生命周期定价策略的不同，因此缺乏一定的市场灵活性，降低了企业竞争力。

2. 盈亏平衡定价法

盈亏平衡定价法又称保本定价法或收支平衡定价法，是指在销量既定的条件下，企业产品的价格必须达到一定水平才能做到盈亏平衡、收支相抵，即在一定的预期销售量下使总收入等于总支出的价格或在一定价格下总收入等于总支出。根据已知内容，可得保本点销量 Q 公式如下：

$$Q=\frac{F}{P-V}$$

其中，F 为固定成本总额，V 为单位变动成本，P 为单价，Q 为预计销量。

由此可推得保本点价格 P 公式如下：

$$P=\frac{F+QV}{Q}$$

其中，F 为固定成本总额，V 为单位变动成本，Q 为预计销量。

同样道理，当目标利润为 R 时的单价也可确定。

【例 14-5】 某企业生产 A 产品，制造 A 产品需固定费用 10,000 元，生产每单位 A 产品耗用变动成本 6 元，若预计销量为 50,000 件，请计算 A 商品最低定价。

根据保本点定价公式 $\frac{F+QV}{Q}$，此题中 $F=10,000$，$V=6$，$Q=50,000$，代入公式，可求得最低定价应为 $\frac{10,000+6\times50,000}{50,000}=6.2$（元）。

【习题 14-3】某企业生产 B 产品，制造 B 产品需固定费用 20,000 元，生产每单位 B 产品耗用变动成本 5 元，若预计销量为 20,000 件，预计利润为 18,000 元，请计算 B 产品最低定价及实现销售利润的定价。

四、边际最优定价法

边际成本（Marginal cost，MC）是指每增加或减少一单位产品所引起的总成本的变化量；边际收入（Marginal revenue，MR）是指每增加或减少一单位产品所引起的总收入的变化。边际成本与边际收入的图像如图 14-2 所示：

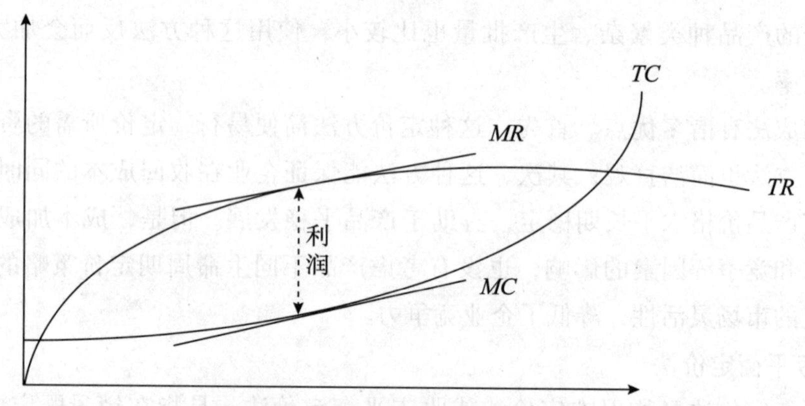

图 14-2 边际成本与边际收入曲线

图 14-2 中，TC（Total cost）为总成本曲线，TR（Total revenue）为总收入曲线，边际成本 MC 即图中 TC 斜率，边际利润 MR 为图中 TR 斜率，$TR = P \times Q = (a - bQ) \times Q$，对 TR 求导，可得 $MR = a - 2bQ$。从图中可以看出，当 $MC = MR$ 时利润最大，即边际成本与边际收入之差——边际利润为零时，企业利润最大化，此时的价格即为最优价格，因此，可得边际最优化模型的公式为：

$$MC = MR$$

边际最优模型定价过程如下：

（1）确定需求函数方程 $P = a - bQ$，得出 MR 函数：$MR = a - 2bQ$。

（2）使既定的边际收入 MR 与边际成本 MC 的值相等。

（3）将步骤（1）中求得的系数 a、b 代入 MR 方程并求解。

（4）将步骤（3）中求得的产量 Q 代入需求方程以得出最佳定价。

【例 14-6】某化妆品公司生产一种女士护肤品，当售价为 300 元一套时，该护肤品可售出 20,000 套，市场研究显示，这套护肤品的价格每增加 1 元销量相应降低 200 套，已知生产每套化妆品变动成本为 80 元，请确定当该企业利润最大化时的产品定价。

根据题意及上述步骤，可得：

（1）根据相关信息计算价格函数，$P_1=300$ 元时，$Q_1=20,000$ 套，价格每增加 1 元销量降低 200 套，则 $P_2=301$ 元时，$Q_2=19,800$ 套，将两组价格与销量数值代入 $P=a-bQ$，得出系数 $a=400$，$b=\frac{1}{200}$，即价格函数 $P=a-bQ=400-\frac{1}{200}Q$，则 $MR=a-2bQ=400-\frac{1}{100}Q$。

（2）由于生产一套化妆品的变动成本为 80 元，就是说每多生产一套化妆品需增加的额外成本为 80 元，即边际成本 $MC=80$ 元。

（3）当 $MC=MR$ 时，可实现利润最大化，即 $80=400-\frac{1}{100}Q$，可计算出利润最大化时销量为 32,000 套。

（4）将 $Q=32,000$ 代入价格函数 $P=400-\frac{1}{200}Q$，可得利润最大化时价格为 240 元，因此，应将此套化妆品定价为 240 元。

【习题 14－4】 某农产品加工企业将收购的小麦加工成面粉销售，已知面粉加工的成本中，固定成本为 8 元，变动成本为 5 元，每袋面粉售价 50 元时，销量为 4800 袋，价格每降低 1 元销量增加 160 袋，试计算该企业取得最大利润时面粉的价格。

第三节　产品定价策略

产品定价策略是企业在对产品定价时常用的方法策略，这些定价方法通常具有一定的经济意义，或出于战略目标的需要，或出于对环境的考量，或是对于政策调整的反映，掌握一些常用的定价方法能帮助企业更好地达到战略目标，促进企业的长期、稳定发展。产品定价策略种类多样，这里我们粗略地将企业的定价策略分为三大类，即新产品定价、关联产品定价、调价导向定价。

一、新产品定价

一种新产品若要进入市场，对其价格的讨论和研究尤为重要，定价方法选择得恰当与否也与新产品的引入及企业的发展前景息息相关。对于新产品的定价方法，一般有两种：撇脂定价策略及渗透定价策略。

（一）撇脂定价法（Market skimming）

撇脂定价法又称“高价法”，顾名思义，就是将产品定在一个较高的价位。在引入新产品时，采用撇脂定价法的具体表现为首先给产品定高价，在竞争者研制出相似的产品之前，收回投资额，并获取一定的利润，而后随着仿制品的大量增多，逐步降低价格，防止因价格过高被竞争者攫取市场份额。

撇脂定价法对新产品的市场导入有很多不可比拟的优点。首先，由于新产品并无可参考的历史定价，消费者对该产品的价值并不了解，此时采用撇脂定价法定高价不仅可以树立高端产品的形象，而且可以满足消费者个性化客户体验的需求。其次，在新产品引入时对其定高价可以使产品后期有更大的调价余地，不仅可以通过逐步降价保持企业的竞争力，而且可以从现有的目标市场上吸引潜在需求者，甚至可以争取到低收入阶层和对价格比较敏感的顾客。最后，随着高价新产品的销售，企业可在短时间内收回大量资金，进而将资金进一步投入生产，在满足更多消费者购买需求的同时逐渐扩大企业生产规模。然而，撇脂定价策略也存在着某些缺点。产品高定价往往意味着耗时久、投资大的研发过程，而高定价产品需求规模毕竟有限，过高的价格不利于市场开拓、增加销量，因此，采用撇脂定价法有更大的风险导致入不敷出；同时，高价和高的利润率很容易引发竞争者的大量模仿，若竞争者快速复制出相似产品或替代品，而企业没有做好相应的准备，很容易造成市场份额的流失；另外，若产品的价值被证明与价格并不相符，引发消费者的抵抗心理，产品的销售也不可能继续顺利进行。

（二）渗透定价策略（Market penetration）

与撇脂定价法相反，渗透定价法是指企业在引入新产品时对产品定低价，以低价格吸引消费者，提高产品销量，扩大市场份额。同样，与撇脂定价策略的适用对象相反，当企业引入的新产品没有显著特色，竞争激烈，需求弹性较大时，宜采用渗透定价法。虽然产品的低价格可以迅速打开销路，产品的规模效应也可以使企业获得一定利润，但这种薄利多销的定价策略却容易使企业资金回收速度减慢，增加了企业的经营风险和财务风险。

二、关联产品定价

当几个产品在用途上具有关联性或功能上存在相似性或互补性时，这些产品可称为关联产品。企业销售经验表明，当将关联产品组合定价时，能起到促进销售，提高企业利润的作用。关联产品的定价方法一般有捆绑定价法、产品线定价法及互补产品定价法。

（一）捆绑定价（Product bundling）

出于促销或扩大企业收益等原因，企业在为产品定价时通常将一系列产品组合定价，这些产品或者具有相似属性或者在功能上具有连续性，将这样的产品组合定价往往要比单独销售更优惠，以此种方式可扩大产品销量，如对于成套设备、服务性产品等，为鼓励顾客成套购买，以扩大企业销售，加快资金周转，可以使成套购买的价格低于单独购买其中每一产品的费用总和。例如，沐浴露与沐浴用具的捆绑、房地产销售与内部装修的捆绑等。

（二）产品线定价法（Product line pricing）

产品线定价策略，是指为同一产品线中的不同产品订立不同的价格，凸显出产品的质量、设计等差别，为消费者提供更多选择机会的同时，也使企业达到总体利益最大化的目标。针对相关消费者行为的研究发现，当消费者面临产品线中两个不同价位的产品时，若较高价位与较低价位之间的价格相差不大，消费者倾向于购买较高价位产品，以满足其价格补充质量的需求。此时，若两个产品的成本差额小于价格差额，企业的利润就会增加；若两者价格差额较大，消费者往往购买价格较低的产品。因此，应用产品线定价策略可以通过改变产品线中不同产品的价格差，在达到对某些商品的促销作用的同时，最大化企业整体收益。产品线定价法的例子也非常普遍，智能手机按内存大小定高低不同的价位，首饰按照纯度不同定价不同等。

（三）互补产品定价法（Complementary products）

互补产品定价法是指在对两种或两种以上功能上相互依赖，需要配合使用的产品定价时，采取对价值高而购买频率低的主产品定低价，而对配合使用的价值低而购买频率高的易耗品定高价的方法。例如，对 3M 过滤口罩定低价，而对其替换滤芯定高价。这种定价方法既可以通过主产品的低价格促进销量，又能从配合使用的易耗品中获取利润，因此，是企业常用的定价方法。

三、调价导向定价

（一）溢价定价法（Premium pricing）

溢价定价法，是指为了凸显产品的差异化，以超出正常竞争条件下的市场价格对该产品定价的方法。产品的差异可能表现为更可靠的质量保证、更长的使用年限或更完善的售后服务等，由于现代消费者对差异化的更迫切的需求，产品差异化更加成为一种趋势。当然，为了将产品的差异特性及产品差异化的理念深入人心，企业常常会投入大量的营销广告成本，以巩固品牌意识及提高消费者的品牌忠诚度，使产品稳定地处于高价位水平。

溢价定价法与撇脂定价法在表现形式上有相似之处，即定价时均考虑到对产品定高价，但二者的侧重点却不尽相同，撇脂定价法重在暂时定高价尽快收回投资，减少风险，为下一阶段产品的研发和生产做准备；而溢价定价法更注重高价位水平的保持和品牌效应的意识，也就是说，溢价定价法更多地意味着消费者愿意为品牌效应支付更高的价格。例如，近期大热的蕉下防晒小黑伞，持续保持令人瞠目的高价位，一把防晒伞可以卖到200~400元的价位，尽管许多品牌小黑伞的材质、性能甚至制造商都相同，但由于品牌效应，更多女性消费者愿意为质量和设计更胜一筹的蕉下品牌埋单，当然，这也得益于高额广告费用的投入，具体表现为众多明星的广告效应及各大网站的主流推广。

（二）差别定价法（Price discrimination）

由于产品的市场环境、地理环境不同，消费者群体的偏好和需求差异等因素的存在，企业往往对同一产品或相同服务定不同的价格，也就是说，此时引起价格差异的主要原因并非在于成本的显著不同，而反映在产品所处的上述外界因素。但这种定价策略成功实施的前提是，不同价位的相同产品之间不存在相互转移的可能性，否则高价位产品与低价位产品的互通会使差别定价失去意义。差别定价的例子有很多，最常见的就是如今的“街机”——苹果手机，世界不同地区对苹果手机的定价差异很大，而成本差异可忽略不计，中国大陆的苹果手机价位在世界范围数得上是高价位，引起这种现象的主要原因更多的是国人对苹果手机的迫切需求。差别定价还有一些其他的形式，对不同的顾客差别定价——如成人票与儿童票的不同价位，对不同季节差别定价——如蔬菜水果冬季往往比夏季平均价格高等。

（三）心理定价策略（Psychological pricing）

心理定价策略是根据消费者不同的消费心理而制定相应的产品价格，以引导和刺激消费者购买的价格策略。这种定价方法从剖析消费者的心理着手，制定更符合消费者购买行为的策略，因而往往能达到促进销售的效果。

最常见的心理定价策略为数字定价法，如尾数定价法、整数定价法、习惯定价法等。尾数定价法是指将商品价格调整为非整数，如原来10元的商品调价为9.9元、30元的商品调整为28.99元等，虽然调价前后从价格金额来看相差不大，但却给消费者留下物美价廉的印象，因而会显著促进销量，但是这种定价方法往往适用于日用必需品，如卫生纸、香皂等。与尾数定价法相对应的就是整数定价法，即将产品价格调整为整数，以给消费者留下高品质、硬品牌的印象，此种方法主要针对那些价格弹性小的产品，即价格的差别并不会对消费者的购买行为产生显著影响的产品，如珠宝首饰、奢侈箱包等。另外，数字定价法也会考虑销售环境的习惯民俗等，如我国很少将价格定为4、7等，而更偏向于6、8、9等象征吉祥的数字。

（四）招徕定价策略（Loss leaders）

招徕定价策略又称特价商品定价，是指企业将一些商品价格定位在显著低于市场价格的范围，以吸引消费者进店浏览选购其他利润更高的产品，以其他正常产品的利润弥补低价商品的亏损以获取额外利润的方法。这种方法常常适用于零售行业，如百货商店常常发放低价促销产品的宣传单页，服装商店门口摆放的特价服装等。

（五）数量折扣定价策略（Volume discounting）

数量折扣定价策略是指按照顾客购买数量的不同提供不同的折扣的方法，企业往往通过购买数量越多、折扣越大的方法促进产品的销售量或集中销售。对于企业来说，给购买数量大的顾客更大折扣的优惠，不仅可以扩大本次交易的销量，还可以为建立长期销售模式增加可能性；而对于顾客来说，更大批次的购买不仅可以降低平均成本，也避免了由于产品来源不同而造成的产品质量差异。但这种方法要注意折扣标准的设定，这种标准既要达到刺激销售的作用，又要避免过大的折扣带来的损失。

（六）控制定价策略（Controlled pricing）

控制定价策略，是指政府为了扶持某个行业、产品或保护消费者权益而对某些产品制定的最低价格或者最高价格，这也是政府权力对价格控制的一种表现。控制定价策略一般有两种控制趋势，即支持价格和限制价格。支持价格是政府为表示对某行业或某产品的支持，对该行业或产品制定最低价格限度，防止价格过低的行为，最常见的例子就是政府为防止“谷贱伤农”，对某些农产品制定最低价格。限制价格则是出于保护消费者权益而采取的控制价格的行为，以避免进一步引发通货膨胀。一般一些具有垄断趋势的产品，如药品、通信业务等，政府都会对其进行价格控制。

本章小结

本章介绍了产品定价的方法策略，产品价格作为企业营利的基础，不仅影响产品的销售及长远发展，对企业利润也起到至关重要的作用，因此，研究影响价格的因素至关重要。需求、竞争、替代品、通货膨胀、产品生命周期、居民可支配收入等，均从不同方面对产品价格产生影响，从而促使企业产生了不同的定价方法。需求定价法从消费者的需求入手，研究了产品价格与需求之间的关系，并以此为依据制定产品价格。成本加成定价法则考虑销售收入优先弥补成本投入，分为完全成本加成法与变动成本加成法。前者以产品的完全成本为基础确定单价，后者以产品的单位变动成本为基础确定单价。另外，根据边际成本、边际收入及边际利润三者之间的变化关系，在边际利润为零时，根据边际最优定价策略，可制定利润最高价格。本章还介绍了一些常用的定价策略，如新产品定价策略、产品线定价策略及一些调价策略。

定价是企业日常运营中极其平常又极其重要的环节，定价的方法也多种多样，本章仅介绍了一些常用的定价方法，日常经营中还要综合考虑企业的战略目标，以期制订更符合企业的定价方案。

第十五章　本量利分析

本章概述

根据前面章节的学习，我们已经知道管理会计需要根据不同的业务量水平估计固定成本、变动成本和收入，还需要了解成本性态，因为在估计成本的过程中必须知道特定情况下的特定成本。但对于成本性态的理解，并不是管理会计的全部内容，对盈亏平衡分析（Breakeven analysis）的应用也是必要的。盈亏平衡分析以成本性态原则和边际成本（Marginal costing）概念为基础，能够为企业提供合理、有效的经营决策信息。

因此，本章我们将学习本量利分析的具体含义、盈亏平衡分析的相关指标和求解方法。我们还将学习限制因素的分析（Limiting factor analysis），这是另一种应用边际成本概念的技术方法，能够帮助企业决定获得最大利润的产量或销量。我们还将学习敏感性分析（Sensitivity analysis）的相关内容，就相关因素对利润的敏感程度进行分析。

本量利分析是管理会计中进行经营决策常用的方法，通过对成本、业务量、利润三者之间的关系进行分析，有利于帮助企业管理者进行业务的预测和决策，以利润为导向，对成本结构和业务量的安排提供依据，是实现企业扭亏为盈的重要方法。

学习目标

※ 了解本量利分析的含义

※ 了解盈亏平衡分析的优势和局限

※ 掌握盈亏平衡分析的衡量指标

※ 掌握盈亏平衡点求解方法：公式法和图解法

※ 掌握限制因素分析的求解方法

※ 了解敏感性分析的含义

※ 掌握敏感系数的求解方法

美国XM卫星广播公司成立于1992年，总部位于华盛顿特区，拥有最大、最广泛的美国广播电台，一度成为卫星广播业巨头。

XM

2001年，XM公司为了开展卫星广播业务，进行了大量的前期投资，包括技术改进、购买广播牌照等，先后投入超过10亿美元。开始经营后，XM继续进行大量的固定项目投入，包括卫星传输、研发等项目。但与固定投入相反，客户服务成本等变动成本项目所占比重较小。这就导致XM公司的成本结构失衡，其中，固定成本比重过大，导致了高经营杠杆现象的出现。

2002年，Sirius卫星广播公司进入市场，提供多个音乐和谈话类节目频道服务，与XM公司形成竞争。两家公司都将希望寄托于用户增长和广告销售。很快，XM的竞争对手逐渐增多，相同时期，苹果公司推出它的第一款iPod音乐播放器，苹果播放器业务经营杠杆低，使企业在销售量较低的情况下仍然能够保持盈利。相比较，XM公司高经营杠杆模式的弊端逐渐显现。

XM公司在面对激烈竞争的过程中，先后进行了独家节目的资金投入，买下了职业棒球联盟的独家卫星转播权，并买断了国家橄榄球比赛的转播权。但这些巨额投资并没有得到应有的回报，到2006年，尽管已经有大量用户，XM公司和Sirius均未盈利。

究竟是什么造成了XM公司的失败？XM公司的管理者如何才能确定公司盈利所需要的最低用户数量？如何在销售价格、变动成本等因素发生变化时，将这些变化反映到目标利润上？成本、业务量和利润之间究竟有怎样的关系？接下来我们就对这三者之间的关系及具体分析方法进行探讨。

第一节　本量利分析概述

本量利分析是在成本性态分析的基础上，进一步对产品成本、业务量和利润之间的数量依存关系进行研究的分析方法，是管理会计的基本方法之一，并为企业的经营决策提供重要信息。具体来说，本量利分析能够帮助企业进行盈亏平衡的预测，为目标利润的实现提供保证，帮助企业寻找增加收入、降低成本的方法，还可以为企业在产品生产、销售定价等方面的决策分析提供依据。

在进行本量利分析时，可以采用数量分析，也可以采用图解法进行分析。同时，还需要遵循一些基本前提和假设，如假设可以将企业成本划分为固定成本和变动成本；假设产品成本按照变动成本法进行核算；假设产品生产量与销售量相等，即产销平衡；

假设利润为营业利润。本量利分析的基本公式：

$$
\begin{aligned}
利润 &= 销售收入 - 销售成本 \\
&= 单价 \times 销量 - （固定成本 + 变动成本） \\
&= 单价 \times 销量 - （固定成本 + 单位变动成本 \times 销量） \\
&= 单价 \times 销量 - 单位变动成本 \times 销量 - 固定成本 \\
&= （单价 - 单位变动成本） \times 销量 - 固定成本 \\
&= P \times Q - V \times Q - F \\
&= (P - V) \times Q - F
\end{aligned}
$$

其中，P 表示单价；V 表示单位变动成本；Q 表示销售量；F 表示总固定成本。

公式中的成本指广义成本，包含付现和非付现成本，包含生产成本与期间费用。公式中的利润只与销售收入、产品成本、管理费用、销售费用有关，其他因素如财务费用、资产减值损失、营业外收支等均不考虑。这个公式是最基本的也是最重要的公式，给定任意 4 个变量，即可求算另一个变量的数值。

第二节 盈亏平衡分析

一、盈亏平衡分析概述

盈亏平衡又称为保本，即企业在一定时期内盈利与亏损相等，利润为零。盈亏平衡分析又被称为保本分析，具体是指在不同业务量水平下成本、业务量、利润三者之间的相互关系，以及固定成本、变动成本、销售价格、数量变化对未来期间利润的影响。盈亏平衡分析的主要内容是确定盈亏平衡点及企业的安全边际。

二、盈亏平衡分析指标

贡献是我们在前面章节学过的概念，是本量利分析的基础。单位贡献是指单位销售价格与单位变动成本之间的差额。在某一时期，将特定产量下的总贡献与该时期内的固定成本相比较，高于固定成本的部分为利润，低于固定成本的部分为亏损。

（一）盈亏平衡点（Breakeven point）

企业管理者通常关注达到目标产销量后能够获得多少利润，以及在既没有利润也没有亏损的情况下业务量或业务额为多少，这就被称为盈亏平衡点。盈亏平衡点又被称为保本点、盈亏临界点，是指企业利润和亏损达到平衡时的业务水平，具体发生在企业既没有利润也没有亏损的时候，即固定成本等于贡献。

盈亏平衡点的表达方式有两种，一种是盈亏平衡点的业务量，另一种是盈亏平衡点的业务额。盈亏平衡点的确定方法也有两种，一种采用公式法，一种采用图解法。盈亏平衡点基本公式：

贡献 = 销售收入 - 变动成本 = （单价 - 单位变动成本）×销量

单位贡献 = 单价 - 单位变动成本

盈亏平衡点（业务量）= 盈亏平衡时的业务量 = 固定成本 ÷ 单位贡献

= 盈亏平衡贡献 ÷ 单位贡献

【例 15 - 1】 A 企业生产 S 产品 10,000 件，单价为 8 元，具体信息如下：

预期销售收入（元）	10,000 × 8 = 80,000
单位变动成本（元）	5
固定成本（元）	21,000

根据上述信息，计算盈亏平衡点。

单位贡献 = 单价 - 单位变动成本 = 8 - 5 = 3（元）

盈亏平衡点贡献 = 固定成本 = 21,000 元

盈亏平衡点（数量）= 固定成本 ÷ 单位贡献 = 21,000 ÷ 3 = 7,000（件）

盈亏平衡点（金额）= 盈亏平衡点（数量）× 单价 = 7,000 × 8 = 56,000（元）

上述计算结果表示，如果销售额大于 56,000 元，那么每多销售 1 件 S 产品，将会额外产生 3 元的利润，如果销售额小于 56,000 元，那么每销售 1 件 S 产品将会产生 3 元的亏损。换句话说，即利润将会因单位贡献的影响而上升或下降。

S 产品销量（件）	7,000	7,001
销售收入（元）	56,000	56,008
减：变动成本（元）	35,000	35,005
贡献（元）	21,000	21,003
减：固定成本（元）	21,000	21,000
利润（元）	0（盈亏平衡点）	3

（二）销售贡献率（The contribution/sales ratio）

贡献表示销售收入与变动成本之间的差额，单位贡献表示销售单价与单位变动成本的差额，而销售贡献率表示赚取的 1 元销售收入中包含多少贡献。计算盈亏平衡点的另一个方法是根据销售收入和销售贡献率，具体公式如下：

销售贡献率 = 贡献 ÷ 销售收入

盈亏平衡点（金额）= 盈亏平衡时的业务金额

=盈亏平衡时的贡献÷销售贡献率

=固定成本÷销售贡献率

与销售贡献率相关的另一个重要指标是变动成本率，表示变动成本占销售收入的比重。公式如下：

变动成本率=变动成本÷销售收入

销售贡献率与变动成本率之间存在如下关系：

变动成本率+销售贡献率=1

当存在多种产品时，计算销售贡献率时可以采用加权平均方法，计算公式如下：

加权平均销售贡献率=（∑各产品贡献÷∑各产品销售收入）×100%

=∑（各产品销售贡献率×各产品销售收入占总收入的比重）

【例15-2】根据例15-1求销售贡献率和盈亏平衡点。

销售贡献率=贡献÷销售收入=3÷8=37.5%

盈亏平衡点（金额）=固定成本÷销售贡献率=21,000÷37.5%=56,000（元）

盈亏平衡点的销售收入为56,000元，也就是单价8元，销售7,000件S产品的收入。销售贡献率是衡量1元销售额能够赚取多少贡献。在本例中，销售贡献率为37.5%，意味着销售额每增加1元能够赚取贡献0.375元。因此，在销售额每增加1元贡献增加0.375元的情况下，为了赚取全部贡献21,000元，销售额必须达到（1÷0.375）×21,000=56,000（元）。

【习题15-1】W产品的销售贡献率为20%，其制造商Z希望创造50,000元的贡献，如果销售单价为10元，那么需要销售W产品多少件？

（三）安全边际（Margin of safety）

管理者除了关注盈亏平衡点外，还关注为了保证企业不亏损，实际销量最多可以低于预期销量多少，这就是安全边际。因此，企业在计算盈亏平衡点的基础上，还应该确定企业的安全程度，即确定安全边际。

安全边际的表达方式有安全边际额、安全边际量和安全边际率。安全边际额是指预计销售收入与盈亏平衡销售收入之间的差额，安全边际量是指预计销量高出盈亏平衡销售量的差额，安全边际率是指预计销售收入高出盈亏平衡销售收入的百分数。具体公式如下：

安全边际量=预计销售量-盈亏平衡销售量

安全边际额=预计销售额-盈亏平衡销售额

安全边际率=安全边际量÷预计销售量

=安全销售额÷预计销售额

=（预计销售量-盈亏平衡销售量）÷预计销售量

与安全边际率相关的另一项重要指标是盈亏临界点作业率，是指盈亏平衡销售量（额）占预计销售量（额）的比重，又被称为危险率。与安全边际率相反，盈亏平衡作业率越小，说明危险程度越低，企业经营越安全。计算公式如下：

盈亏平衡作业率 = 盈亏平衡销售量（额）÷预计销售量（额）×100%

盈亏平衡作业率与安全边际率存在如下关系：

盈亏平衡作业率 + 安全边际率 = 1

【例 15－3】 Y 公司生产 K 产品，单位变动成本为 30 元，销售价格为 40 元，预计固定成本为 70, 000 元，预计销售量为 8, 000 件。请计算盈亏平衡点和安全边际。

盈亏平衡点 = 总固定成本÷单位贡献 = 70, 000÷（40－30）= 7, 000（件）

安全边际量 = 预计销售量－盈亏平衡销售量 = 8, 000－7, 000 = 1, 000（件）

或 =（1, 000÷8, 000）×100% = 预计销售量的 12. 5%

安全边际结果表明，实际销售量可以比预计销售量少 1, 000 件，或者少 12. 5%，这样就能够保证企业不会出现亏损。

三、盈亏平衡求解方法

（一）公式法

1. 公式法简介

通过本量利分析基本公式，可以对盈亏平衡点进行求解，在盈亏平衡点，既没有利润也没有亏损，销售收入等于总成本，因此，确定盈亏平衡点就是计算企业利润为零时的销售量和销售额，即：

销售收入 = 总成本

或者总贡献 = 固定成本

$$S = V + F$$

其中，S 表示销售收入；V 表示总变动成本；F 表示总固定成本。

等式两边同时减去 V，得到：

$$S - V = F$$

即总贡献 = 固定成本。

【例 15－4】 X 公司生产 H 产品，产品单位变动成本为 7 元。如果每年的固定成本为 63, 000 元，公司希望盈亏平衡点销售量达到 12, 000 件，请计算 H 产品的单位销售价格。

盈亏平衡点贡献 = 固定成本 = 63, 000 元

销售量 = 12, 000 件

单位贡献 = 盈亏平衡点贡献÷销售量 = 63, 000÷12, 000 = 5. 25（元）

单位变动成本 = 7 元

单位销售价格 = 单位变动成本 + 单位贡献 = 7 + 5. 25 = 12. 25（元）

2. **目标利润（Target profit）**

当销售收入等于变动成本、固定成本和利润的总和时，企业达到目标利润。因此，达到目标利润所必需的总贡献 = 固定成本 + 必需的利润。

当企业希望在某一期间达到某一特定利润时，需要应用类似的等式，即销售额必须包括所有的成本，同时留下必需的利润。

达到目标利润时，具体公式如下：

$$S = V + F + P$$

其中，S 表示销售收入；V 表示变动成本；F 表示固定成本；P 表示必需的利润。

等式两边同时减去 V，得到：

$$S - V = F + P$$

因此，必需的总贡献 = $F + P$。

【例 15 –5】D 公司生产和销售 P 产品，成本资料如下：

直接材料（元）	10
直接人工（元）	8
变动制造费用（元）	6
单位变动成本（元）	24
销售单价（元）	30
固定成本（元）	68, 000

D 公司希望创造利润 16, 000 元，请计算达到这一利润所需的销售量（额）。

贡献 = 固定成本 + 利润 = 68, 000 + 16, 000 = 84, 000（元）

销售量（额）可以通过以下两种方式计算：

（1）销售量 = 贡献 ÷ 单位贡献 = 84, 000 ÷（30 – 24）= 14, 000（件）

（2）销售额 = 贡献 ÷ 销售贡献率 = 84, 000 ÷ 20% = 420, 000（元）

（销售贡献率 =（销售单价 – 单位变动成本）÷ 销售单价 × 100% =（30 – 24）÷ 30 × 100% = 20%

【习题 15 –2】Q 公司希望销售 N 产品 14, 000 件，变动成本为 15 元，固定成本为 47, 000 元，预期利润为 23, 000 元。请计算 N 产品单位销售价格。

【习题 15 –3】G 公司预计 9 月盈亏平衡销售收入为 600, 000 元，固定成本为 210, 000 元。为了达到利润 75, 250 元，请计算所需销售收入。

3. **盈亏平衡点变化和利润目标计算**

当盈亏平衡点和利润目标发生变化时，可以考虑改变销售价格、单位变动成本或者固定成本。

【例 15－6】E 公司生产和销售 T 产品，单位变动成本为 15 元，当前销售价格为 25 元，每个月的固定成本为 2,600 元，根据当前销售量预计年利润为 36,000 元。假设销售需求量是恒定的，公司希望将销售价格提高到 29 元，但是涨价会导致销售量下降。计算售价上涨至 29 元后所需的最小销售量。

首先，涨价后，总利润至少要与之前相同，为每个月 3,000 元，所需利润应该转换为所需贡献，如下：

月固定成本 =2,600 元

所需最小月利润 =3,000 元

当前月份贡献 =5,600 元

单位贡献 = 销售单价 － 单位变动成本 =25 －15 =10（元）

当前月份销售量 =5,600 ÷10 =560（件）

当前月份销售额 =560 ×25 =14,000（元）

价格上涨后的最小销售量应该保证月贡献达到 5,600 元，售价 29 元时的单位贡献应该为 14 元。因此，销售量 = 所需贡献 ÷ 单位贡献 =5,600 ÷14 =400（件）。

【例 15－7】C 公司生产 U 产品，生产变动成本为 8 元，销售变动成本为 2 元，固定成本为 40,000 元，单位销售价格为 18 元，当前产销量为 6,000 件。公司考虑是否为产品添加一架改进的机器，每年的租赁成本为 10,000 元，同时生产变动成本将下降至 6 元。

要求：（1）如果租赁机器，为达到与当前一样的利润，请计算必须生产销售的产品数量。

（2）如果产销量保持在 6,000 件，请计算租赁机器后的年利润。

（1）当前单位贡献 = 销售单价 － 生产变动成本 － 销售变动成本 =18 －8 －2 =8（元）

当前贡献 = 销售量 × 单位贡献 =6,000 ×8 =48,000（元）

当前固定成本 =40,000 元

当前利润 = 贡献 － 固定成本 =48,000 －40,000 =8,000（元）

添加新机器后，固定成本将从 40,000 元上升至 50,000 元，单位变动成本将下降至 6 +2 =8（元），单位贡献为 10 元。

所需利润（与当前利润一致）=8,000 元

固定成本 =50,000 元

所需贡献 = 所需利润 + 固定成本 =8,000 +50,000 =58,000（元）

获得 8,000 元利润所需销售量 =5,800 件

（2）如果销售量为 6,000 件

销售额 = 销售量 × 单价 =6,000 ×18 =108,000（元）

变动成本：

生产变动成本 = 销售量 × 单位变动成本 = 6, 000 × 6 = 36, 000 （元）

销售变动成本 = 销售量 × 单位销售成本 = 6, 000 × 2 = 12, 000 （元）

贡献 = 销售量 × 单位贡献 = 6, 000 × 10 = 60, 000 （元）

固定成本 = 50, 000 元

利润 = 贡献 - 固定成本 = 10, 000 元

另一种算法：

销售 5, 800 件 U 产品的利润 = 8, 000 元

额外销售 200 件 U 产品的贡献 = 增加的 200 件 × 单位贡献 = 200 × 10 = 2, 000 （元）

销售 6, 000 件 U 产品的利润 = 10, 000 元

4. 盈亏平衡分析公式法的更多应用

现在我们知道，如果固定成本不变，当总贡献最大时，总利润达到最大值。总贡献反过来取决于单位成本和销售量。

销售价格上升会增加单位贡献，但是销量可能会下降，因为愿意支付更高价格的顾客人数会减少。销售价格下降会减少单位贡献，但是销售量会增加，因为产品价格更便宜。销售价格和销量的最佳组合能够使总贡献最大。

【例 15 -8】 F 公司研发新产品 V 投放到市场上，销售该产品的变动成本为 12 元，市场部门预计销售价格为 20 元，年需求量预计达到 10, 000 件。

但是，如果销售价格设定高于 20 元，高于 20 元的部分，价格每上升 0. 5 元销售需求量将下降 500 件；如果价格低于 20 元，低于 20 元的部分，价格每下降 0. 5 元销售需求量将上升 500 件。为了达到利润最大化，请进行下一年度的定价决策。

单价 20 元，单位贡献为（20 - 12） = 8 （元），价格每增加（或减少）0. 5 元，单位贡献将会上升（或降低）0. 5 元，总贡献为单位贡献与预期销售量的乘积。

单价（元）	单位贡献（元）	销售量（件）	总贡献（元）
20	8	10, 000	80, 000
降价			
19. 5	7. 5	10, 500	78, 750
19	7	11, 000	77, 000
涨价			
20. 5	8. 5	9， 500	80, 750
21	9	9, 000	81, 000
21. 5	9. 5	8, 500	80, 750
22	10	8, 000	80, 000
22. 5	10. 5	7, 500	78, 750

当总贡献最大化时，利润最大化，因此销售价格应该为21元，销售需求量为9,000件。

【习题15-4】 I公司生产S产品，销售价格为20元，单位变动成本为10元，固定成本为29,000元，年销售需求量为9,000件。考虑到新的生产技术将会导致固定成本增加1,000元，单位变动成本下降至9元，新的生产技术会生产出更好的产品，因此，单价为21元时，销售量将会增加至9,750件。如果生产技术更新，盈亏平衡点产出水平为（　　）。

A. 增加400单位　　B. 减少400单位

C. 增加100单位　　D. 减少100单位

【习题15-5】 公司Q生产V产品，单位销售价格为28元，单位变动成本为13元，固定成本为105,000元。盈亏平衡点根据上述信息计算，但是公司决定将变动成本和销售价格分别提高1.9%和5%。当变成新的成本和价格后，盈亏平衡点将会发生的变化是（　　）。

A. 上升7.14%　　B. 上升1.14%

C. 下降7.14%　　D. 下降1.14%

（二）图解法

1. 盈亏平衡图（Breakeven chart）的绘制

盈亏平衡图表明在一定范围内不同业务量水平所带来的近似利润或者损失。因此，盈亏平衡点可以通过盈亏平衡图的绘制来确定，即通过绘制销售收入线和成本线来确定盈亏平衡点。

盈亏平衡图有如下坐标轴：

（1）横轴：在金额上表示销售额，在数量上表示销售量。

（2）纵轴：表示销售收入和成本。

盈亏平衡图中有如下几条线：

（1）销售线：从原点开始，在预期销售点结束。

（2）固定成本线：与横轴平行，与纵轴相交于一点，表示总固定成本。

（3）总成本线：从固定成本线与纵轴的交点处开始，在横坐标代表预期销售量，纵坐标代表预期销售成本处结束。

盈亏平衡点是销售线和总成本线的交点，表示盈亏平衡销售量和盈亏平衡销售额。盈亏平衡点和预期销售量之间的差额表示数量上的安全边际。

【例15-9】 企业预计每年产量为120,000件，固定成本为40,000元，单位变动成本为0.5元，销售单价为1元。绘制盈亏平衡图并在图中标明当前盈亏平衡点和当前最大生产能力所带来的利润。我们首先来计算预计年产量下的利润：

销售收入	120,000 元
变动成本	60,000 元
贡献	60,000 元
固定成本	40,000 元
利润	20,000 元

盈亏平衡图绘制步骤如下：

（1）纵轴代表金额（成本和收入），横轴代表生产水平（生产量和销售量）。

（2）固定成本通过与横轴平行的直线表示。

（3）变动成本与固定成本相加获得总成本，如图 15－1 所示，固定成本一直是相同的，单位变动成本在不同产出水平上也是不变的。因此，成本线是一条直线，并且只有两个点需要去绘制和连接。最容易绘制的两个点是总成本在零产出处的点，以及总产出在预计产销量处的点。

①零产出处，成本等于固定成本 40,000 元，因为零产出处没有变动成本。

②预计产量为 120,000 单位处，成本为 100,000 元。

固定成本 =40,000 元

变动成本 =120,000 ×0.5 元 =60,000（元）

总成本 =40,000 +60,000 =100,000（元）

（4）销售线也需要绘制两个点，并将两点连接。

①零销售点，收入为零。

②预计产销量为 120,000 件，收入为 120,000 元处。

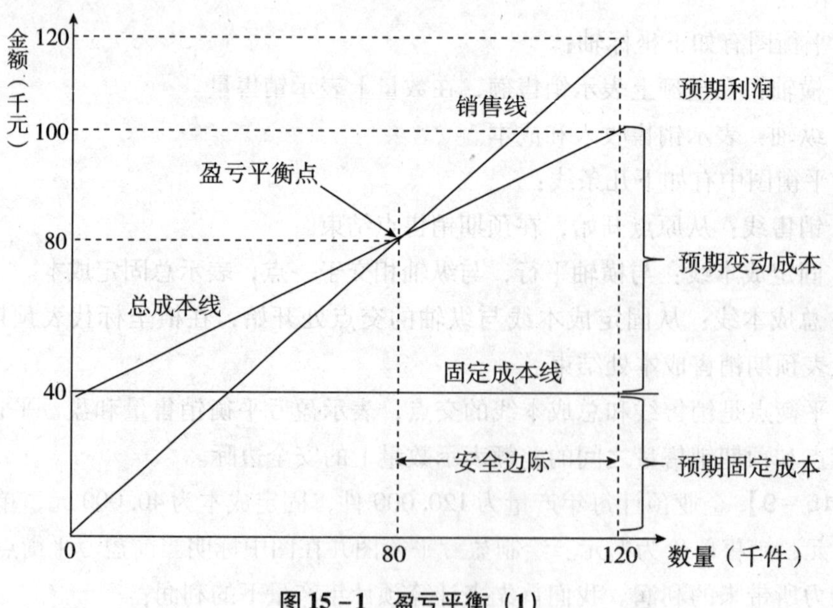

图 15－1　盈亏平衡（1）

2. **盈亏平衡图的解读**

在盈亏平衡点，总成本与总收入相等。根据上图，这一点在产出和销售为80,000元的位置，当收入和成本都为80,000元时，这个盈亏平衡点为：

贡献 = 固定成本 ÷ 单位贡献 = 40,000 ÷ 0.5 = 80,000（件）

在图中，安全边际为业务量预计水平和盈亏平衡水平之间的差额。

3. **盈亏平衡图的作用**

（1）计划企业产品生产。

（2）销售企业产品。

（3）直观展示盈亏平衡的求解方法。

通过盈亏平衡图进行盈亏平衡点的求解，简单直观，但绘制过程中存在误差，准确性较差，很难找到准确的盈亏平衡点。并且，这种方法只适用于单一产品盈亏平衡点的确定，一般不用于多品种产品的盈亏平衡分析。

4. **贡献盈亏平衡图**（Contribution breakeven chart）

贡献盈亏平衡图描绘了变动成本，因此，贡献能够从图中直接读取。传统盈亏平衡图的主要问题是不能直接从图表中看出贡献。贡献盈亏平衡图改进了这一点，用变动成本线代替了固定成本线。在上述例子的贡献盈亏平衡图中，穿过原点的变动成本线和总成本交点是（80件，8,000元）。贡献盈亏平衡图如图15－2所示。

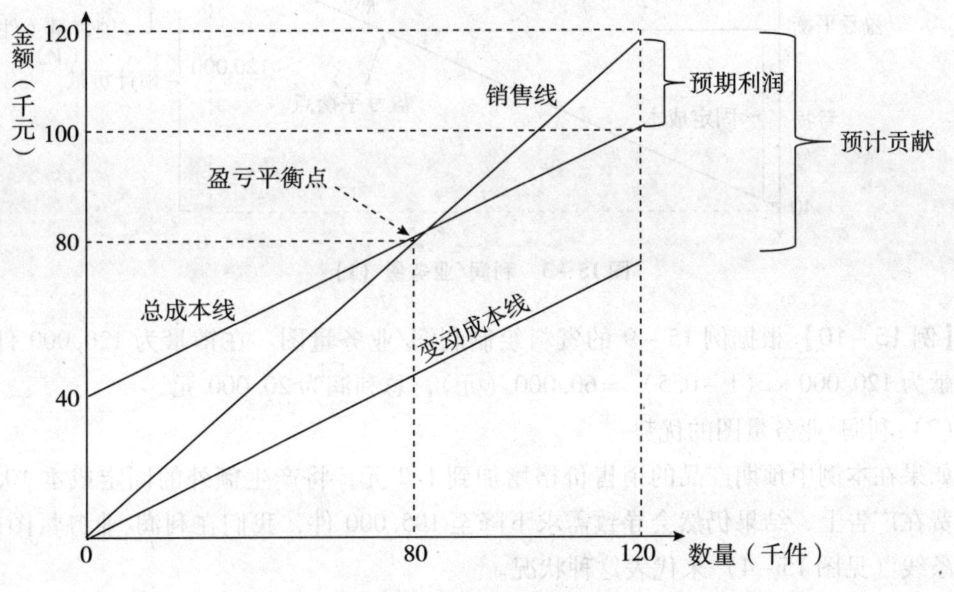

图15－2　贡献盈亏平衡

如果再看上述例子的盈亏平衡图，会发现盈亏平衡点是相同的，但是现在从这个图中，能够更容易知道预计贡献。

5. **利润/业务量图**（Profit/volume graph）

利润/业务量图是盈亏平衡图的变形，说明了利润与销量的关系。

（1）利润/业务量图的绘制

利润/业务量图的绘制步骤如下（请结合例题中的图）：

P 是 *y* 轴，实际上不仅包含利润，还包含与利润相对应的贡献（在货币价值方面），从两个坐标轴相交的原点开始沿 *y* 轴向上和向下延伸，*x* 轴以下的负数部分表示固定成本。这意味着，当产量为零时，企业发生的亏损等于固定成本。

V 是 *x* 轴，包含销售量或者销售额（收入）。

利润/业务量线是一条直线，从开始点（零产量处），在 *y* 轴代表固定成本水平的点开始，并以单位贡献为斜率（如果采用销售额而不是销售量，就采用销售贡献率）。利润/业务量线将与 *x* 轴相交于一点，即业务量盈亏平衡点。在利润/业务量线上 *x* 轴以上的任意一点都代表企业特定销售水平下的利润（用纵轴来衡量），如图 15－3 所示。

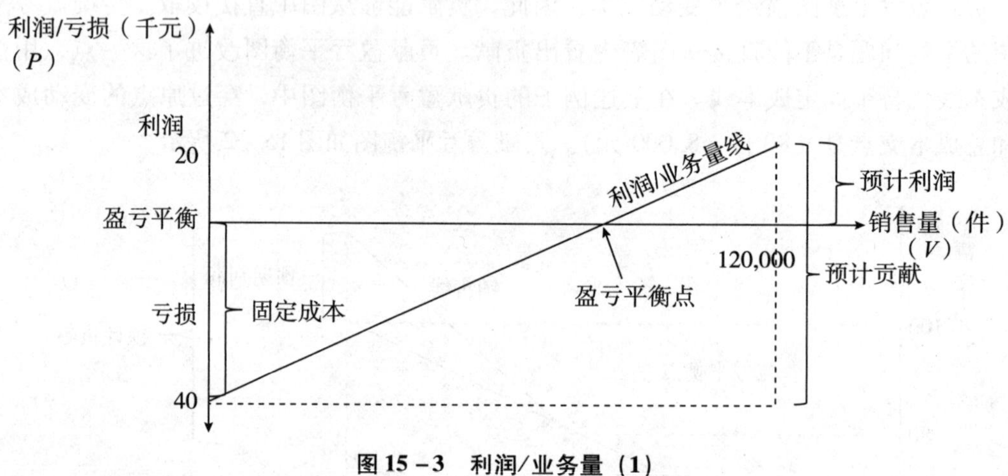

图 15－3　利润/业务量（1）

【例 15－10】根据例 15－9 的资料绘制利润/业务量图。在销量为 120,000 件处，总贡献为 120,000 ×（1－0.5）＝60,000（元），总利润为 20,000 元。

（2）利润/业务量图的优势

如果在本例中预期产品的销售价格增加到 1.2 元，将产生额外的固定成本 10,000 元花费在广告上，结果仍然会导致需求下降至 105,000 件，我们在利润/业务量图中增加一条线（见图 15－4）来代表这种状况。

销售量为 105,000 件时，贡献为 105,000 ×（1.2－0.5）＝73,500（元），总利润为 23,500 元（固定成本为 50,000 元）。

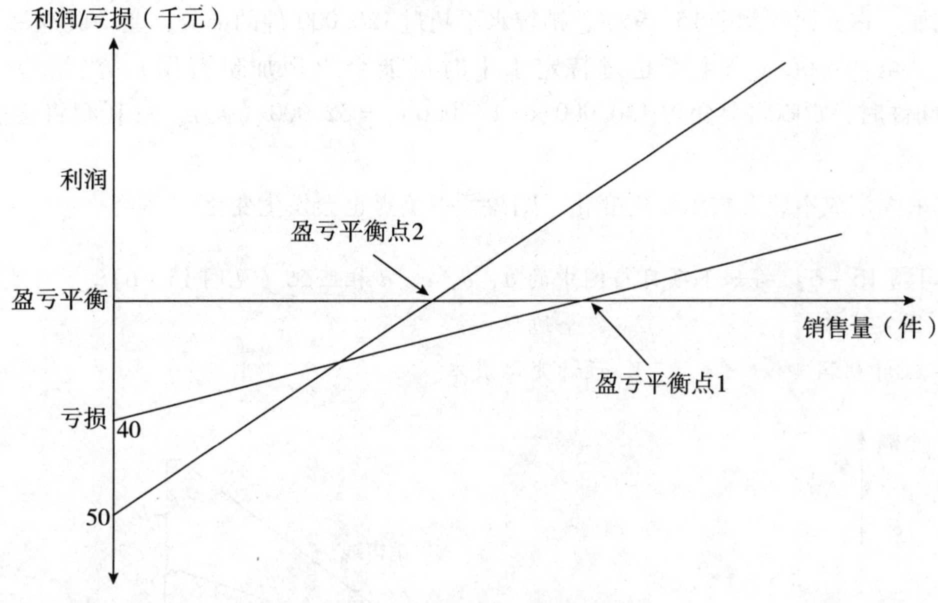

图 15－4　利润/业务量（2）

图 15－4 中显示，如果销售价格上升，盈亏平衡点将会出现在更低水平的销售收入处（71,429 件而不是 80,000 件）。还可以从图 15－4 中看到，如果价格为 1.2 元，销售量高于 50,000 件，达到的利润将会更高（实现的亏损会更低）。如果销量低于 50,000 件，将会产生更大的亏损。

与传统盈亏平衡图相比，利润/业务量图能传递更清晰的信息。

在特定生产水平下，单位变动成本或者固定成本的变化，也能够很容易地反映到利润/业务量图中。在成本结构改变的每个点的利润或者损失应该被计算并绘制到图中，这样利润/业务量线就变成了许多直线（见图 15－5）。

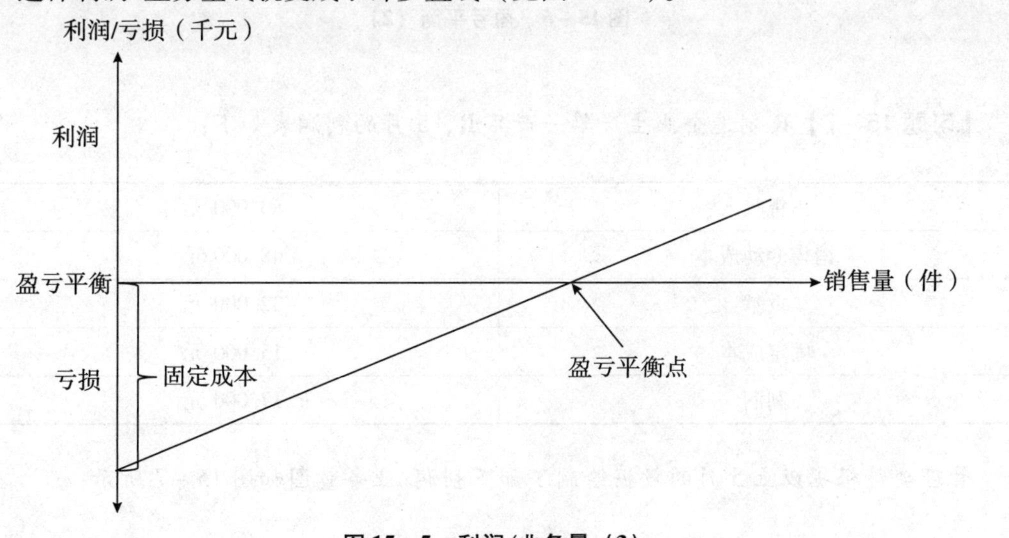

图 15－5　利润/业务量（3）

例如，在上面的例子 15 －9 中，销售水平超过 120,000 件的部分，变动成本每个单位会上升至 0.6 元（当生产超过特定水平时可能会出现加班费用），当销售量为 130,000 件时，贡献将会变为 130,000 ×（1 －0.6） =52,000（元），总利润将会变为 12,000 元。

如果固定成本或者贡献发生变化，则盈亏平衡点也会发生变化。

【习题 15 －6】将如下项目与图中的 a，b，c，d 相匹配（见图 15 －6）。

1. 固定成本　　2. 安全边际
3. 预计利润　　4. 预计变动成本

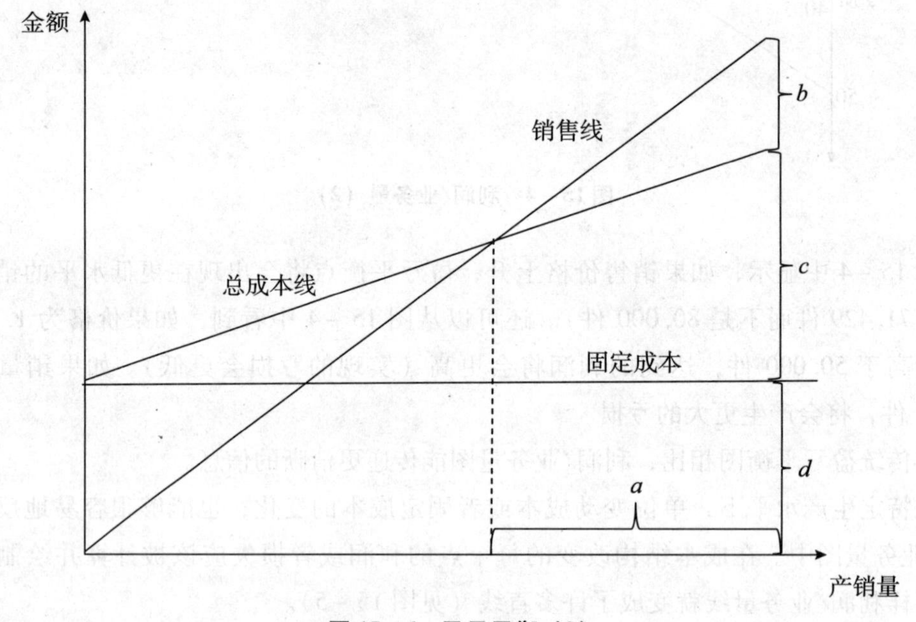

图 15 －6　盈亏平衡（2）

【习题 15 －7】R 制造企业生产单一产品 R，5 月的利润表如下：

销售收入	80,000 元
销售变动成本	48,000 元
贡献	32,000 元
固定成本	15,000 元
利润	17,000 元

管理会计根据以上 5 月的数据绘制了如下利润/业务量图如图 15 －7 所示：

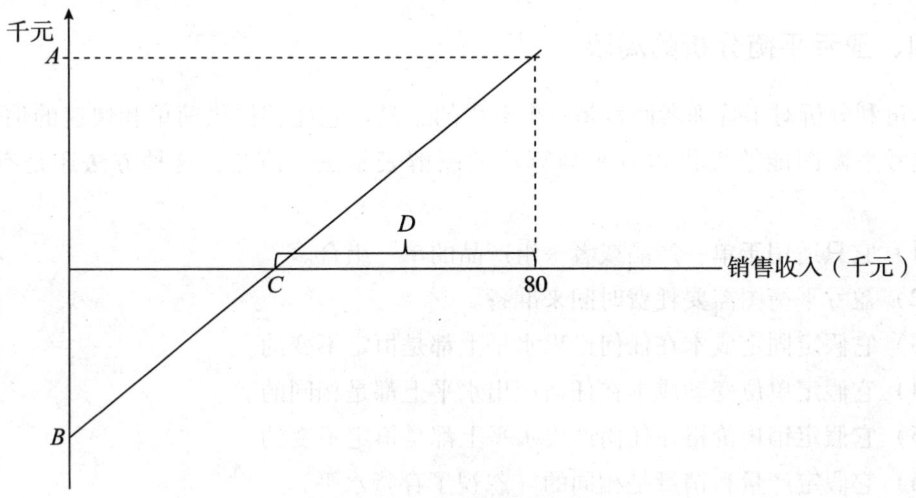

图 15-7 利润/业务量（4）

（1）图表中 A，B，C 点的数额分别为多少？

（2）图中描述 D 的部分为（　　）。

（3）对于整个年度，企业预计达到销售收入为 900,000 元，假设单位变动成本和销售价格与 5 月相同，固定成本为 180,000 元，那么整个年度的利润为（　　）。

（4）该产品的年度安全边际为预计销售收入的（　　）%。

6. 经济学中的盈亏平衡图（见图 15-8）

在经济学中，盈亏平衡图的线是曲线而不是直线，这是因为在经济学中认为单位成本和单位收入在不同业务量水平上不是恒定不变的。注意，总成本线是先下降后上升，这是因为随着被生产的产品数量的增加，产品的效益更高，这被称为规模效益。

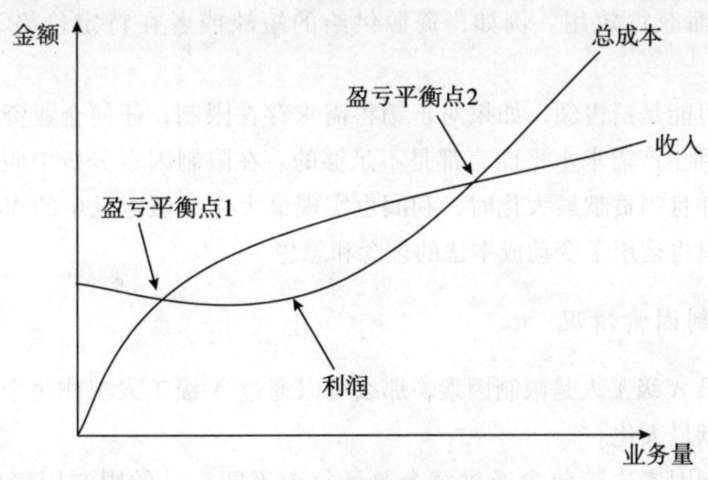

图 15-8 经济学中的盈亏平衡

四、盈亏平衡分析的局限

本量利分析对于管理者而言是一个有用的工具。它能够提供简单和快速的估计值，同时盈亏平衡图能够提供盈亏平衡算法的图解表示法。但是，这种方法还是有如下局限：

（1）它只适用于单一产品或者一组产品的单一组合。

（2）盈亏平衡图需要耗费时间来准备。

（3）它假定固定成本在任何产出水平上都是恒定不变的。

（4）它假定单位变动成本在任何产出水平上都是相同的。

（5）它假定销售价格在任何产出水平上都是恒定不变的。

（6）它假定产量和销量是相同的（忽视了存货水平）。

（7）它忽视了在固定成本和单位变动成本估算的过程中存在的不确定性。

五、限制因素分析

在限制因素情况下，企业将会通过获得限制因素的最大可能单位贡献来实现贡献的最大化。

（一）限制因素

管理过程中所要面临的一个普遍问题，是企业没有足够的资源来实现潜在的销量需求，因此，需要决定生产多少产品，以及尽可能有效地使用资源。限制企业为达到销售需求所需要的生产能力的资源，被称为限制因素或者关键因素。

限制因素或关键因素，指的是任何限制企业活动的因素。一个企业希望充分利用限制因素从而获得效用。例如，资源供给的短缺或者在特定价格下销售需求的限制。

限制因素可能是销售额，如果对于销售需求存在限制，任何企业资源（人工、材料等）对于达到生产需求水平而言都是不足够的。在限制因素分析中假设管理者希望利润最大化，并且当贡献最大化时，利润也实现最大化（假定发生的固定成本不变）。换句话说，这里也运用了变动成本法的理念和思想。

（二）限制因素情况

例如，如果A级工人是限制因素，那么可以通过A级工人工作每个小时的贡献最大化使整体贡献最大化。

因此，限制因素决策包含通过每个单元每个不同产品的限制因素实现的贡献的决策。

【例15－11】 W公司生产甲、乙两种产品，单位变动成本如下：

产品种类	甲	乙
直接材料成本（元）	1	3
直接人工成本（3元/小时）（元）	6	3
变动制造费用（元）	1	1
合计（元）	8	7

单位销售价格为甲产品14元，乙产品11元，在20×4年7月，直接人工被限制为8,000小时，7月的销售需求量为3,000件甲产品和5,000件乙产品。W公司决定利润最大化产品组合，假设每个月的固定成本为20,000元，产成品和在产品的期初存货为零。

第一步：确认限制因素为人工工时：

	甲产品	乙产品	总额
单位人工工时（小时）	2	1	
销售需求量（件）	3,000	5,000	
所需人工工时（小时）	6,000	5,000	11,000
可提供的人工工时（小时）			8,000
差额（小时）			3,000

因此，人工是产品的限制因素。

第二步：计算单位产品单位限制因素所获得的贡献，也就是每个人工工时获得的贡献：

	甲产品	乙产品
销售价格（元）	14	11
变动成本（元）	8	7
单位贡献（元）	6	4
单位人工工时（小时）	2	1
单位人工工时贡献（元）	3	4

虽然甲产品比乙产品有更高的单位贡献，但是生产两个乙产品的相同的时间内只能生产一个甲产品。因为人工供给是短缺的，而乙产品的单位人工工时贡献高于甲产品，所以生产乙产品比生产甲产品能获得更大的利益。

第三步：决定最佳生产计划。满足乙产品的全部销售需求，剩余的人工工时用来生产甲产品。

产品	需求量（件）	需要的工时（小时）	可获得工时（小时）	生产次序
乙产品	5,000	5,000	5,000	第一
甲产品	3,000	6,000	3,000	第二
		11,000	8,000	
产品	数量（件）	需要的工时（小时）	单位贡献（元）	总额（元）
乙产品	5,000	5,000	4	20,000
甲产品	1，500	3,000	3	9,000
		8,000		29,000
固定成本				20,000
利润				9,000

结论：单位贡献不是决定优先顺序的决策依据。人工工时是稀有资源，因此，每个人工工时的贡献是决定优先顺序的决策依据。乙产品每人工工时获得4元贡献，甲产品每人工工时获得3元贡献，因此，乙产品使用稀有资源更有效用，应该优先制造乙产品。可以通过以下5个步骤来决定最佳生产计划：

（1）识别限制因素。

（2）计算每件产品的单位边际收益。

（3）计算限制因素的单位边际收益。

（4）对产品进行排序（首先制造具有限制因素最高单位贡献的产品）。

（5）按顺序制造产品，直到稀有资源耗尽（最佳生产计划）。

【习题15-8】公司U生产单一产品V，标准成本细节如下：

直接材料（每千克3元）=12元　直接人工（每小时8元）=72元

生产制造费用=18元　总生产成本=102元

下一年度的需求量为20,000单位，期末存货为零，只有75,000千克的材料和190,000小时的工时可以使用，下一阶段的限制因素是（　　）。

A. 材料　　B. 人工　　C. 材料和人工　　D. 下一阶段没有限制因素

【习题15-9】公司A生产产品X，Y，Z，使用相同的设备，相关成本费用信息如下：

	X	Y	Z
销售额（千元）	1,000	1,125	625
主要成本（千元）	(500)	(562.5)	(437.5)
变动制造费用（千元）	(250)	(187.5)	(62.5)

续表

	X	Y	Z
固定制造费用（千元）	（200）	（315）	（130）
利润/亏损（千元）	50	60	（5）
年度销售需求量（件）	5,000	7,500	2,500
设备单位工时（小时）	20	21	26

但是，计划了相关预算后，发生了没有预计到的状况，即下一阶段可使用的设备生产能力限制在296,500小时内。

下一阶段可使用的设备工时数短缺（　　）小时。

用在产品X上的单位设备工时产生的贡献为（　　）元。

管理会计已经对产品的生产进行了排序，第一产品X、第二产品Y、第三产品Z，则下一阶段每个产品应该生产的数量产品X（　　）单位、产品Y（　　）单位、产品Z（　　）单位。

第三节　敏感性分析

现在我们知道了影响盈亏平衡点的因素，那么相关因素的变化会导致盈亏平衡点发生多大程度的变化呢？接下来我们要研究的是敏感性分析。

敏感性分析，是指使盈利转为亏损的相关影响因素的变动程度，以及相关因素变化对利润的影响程度。

敏感性分析主要研究两个方面的内容。

一是盈亏转折分析，即提供引起目标发生变化的各参数变化的界限，既可以分析相关因素发生多大变化会导致企业由盈利转为亏损，还能分析相关因素发生多大变化会使企业扭亏为盈。计算方法仍然是利用本量利分析的基本公式，即假设利润为零，其他因素不变的情况下，求解相关因素的值。

二是各因素敏感性分析，即各因素变动百分比与利润变动百分比之间的关系，也就是相关因素升降1%时利润将上升或下降百分之几，如果分析结果为正数，那么表明相关因素与利润呈正向变动；如果分析结果为负数，那么表明相关因素与利润呈负向变动。计算方法是利用敏感系数，敏感系数反映了要素的敏感程度，计算公式为：

$$敏感系数=利润变动百分比\div因素变动百分比$$

敏感系数越大，表明利润对该因素的敏感程度越高，换句话说，该相关因素发生小幅度变化会引起利润较大幅度的变化。一般情况下，敏感系数绝对值大于1即为敏感程度较高的因素，比如，经营杠杆，经营杠杆是研究企业利润对销售量变化的敏感程度，即销售量小幅度变化会引起利润大幅度变化，衡量经营杠杆程度的指标通常为经营杠杆系数，计算公式如下：

经营杠杆系数 = 贡献 ÷ 营业利润

经营杠杆系数越大，表明利润增长率大于销售量增长率，经营风险较大。

【例15－12】企业J生产产品W，单价150元，单位变动成本为100元，固定成本为500万元，预计下年产销量为15万件，那么请计算单价对利润影响的敏感系数。

预计下年利润 =（单价 － 单位变动成本）×销售量 － 固定成本

=（150 － 100）×15 － 500 = 250（万元）

假设单价提高10%，即单价变为150×（1 + 10%）= 165（元）

变动后利润 =（165 － 100）×15 － 500 = 475（万元）

利润变动百分比 =（475 － 250）÷250×100% = 90%

单价的敏感系数 = 90% ÷10% = 9

本章小结

本章学习了本量利分析的相关内容，盈亏平衡分析或者本量利分析是分析成本、业务量和利润三者在不同生产水平下相互之间的关系。首先，阐述了本量利分析的具体含义、盈亏平衡分析的相关指标和求解方法。盈亏平衡点发生在企业既不获利也不亏损的情况下，也就是固定成本等于边际收益时。其次，分别通过公式法和图解法对盈亏平衡点进行求解，其中，图解法包括盈亏平衡图、贡献盈亏平衡图和利润/业务量平衡图。再次，学习了限制因素分析，这是另一种应用边际成本概念的技术方法，能帮助企业获得最大利润的产量或销量。最后，阐述了敏感性分析的相关内容，分析了相关因素对利润的敏感程度。在限制因素情况下，通过获得来自限制因素的最大单位贡献，可以实现贡献的最大化。

本量利分析是管理会计中进行经营决策常用的方法，通过对成本、业务量、利润三者之间的关系进行分析，帮助企业管理者进行业务的预测和决策，以利润为导向，对成本结构和业务量的安排提供依据，是企业进行成本管控的重要方法。

第十六章　统计与概率

本章概述

本章将为不确定性和风险的概念提供数学技术背景，尤其是利用概率去度量风险。本章主要内容有统计与概率的相关知识：统计知识用来汇总和分析数据，如统计数据的整理、显示与集中趋势和离散趋势的测定等；概率用来测度风险的大小，如简单概率、联合概率、期望值与正态分布等。通过以上方法将风险量化，能够为决策者提供技术支持。

学习目标

※ 掌握统计数据的整理和显示方法

※ 掌握统计变量集中趋势、离散趋势的测定

※ 掌握期望值和联合概率在决策中的使用方法

※ 掌握正态分布的使用方法

商业观察

身边的统计

华为2017年年报显示：华为2017年支付雇员工资、薪金及其他福利1068.51亿元，时间单位计划171.55亿元，较2016年增长167.51亿元。华为在员工待遇上十分慷慨，据计算，18万名华为员工人均年薪68.89万元，这一平均年薪水平，较2016年普涨10万元。华为薪酬如此之高，让我们不禁感叹，待遇好的总是“别人家的”公司。但是，一位华为基层员工表示：“基本员工底薪8500元左右，加上各种补助，再扣扣税，每月入手小一万。”这么看来，并不是每位员工都能获得如此优渥的待遇，这些基层员工的年收入与60万元还相差甚远。

某上市公司公告中显示，公司共400万股股票，2004名股东，平均每人持股1996股。投资者如果认为该公司股东每人持股都在2000股左右就大错特错了。事实上，该公司四名大股东持股80%，平均每人持有80万股，而剩下的2000人只持有20%的公司股份，平均每人持400股。很显然，这里的平均每人持股1996股具有很强的误导性。

白岩松曾在《新闻1+1》中分享过一个例子，有一个大企业的总裁拿到的年薪是6000万元，他这6000万元如果做统计的时候可以这样说，他使1000名一分不挣的职工最后统计下来是平均年薪6万元，这6000万元是真实的，这一分不挣也是真实的，最后统计出来的这1000人平均年薪6万元也是真实的，但是最后它是不真实的。

上面这些例子在生活中经常发生，这种现象被称为平均数陷阱。在平均数陷阱中，为了能真实反映经济生活中数据的整体情况，我们可以利用统计学中的中位数、众数等，在不同的情况中更为精确地对数据进行分析，促进人们对数据的理解，进而为其所用。

走出了平均数陷阱，我们再来看一个现实例子："女博士为何嫁人难?"读过大学的人都知道，学校里女生在婚恋市场上往往学历越高越受冷落。很多女生在读完硕士后往往放弃继续考博，问到原因，她们会说："等读完博士更没人要了。"事实上，婚姻难题确实是许多女博士们头疼的事。那么，女博士为何嫁人难呢？究其原因，其实是正态分布惹的祸。受传统观念的影响，女生期望嫁给一个智商、能力等各方面都比自己强的男生，而智商的正态分布曲线决定了这个愿望很难实现。分布在智商正态分布曲线两端的都是智商过高或过低的人，智商越高，人数越少。比平均智商高一个标准差（标准差，即各数据偏离平均数的距离的平均数）的人占总人口的16%，高两个标准差的只占2.2%①，女博士的智商本来就高于平均水平，还想找比自己更优秀的男生，难度可想而知。

其实，统计学是跟经济生活最密切相关的学科之一，它基于数据，并为数据插上价值的翅膀。统计学很多指标和方法论对现实指导意义巨大，在金融、经济等领域应用最广，比如方差、概率，比如正态分布。企业做决策过程中往往充满了不确定性，而在管理会计中，我们更需要正视这些不确定性，这时我们就可以利用我们掌握的统计规律，高效、准确地分析数据，于不确定中实现最大的可能性，助力决策。

第一节　统计数据的整理与显示

一、统计数据的整理

统计数据的整理，就是对收集得到的各种原始数据进行审核、分组、汇总，使其

① 资料来源于《大数据时代下的统计学》。

条理化、系统化，从而符合统计分析与推断的要求。对统计数据进行整理，可以很大程度上简化数据，更有效地显示和提供统计信息。

统计数据整理的程序如下：

（1）数据的审核与检验。在整理数据之前，必须对原始数据进行审核，检查原始数据的完整性、准确性与及时性。如果发现问题，要及时处理、更正。

（2）数据的分组和汇总。按照一定的标准对原始数据进行分组归类，综合汇总形成各项统计指标，这一程序在统计数据的整理中最为重要。

（3）数据的表示与描述。在统计分组的基础上计算出各组的频数或频率，建立频数（率）分布，编制统计表或绘制统计图。

（一）离散型变量

离散型变量是指其数值只能用整数单位计算的变量。例如，企业个数、职工人数、生产设备台数等，只能按计量单位数计数，这种变量的数值一般用计数方法取得。离散型变量可以是 0、1、2 等整数，但不能是 1.6、2.3 等小数。

（二）连续型变量

连续型变量是指其数值可以在某个区间内取任一实数，即变量的取值可以是连续的变量。例如，人的身高、企业生产零件的尺寸、时间等。

（三）统计分组

统计分组就是根据统计研究的目的和客观现象的内在特点，将统计总体按照一定的标志区分为若干个组成部分的一种统计方法。分组标志有两种，一种是按品质标志分组，另一种是按数量标志分组。

1. 品质标志分组

按品质标志分组就是按事物的品质特征进行分组。一般来说，对于用定类尺度或定序尺度计量的，采用品质分组。例如，人口总体按性别分组，企业按经济类型分组等。

2. 数量标志分组

按数量标志分组就是按事物的数量特征进行分组。例如，人口按年龄分组，工业企业按产值分组等。按数量标志分组时，根据每组数量标志值的具体表现，又分为单项式分组和组距式分组。

（1）单项式分组和单项式变量数列

把变量的取值称为标志值或变量值。单项式分组就是把一个变量值作为一组。单项式分组一般适用于离散型变量且变量变动范围不大的情况。单项式分组形成单项式变量数列。

【例 16 -1】为了提升公司的经营效率，A 公司的财务主管对每天工作结束时未处理的发票数量进行抽查。对 20 个工作日的情况进行抽查，原始数据资料如下：

1 3 4 3 2
3 0 1 2 4
4 5 2 0 3
1 0 1 6 2

题目中所给出的原始数据的可用性并不是很大，因此，我们需要对其进行整理和分组，以使其更易于理解和使用。通过对题目中所给数表的观察，我们可以发现，所有的数值都在 0 ~6，因此，我们可以绘制一个表格，表格中所显示的数值在0 ~6，这样就可以看出每个值在表中出现的频率。这可以通过人工计数来实现，但是在图表中包含大量数据的情况下，这样做可能会出现人为错误。如果我们使用计数程序，就会得到更准确的结果。对表格中每个数字进行计数。计数完毕，结果如下表所示：

标志值	0	1	2	3	4	5	6
次数	3	4	4	4	3	1	1

注：表中的“次数”也称为频数，整个表称为样本的频数分布表。

（2）组距式分组和组距式变量数列

组距式分组就是将变量依次划分为几段区间，一段区间表现为“……到……”距离，把一段区间内的所有变量值归为一组，就形成了组距式变量数列。区间的距离就是组距。连续型变量或变动范围较大的离散型变量，适合采用组距式分组。

（3）编制组距式变量数列应注意的问题

①确定组距：组距的大小要适度，要能正确反映总体的分布特征及其规律。组距既不能过大，也不能过小。如果资料数据分布得比较均匀，就可以采用等距式分组，否则应采用不等距分组。

②确定组限：对于离散型变量，其变量值都是整数，变量值之间有明显的界限，因此，组的上下限可以用肯定性的数值表示。对于连续型变量，其变量有小数，组限不能用肯定的数值标志，只能采用以同一个数值作为相邻两组共同界限的方法表示。根据统计分组的“互斥原则”，凡是总体某一个单位的变量值是相邻两组的界限值的，就把这一单位归入作为下限值的那一组内，即所谓的“上限不在内”原则。

（四）频率分布

频率反映了各组频数的大小对总体所起的作用的相对强度，它是各组频数与总体单位总和之比，其计算公式如下：

$$频率 = \frac{f_i}{\sum f_i}$$

频率具有两个性质：①任何频率都是介于0和1之间的，即 $0 \leqslant \frac{f_i}{\sum f_i} \leqslant 1$；②各组频率之和等于1，即 $\sum \frac{f_i}{\sum f_i} = 1$。

【例16－2】一家上市企业20天的股票价格如下所示（不考虑股市的涨跌限制）：

21.3　22.1　18.3　21.6　20.8
17.2　16.5　25.9　21.6　19.8
20.1　20.0　21.1　24.6　19.9
19.7　19.5　19.1　24.1　22.8

分组如下表所示：

价格（元）	频数（f_i）	频率
15～17	1	0.05
17～19	2	0.10
19～21	8	0.40
21～23	6	0.30
23～25	2	0.10
25～28	1	0.05
合计	20	1

注：表中第1列是变量，第2列是各组出现的次数即频数，各组频数之和等于总体单位数，第3列是频率。

（五）累计频数与累计频率

累计频数（或频率）可以是向上累计频数（或频率），也可以是向下累计频数（或频率）。向上累计频数（或频率）分布，其方法是先列出各组的上限，然后由上限低的组向上限高的组依次累计频数（或频率）。向上累计频数表明某组上限以下的各单位数之和，向上累计频率表明某组上限以下的各组单位数之和占总体单位数的比重。向下累计频数（或频率），需要先列出各组的下限，然后由下限高的组向下限低的组依次累计频数（或频率）。向下累计频数表明某组下限以上的各组单位数之和，向下累计频率表明某组下限以上的各组单位数之和占总体单位数的比重。

累计频数的分布有以下两个特点：第一组的累计频数等于第一组本身的频数；最

后一组的累计频数等于总体单位数。

累计频率的分布同样有两个特点：第一组的累计频率等于第一组本身的频率；最后一组的累计频率等于1。

【例16－3】某企业生产的100个电子产品的耐用时数资料如下，根据资料进行频数（率）的累计。

耐用时数分组（小时）	向上累计					向下累计				
	分组上限（小时）	频数	累计频数	频率（%）	累计频率（%）	分组下限（小时）	频数	累计频数	频率（%）	累计频率（%）
800～900	900	10	10	10	10	800	10	100	10	100
900～1000	1000	2	12	2	12	900	2	90	2	90
1000～1100	1100	16	28	16	28	1000	16	88	16	88
1100～1200	1200	22	50	22	50	1100	22	72	22	72
1200～1300	1300	22	72	22	72	1200	22	50	22	50
1300～1400	1400	14	86	14	86	1300	14	28	14	28
1400～1500	1500	8	84	8	94	1400	8	14	8	14
1500～1600	1600	4	98	4	98	1500	4	6	4	6
1600～1700	1700	2	100	2	100	1600	2	2	2	2
合计	—	100	—	100	—	合计	100	—	100	—

从表中可以得知，电子产品耐用时数在1000小时以下的有12个，占总数的12%；耐用时数在1200小时以下的有50个，占总数的50%；耐用时数在1000小时以上的有88个，占总数的88%；耐用时数在1200小时以上的有50个，占总数的50%。

二、统计数据的显示

1. 饼状图

饼状图是指用圆形及圆内扇形的面积来表示数值大小的图形，主要用于表示总体中各组成部分所占的比例。绘制饼状图时，总体中各部分所占的百分比用圆内各扇形的面积表示，扇形的中心角度按各部分百分比占360°的相应比例确定。

【例16－4】某个月，甲连锁超市在5个城市的分店的月营业额的数据资料如下：

城市	月营业额（万元）
A	20
B	38

续表

城市	月营业额（万元）
C	50
D	40
E	32
合计	180

绘制饼状图之前，要先计算出各组成部分所对应扇形的面积，即扇形圆心角的度数。

A：$\frac{20}{180}\times360°=40°$　　B：$\frac{38}{180}\times360°=76°$

C：$\frac{50}{180}\times360°=100°$　　D：$\frac{40}{180}\times360°=80°$

E：$\frac{32}{180}\times360°=64°$

饼状图如图 16－1 所示：

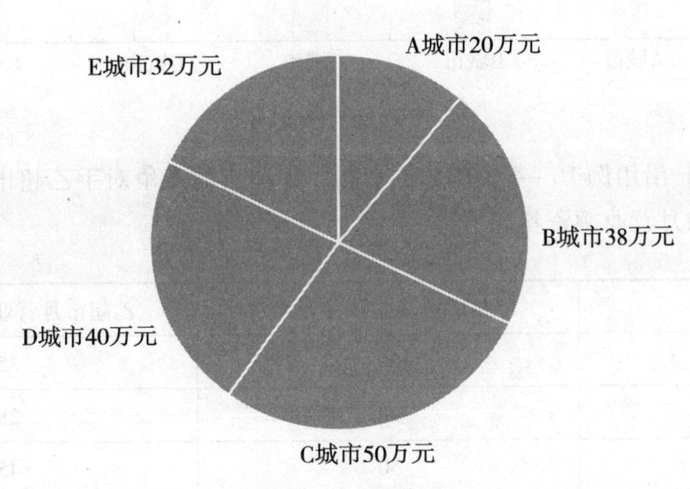

图 16－1　饼状图

2. **条形图**

条形统计图是用一个单位长度表示一定的数量，根据数量的多少画成长短不同的直条，然后把这些直条按一定的顺序排列起来。在直角坐标中，横轴代表分组，纵轴代表各组的数量。从条形统计图中很容易看出各种数量的多少，条形统计图的作用就是进行数量的比较。

条形统计图分为单式条形统计图和复式条形统计图两种，而复式条形统计图又可以分为多元型和复合型两类。单式条形统计图和复式条形统计图的相同点是都能让人清楚地看出数量的多少；不同点是单式条形统计图用于比较一个事物的数量，而复式条形统计图用于比较多个事物的数量。

【例 16－5】沿用例 16－4 中的数据，将 5 个城市的月营业额数据绘制成条形统计图，如图 16－2 所示：

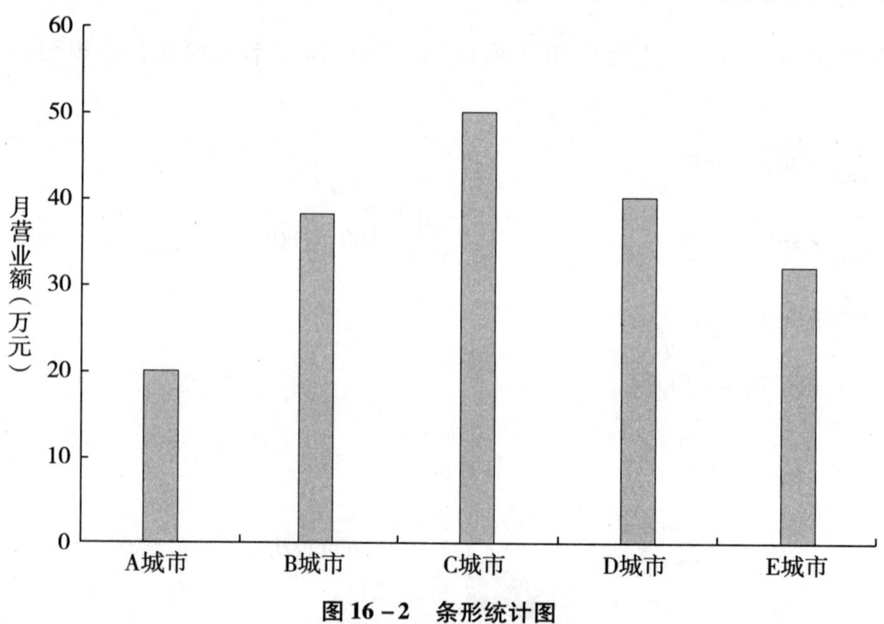

图 16－2 条形统计图

【例 16－6】沿用例 16－4 中的数据资料，甲超市的竞争对手乙超市在同一时间相同 5 个城市中的月营业额资料如下：

城市	甲超市月营业额（万元）	乙超市月营业额（万元）
A	20	35
B	38	28
C	50	45
D	40	52
E	32	25
合计	180	185

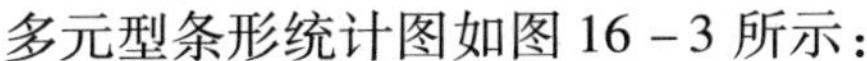
多元型条形统计图如图 16－3 所示：

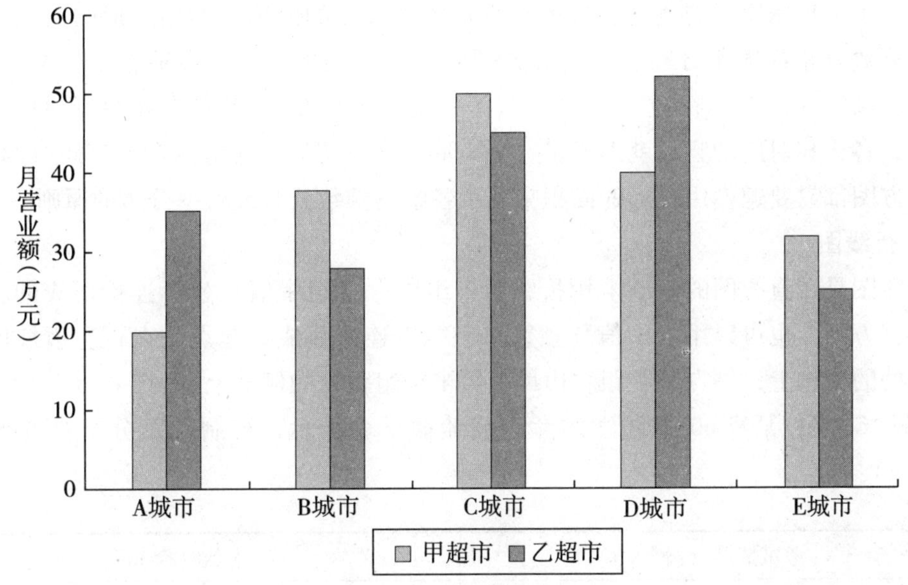

图 16－3　多元型条形统计图

复合型条形统计图如图 16－4 所示：

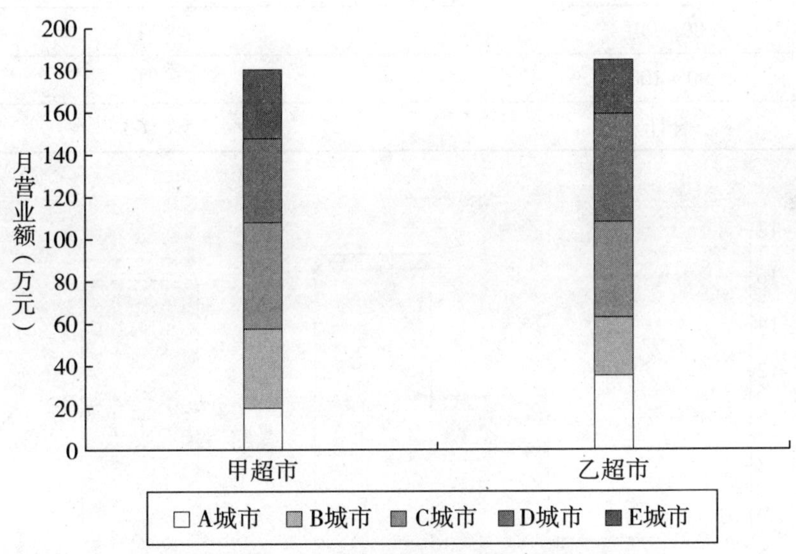

图 16－4　复合型条形统计图

多元型条形统计图显示了甲、乙两个超市分别在 5 个城市的月营业额的对比情况，但是不能看出两个超市的月营业总额。复合型条形统计图则显示了两个超市在 5 个城市的月营业额总额对比情况，但是不能显示每个城市月营业额的对比情况。

3. **直方图**

直方图是指用矩形的宽度和高度来表示频数分布的图形，即用矩形的面积来表示各组的频数分布或频率分布。绘制直方图时，在直角坐标中，横轴表示各组的组限，纵轴表示频数（一般标在左方）或频率（一般标在右方），若没有频率，则只保留左侧频数，各组与对应的频数就形成了一个矩形。直方图有等距分组和不等距分组两种，两种直方图都需要遵循用矩形的面积来表示各组的频数分布或频率分布的原则。

4. **折线图**

折线图是在直方图的基础上用折线将各组中点（组中值）坐标连接而成的。如果不绘制直方图，也可以用组中值与频数求坐标点连接而成。起点是在距左边最低组半个组距处的横轴上，终点是在距右边最高组半个组距处的横轴上。

【例 16－7】某班 60 个同学的考试成绩如下表所示，绘制等距分组直方图（见图 16－5）：

考试成绩（分）	人数（个）
50～60	5
60～70	11
70～80	17
80～90	11
90～100	16
合计	60

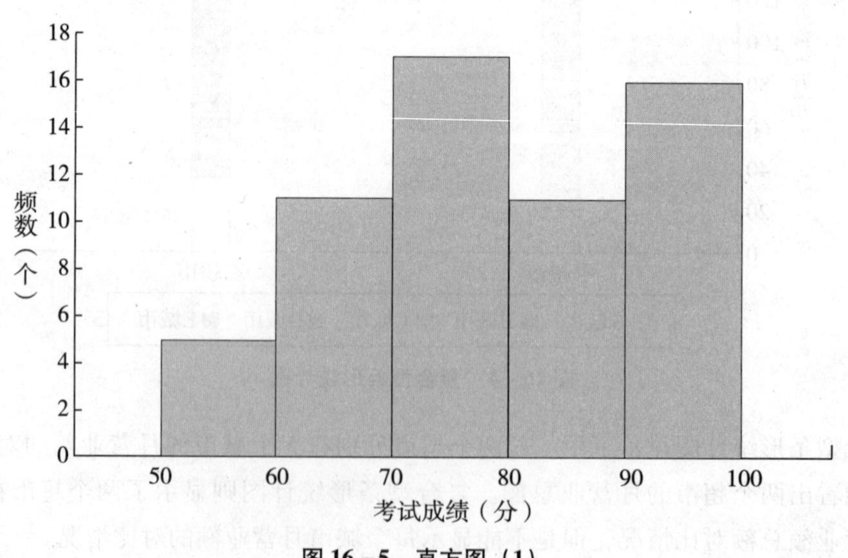

图 16－5　直方图（1）

在直方图的基础上绘制折线图（见图 16－6）：

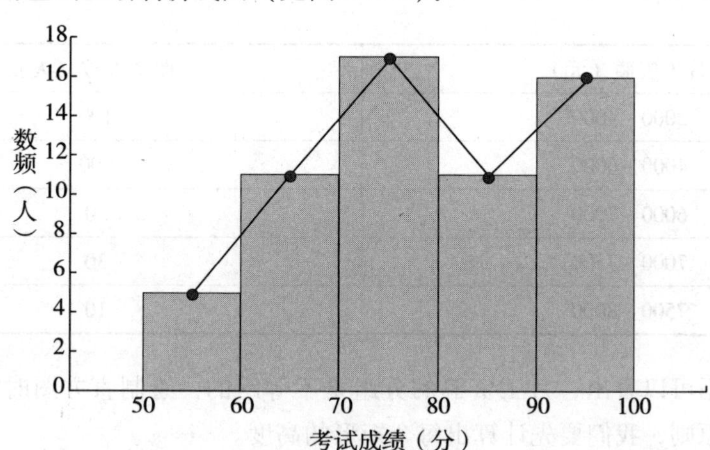

图 16－6　折线图（1）

表示累计频数分布情况，可以直接用折线图表示。绘制累计频数分布折线图时，从最小值的下限开始，连接各组上限与该组累计频数所形成的坐标点而成。

【例 16－8】沿用例 16－7 的数据：

考试成绩（分）	人数（个）	累计人数（个）
50～60	5	5
60～70	11	16
70～80	17	33
80～90	11	44
90～100	16	60
合计	60	—

考试成绩折线图如图 16－7 所示：

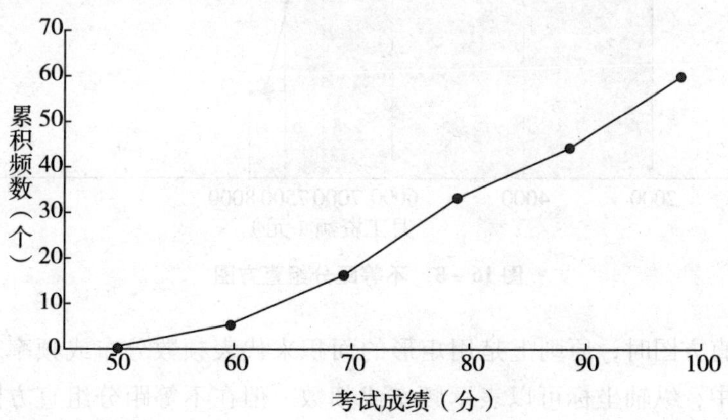

图 16－7　考试成绩折线图

【例16－9】某公司员工月工资额数据资料如下表所示，绘制不等距分组直方图：

月工资额（元）	职工人数（人）
2000～4000	100
4000～6000	200
6000～7000	50
7000～7500	30
7500～8000	10

由表中数据可以看出，月工资额的分组是不等距的，绘制直方图时，依据矩形面积表示频数的原则，我们要先计算出每个矩形的高度。

第一、第二组的组距为2000，第三组的组距为1000，第四、第五组的组距均为500，那么，5个组的矩形高度（h）计算如下：

$h_1 = 100 \times 1 = 100$　$h_2 = 200 \times 1 = 200$

$h_3 = 50 \times 2 = 100$　$h_4 = 30 \times 4 = 120$

$h_5 = 10 \times 4 = 40$

绘制直方图（见图16－8）：

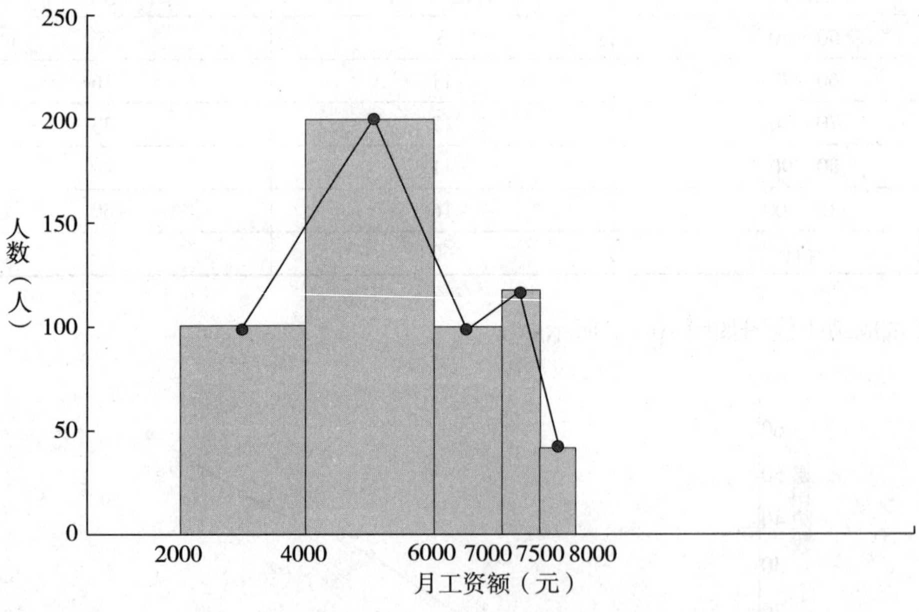

图16－8　不等距分组直方图

我们绘制直方图时，原则上是用矩形的面积来代表频数分布或频率表分布，在等距分组直方图中，纵轴坐标可以表示频率或频数。但在不等距分组直方图中，纵轴不再表示“频率”，而表示“频率密度”，即频数。在不等距分组的情况下，绘制累计频数折线图，因为折线图上的点只包含了每个组的上限值，而不是累计值，所以不等距的分组不会对结果产生影响。折线图如图 16 - 9 所示：

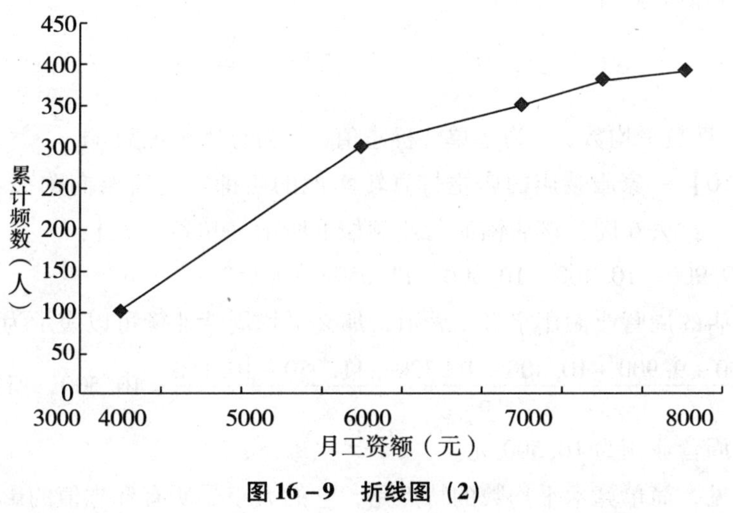

图 16 - 9　折线图（2）

第二节　统计数据集中趋势的测定

一、集中趋势

集中趋势（Central tendency）在统计学中是指一组数据向某一中心值靠拢的程度，它反映了一组数据中心点的位置所在，集中趋势测度就是寻找数据水平的代表值或中心值。测定集中趋势是为了表示社会经济现象总体各单位某一标志在一定时间、地点条件下所达到的一般水平。集中趋势的指标经常被作为评价事物和决策的数量标准或参考。

1. 算术平均数

算术平均数（Arithmetic mean），又称均值，是统计学中最基本、最常用的一种平均指标，分为简单算术平均数、加权算术平均数。它主要适用于数值型数据，不适用于品质数据。根据表现形式的不同，算术平均数有不同的计算形式和计算公式。

简单算术平均数是加权算数平均数的一种特殊形式（特殊在各项的权重相等）。在实际问题中，当各项权重不相等时，计算平均数时就要采用加权算数平均数；当各项权重相等时，计算平均数就要采用简单算术平均数。基本形式：

$$算术平均数 = 总体标志总量 \div 总体单位总量$$

例如，商店的营业总额除以营业天数求得平均营业额，企业的工资总额除以员工总人数求得平均工资。在实际工作中，由于数据资料的不同，计算算术平均数分为简单和加权两种计算形式。

（1）简单算术平均数

简单算术平均数，是指将总体的各个单位标志值简单相加，然后除以单位个数，求出的平均标志值。其计算公式为：

$$\bar{x} = \frac{x_1 + x_2 + \cdots + x_n}{n} = \frac{\sum x}{n}$$

式中，$\bar{x}$ 为算数平均数，x_i 为各单位标志值，n 为总体单位数。

【例 16－10】 一家服装店的店主打算转卖他的店铺，他需要向购买者提供该店的平均周营业额。过去 6 周，该店铺的营业额如下所示（单位：元）：

11, 200　9, 900　10, 400　10, 300　11, 050　10, 150

如果服装店的周营业额用字母 x 表示，那么平均周营业额可以表示为 $\bar{x}$，

$\bar{x} = \frac{11,200 + 9,900 + 10,400 + 10,300 + 11,050 + 10,150}{6} = 10,500$，所以店主向购买者提供的平均周营业额为 10, 500 元。

由本例可见，简单算术平均数的特点是，它的大小受所有标志值的影响。

（2）加权算术平均数

加权算术平均数是具有不同比重的数据（或平均数）的算术平均数。

比重也称权重，数据的权重反映了该变量在总体中的相对重要性，每种变量权重的确定，与一定的理论经验或变量在总体中的比重有关。依据各个数据的重要性系数（即权重）进行相乘后再相加求和，就是加权和。加权和与所有权重之和的比等于加权算术平均数。加权算术平均数主要用于原始数据资料已经分组并编制出次数分布的情况。其计算公式为：

$$\bar{x} = \frac{x_1 f_1 + x_2 f_2 + \cdots + x_n f_n}{f_1 + f_2 + \cdots + f_n} = \frac{\sum xf}{\sum f}$$

式中，f_i 为标志值 x_i 出现的次数或权数，n 为组数。

【例 16－11】 A 公司的人力部门统计员工在过去的 180 个工作日里的缺勤情况，统计的数据如下：

缺勤人数（x）	0	1	2	3	4	5	6	7	8
天数（天）	9	28	41	43	19	18	10	7	5

那么，日缺勤人数的均值

$$x_i = \frac{(9\times0)+(28\times1)+(41\times2)+(43\times3)+(19\times4)+(18\times5)+(10\times6)+(7\times7)+(5\times8)}{180} \approx 3.08$$

由本例可见，加权算术平均数的大小，不仅取决于总体各单位的标志值，而且受单位标志值出现次数的影响，因此，统计学里把 f 称为权数，即它对平均的结果起权衡轻重的作用。

如果我们取得的数据资料不是单项数列资料，而是组距数列资料，则计算加权算数平均数的方法基本相同，只是先要计算出各组的组中值，即（上限＋下限）/2，然后以各组的组中值代表该组标志值进行计算。

【例 16－12】某外资企业的人力资源部门对 200 名员工的周工资额统计分组资料如下：

周工资分组（美元）	组中值（美元）(x)	员工人数（人）(f)	各组员工工资总额（美元）(xf)
170～175	172.5	40	6900
175～180	177.5	65	11537.5
180～185	182.5	47	8577.5
185～190	187.5	23	4312.5
190～195	192.5	15	2887.5
195～200	197.5	10	1975
合计	—	200	36190.0

员工的平均周工资额 $\bar{x}=\frac{\sum xf}{\sum f}=\frac{36190}{200}=180.95$（美元）

本例中，以组中值代替组平均数，是假定各单位标志值在各组内均匀分配，可能存在误差，结果只是近似的。计算加权算术平均数时，要注意权数的选择，保证权数与标志值的乘积具有实际意义，即必须是标志值的总和。

2. **中位数**

中位数（Median）是指将数据按大小顺序排列起来，形成一个数列，居于数列中间位置的那个数据。

从中位数的定义可知，中位数表明总体中标志值小于中位数的单位数和大于中位数的单位数是相等的。中位数的作用与算术平均数相近，也是作为所研究数据的代表值。在一个等差数列或一个正态分布数列中，中位数就等于算术平均数。

用中位数来代表总体的一般水平，可以避免受总体中极端标志值的影响，有时比算术平均数更具有代表性。例如，在社会居民收入差距悬殊的国家中，社会居民年收入的中位数比平均年收入更能代表中等居民年收入的水平。如果研究目的就是反映中间水平，当然也应该用中位数。在对统计数据进行处理和分析时，可结合使用中位数。

要求得中位数，首先要把 n 个标志值按大小顺序排列，然后计算出中位数所在的位次。

（1）在标志值未经分组的情况下，中位数位次 $=\frac{n+1}{2}$，如果总体单位数 n 是奇数，则居于中间位次的标志值是唯一确定的，这个位次的标志值就是中位数。如果总体单位数 n 是偶数，则居于中间位次的标志值不是唯一确定的，要取中间位次的两个标志值的算术平均数为中位数。

【例 16-13】在例 16-10 中，商店过去 6 周的营业额分别为（单位：美元）

11, 200　9, 900　10, 400　10, 300　11, 050　10, 150

一位有意向的购买者发现，平均周营业额 10, 500 美元大于其中 4 周的周营业额，他觉得平均周营业额的代表性较弱。因此，店主需要求得 6 周周营业额的中位数，以供购买者参考。

$$6\text{周周营业额的中位数} = \frac{10,300 + 10,400}{2} = 10,350\text{（美元）}$$

※利用图表求中位数的方法

【例 16-14】对例 16-12 的数据稍加改变，某外资企业的人力资源部门对员工的周工资额统计分组资料如下：

周工资（美元）	员工人数（人）	累计人数（人）
<175	40	40
<180	65	105
<185	47	152
<190	23	175
<195	15	190
<200	10	200
合计	200	—

员工周工资额折线图如图 16-10 所示：

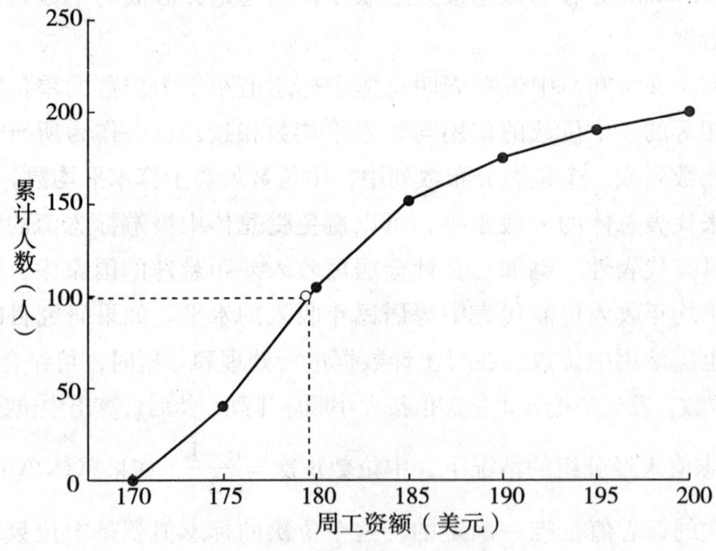

图 16-10　员工周工资额折线图

由题意可知，员工总额为200，由中位数的定义可知，一半的标志值在100这个分界点上方，另一半的标志值在100这个分界点的下方，那么在这条折线图中，累计人数100对应的周工资额就是周工资额的中位数。求得中位数的值大约为179.62，相对于之前例16－12中的平均值180.95来说，在本数据资料中，中位数179.62更具有代表性。

（2）在标志值组距分组的情况下，假定各组标志值在组内均匀分布，我们可以先利用$\frac{\sum f}{2}$求出中位数所在组的位置，然后根据中位数所在组中位数次数占全组次数的比重来推算中位数的值。其计算方法有两种，公式如下：

①下限公式

$$m_e = L_{me} + d_{me} \times \frac{\frac{\sum f}{2} - S_{me-1}}{f_{me}}$$

②上限公式

$$m_e = u_{me} - d_{me} \times \frac{\frac{\sum f}{2} - S_{me+1}}{f_{me}}$$

式中，m_e 为中位数；u_{me} 和 L_{me} 分别为中位数组的下限和上限；d_{me} 为中位数组的组距；S_{me-1} 和 S_{me+1} 分别为向上（和向下）累计至中位数组的前（和后）一组的次数；f_{me} 为中位数组的次数。

【例16－15】某乡镇2000户家庭按人均年收入分组的资料如下表所示：

人均年收入（元）	家庭数（户）	向上累计（户）	向下累计（户）
2000～3000	140	140	2000
3000～4000	220	360	1860
4000～5000	650	1010	1640
5000～6000	400	1410	990
6000～7000	170	1580	590
7000～8000	110	1690	420
8000～9000	190	1880	310
9000～10000	120	2000	120
合计	2000	—	—

按下限公式计算中位数，$m_e = 4000 + 1000 \times \frac{2000 \div 2 - 360}{650} \approx 4984.62$（元）

按上限公式计算中位数，$m_e = 5000 - 1000 \times \frac{2000 \div 2 - 990}{650} \approx 4984.62$（元）

3. **众数**

众数是指一组数据中出现次数最多的那个数据，它表示社会经济现象总体中最普遍出现的标志值。一组数据可以有多个众数，也可以没有众数。从分布角度来看，众数是具有明显集中趋势的数值。用众数作为现象一般水平的代表，在实际工作中有特殊的用途。例如，要说明一个企业中工人最普遍的技术等级，说明消费者需要的鞋袜、帽子等最普遍的尺码，说明农贸市场上某种农副产品最普遍的成交价格等，都需要利用众数。因此，只有在总体单位比较多且又明显地集中于某个变量值时，计算众数才有意义。

在单项数列中，频数最多组的标志值就是众数。在组距数列的条件下，要先根据频数确定众数所在组，然后按该组与前后相邻两组次数之差所占的比重来计算近似的众数值。计算公式如下：

（1）下限公式

$$m_0 = L_{m0} + d_{m0} \times \frac{\Delta_1}{\Delta_1 + \Delta_2}$$

（2）上限公式

$$m_0 = u_{m0} - d_{m0} \times \frac{\Delta_2}{\Delta_1 + \Delta_2}$$

式中，m_0 为众数；L_{m0} 和 u_{m0} 分别为众数组的下限和上限；d_{m0} 为众数组的组距；Δ_1 为众数组与前一组次数之差；Δ_2 为众数组与后一组次数之差。

【例 16－16】某位销售员，按销售业绩领取工资，其从事销售工作 170 周内的周工资情况如下表所示：

周工资（美元）	次数
180 ~ 185	41
185 ~ 190	57
190 ~ 195	27
195 ~ 200	23
200 ~ 205	15
205 ~ 210	7
合计	170

求这位销售员周工资的众数。

由表中数据可以看出，众数组为 185 ~ 190 美元。

按下限公式计算众数：$m_0 = 185 + 5 \times \frac{16}{16 + 30} \approx 186.70$。

按上限公式计算众数：$m_0 = 190 - 5 \times \frac{30}{16+30} \approx 186.70$。

还有一种更为简单的方法，我们可以用直方图来求解众数（见图 16 - 11）。

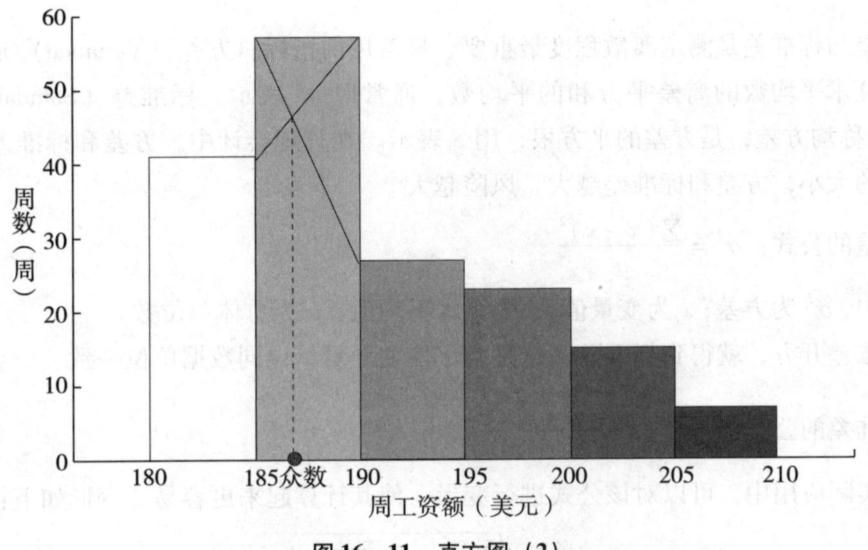

图 16 - 11　直方图（2）

众数组为 185 ~ 190，如图 16 - 11 所示，由众数组的两端分别向前一组和后一组画线，两条线的交点对应的周工资额就是众数的近似值。这种寻找众数的方法，在组距不相等的数据中同样适用。

第三节　统计数据离散程度的测定

集中趋势是统计总体数据的特征之一，但由于个体的差异性，总体中各数据还呈现出与集中趋势的代表值相分散的离中趋势。因此，为了对总体数据有一个全面的认识，仅仅用集中趋势的测度来描述数列的分布特征是不够的，我们还需要关注数据的离散趋势。离散趋势的测定，在统计学中也称为变异指标，是用来描述数列中标志值的离散趋势与离散程度的。

离散程度的主要指标有极差、方差与标准差、离散系数等。在实践中，离散程度有着重要的作用，它不仅可以反映总体中变量分布的离中趋势，而且可以衡量均值的代表性，还能够测定现象变动的均匀性或稳定性程度。

一、极差

极差又称范围误差或全距（Range），是指一个数列中两个极端值即最大值和最小值之间的距离。计算极差是测定标志值变异程度最简单的方法，极差的大小反映标志值变动范围的大小。

二、方差与标准差

方差与标准差是测定离散程度最重要、最常用的指标。方差（Variance）是各个数据与其算术平均数的离差平方和的平均数，通常以 σ^2 表示。标准差（Standard deviation）又称均方差，是方差的平方根，用 S 表示。在管理会计中，方差和标准差用来反映风险的大小，方差和标准差越大，风险越大。

方差的公式：$\sigma^2 = \frac{\sum(x-\bar{x})^2}{n}$

式中，σ^2 为方差；x 为变量值；$\bar{x}$ 为算术平均值；n 为总体单位数。

将方差开方，就得到标准差，这是为了使变异量单位同数据单位一致。

标准差的公式：$S = \sqrt{\frac{\sum(x-\bar{x})^2}{n}}$

在实际应用中，可以对该公式进行变形，使其计算起来更容易。变形如下：

$$S = \sqrt{\frac{\sum fx^2}{\sum f} - \left(\frac{\sum fx}{\sum f}\right)^2}$$

【例 16－17】 一位分析师准备对两类行业甲行业、乙行业的公司进行营利能力的分析，他的助手帮他收集了过去一年中两类行业中多家公司的股票市盈率数据：

股票市盈率	甲行业中的公司数量（家）	乙行业中的公司数量（家）
4.00～6.00	4	4
6.00～8.00	7	6
8.00～10.00	8	7
10.00～12.00	5	3
12.00～14.00	4	4
14.00～16.00	2	4
合计	30	28

已知两组数据的平均值分别为 15.59 和 15.62，求两组数据各自的标准差。

对于标志值组距分组的情况，我们可以假定各单位标志值在各组内均匀分配，先计算出每组的中间值，用组中值来代替组平均值。甲行业市盈率的标准差计算过程如下：

x（组中值）	x^2	f	fx	fx^2
5.00	25.00	4	20.00	100.00
7.00	49.00	7	49.00	343.00
9.00	81.00	8	72.00	648.00
11.00	121.00	5	55.00	605.00
13.00	169.00	4	52.00	676.00
15.00	225.00	2	30.00	450.00
合计	—	30	278.00	2822.00

利用变形以后的公式可以求得：

$$S=\sqrt{\frac{\sum fx^2}{\sum f}-\left(\frac{\sum fx}{\sum f}\right)^2}$$

$$S_{甲}=\sqrt{\frac{2822}{30}-\left(\frac{278}{30}\right)^2}\approx 2.86$$

同理，可以求出乙行业市盈率的标准差：

$$S_{乙}=\sqrt{\frac{2900}{28}-\left(\frac{270}{28}\right)^2}\approx 3.25$$

三、离散系数

上述各种变异度指标，都是对总体中各单位标志值变异测定的绝对量指标。在实践中，我们有时还需要对不同总体的标志变异度进行对比分析，这就要用到离散系数。离散系数是测定总体中各单位标志值变异的相对量指标，离散系数可以消除不同总体之间在计量单位、平均水平等方面的不可比因素。

变异系数＝变异程度÷算术平均数

最常用的变异系数是标准差系数：

$$V=\frac{\sigma}{\bar{x}}\times 100\%$$

注意：分母即 $\bar{x}$ 为零或者负数时，计算这个比率是无意义的。

在经济中，标准差系数能帮助估计投资的风险与报酬。该项投资的标准差系数越小，说明该项投资在一定的风险下报酬最大，或在报酬一定的条件下风险最小。

【例 16－18】 M、H 两个公司的员工人均日工资额平均值和标准差数据如下：

公司	平均值（元）	标准差
M	120	55
H	90	50

我们能够从此表中得出M公司日工资的变异程度高于H公司的结论吗？

从表中的平均值和标准差来看，似乎M公司日工资额变异程度高于H公司。我们需要计算两公司日工资额的离散系数：

$$M公司日工资额的离散系数 = \frac{55}{120} \times 100\% = 45.8\%$$

$$H公司日工资额的离散系数 = \frac{50}{90} \times 100\% = 55.6\%$$

由此可以看出，M公司日工资额的变异程度低于H公司，这说明M公司的平均日工资额具有较大的代表性。

第四节　简单概率

一、概率（Probability）

1. 概率定义

抛一枚硬币，出现正面朝上的可能性是50%；掷骰子点数为四的可能性是1/6；一个人被闪电击中的概率比彩票中奖的概率还要大。以上这些情景都涉及了概率的思想。

概率（Probability），又称或然率、机率（几率）或可能性，是随机事件发生可能性大小的量。其中，“随机事件”（Random Event），是可能出现也可能不出现，而能在大量重复试验中表现出某种规律性的事件，如“正面朝上”“掷骰子得到点数四”。

2. 基本思想

（1）如果一个随机事件一定发生，那么它的概率就是1。

（2）如果一个随机事件一定不会发生，那么它的概率就是0。

（3）对于任何一个随机事件，它出现的概率都介于0和1之间。

（4）概率越高，意味着该随机事件发生的可能性越大。

（5）在任何一个给定的情节下，所有可能发生随机事件的概率之和一定是1。例如，如果你正参加一个项目的招标，那么它只有两个结果，你可能会中标，也可能不会。如果你中标的概率是40%，那么你不能中标的概率就是60%，因为两个概率相加必须等于1。

3. 符号

$P(A)$ 表示随机事件A的概率，$P(\bar{A}) = 1 - P(A)$ 表示事件A不发生的概率，此运算被称为互补规则。

二、简单概率

当一件事出现不确定性时，我们可以把所有可能发生的结果编制成一个完整的表格，以计算一个事件发生的概率，记为 P（事件）：

$$P（事件）=\frac{结果中构成事件的个数}{所有可能出现的结果数}$$

【例 16－19】掷一个骰子，出现点数大于 4 的概率是多少？

先列出所有可能出现的点数，也就是从 1 到 6：

1，2，3，4，5，6

构成“随机事件”的结果，即满足“点数大于 4”的情形有：

5，6

因此，构成该事件的结果出现的概率是 2/6 即 1/3，我们可以写作：

P（点数 >4） =1/3

【习题 16－1】四个人随机抽取一副扑克牌（除去大小王，共 52 张）。

A. 小赵抽到一张 Q　　　　C. 小张抽到一张黑色扑克

B. 小王抽到一张红桃　　　D. 小李抽到一张梅花

求 P（A）、P（B）、P（C）、P（D）。

三、概率的类型

1. 准确型（Exact）

这种类型的概率可以直接根据公式精确计算得到，例如，抛硬币、掷骰子。

2. 实验型（Empirical）

通过观察以前发生的样本来计算，例如，一个月内销售业绩达到某水平的概率。

3. 主观型（Subjective）

这种概率以人的主观判断为基础，例如，是否中标、是否获得新项目、在新的钻探区发现石油的可能性。

四、构建离散型概率分布

离散型概率分布中，一个变量如果“离散”，则表示该变量假设只有某些特定的值，是不连续的，并且不考虑测量的精确度水平。例如，一张试卷中错题的个数是离散型变量，因为它只能是 0，1 或 2 等，不可能是 3.6、7.2。

离散型概率分布由列表上所有数值、变量及相应的概率构成。准确型概率应用于总体结果，实验型概率应用于样本，主观型概率源于个人或团队的判断。

因此，有 3 种方法构建概率分布：

1. 利用理论去定义准确型概率

假设两个人掷两个骰子并记下点数，两人掷的点数之和为 12 的概率是多少？

首先，我们需要保证这两个骰子是正常的，每一个都有 6 个数字并且每个点数出现的概率是等可能的。然后，我们用前面讲的简单概率的公式去计算，两个骰子一共有36种情况，只有一个情况（6，6）点数之和为12。因此，点数之和为12的概率为1/36。

2. **利用之前的数据计算实验型概率**

这里有一个重要假设：过去能够很好地反映未来。

例如，一个商店在过去前50周的销售记录如下：

每周销量（千件）	周数	概率
0	4	0.08
1	16	0.32
2	22	0.44
3	6	0.12
4	2	0.04

这就是根据实验数据来计算概率的。

注意：所有概率之和为1。

3. **主观性概率的估计**

根据过去的经验、主观判断和猜测，一名销售经理可能会预测公司有1/3的概率成功向潜在客户推销出产品。即使这个概率的真实性会让人产生怀疑，但它可以反映公司的销售计划。

公司进行市场调研获得数据，以便估计出实验型概率的数值。例如，一个工厂尝试在一个国家推出新产品，在投产前工厂会关注一些特定群体，假设这些群体的10%表示他们会购买新产品，则该特定组就是样本。

市场调研一般包括初级调研，即收集新的、原始数据，比如上述试验，这也被称为实地调查研究；中级调研，即检查已有数据，也被称为案头研究，涉及的数据被称为二手数据。

【例16-20】以100家公司作为样本，分析公司的规模与其付货款快慢之间的关系。

将样本按如下分类：规模大与规模小；付货款快与付货款慢。

假设60家公司被认为规模较大，其中，40家被认为付款慢；30家公司被认为付货款快，则随机选中一家付款快且规模小的公司的概率是多少？

解：

首先根据已知条件画出表格。

	付货款快（家）	付货款慢（家）	总计（家）
规模大		40	60
规模小			
总计	30		100

最后一列中，总计100家公司，规模大的有60家，则有40家规模较小的公司，同理，我们可得出剩下的数：

	付货款快（家）	付货款慢（家）	总计（家）
规模大	20	40	60
规模小	10	30	40
总计	30	70	100

因此：

P（付货款快且规模小）=10/100=0.1

P（付货款快且规模大）=20/100=0.2

P（付货款慢且规模小）=30/100=0.3

P（付货款慢且规模大）=40/100=0.4

第五节　期望值与联合概率

一、期望值

很多经济情况下，决策者需要在多种行动方案之间进行选择。由于这些选择涉及未来的结果，它所带来的后果是不确定的。显然，在这种情况下想要做出合理或最优决策，决策者的经验和判断至关重要。为了尽可能做出好的选择，决策者会使用不同的方法帮助做出决定，因为这会影响到公司的未来。没有任何一种方法可以完全替代人们做出商业选择，但是，人们可以通过一些方法使得决策更加科学、容易。

辅助决策者在面临多种选择时做出决策的方法之一就是期望值（Expected value, EV）。期望值是一个长期均值，它是概率分布的加权均值。

另外，在任何一个商业决策中，除了利用期望值等方法、技巧去评估财务方面的决定外，也会考虑其他许多非财务指标。

期望值计算公式如下：

$$EV = \sum PX$$

其中，X 代表离散型随机变量，P 代表这种随机变量出现的概率。

【例 16－21】甲公司在过去的 200 天中的日销售量如下：

日销售量（件）	天数（元）
100	40
200	60
300	80
400	20

则其未来预期的销售水平是多少？

首先，我们假设过去是未来数据的一个很好的指示器。

然后，将上述销量情况转变成概率分布，即列出可能的销售量及其发生的概率：

日销售量（x 件）	过程	概率（P）
100	40/200	0.2
200	60/200	0.3
300	80/200	0.4
400	20/200	0.1
总计		1.00

注意：概率之和等于 1。

最后，得出未来的期望值 EV：

$EV=\sum PX$

$EV=(0.2\times100)+(0.3\times200)+(0.4\times300)+(0.1\times400)=240$（件）

这意味着平均一天销售 240 件衣服；在某一天，将销售出 100 件、200 件、300 件或 400 件衣服，所以均值实际上不可能发生；尽管这有些令人怀疑、不够完美，但是大部分决策者做决定时都是会参考期望值的。

二、收益矩阵

收益矩阵（Payoff tables）又被称为期望值表，应用于复杂方案中。

【例 16－22】一个批发活鱼的店主，考虑每天进多少箱活鱼去卖，过去的需求分布如下：

需求	概率
0	0.1
1	0.2
2	0.4
3	0.3

每箱活鱼进价160元，售价300元，可获利润140元。每天结束时，未卖掉的商品只能处理掉（无收入）。该决策涉及风险因素。如果进货过多，未售活鱼无价值；若进货过少，则潜在的销售损失会很大。利用期望值计算日销售量应是多少。

如果我们假设过去的需求模式在未来同样适用，逻辑上，店主最初有三种选择：每天进货数量为1，2，3单位。每天需求情况有四种：0、1、2、3。因此，我们可以作收益矩阵来展示这12（3种选择×4个需求情况）个组合：

需求	概率	进货量		
		1	2	3
0	0.1	-160	-320	-480
1	0.2	140	-20	-180
2	0.4	140	280	120
3	0.3	140	280	420
$EV=$		110	160	90

上表中的货币价值代表日收益/损失。计算过程如下：

进货量为2，需求为0：成本=320，收入=0，所以损失=320

进货量为2，需求为1：成本=320，收入=300，所以损失=20

进货量为2，需求为2：成本=320，收入=600，所以收益=280

进货量为2，需求为3：成本=320，收入=600，所以收益=280

其他同理。

已知不同需求水平下的概率，计算日收益的期望值：

EV（进1单位）$=0.1\times(-160)+0.2\times140+0.4\times140+0.3\times140=110$

EV（进2单位）$=0.1\times(-320)+0.2\times(-20)+0.4\times280+0.3\times280=160$

EV（进3单位）$=0.1\times(-480)+0.2\times(-180)+0.4\times120+0.3\times420=90$

因此，为保证日收入最大，店主每日进货量应为2箱。

应注意，收益矩阵中的指标是相互独立的，即需求量和进货量相互独立、互不影响。

三、概率树状图

概率树状图是一种展示出所有不同选择下概率的一种方法。它用到期望值法，利用绘图的方式展示所有信息所有可能的结果及其概率，最后可计算得到期望值。

概率树状图常被用于某些包含一系列决策并且每个决策过程都会产生多重结果的问题上。概率树状图主要有助于决策者厘清时间的逻辑次序，这样一个复杂的问题就可以被分解成一个个小而简单的部分了。

概率树状图的画法很简单：

把直线叫作树枝；方格代表决策点；圆圈代表可能出现的结果；每个结果的概率写在树枝上（注意：概率之和为1）；经济结果显示在树枝的末端，从图的末端由右向左沿着树枝计算期望值。步骤如下：

第一步，从左向右画，体现出所有的决定、事件/结果和概率。

第二步，从右向左计算每个节点的期望值，最优决策点。

第三步，向管理层推荐行动方案。

【例 16－23】 某公司准备从外地购进某品牌服装在当地销售，如果该品牌服装在市场上畅销，则销售一空并获利 112, 500 元；若市场反应一般、服装滞销，则获利 16, 500 元。根据之前对该市场的调研情况推断，有 65% 的可能服装畅销，35% 的可能服装滞销。

按上面的描述绘出概率树状图，如图 16－12 所示：

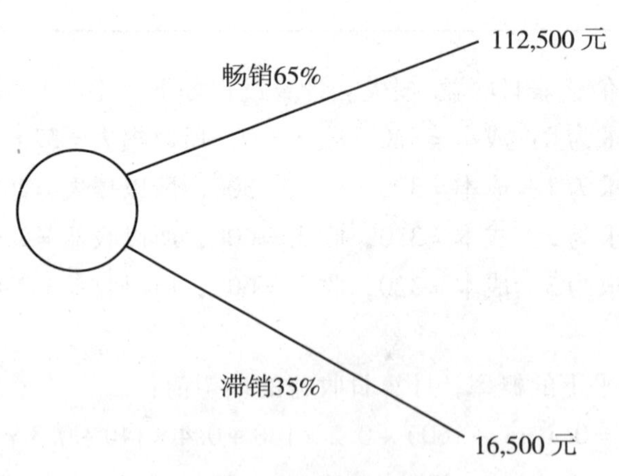

图 16－12　概率树状图（1）

从图 16－12 来看，可以按每个树枝从右到左的顺序计算出期望值：

服装畅销，期望值＝0. 65×112, 500＝73, 125（元）

服装滞销，期望值＝0. 35×16, 500＝5, 775（元）

该公司打算为产品销售做广告，预测如下：

公司做广告、服装畅销时，则有 70% 的机会广告能刺激未来的需求，预计收入将增加到 150, 000 元；服装滞销时，则有 60% 的可能性广告能刺激未来的需求，预计收入将增加到 58, 000 元。这些钱并不包括广告的花费 15, 000 元。我们可以画出概率树状图来描述整个过程，并评估是否值得做广告，如图 16－13 所示：

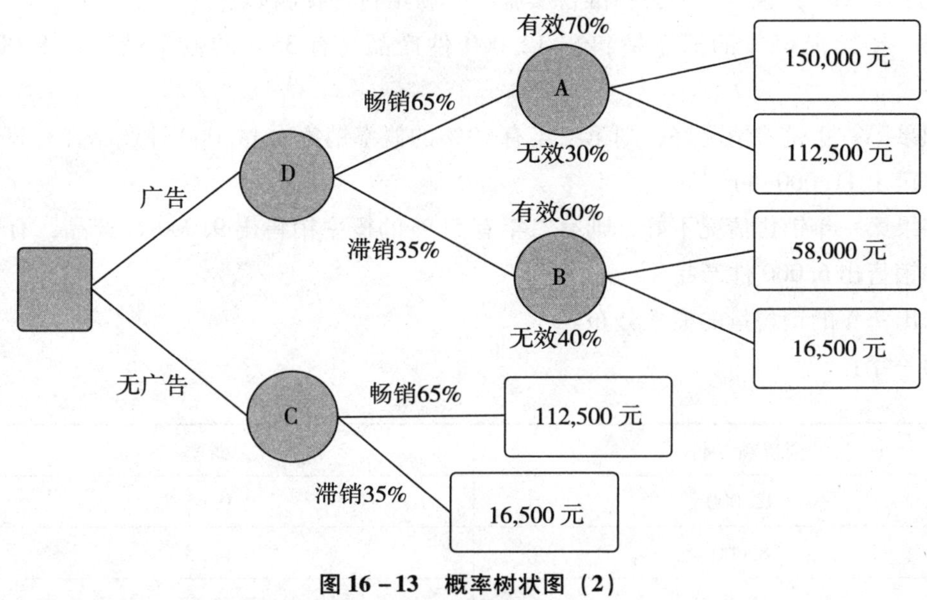

图 16－13　概率树状图（2）

从图 16－13 来看，可以按每个树枝从右到左的顺序计算出两个选择下的期望值。

在每个结果点计算期望值，从上到下，计算过程如下：

EV（A 点）＝（70% ×150, 000）＋（30% ×112, 500）＝138, 750（元）

EV（B 点）＝（60% ×58, 000）＋（40% ×16, 500）＝41, 400（元）

EV（C 点）＝（65% ×112, 500）＋（35% ×16, 500）＝78, 900（元）

EV（D 点）＝（65% ×138, 750）＋（35% ×41, 400）＝104, 677. 5（元）

我们将广告费用扣除：104677. 5－15000＝89, 677. 5（元）

推荐行动方案：

在每个决策点选出最好的选择。这道题中，我们只有一个决策点（广告或无广告），在我们的概率树状图中，我们应该选择做广告，因为 D 点（做广告）的期望值是 104, 677. 5 元，扣除广告费用后为 89, 677. 5 元，而 C 点（不做广告）的期望值只有 78, 900 元。

四、联合概率

到目前为止，在例子中只有少数的备选方案被考虑到。在实际中，会存在多数行动的备选方案，其中不止一个变量具有不确定性，并且变量的值也会相互影响，从而产生很多不同的结果。

联合概率要求有两个独立的变量，我们可以直接乘以它们的概率。例如，一个工厂有 2% 的可能性产出次品，有 4% 的可能性会出现产品的包装不合格。出现次品和包装出现不合格是相互独立的。最后包装好的产品出现不合格（产品和包装物均不合格）的可能性是 $0.02 \times 0.04 = 0.0008$，即 0.08%。

【例 16－24】现有一个公司准备实施一个新项目，预测如下：

第一年，有 65% 的概率销售出 12,000 件产品，有 35% 的概率销售出 8,000 件产品。

如果第一年销售情况好，则第二年有 80% 的概率销售出 14,000 件产品，有 20% 的概率销售出 11,000 件产品。

如果第一年销售情况不好，则第二年有 50% 的概率销售出 9,000 件产品，有 50% 的概率销售出 6,000 件产品。

求出每年的销售量的概率分布。

第一年：

销售额（件）	概率
12,000	0.65
8,000	0.35
合计	1.00

第二年：

销售额（件）	过程	概率
14,000	0.65×0.8	0.52
11,000	0.65×0.2	0.13
9,000	0.35×0.5	0.175
6,000	0.35×0.5	0.175
合计		1.00

P（第二年销售 14,000）$= P$（第一年销售 12,000）$\times P$（第二年销售 14,000）$= 0.65 \times 0.8 = 0.52$

P（第二年销售 9,000）$= P$（第一年销售 8,000）$\times P$（第二年销售 9,000）$= 0.35 \times 0.5 = 0.175$

其他同理。

【例 16－25】一家大型商场通过调查走访，预测市场情况，预计销售收入具体如下：

销售收入（元）	概率
290, 000	30%
240, 000	60%
200, 000	10%

此外，该商场的租金占成本的比例较大。在接下来的几年里会重新谈判租金的价格，即租金是不确定的。预计 60% 的概率租赁合同价格维持 100, 000 元不变，40% 的概率租赁合同上涨到 120, 000 元。

本例中，可知有两个相互独立的变量，要解决联合概率，需要把两个概率相乘：

销售收入（元）	成本（租金）（元）	利润（亏损）（元）	过程	期望值（元）
290, 000	120, 000	170, 000	0. 3 ×0. 4 =0. 12	20, 400
290, 000	100, 000	190, 000	0. 3 ×0. 6 =0. 18	34, 200
240, 000	120, 000	120, 000	0. 6 ×0. 4 =0. 24	28, 800
240, 000	100, 000	140, 000	0. 6 ×0. 6 =0. 36	50, 400
200, 000	120, 000	80, 000	0. 1 ×0. 4 =0. 04	3, 200
200, 000	100, 000	100, 000	0. 1 ×0. 6 =0. 06	6, 000
合计			1. 00	143, 000

注意：一定要检查所有概率之和是否为 1。

随着变量的增加，这个表格变得更复杂。遇到复杂的问题，概率树状图可以更加清晰地展示每一种可能性及其关系，如图 16 – 14 所示。

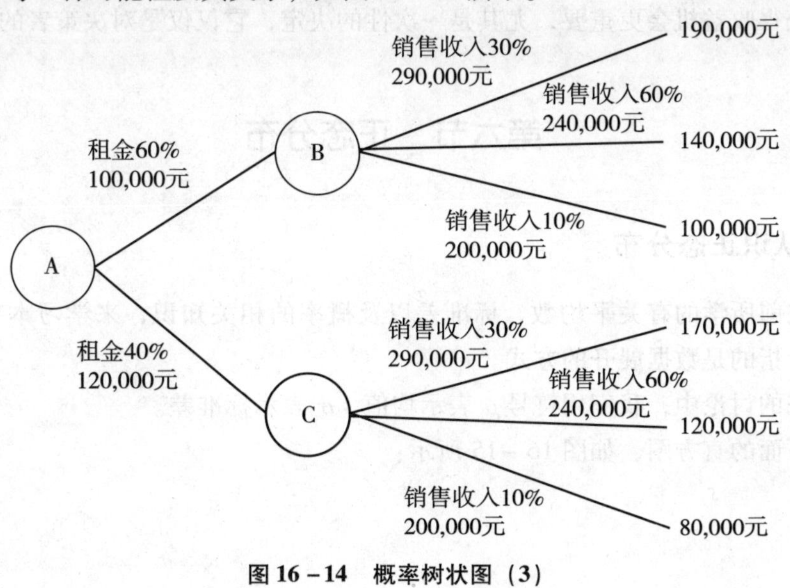

图 16 –14　概率树状图（3）

做好图后，从每一条树枝由右到左计算期望值：

B 点处期望值：

(0. 3 ×19, 000) + (0. 6 ×140, 000) + (0. 1 ×100, 000) = 151, 000 （元）

C 点处期望值：

(0. 3 ×170, 000) + (0. 6 ×120, 000) + (0. 1 ×80, 000) = 131, 000 （元）

A 点处期望值：

(0. 6 ×151, 000) + (0. 4 ×131, 000) = 143, 000 （元）

五、期望值的局限性

管理层作出决定时往往是根据自身的学识和经验，而非期望值。期望值等数理统计方法可以提供信息帮助管理层作出决策，但是不能完全替代期望值的选择意志。

首先，期望值法试图反映现实和未来，然而它是根据事件后果和概率估算出来的，而基于它的数据分布分析自然也存在局限性。当然，概率由过去事件得出，具有一定程度的真实性和参考价值，除非市场发生很大变化。但是在其他情况下，只有主观型概率是可实现的，但它的可靠性又常常受到质疑。

其次，如果一个方案是每天重复做决定，那么可以使用期望值，其经济意义是——它是一个长期意义上的均值。然而，在很多情况下，管理层会一次性做出决定。这些事件的后果没有借鉴性，因为这个业务只能实施一次，不会重复多次。此外，当遇到复杂的选择时，虽然离散型概率分布法能简化问题，但选择使用连续型概率分布会更合适一些。

最后，未考虑风险因素是这种方法受到批评的原因之一。期望值未考虑决策者对风险的态度，即使期望值对可能出现的结果都同等地考虑了。避免出现重大负面影响可能会比获得收益机会更重要，尤其是一次性的决定，它仅仅是对决策者的一个向导。

第六节　正态分布

一、认识正态分布

结合之前所学的有关平均数、标准差以及概率的相关知识，来学习本节的正态分布。分布，指的是数据展开的方式。

接下来的讨论中，我们用符号 μ 表示均值，σ 表示标准差。

考虑下面的直方图，如图 16 – 15 所示：

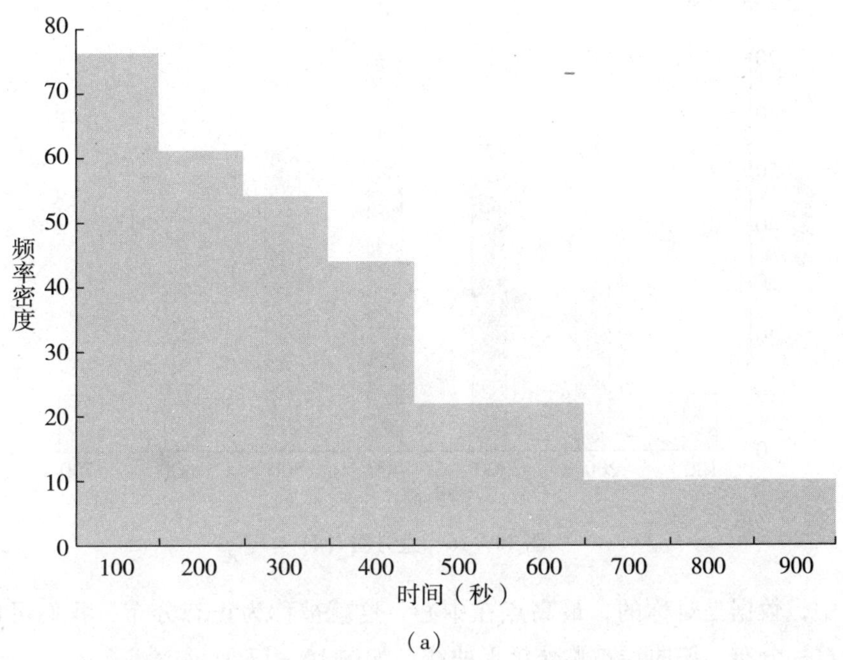

（a）

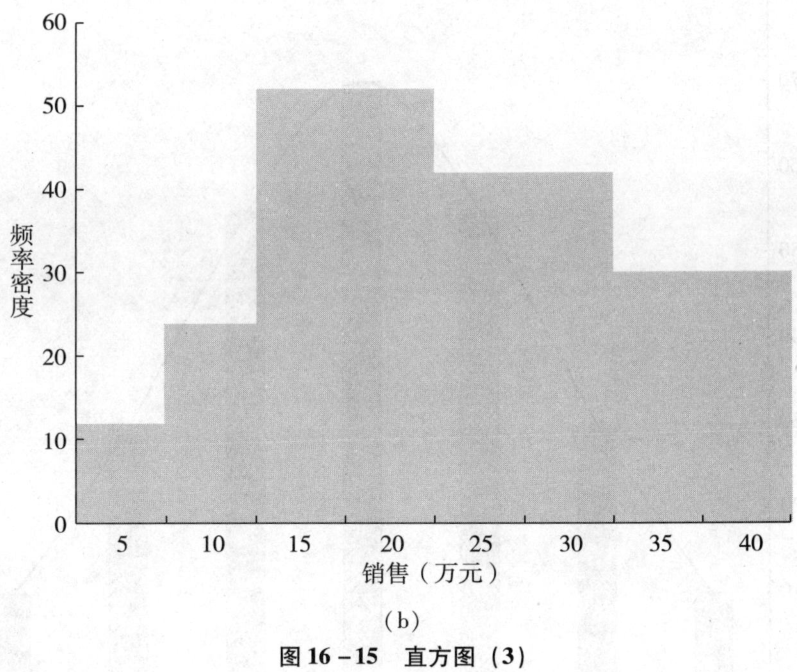

（b）

图 16－15　直方图（3）

我们可以看到分布在每个样本组中是不同的。

现在考虑下面的直方图，如图 16－16 所示：

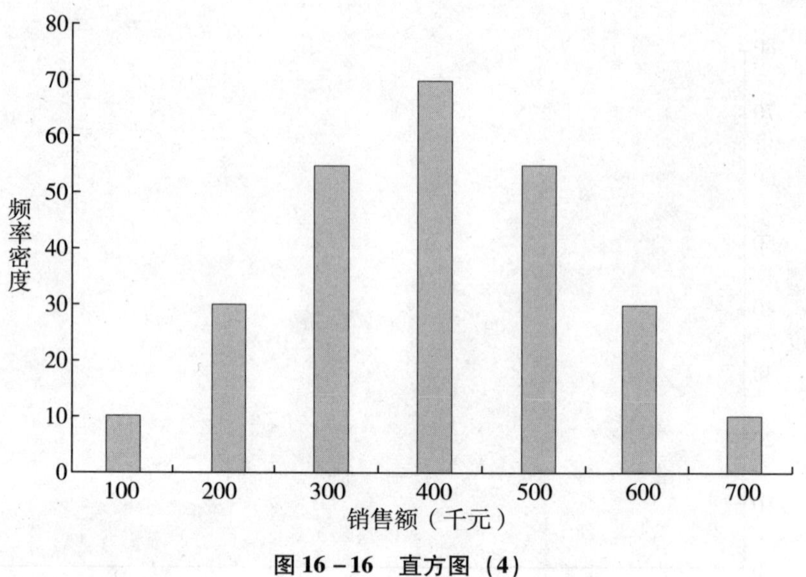

图 16－16　直方图（4）

上图中，数据是对称的，最高点在中心。这就被称为正态分布。我们可以用光滑曲线描出这一分布，该曲线被称作钟形曲线，如图 16－17 所示。

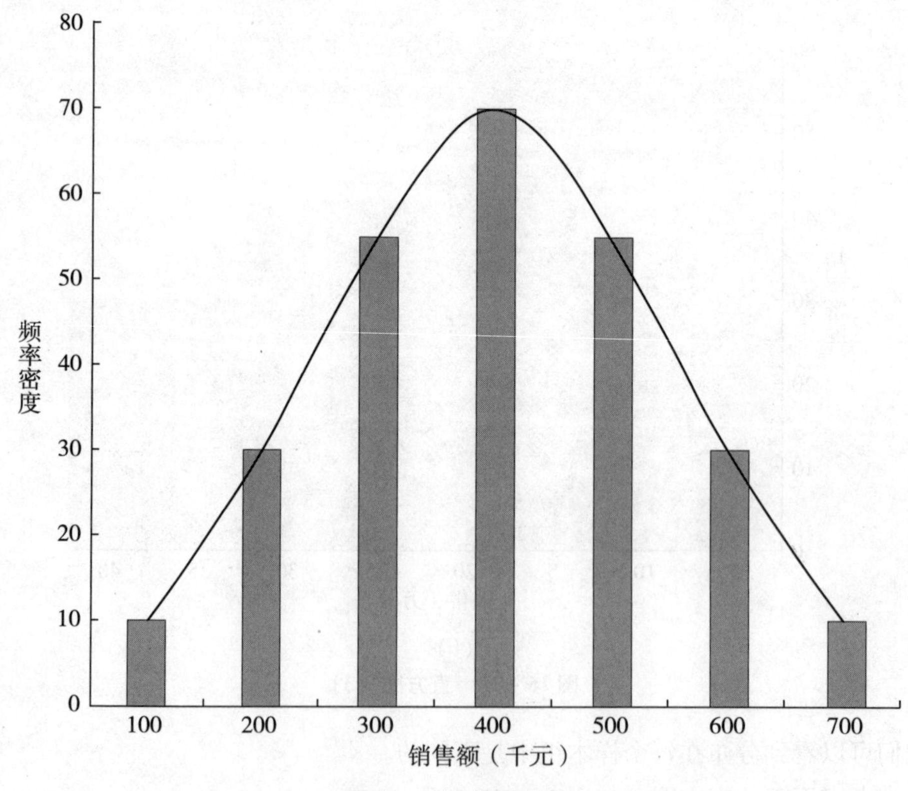

图 16－17　钟形曲线

在这部分内容中我们将一直使用钟形曲线来刻画正态分布。

正态分布可以用来测量很多事情，比如考试成绩、员工绩效等级、一组人的身高。

二、正态分布特征

（1）均值在图表的中心，曲线关于均值对称。

（2）有 50% 的数值大于均值，有 50% 的数值小于均值。

（3）比较特殊的是，在正态分布中，均值、中位数和众数相等。

（4）正态分布曲线以下围成的面积为 1。

注意：正态分布图中数值与均值之间的距离即标准差，如图 16－18 所示。

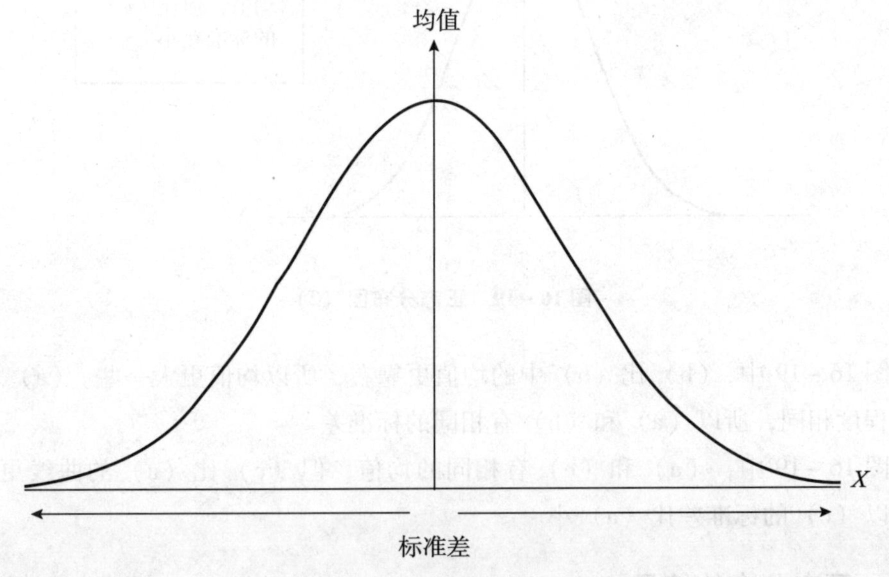

图 16－18　正态分布图（1）

观察图 16－19（a）、（b）、（c）：

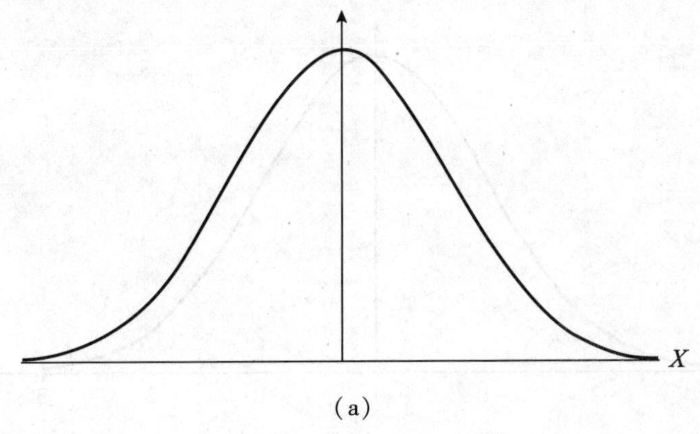

（a）

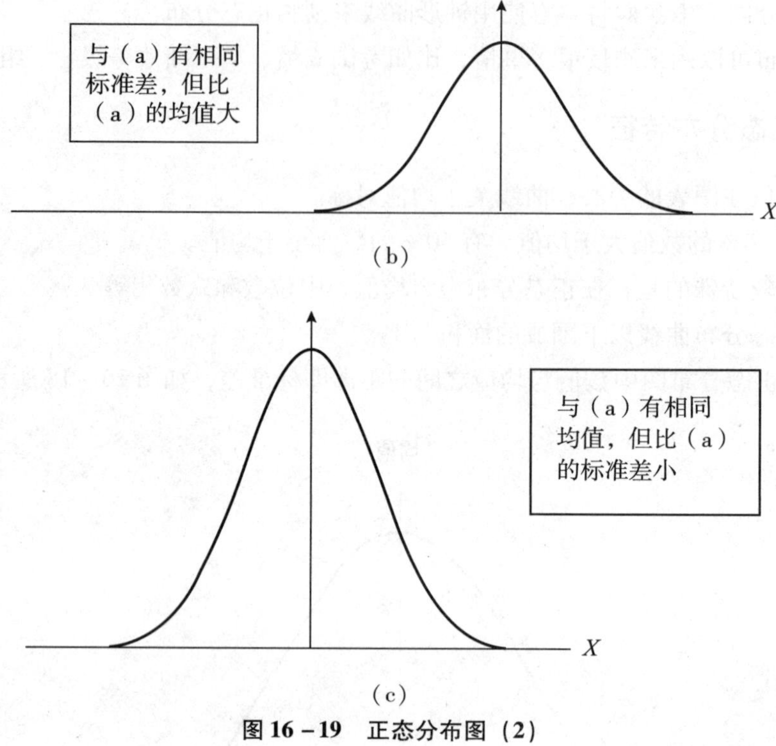

图 16－19　正态分布图（2）

在图 16－19 中，（b）比（a）中的均值更靠右，所以均值更大一些。（a）和（b）的分散程度相同，所以（a）和（b）有相同的标准差。

在图 16－19 中，（a）和（c）有相同的均值，但（c）比（a）的曲线更高、更窄，所以（c）的标准差比（a）小。

三、正态分布的使用

使用正态分布必须满足连续性、对称性、曲线形状如钟。一个标准的正态分布曲线有 3 个标准差，如图 16－20 所示：

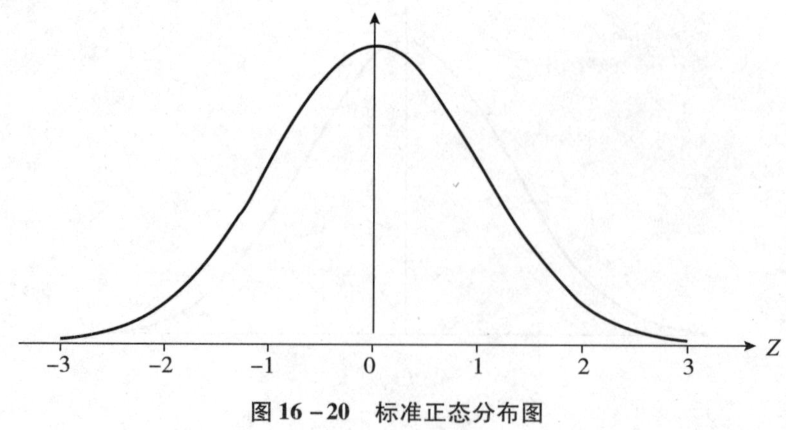

图 16－20　标准正态分布图

68%的数值分布在距离均值有一个标准差之内（-1，1）的范围，95%的数值分布在距离均值有两个标准差之内（-2，2）的范围，99.7%的数值分布在距离均值有3个标准差内（-3，3）的范围。如果一组数据符合正态分布，则绝大部分数值分布于均值附近，只有很少的数值远离均值分布。

那我们怎么使用正态分布帮助我们做出决定呢？

已知一个分布的均值和标准差，我们可以解得某个数值出现的可能性大小（概率）。例如，灯泡厂商想知道灯泡的寿命，或工厂想知道产品的残次率。

由于曲线是对称的，正向的数值与负向数值相等。据此，我们可以只计算一侧，例如，罐头制造商抽取0.05%的巧克力棒低于标准重量，则会有0.05%的罐头高于标准重量。

四、查标准正态分布表

上面提到的百分数可以利用标准正态分布表得出，一般在考试中会提供标准正态分布表（注意，在国际化考试中该表只显示正数部分，表中数字表示 z 分数[①]到0范围内的面积，国内是负无穷到 z 分数范围内的面积）。使用正态分布表前，我们必须将正态分布转化为标准正态分布。

标准正态分布特征：均值是0，标准差为1，则标准正态分布用 z 来表示：

$$z = \frac{x - \mu}{\sigma}$$

其中，z 代表z分数，x 代表随机变量，μ 表示均值，σ 表示标准差。

该公式可以将任意随机变量转化为标准正态分布。计算出z分数并在正态分布表中找到其对应的数值，该值就等于此随机变量出现的概率。

因此，如果z分数为1.00，则查表得到对应数值为0.8413。它表示图16-21（a）中有84.13%的随机变量分布在（-1，1）的区域中。注意：在国际化考试中，z=1.00对应的数值为0.3413，即在（0，1）的范围内，如图16-21（b）所示。

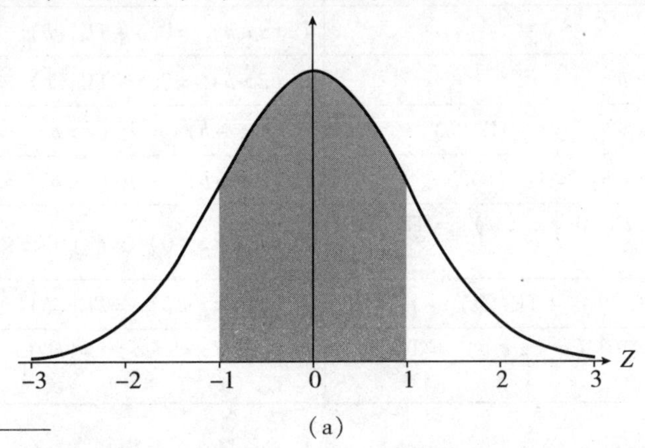

（a）

① z分数（z-score），也叫标准分数（standard score），是一个数与平均数的差再除以标准差的过程。z分数能够真实地反映一个分数距离平均数的相对标准距离。

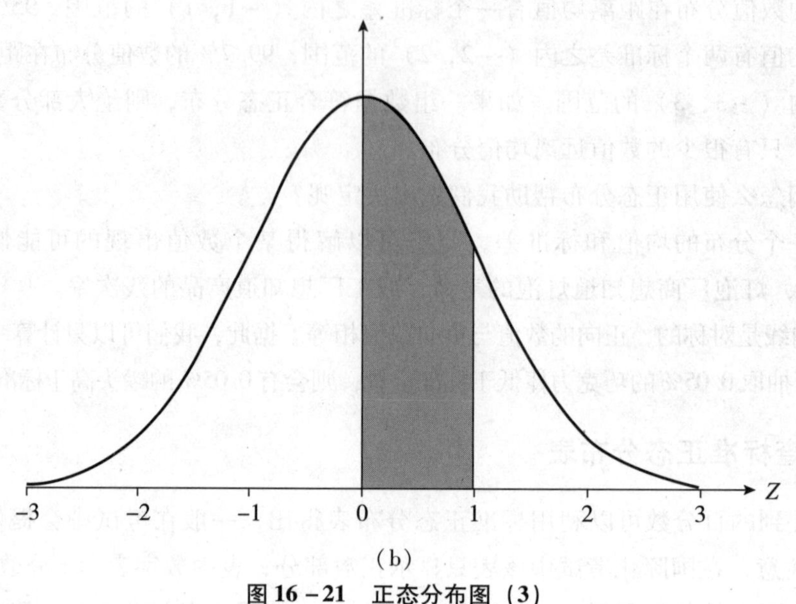

(b)

图16-21 正态分布图(3)

从这里我们可以推断出，有68.26%的随机变量落在一个标准差中(-1, 1)，换句话说，即有34.13%的随机变量分布在(0, 1)的区域中。

使用正态分布表的方法求z=2.63时正态分布表对应何值。(见附表1标准正态分布函数表)

首先，在第一列找到2.6，再看第一行找到0.03，行与列相交处的值为0.9957，即为所求。

使用正态分布表时，有以下运算规则：

国内正态分布表	国际化考试中使用的正态分布表
$P(a<z<b)=TE(b)-TE(a)$	$P(a<z<b)=TE(b)-TE(a)$
$P(z<b)=TE(b)$	$P(z<b)=0.5+TE(b)$
$P(z>b)=1-TE(b)$	$P(z>b)=0.5-TE(b)$
$P(z<-b)=P(z>b)=1-TE(b)$	$P(z<-b)=P(z>b)=0.5-TE(b)$
$P(z>-b)=P(z<b)=TE(b)$	$P(z>-b)=P(z<b)=0.5+TE(b)$
$P(-a<z<0)=P(0<z<a)=TE(a)-0.5$	$P(-a<z<0)=P(0<z<a)=TE(a)$
$P(-a<z<b)=TE(b)+TE(a)-1$	$P(-a<z<b)=TE(b)+TE(a)$
$P(-b<z<-a)=P(a<z<b)=TE(b)-TE(a)$	$P(-b<z<-a)=P(a<z<b)=TE(b)-TE(a)$

其中，TE(Table Entry)代表正态分布表中的数值，例如，TE(1)表示在正态分布图中z=1.00对应的表中数值(注意，TE不是标准用法)。此外，a、b均为正数。

【例 16－26】使用上述运算规则并查找正态分布表，找出下图中阴影部分的概率，如图 16－22（a）～（i）所示。

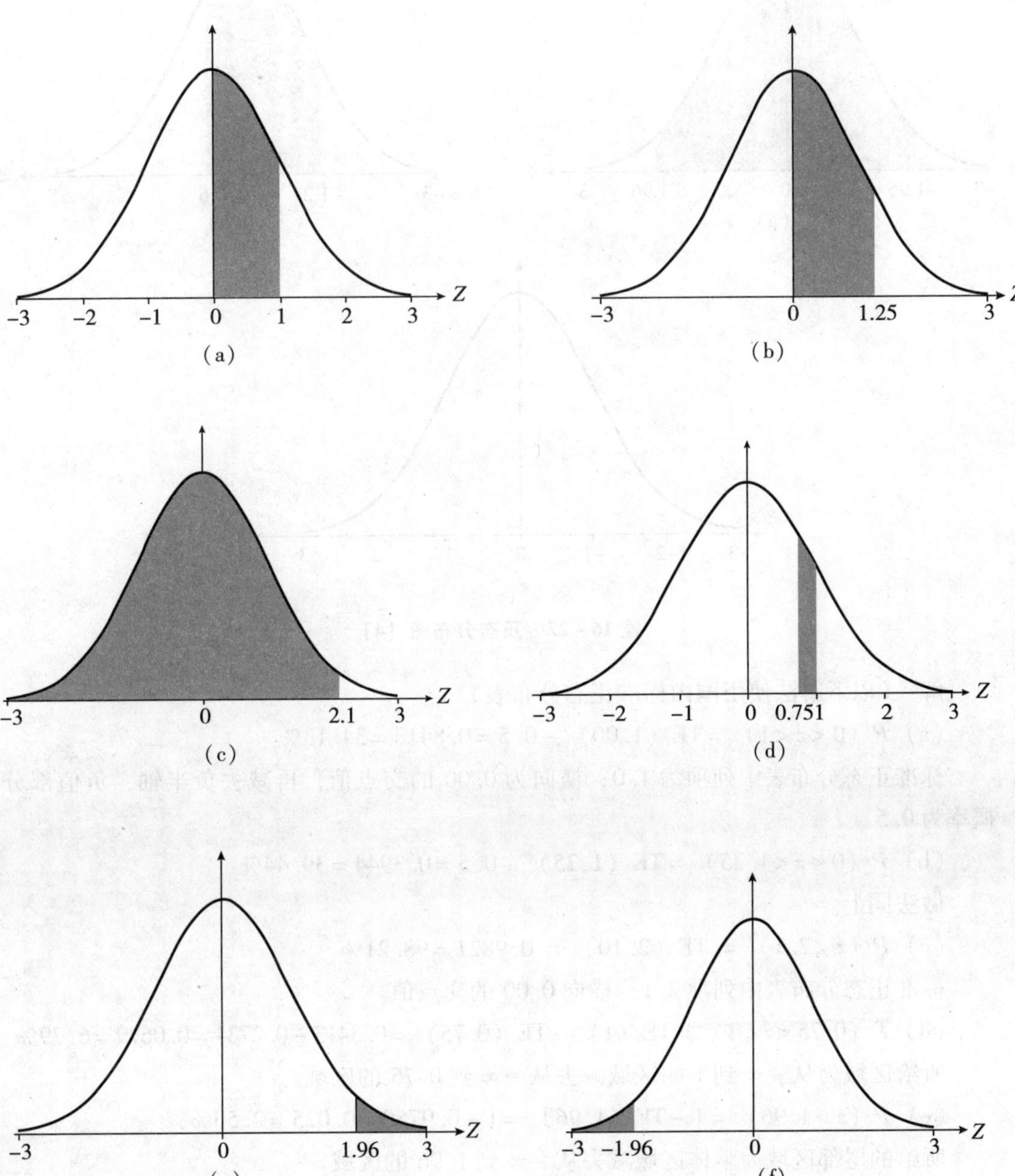

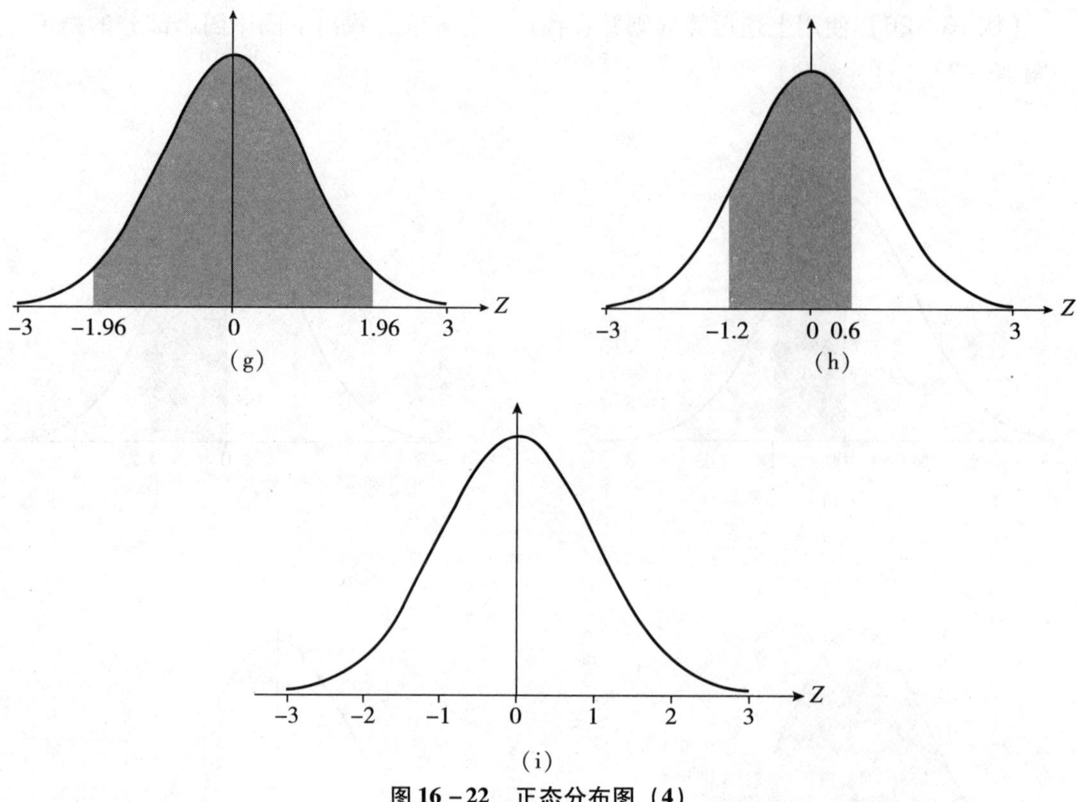

图 16 - 22　正态分布图（4）

解：（以下解法使用国内标准正态分布表）

（a）P（0 < z < 1）= TE（1.00）- 0.5 = 0.8413 = 34.13%

标准正态分布表中列项为 1.0，横向为 0.00 的交点值，再减去负半轴，负值部分概率为 0.5。

（b）P（0 < z < 1.25）= TE（1.25）- 0.5 = 0.3944 = 39.44%

做法同上。

（c）P（z < 2.1）= TE（2.10）= 0.9821 = 98.21%

标准正态分布表中列项 2.1，横向 0.00 的交点值。

（d）P（0.75 < z < 1）= TE（1）- TE（0.75）= 0.3413 - 0.2734 = 0.0679 = 6.79%

所给区域为从 -∞ 到 1 的区域减去从 -∞ 到 0.75 的区域。

（e）P（z > 1.96）= 1 - TE（1.96）= 1 - 0.9750 = 0.025 = 2.50%

所给的尾部区域为整体区域减去从 -∞ 到 1.96 的区域。

（f）P（z < -1.96）= P（z > 1.96）= 0.025 = 2.50%

由于图像是对称的，-1.96 以左的区域和 1.96 以右的区域面积相等，由（e）知，该区域为 2.50%。

（g）P（-1.96 < z < 1.96）= 1 - 2 × 0.025 = 0.95 = 95%

总面积为 1 的区域减去左、右两个尾部，由（e）、（f）知，两个尾部区域为 2 ×

0.025。这个图形中95%的数据落在阴影部分。

(h) $P(-1.2<z<0.6)$ = TE(1.20) + TE(0.6) − 1 = 0.8849 + 0.7257 − 1 = 0.6106 = 61.06%

我们把该区域分成两部分。从 −∞ 到0.6 的区域直接查表，由于对称，从 −1.2 到 0 的区域面积就等于 0 到 1.2 区域的面积，最后减去重复和多余的面积。

(i) $P(z>3)$ = 1 − 0.9987 > 0.13%

该方法是计算尾部区域的标准方法，此外，大家还要注意以下两点：第一，几乎所有的正态频率分布在以均值为对称轴的 3 个标准差距离范围内的两侧；第二，对于对称的数据，标准差大约占 1/6 的区域。

【例 16－27】 ABC 是一家生产零食的厂商，每袋零食的合格重量均值为 120g，标准差为 5g。ABC 可以使用正态分布计算随机抽到的零食重量合格的概率。计算随机抽到的零食重量小于 110g 的概率。

先计算 z 分数

$$z=\frac{x-\mu}{\sigma}$$

Z = (110 − 120) ÷ 5 = −2

即求 $P(Z<-2)$

我们知道小于 −2 的区域就等于大于 2 的区域，查正态分布表 2 对应的数为 0.9772（见图 16－23）。

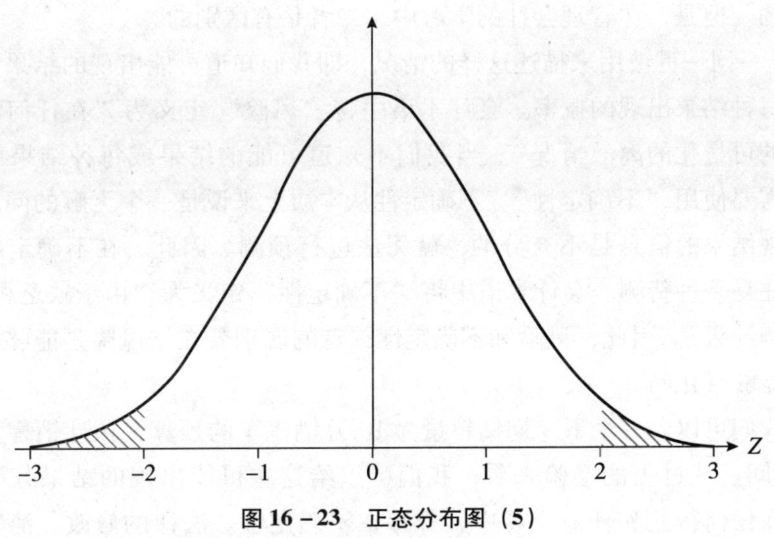

图 16－23　正态分布图（5）

所以随机抽到的零食重量小于 110g 的概率 = $P(Z<-2)$ = 1 − 0.9772 = 0.0228，即 2.28%。

计算随机抽到的零食重量大于 135g 的概率。

Z = （135 - 120） ÷5 =3

即求 P（$Z>3$）。查正态分布表 3 对应的数为 0.9987，所以随机抽到的零食重量大于 135g 的概率 = P（$Z>3$） =1 - 0.9987 = 0.0013，即 0.13%。

计算概率在不超过 1% 的情况下随机抽到的零食重量最大是多少？

在这个问题中，已知概率为 1%，我们需要求出有关零食重量。

考虑到概率为 1%，在正态分布表上的数一定是：1.00 - 0.01 = 0.99。

查表找到 0.99，查到相应的 z 分数，是介于 2.32 和 2.33 之间的，因为我们的所求 z 分数对应的概率小于 1%，所以我们取 2.33，再根据这个 z 分数计算出零食重量：

120 + （5 ×2.33） = 131.65（g）

五、关于风险的讨论

这章为不确定性和风险的概念提供了背景，尤其是利用概率去度量风险。

在决策中，风险是一个重要的概念。大多数决策都涉及未来，评估未来的成本或收益。这些估计将不可避免地涉及不确定性和假设。例如，一家公司可能正在考虑投资升级其生产机器，以提高其生产能力并生产一系列新产品。这种投资所涉及的风险水平，将会影响投资所需要的回报。风险越高，补偿风险所需要的回报就越高。因此，考虑风险是非常重要的。我们必须要在与这些决策有关的财务评估中反映风险和不确定性。

在日常用语中，大多数人会使用“风险”和“不确定性”两个词，并且认为二者是可以互换的。但是，在管理会计的学习中，二者是有区别的。

“风险”一词一贯被用来描述这样的情况，即我们知道可能出现的结果有多种，并且可以估计每种结果出现的概率。会计术语中将“风险”定义为“在任何活动可能的结果中存在的可量化的离散情况”。当我们不知道可能的结果或每种结果出现的概率时，我们就需要使用“不确定性”。不确定性从本质上来说是一个无解的问题。如果有关于未来出现结果的信息是不充分的，就无法进行预测。因此，在不确定的情况下做出的决策往往是一种猜测。会计术语中将“不确定性”定义为“由于缺乏相关的信息，所以无法预测结果”。因此，风险和不确定性二者的区别就在于风险是能够量化的，不确定性是不能够量化的。

例如，我们可以做一个下一期销售量为 10 万辆汽车的预算，预计销售量在 8 万辆到 13 万辆之间。从过去的经验来看，我们可以给这些可能出现的结果分配相应的概率。但是，在任何行业和任意交易中，都存在不确定性。法律的修改、消费者偏好的变化、新产品的出现，都可能会在下一个经营期发生，从而影响销售水平。这些事件是不确定的，虽然它们有可能发生，我们却无法给它们分配相应的概率。但是，我们在决策的过程中，是必须要考虑这些不确定事件的。

从风险角度看，每一个企业都面临着一系列的风险，这是因为这些风险很难让企业去化解。这些风险有很多不同的来源或产生因素，可以包括与营销、产品、科技、个人、信息系统和财务有关的风险（注意，这里没有详尽地列出所有商业风险的来源）。

例如，营销风险就是企业可能会面临他们所销售的商品已经过时的风险；可能会面临有实力强劲的竞争者进入该市场并且分走一部分老顾客的风险；可能面临由于市场不景气以及购买力、顾客减少造成的销售额降低的风险；也有可能面临由于政府新政策对市场的控制造成的对传统消费者而言产品价格过高的风险。因此，从以上例子可以看出，风险的来源有很多，并且会对企业产生一定的威胁。

对于一个组织来说，很重要的一点是要知道自己所面临的风险，没有任何一个组织不会直接受到一系列商业和财务上风险的影响。企业需要评估他们面临的风险并采取相应的措施。风险评估非常重要，并且需要相当的技能。第一步，列出所有可能的面临的风险，最好根据企业的经营活动和机能进行划分。列好所有风险后进行第二步需求评估，评估风险出现的可能性，以及在风险突然出现的可能性下企业可以承受的损失量。风险出现的可能性用从 0 到 1 的范围表示，0 表示不会出现风险，1 表示一定会出现风险。这种描述与概率的内涵一致。因此，0. 50 代表发生风险的可能性为 50%。不过，评估风险出现可能性的方法并不严谨，这里包含了管理判断的问题。

关于风险对企业的影响程度的问题，可以通过做更细致、客观地评估来解决，例如，在实际中，财务预算就是一种很有效的方法。一旦估计出这些数，就可以利用它们去计算给定风险下的期望值。这个风险下的期望值就等于这个事件发生的可能性（概率）乘以风险出现情况下损害组织的大小。

本章小结

通过本章的学习，我们了解了数据整理与分析、概率的知识。首先是利用统计图表对数据进行整理与显示；其次通过对平均指标以及变异指标的介绍，了解了数据集中趋势和离散趋势的测定；最后通过对期望值和概率尤其是正态分布的学习，使学生们掌握了测度风险的方法。

本章为不确定性和风险的概念提供了背景，尤其是利用概率去度量风险。学生们要掌握数据整理和分析方法、期望值和概率的计算，理解正态分布的含义，熟练运用这些方法来测度风险的大小。

第十七章　决策与投资评价

本章概述

本章首先介绍了决策的相关成本，对相关成本和非相关成本进行区分，接下来是材料相关成本和人工相关成本包括的内容。企业的决策分为短期决策和长期决策，本章分别介绍了企业的自制或外购这样的短期决策和长期的投资决策。通过介绍投资项目评估的步骤，明确投资项目评估的过程，接下来重点介绍了投资项目评估的方法，通过这些方法，企业可以评估一个投资项目是否可行或者在几个可供选择的投资项目中做出最佳决策。

本章是管理会计中的重点章节，了解决策相关成本有助于企业做出有益于自身的决策，而投资决策一般是企业面临的长期投资问题，关系到企业未来的发展，因此，对企业来说至关重要。

学习目标

※ 掌握决策的相关成本

※ 掌握自制和外购决策

※ 了解投资项目评估的步骤

※ 掌握投资回收期的计算

※ 熟悉货币时间价值

※ 掌握净现值的计算

※ 掌握内涵报酬率的计算

※ 了解公共部门的投资决策

商业观察

万达集团创立于1988年，形成商业、文化、金融三大产业集团，2015年资产6,340亿元，收入2,901亿元。万达商业(03699. HK)是全球规模最大的不动产企业、世界最大的五星级酒店业主，截至2016年8月，万达集团已在全国开业147座万达广场、96家酒店，持有物业面积2，831万平方米。万达商业拥有全国唯一的商业规划研究院、酒店设计研究院、全国性的商业地产建设和管理团队，形成了商业地产的完整产业链和企业的核心竞争优势。2015年，万达商业开始向轻资产模式转型，标志着万达商业的发展进入了靠品牌获取利润的崭新阶段。万达文化产业集团是中国最大的文化企业，世界最大的电影院线运营商，世界最大的体育公司，资产903亿元，2015年收入512亿元，旗下包括影视、体育、旅游、儿童娱乐4家公司，目标是2020年成为收入排名全球前五的文化企业。万达金融集团是中国最大的网络金融企业，旗下拥有网络金融、投资、保险等公司，为商家和消费者提供一站式创新金融服务，2015年收入209亿元。万达集团的目标是到2020年，资产达到2,000亿美元，市值2,000亿美元，收入1,000亿美元，净利润100亿美元，成为世界一流跨国企业。

万达放眼全球，近年来投资了诸多海外项目。2014年，万达从桑坦德银行手中收购马德里市中心标志性建筑西班牙大厦，准备将其打造为高级酒店及购物中心，开启万达在西班牙的海外投资。然而，2016年7月，万达酒店发展发布公告，称万达已和一家西班牙当地企业签署备忘录，即将出售西班牙大厦。从购入西班牙大厦到售出，万达的此次投资经历可谓一波三折。

西班牙大厦位于马德里市中心的西班牙广场，自1953年建成以来，一度是市中心繁华的象征，大厦中原有酒店、购物中心、办公处等设施。2005年6月，桑坦德银行先以约1.38亿欧元购入大厦的50%，2007年12月最终完成交易，由于一直在等待政府批文，大厦从2005年年初就处于空置状态。2008年金融危机波及西班牙，房地产受到巨大冲击，西班牙大厦也彻底走向衰落。万达此次购买仿佛给西班牙大厦带来了复苏的希望，西班牙政府也给出诸多优惠条件，极力促成交易。截至这个时候，这项投资的进展看起来都十分顺利，然而，接下来的政府换届却令该项目变得扑朔迷离。新一届政府上任后，推翻前政府的议案，尽管万达承诺会用同样规格、相同材料来还原大厦的原貌，新政府还是反对万达重建西班牙大厦的做法，认为这有悖于对建筑的保护。考虑到万达接手大厦的积极效应，新政府同意保留部分建筑外立面的情况下对大厦进行重建，但是万达认为这种做法无法保证施工的安全。谈判无果，最终万达只好着手卖出西班牙大厦。

从万达集团投资西班牙大厦的过程可以看出，企业在做出决策时需要考虑多方面的因素，不仅包括项目本身的成本和收益，还包括政治、经济等宏观环境因素，同时，凸显了投资决策对企业的重要意义，那么，企业应该如何对投资项目进行评价呢？本章就来学习决策与投资评价的相关知识。

第一节 相关成本

所谓相关成本（Relevant costs），是指由某项决策直接产生的未来增量的现金流出(可以抵扣)。相关成本需要同时满足下列特征：第一，相关成本是与未来相关的，过去发生的成本与决策无关；第二，相关成本是增量的现金流出，但是如果决策没有做出的话，相关成本就不会发生，所以企业在进行决策时应该考虑相关成本；第三，相关成本是一种现金流量，只需要现金流相关的信息，这就意味着那些不会导致额外现金支出的成本，像折旧和名义成本（如已分摊间接费用）等，都不属于相关成本，在做决策时可以忽略。

（一）机会成本和可避免成本

相关成本包括机会成本和可避免成本（Avoidable costs）等，机会成本是做出某项决策时所牺牲的可替代决策的收益，例如，某公司现在有 A、B、C 3 个投资项目可供选择，且只能从中选择一个项目，3 个项目可获得的收益分别是 80 万元、100 万元、120 万元。鉴于 C 项目所能获得的收益最高，该公司最有可能选择投资 C 项目。那么，C 项目的机会成本为剩下两个项目中收益较高的 100 万元。可避免成本则是停止某项活动即可避免的成本，比如停工或撤资。

（二）可供分配的固定成本

固定成本也可能是相关成本，要注意区分特定或直接可分配的固定成本和一般固定管理费用。

直接可分配固定成本是与决策相关的，在特定的活动水平下固定的成本。当发生额外的活动时，这部分固定成本会增加，例如，企业评估某个项目需要一名外聘专家，那么支付给这位专家的薪酬就提高了企业的直接可分配固定成本。当然，如果企业决定缩减经营规模或停工，直接可分配固定成本则会降低。

一般固定管理费用是指那些不随经营规模变化的决策而变化的固定管理费用。不受经营决策的影响，是因为固定管理费用在各个项目之间按比例分摊。

（三）材料相关成本

材料相关成本一般是材料重置成本，但是如果材料已经购买并且这种材料一旦投入使用就不再具有可替代性，那么转售价格和用于其他用途所能获得的价值较高者就是这时的材料相关成本。如果材料没有转售成本并且不能用于其他用途，那么材料的相关成本为零。

材料相关成本如图 17－1 所示。

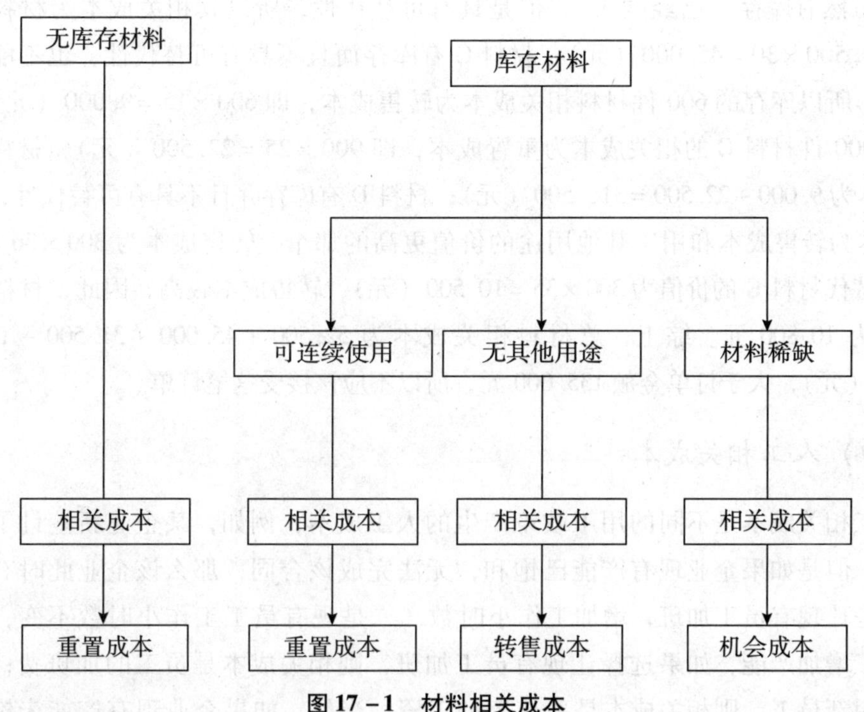

图 17－1　材料相关成本

【例 17－1】M 公司是一家装修材料制造商，最近接到一份金额为 135,000 元的客户订单，所需材料的相关信息如下表所示。材料 B 是该公司定期使用的材料，如果材料 B 用于该订单，那么其他产品需要材料 B 时则要使用其他替代材料。材料 C 和材料 D 因为上期超量采购产生了剩余库存，这两种材料不具有可替代性，其中，材料 C 不能用于其他用途，材料 D 可以用于其他用途，作为 300 件材料 E 的替代品（材料 E 现在无库存，每件成本为 35 元）。

订单所需材料信息

材料种类	需求量（件）	库存量（件）	账面价值（元/件）	转售成本（元/件）	重置成本（元/件）
A	1,500	0	—	—	35
B	1,500	500	12	15	30
C	1,500	600	18	15	25
D	300	300	25	36	56

要求：计算材料相关成本，判断 M 公司是否应该接受这笔订单。

分别计算每种材料的相关成本，将总的材料成本与订单金额进行比较，如果小于订单金额则接受订单，否则不接受。

材料 A 无库存，所以其相关成本为材料重置成本，即 1, 500 × 35 = 52, 500（元）；材料 B 虽然有库存（已经购买），但是具有可替代性，所以其相关成本为材料重置成本，即 1, 500 ×30 =45, 000（元）；材料 C 有库存而且不具有可替代性，也不能用于其他用途，所以库存的 600 件材料相关成本为转售成本，即 600 ×15 =9, 000（元），剩余需求的 900 件材料 C 的相关成本为重置成本，即 900 ×25 =22, 500（元），材料 C 的总相关成本为 9, 000 +22, 500 =31，500（元）；材料 D 有库存并且不具有可替代性，所以其相关成本为转售成本和用于其他用途的价值更高的那个，转售成本为 300 ×36 =10, 800（元），替代材料 E 的价值为 300 ×35 =10, 500（元），转售成本较高，因此，材料 D 的相关成本为 10, 800 元。综上，总材料相关成本为 52, 500 + 45, 000 + 31, 500 + 10, 800 = 139, 800（元），大于订单金额 135, 000 元，所以不应该接受这笔订单。

（四）人工相关成本

人工相关成本是不同的用工政策产生的人工成本，例如，某企业新签订了一项生产合同，但是如果企业现有产能已饱和，无法完成该合同，那么该企业此时有两个选择，一是让现有员工加班，增加工作小时数，二是现有员工工作小时数不变，通过聘用新员工增加产能，如果选择让现有员工加班，则相关成本是员工的加班费；如果从外部聘用新员工，则相关成本是新员工的工资。当然，如果企业现有产能未饱和，剩余产能足够来完成订单，那么相关成本为零（如图 17 –2 所示）。

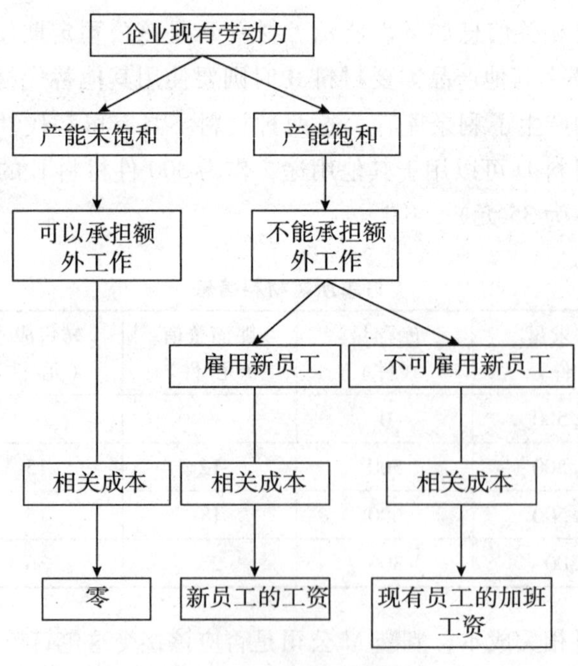

图 17 –2　人工相关成本

【例 17 -2】 N 公司准备与客户签订一项生产合同，完成该合同需要 150 工时，N 公司现阶段主要生产 E 产品，有关的标准成本信息如下表所示（单位：元/件）：

E 产品标准成本信息

直接材料（元）	120
直接人工（30 元/工时）（元/件）	180
售价（元）	450
贡献（元）	150

（1）如果 N 企业必须雇用新员工完成该合同，则签订该合同的人工相关成本为多少?

（2）如果 N 企业有 50 工时的剩余产能，则签订该合同的人工相关成本为多少?

（3）如果 N 企业内部员工短缺，则签订该合同的人工相关成本为多少?

如果 N 企业必须雇用新员工完成该合同，则人工相关成本为雇用新员工的变动成本，即 $30 \times 150 = 4,500$（元）；如果 N 企业有 50 工时的剩余产能，那么只需从外部雇用员工完成 100 工时即可，其人工相关成本为这 100 工时的成本，即 $100 \times 30 = 3,000$（元）；如果 N 企业内部员工短缺，那么签订该合同的人工相关成本为工时对应的直接人工成本和因产能不足而损失的贡献，生产一件 E 产品需要 6 小时（$180 \div 30$），每件产品的贡献为 150，所以每小时的贡献为 25 元（$150 \div 6$），那么 150 小时损失的贡献为 $150 \times 25 = 3,750$（元），人工相关成本为 $30 \times 150 + 3,750 = 8,250$（元）。

（五）非相关变动成本（Non - relevant variable costs）

非相关成本是那些不受投资决策影响的成本，也就是说，无论选择哪个投资方案，这部分成本都会发生，包括不可避免成本、名义成本和沉没成本等。例如，约束成本就是一项不可避免成本，约束成本是企业日常经营活动必需的成本，是企业未来一定会发生的成本，所以一般不受企业现在决策的影响。名义成本是那些不产生现金流量的成本，包括折旧等项目。

产品相关成本的决策是与未来相关的，和过去的交易与事项无关。那些过去发生的成本也与现在要做的决策无关，称为过去成本，其中，已经投入并且无法收回的成本称为沉没成本（Sunk costs）。例如，某饮料生产企业投入一笔资金研发新口味的产品，但是在市场调研阶段发现，消费者对这种新口味的饮料接受程度非常低，即使投入市场也很难获得收益，显然研发投入的资金也无法收回，那这部分资金就是沉没成本。

第二节 短期决策

一、自制或外购决策

自制或外购决策分析，是计算自制产品和从外部购买哪个更便宜，自制或外购问题是企业决定利用内部资源生产产品或执行作业，还是从外部购买。例如，企业的产品零部件是选择自己生产还是从供应商处购买；建筑企业选择使用内部员工完成项目还是分包给其他公司；科技公司设计研发新的计算机系统是选择委托给内部数据处理工作人员还是做技术外包等。

自制决策给予了管理者更多的直接管理权，而外购决策则得益于外部企业的专家和技术，两种方式的侧重点不同，所以在做决策时要从企业的实际需要出发，不应仅仅做成本方面的考虑。根据企业是否有足够的产能，可以将自制和外购决策分为两类。如果企业有足够的产能，就可以在自制和外购之间自由决策，那么自制或外购决策的相关成本就是两种选择之间的差异成本，企业选择自制的相关成本为产品变动成本和直接固定成本。如果企业没有足够的产能，那么企业选择自制的相关成本除了产品变动成本和直接固定成本之外，还需要考虑机会成本。下面通过两道例题分别来介绍这两类决策。

【例 17 -3】P 企业是一家汽车配件制造商，下一年度计划将 X、Y、Z 3 种零部件由自制改为外购，3 种零部件的年度预计产量及成本如下表所示，与 X、Y、Z 直接相关的固定成本分别为 2,500 元、3,000 元、3,600 元。3 种零部件的外购价格分别是 15 元、10 元和 18 元。请判断 P 企业的这项外购决策是否可行。

X、Y、Z 产品相关资料

	X	Y	Z
材料成本（元）	4	5	6
人工成本（元）	9	4	8
其他费用（元）	1	2	2
成本合计（元）	14	11	16
预计产量（件）	2,000	1,000	3,000

解题过程：分别计算 3 种产品的自制和外购成本并进行对比：

X 产品的自制成本 = 14 × 2, 000 + 2, 500 = 30, 500（元）

Y 产品的自制成本 = 11 × 1, 000 + 3, 000 = 14, 000（元）

Z 产品的自制成本 = 16 × 3, 000 + 3, 600 = 51, 600（元）

自制成本合计 = 30, 500 + 14, 000 + 51, 600 = 96, 100（元）

X 产品的外购成本 = 15 × 2, 000 = 30, 000（元）

Y 产品的外购成本 = 10 × 1, 000 = 10, 000（元）

Z 产品的外购成本 = 18 × 3, 000 = 54, 000（元）

通过比较发现，X、Y 两种零部件的自制成本大于外购成本，可以选择外购；但 Z 零部件的自制成本小于外购成本，应选择自制。综上，A 企业在下一年度可以外购 X、Y 零部件，继续自制 Z 零部件。

以上是企业产能充足的情况，当企业产能不足时，则需要进行外购，但是选择哪种产品外购还需要进一步决策。

【例 17－4】 Q 企业生产两种零部件 T、W，下个月的产能为 320 小时，两种零部件的资料如下表所示：

零部件资料

	零部件 T	零部件 W
需求量（件）	75	50
自制成本：		
变动成本（元/件）	300	450
固定成本（元/件）	60	60
总成本（元/件）	360	510
机器小时（时/件）	3	4
外购价格（元/件）	400	600

要求：分析 Q 企业应该选择哪种产品外购，外购数量为多少？

T、W 产品的总产能为 75 × 3 + 50 × 4 = 425（小时），而该企业只能提供 320 小时，所以需要选择一种产品外购。T 产品外购和自制的成本差为 400 － 300 = 100（元），W 产品外购和自制的成本差为 600 － 450 = 150（元），所以应选择 T 产品外购，W 产品自制。自制 50 件 W 产品之后，还剩余产能 320 － 50 × 4 = 120（小时），可以生产 T 产品 120 ÷ 3 = 40（件），所以还须外购 75 － 40 = 35（件）。

二、外包决策

外包（Outsourcing）是指企业动态地配置自身和其他企业的功能和服务，并利用企业外部的资源为企业内部的生产和经营服务。外包决策与自制或外购决策类似，外包决策比较的是外包与其他途径得到产品的成本差额，如果外包生产产品的成本最低，那么企业选择外包方式，否则应选择其他方式。

外包决策除了要像自制或外购决策那样考虑财务因素外，还需要考虑一些非财务因素。外包决策除了可以节约企业成本之外，还会释放内部产能，使得充分利用内部资源达到收益最大化。在外包的过程中，还可能从外部获取一些专业知识，这对于企业来说是一笔无形的财富。另外，外包也会发挥释放资本的作用，企业可以将资本用于回报率更高的项目。

当然，外包决策也存在一定的风险。第一，利用外部资源为本企业服务，企业很容易对这种服务失去控制；第二，外包可能会影响产品的质量，尽管企业会对外包商提供的产品限定标准，但由于制造工艺不同等多种原因，外包产品的生产仍然可能存在差异；第三，供货的灵活度和可信赖程度不能保证，产品完全交给外包商，企业不能精确地掌握产品的生产进度，会降低供货的灵活度和可信赖程度；第四，潜在机密信息的损失，产品交由外包生产会不可避免地透露关于本企业的信息，也不排除泄露机密信息的可能性；第五，失去内部生产的能力，如果长时间使用外包的方式生产某产品，企业不再对该产品投入研发成本，不再雇用具备相应能力的工人，或是工人转做其他产品生产，那么企业会逐步失去内部生产的能力。

三、停工决策

停工是指停止工作或生产，停工决策是当项目出现亏损时，企业停止一部分生产的决策，例如，解散一个部门，关闭一条生产线等。这里需要注意一点，吸收成本法将固定制造费用计入产品成本，影响成本计算的准确性，所以企业需要用变动成本法计算成本，判断项目是否亏损，进而做出决策。如果项目确实出现了亏损，管理者还需要关注变动成本、可避免成本等，在对其中的可控成本控制之后，若预计还可能亏损，再考虑做出停工决策。

【例 17－5】 L 公司主要生产 A、B、C 3 种产品，预计明年的利润表如下表所示。其中，产品固定制造费用包含一部分工厂的一般制造费用（材料成本的80%），除了这部分之外的固定制造费用，才是属于特定产品的。销售费用是支付给销售人员的工资。由于预计明年 A 产品亏损，企业正在考虑关闭 A 产品的生产线。

20×6 年预计利润　　单位：元

	A	B	C	总计
销售收入	3, 500, 000	1, 800, 000	1, 200, 000	6, 500, 000
产品成本：				
材料成本	1, 200, 000	360, 000	180, 000	1, 740, 000
工资	500, 000	12, 000	60, 000	572, 000
变动制造费用	360, 000	10, 500	40, 000	410, 500
固定制造费用	1, 350, 000	30, 000	480, 000	1, 860, 000

续表

	A	B	C	总计
利润	90, 000	1, 387, 500	440, 000	1, 917, 500
销售费用	170, 000	30, 000	85, 000	285, 000
净利润	－80, 000	1, 357, 500	355, 000	1, 632，500

要求：

（1）决定是否应该关闭 A 产品生产线；

（2）列举在做出停工决策之前需要优先考虑的其他因素。

要判断是否关掉 A 产品的生产线，需要用变动成本法重新计算 A 产品是否亏损。计算结果如下表所示：

变动成本法下 A 产品预计利润　　　　单位：元

	A
销售收入	3, 500, 000
产品成本：	
材料成本	1, 200, 000
工资	500, 000
变动制造费用	360, 000
固定制造费用 1, 350, 000－（1, 200, 000×80%）	390, 000
利润	1, 050, 000
销售费用	170, 000
净利润	880, 000

可以看出，在变动成本法下，A 产品的预计利润变为正数，说明 A 产品明年实际上并不会发生亏损，所以 L 公司不应该关闭 A 产品的生产线。

除了计算 A 产品是否亏损外，在做出停工决策之前还要考虑以下因素：第一，产品相关性，如果停止生产 A 产品，那么相应的联产品①、副产品②也会停产，这些产品为企业带来的收入也应该考虑进去，另外，如果 A 产品是其他产品的原料，那么还要考虑 A 产品的相关成本；第二，降低成本的可能性，例如，调整销售佣金，降低生产成本等；第三，停工的资本成本；第四，冗余成本。如果综合考虑这些因素之后可以使产品实现盈利，则无须将生产线停工，否则可以做出停工决策。当然，在实际决策

① 联产品：使用同种原料，经过同一生产过程，生产出两种或两种以上的不同性质和用途的产品。

② 副产品：在生产主要产品过程中附带生产出的非主要产品。

过程中，还要结合企业的具体情况，并不限于这几个因素。

第三节　投资项目评价

企业在做出投资决策之前，首先要评估投资项目的可行性。包含资本支出的项目评估具有重要意义，主要体现在以下几个方面：第一，包含资本支出意味着该项目涉及企业大量的资源；第二，资本投资决策一般很难逆转，即使可以逆转也会因为巨额的成本代价而丧失收益；第三，投资决策需要与企业的战略决策相结合，投资决策应该与企业的长期目标保持一致，以助最终实现股东财富最大化；第四，投资项目的未来收益很难预测，其具有很高的风险和不确定性，因此，需要进行详细评估。

一、决策与控制循环

评估资本项目的决策与控制循环主要包括以下几个步骤：

1. 项目初步调查

包括分析项目在技术和商业上是否可行、项目的主要风险，以及是否与企业长期战略目标相一致等。

2. 详细评估

一旦确定项目的可行性，接下来就要计算项目的未来现金流量。风险的后果可以通过比较不同产出水平下的现金流来进行评估，这种方法叫作敏感性分析。在这个过程中，企业的投资规模也要考虑在内，如果企业的资金不够投资所有的项目，那么就应该首先考虑这个因素。

3. 授权

对于明显与企业规模相关的资本投资项目来说，那些由高级管理者或董事会做出的投资决策需要进行授权。做出的投资决策要满足已经完成了恰当的详细评估，项目达到了能够为盈利能力做出贡献的必要标准，并且与企业整体的战略保持一致。

4. 执行

企业在做出投资决策后，接下来面临的问题就是执行。投资项目应该由项目经理或其他的责任人员负责，相关责任人员有权分配投资项目所需的资源，同时也有责任去完成特定的目标。

5. 项目监督

在开始执行项目之后，企业要对投资项目进行监督，并且定期告知高级管理者。如果项目在一开始就将执行过程中的意外事件考虑进去，对成本和收益进行预估，那么，项目的监督会更加有效。

6. **完工后审计**

在项目的最后阶段或至少在项目开始的几年后，企业需要执行完工后审计，目的是利用过去项目中的经验来指导未来的项目计划。完工后审计尽可能将实际现金流计算出来，再与之前的资本支出估价相比较，由项目经理负责解释其中的显著差异。

二、完工后审计

完工后审计是对投资项目的结果进行客观、独立的评估，通过比较实际执行和计划的差异，判断项目是否成功。完工后审计覆盖项目的全过程，为管理者提供反馈，来指导未来项目的执行与控制。

完工后审计的优势有以下几个方面：第一，完工后审计是一种更好的预测方法，它可以识别出评估项目时的预测和估计方法的不足，有利于提高预测的规范性和质量；第二，完工后审计有利于企业在未来做出更好的投资决策，它可以发现投资项目中出现的错误，那么在以后的项目执行过程中，企业就可以避免类似的错误，完工后审计还有可能会在未来进行投资决策时预见项目的结果；第三，完工后审计通常在项目后期进行，提醒着相关的管理者做出职业判断时更加实际，而不会过于乐观；第四，完工后审计可以为项目经理和高层管理者提供反馈，这些反馈信息再用于控制活动和业绩评价管理中。

完工后审计使用什么样的程序取决于投资项目的类型，但是，关键特征都包括以下几个：

1. **审计人员**

参与完工后审计的工作人员必须与执行投资项目的人员相独立，同时，也需要像项目工作人员一样具备技术和市场胜任能力。

2. **业绩评价**

审计工作首先需要明确项目的最初目标，然后通过业绩评价与最初目标进行对比。这就意味着完工后审计更加关注那些特别敏感或关键的方面，因为这些方面如果在执行的过程中出现差错，将会给企业造成重大的影响。财务业绩要与最初的计划进行对比，分析材料差异的原因，当发现预测成本和收入有显著变化时，应该研究其中的原因，改善项目评估中风险处理的方式。

3. **建议**

审计团队应该在审计完成后提出具体的建议，提高以后项目管理的成本效率。

4. **沟通**

在完工后审计的过程中和直接参与投资项目的人员沟通是很重要的，如果审计团队像“突击队”一样去审查项目，恐怕很难获得全面的信息。因为审计的目的不是找人问责，而是向所有的相关人员提供项目的反馈，从已完成的项目中吸取全部的教训，在之后的项目管理中做出改进。

有时，在投资项目执行期间进行审计比完工后进行审计更加有效，因为在执行期间审计可以发现有些对于项目后期来说无效的事项，这时就可以及时叫停这些事项或者做出相应的调整，从而节约成本。

除了与财务相关的因素外，非财务因素有时也会使投资项目产生额外的成本，影响投资决策。决策者需要从投资案例中识别出这些因素，在选择投资项目时把这些因素考虑进去。常见的非财务因素有以下几个：第一，法律因素，投资项目中不能有触犯法律的事项，否则会给企业带来严重的经济后果；第二，道德因素，每个行业都有各自的职业道德，作为社会人也应有一定的道德标准，在选择投资项目时，决策者应该坚持自己的道德底线，以免让企业成为众矢之的；第三，法规的变化，企业应该时刻关注法规的变化，关注政府的政策导向，有时可以利用政策优惠条件节约成本等；第四，质量问题，选用质量稍次的材料和设备表面来看节约了成本，但是在后期可能会发生故障或因为消费者的索赔而增加支出；第五，竞争水平，企业在进入某一行业投资时免不了与竞争对手抗衡，为了获得更高的市场份额等目的，会面向消费者推出一系列优惠活动，这有可能在短期内影响企业的利润。

第四节　投资项目评估的方法

在投资决策中，项目评估的方法有很多种，大致可以分为两类：一类是静态分析法，这一方法假设货币在各个时点上的价值是相等的，也就是没有考虑货币时间价值（Time value of money），包括投资回收期法等；另一类是考虑货币时间价值的方法，称为动态分析法，包括折现投资回收期法、净现值法、内涵报酬率法等。无论使用哪种方法，企业都要计算一些评价指标来比较投资项目的优劣，做出最佳的投资决策。

在介绍这些方法之前，有必要先了解一些货币时间价值的相关概念。

一、货币时间价值

按照经济学的说法，货币在不同时点上的价值是不同的，简单来说就是今天的一块钱不等于明天的一块钱，同样是一块钱，今天得到和明天得到，虽然票面价值相等，但是它们的实际价值是不一样的，原因就是如果今天得到一块钱，就可以进行投资，到了明天就可以获得一定的投资收益，因此，这一块钱加上投资收益，其实它的真实价值就不止一块钱了。也就是说，越早获得一块钱，越可以获得更多的收益，就越值钱。以下几个原因说明了货币的时间价值：

第一，不确定性。企业在经营的过程中充满风险和不确定性，虽然在一般情况下企业会在未来获得收益，但是在真实得到收益之前，一直存在着不确定性。因此，在进行投资决策时，也要将风险和不确定性考虑在内。而正是这种不确定性，使得现在的一块钱具有了获得收益的可能性，变得更值钱。

第二，通货膨胀。通货膨胀是指发行的货币数量超过了流通中实际需要的货币数量而引起的货币贬值现象，通常表现为物价水平的上涨。发生通货膨胀时，人们会发现同样的钱能够买到的商品数量变少了，增加了货币的时间价值。通货膨胀和货币时间价值的概念容易混淆，需要说明的是，即使没有通货膨胀，货币时间价值也是客观存在的。在实际中进行投资决策时，考虑通货膨胀因素是很有必要的，但是使用贴现现金流方法时，通常将这一因素忽略。

第三，在投资的问题上，投资带来的可观收益会更加激励人们尽快地进行投资，而折现是一种提供时间优先选择的方法。

1. 单利和复利

货币时间价值的计算按照其基数的不同分为单利和复利（Compound interest）。单利是只就本金计算利息，单利的计算公式：

$$R = P \times r \times n$$

复利则是对本金和利息之和计算利息，俗称“利滚利”。复利的计算公式：

$$R = P\,(1 + r)^{n-1} \times r$$

其中，R 表示利息，P 表示本金，r 表示利率，n 表示计息期数。

【例 17－6】 某人将 20,000 元存入银行，年利率为 2.75%，存期为 3 年，请计算到期时的利息。

单利利息：

$R = 20,000 \times 2.75\% \times 3 = 1,650$(元)

复利利息：

$R_1 = 20,000 \times 2.75\% = 550$(元)

$R_2 = 20,000 \times (1 + 2.75\%) \times 2.75\% \approx 565.13$(元)

$R_3 = 20,000 \times (1 + 2.75\%)^2 \times 2.75\% \approx 580.67$(元)

$R = 550 + 565.13 + 580.67 = 1,695.8$(元)

2. 终值和现值（Present value）

在进行投资决策时，通常使用复利来计算货币时间价值。终值是一定数额的本金在若干期之后按照复利计算的本利和，也就是货币未来的价值。复利终值的计算公式：

$$S = P\,(1 + r)^n$$

其中，S 表示终值，P 表示本金（现值），r 表示利率，n 表示期数，$(1+r)^n$ 称为复利终值系数。

现值是若干期后的金额按照规定利率折算到现在的价值，复利现值的计算公式：

$$P = \frac{S}{(1 + r)^n} = S\,(1 + r)^{-n}$$

其中，$(1+r)^{-n}$称为复利现值系数。

【例 17 -7】假设某项投资每年可以收到 6% 的回报，要想在 5 年后收到本利共计 500, 000 元，请计算现在应该投入多少资金。

将 500, 000 元作为终值计算该项目的现值：

$$P = 500,000 \times \frac{1}{(1+6\%)^5} = 500,000 \times 0.747 = 373,500(\text{元})$$

3. **年金（Annuities）的终值与现值**

年金是指在一定期间内，每年收入或支出的相等数额的现金。按照年金的期数是否有限，可将年金分为普通年金和永续年金。在一定时期内，各期期末收入或支出的年金称为普通年金，普通年金的终值是指一定时期内每期期末等额收入或支出的终值之和。普通年金的终值计算公式：

$$S = A \times \frac{(1+r)^n - 1}{r}$$

其中，S 表示年金终值，A 表示年金，r 表示利率，n 表示期数，$\frac{(1+r)^n-1}{r}$称为年金终值系数。

【例 17 -8】如果某人每年年末存入银行 10, 000 元，连续存 5 年，银行存款利率为 3%，请计算 5 年后的本利和。

$$S = 10,000 \times \frac{(1+3\%)^5 - 1}{3\%} = 10,000 \times 5.309 = 53,090\ (\text{元})$$

普通年金的现值，是指一定时期内每期期末等额收入或支出的现值之和，其计算公式：

$$P = A \times \frac{1 - (1+r)^{-n}}{r}$$

其中，P 表示现值，$\frac{1-(1+r)^{-n}}{r}$称为年金现值系数。

【例 17 -9】如果某人希望每年年末从银行取出 10, 000 元，连续取 5 年，银行存款利率为 3%，那么在第 1 年年初该人应存入银行多少钱？

$$P = 10,000 \times \frac{1 - (1+3\%)^{-5}}{3\%} = 10,000 \times 4.579 = 45,790(\text{元})$$

永续年金是无限期内每期期末收入或支出的年金，因为永续年金没有期限，所以没有终值，只有现值。永续年金的现值计算公式：

$$P = \frac{A}{r}$$

其中，P 表示现值，A 表示年金，r 表示利率。

【例 17 -10】某公司成立一项慈善基金，打算每年捐助 20 万元，本金购买利率为 5% 的债券，那么，购买债券的本金为多少？

$$P = \frac{20}{5\%} = 400(\text{万元})$$

二、投资回收期法

投资回收期（The payback period），是投资项目产生的现金流能够覆盖初始投资额所需的时间，也就是收回初始投资额的时间，通常以年为单位。一般地，投资回收期越短，企业越早收回投资额，投资项目未来所承担的风险越小；反之，投资回收期越长，收回投资额的速度越慢，投资项目未来所承担的风险越大。当项目的投资回收期小于企业可接受的最长回收期时，该项目可以接受。

【例 17－11】A 企业现有一个投资项目 M，初始投资额为 150,000 元，一年内可产生回报，该项目 5 年内的现金流量分别为 15,000 元、30,000 元、80,000 元、90,000 元、85,000 元。请计算该项目的投资回收期。

根据上述资料，首先计算该项目每年的累计现金流量，如下表所示：

年份	现金流量	累计现金流量
0	－150,000	－150,000
1	15,000	－135,000
2	30,000	－105,000
3	80,000	－25,000
4	90,000	65,000
5	85,000	150,000

从表中可以看出，第 4 年的累计现金流量开始变为正数，说明该项目的投资回收期在第 3 年到第 4 年之间，根据第 3 年的累计现金流量和第 4 年的现金流量进一步计算，可得投资回收期为 3.28 年（3＋25,000÷90,000）。

投资回收期法作为一个计算简单、易于理解的项目评估方法，自身具有明显的优势。在实务中，很多企业将投资回收期作为投资决策时的首选方法。投资回收期能够识别出哪些项目可以快速地产生现金流，保证选择的投资项目尽快实现盈利。投资回收期法关注资金回收时间，所以更注重短期内的现金流量，有助于降低风险，增强资金流动性。

当然，投资回收期法也有缺陷。首先，投资回收期只考虑收回初始投资额的时间，对于回收期后的现金流就不再关注了，这有可能导致短视行为，因为后期的现金流才真正关系到投资项目的持续盈利能力，尤其是对与投资回收期接近的项目来说，如果企业选择投资回收期短的项目而放弃后续盈利能力强的项目，可能这并不是一个明智的决策；其次，没有考虑货币时间价值，使得后期的现金流计算实际上并不准确；最后，每个项目都有各自的特点，例如，行业属性等，因而不同的投资项目有着不同的投资回收期，单纯以可接受的最长投资回收期来选择投资项目，有些武断。

【例 17－12】沿用例 17－11 的资料，假设 A 公司现在有 M、N 两个投资项目可供选择，N 项目的初始投资额也是 150, 000 元，第一年可产生现金流，前 5 年的现金流量分别是 50, 000 元、55, 000 元、52, 000 元、45, 000 元、40, 000 元，则两个项目的累计现金流量对比如下表所示。

年份	现金流量（M）（元）	累计现金流量（M）（元）	现金流量（N）（元）	累计现金流量（N）（元）
0	－150, 000	－150, 000	－150, 000	－150, 000
1	15, 000	－135, 000	50, 000	－100, 000
2	30, 000	－105, 000	55, 000	－45, 000
3	80, 000	－25, 000	52, 000	7, 000
4	90, 000	65, 000	45, 000	52, 000
5	85, 000	150, 000	40, 000	92, 000

从表中可以看出，项目 N 的累计现金流量在第 3 年即变为正数，说明项目 N 的投资回收期为 2 年到 3 年，根据第 2 年的累计现金流量和第 3 年的现金流量，计算可得项目 N 的投资回收期为 2. 87 年（2 + 45, 000 ÷ 52, 000）。而上个例题中计算出的项目 M 的投资回收期为 3. 28 年，大于项目 N 的投资回收期，此时 A 企业如果只考虑投资回收期的话，应该选择回收期较短的项目 N。但是，从第 4 年开始，项目 M 的累计现金流量已经超过了项目 N，由于两个项目的初始投资额相等，显然项目 M 后期的投资回报更高，这时就凸显了投资回收期法的不足。

【习题 17－1】下列评估投资项目的方法中，不考虑货币时间价值的是（　　）。

A. 投资回收期法

B. 贴现现金流法

C. 净现值法

D. 内涵报酬率法

三、折现投资回收期法

折现投资回收期法和投资回收期法类似，只不过是在投资回收期的基础上考虑了货币时间价值。与投资回收期相对应，折现投资回收期（Discounted payback period, DPP）是投资项目的折现现金流覆盖初始投资额的时间，是另一种计算初始投资额回收时间的方法。

在保留了投资回收期优点的同时，由于考虑了货币时间价值，折现投资回收期更能反映项目初始投资额的实际收回时间，一定程度上弥补了投资回收期法的不足。但是，投资回收期容易导致的短视行为，以及不同投资项目的特点不同使得投资回收期并没有形成统一标准等局限性，在折现投资回收期法中仍然存在。

【例 17－13】 假设折现率为 8%，计算例 17－12 中 N 项目的折现投资回收期。

N 项目累计现金流量计算如下表所示：

年份	现金流量（元）	复利现值系数	折现现金流量（元）	累计现金流量（元）
0	－150, 000	1	－150, 000	－150, 000
1	50, 000	0. 925	46, 250	－103, 750
2	55, 000	0. 857	47, 135	－56, 615
3	52, 000	0. 793	41, 236	－15, 379
4	45, 000	0. 735	33, 075	17, 696
5	40, 000	0. 68	27, 200	44, 896

从表中可以看出，N 项目的折现投资回收期为 3～4 年，经计算可得回收期为 3. 46 年（3＋15, 379÷33, 075）。与 N 项目的投资回收期 2. 87 年进行对比，考虑了货币时间价值的折现投资回收期更长，对企业来说更具有参考价值。

四、贴现现金流法

贴现现金流法（Discounted cash flow，DCF）是将投资项目的未来期间的现金流量折现的计算方法，它通过比较贴现现金流去检验投资项目是否达到了企业满意的投资回报，在实际中，贴现现金流法又包括净现值和内涵报酬率两个指标。

（一）净现值法

投资项目只有在未来创造的收益大于刚开始的投入时，才能给企业带来利润，才会成为企业投资决策的选项。基于这种考虑，企业将投资项目未来所有的现金流按照一定的折现率计算出总现值，再与初始投资额的现值进行比较，未来现金流量的总现值与初始投资额的现值之间的差额，就称为净现值（Net present value，NPV），这种评估投资项目的方法，叫作净现值法。

净现值法的具体计算步骤如下：

（1）将企业各期对项目的投资进行折现，计算出初始投资额的现值。

（2）计算未来现金流量的总现值。首先，预测各年未来的现金流量；其次，将资本成本作为折现率计算各期现金流量的现值，资本成本是企业取得和使用资金付出的代价，如企业支付的借款手续费和利息占借款总额的百分比等，选择资本成本作为折现率，是为了保证投资项目的收益至少可以弥补投入的代价，有时也可以使用资本的机会成本；最后，将未来各期的现金流量的现值进行加总，计算出未来现金流量的总现值。

(3) 计算投资项目的净现值，未来现金流量的总现值减初始投资额现值的差额，即投资项目的净现值。

对于单个投资项目来说，如果投资项目的净现值大于零，说明收益的现值超过了成本的现值，初始投资可以收回，也就是说，项目的报酬率大于资本成本率，表明该项目是有利的，企业可以接受；相反，如果投资项目的净现值小于零，则说明该投资项目的报酬率小于资本成本率，企业未来收到的现金流量不足以弥补初始投资成本，那么，这个项目是不可选的。而如果企业面临多个互斥项目选择，即只能在若干个项目中选择一个最优的项目时，就要比较各个项目的净现值，在可行的方案中选择净现值最大的项目。

【例 17 -14】C 企业现计划投资一个项目，初始投资额为 20,000 元且在建设期起点一次性投入，预计项目的使用寿命为 3 年，该项目预计的各年现金流量及现值系数如下表所示，企业的资本成本率为 10%，请计算投资项目净现值，判断企业投资该项目是否可行。

年份	现金流量（元）	复利现值系数（$r=10\%$）
0	-20,000	1.000
1	12,000	0.909
2	10,000	0.826
3	8,000	0.751

贴现现金流法假设现金流量发生在每年年末的最后一天，例如，第 1 年的现金流量 12,000 元是在第 1 年的最后一天收到的，以此类推，10,000 元和 8,000 元分别是企业在第 2 年和第 3 年的最后一天收到的。而初始投资额 20,000 元则是在第 1 年的年初发生的，未来现金流折现的时间点也是第 1 年的年初，为了延续之前“最后一天”的说法，通常认为发生初始投资额的年份为第 0 年。

各年的现金流量现值计算，如下表所示。

年份	现金流量（元）	复利现值系数（$r=10\%$）	现金流量现值（元）
0	-20,000	1.000	-20,000
1	12,000	0.909	10,908
2	10,000	0.826	8,260
3	8,000	0.751	6,008

下面计算该项目的净现值：

$$NPV = -20,000 + 10,908 + 8,260 + 6,008 = 5,176(\text{元})$$

结果表明，该项目净现值大于零，是可行的。

【习题 17－2】H 企业现有一个投资项目，初始投资额为 250,000 元，该项目的使用寿命为 5 年，资本成本为 10%，预计每年的现金流量和复利现值系数如下表所示，请判断 H 企业是否应该投资该项目。

年份	现金流量（元）	复利现值系数（$r=10\%$）
0	－250,000	1.000
1	60,000	0.909
2	60,000	0.826
3	60,000	0.751
4	60,000	0.683
5	60,000	0.621

作为评估投资项目优劣的方法，净现值法有以下几个优点：第一，使用净现值法有利于实现股东价值最大化，当净现值大于零时，就说明股东价值在增加，企业在进行投资决策时只有净现值大于零的项目才会被接受，所以净现值法保护了股东价值；第二，净现值法考虑了货币时间价值，反映了投资项目的实际价值；第三，使用现金流指标比利润指标更加客观，因为现金流就是实际流入企业的资金，而计算利润时包括应收未收的账款，还有很多费用也是可控的。

净现值法也有一些缺点：第一，折现率不好确定，折现率的选择对投资决策至关重要，它直接决定了投资项目是否能被接受，但是确定折现率的方法却有很多，如投资项目的资本成本、机会成本、行业平均资金收益率等，如何选择合适的折现率，需要准确的职业判断；第二，净现值法假设所有的现金流量都发生在每年的最后一天，这在实际中可能不太现实。

（二）内涵报酬率法

内涵报酬率（Internal rate of return，IRR），又称内部报酬率，是指投资项目在其生命周期内实际可望达到的投资报酬率。内涵报酬率小于零，说明项目未来产生的现金流不足以弥补初始投资；内涵报酬率等于零，说明投资项目未来产生的现金流正好可以收回初始投资；内涵报酬率大于零，则说明项目未来产生的现金流不仅可以收回初始投资，还会给企业带来一定利润。如果项目未来的现金流量全部按照这个比率进行折现，那么未来现金流量的总现值正好与初始投资额的总现值相等，也就是净现值等于零。在进行投资决策时，一般是将内涵报酬率和企业资本成本相比较，如果内涵报酬率大于资本成本，说明该项目可以接受；如果内涵报酬率小于资本成本，则该项目不可接受。如果有多个可供选择的投资项目，企业应该选择内涵报酬率高的项目。

计算内涵报酬率时，首先需要对折现率进行估计，根据估算的折现率计算项目的净现值，如果净现值为正，则说明内涵报酬率高于估计的折现率，继续提高估计的折现率，直到净现值出现负数为止；净现值为负，则说明该项目的内涵报酬率低于估计的折现率。相反，如果刚开始估计的折现率计算出的投资项目净现值为负，则应降低估计的折现率，直到净现值出现正数为止。估计完成之后，将最后估计的折现率和与其最接近的折现率用插值法（Interpolation）计算内涵报酬率。计算公式：

$$IRR = a + \frac{NPV_a}{NPV_a - NPV_b}(b - a)$$

其中，a 代表较低的折现率，b 代表较高的折现率。

【例 17－15】C 企业现有甲、乙两个投资项目，它们的预计现金流量如下表所示。

单位：元

年份	现金流量（甲）	现金流量（乙）
0	-300, 000	-450, 000
1	76, 000	90, 000
2	80, 000	150, 000
3	82, 000	200, 000
4	85, 000	120, 000
5	81, 000	140, 000

C 企业的资本成本为 10%，运用内涵报酬率法对两个项目进行分析。

首先看甲项目，先以 10% 估算净现值：

$NPV = -300,000 + 76,000 \times 0.909 + 80,000 \times 0.826 + 82,000 \times 0.751 + 85,000 \times 0.683 + 81,000 \times 0.621 = 5,102$（元）

折算率为 10% 时净现值大于零，再以 11% 估算净现值：

$NPV = -300,000 + 76,000 \times 0.901 + 80,000 \times 0.812 + 82,000 \times 0.731 + 85,000 \times 0.659 + 81,000 \times 0.593 = -2,574$（元）

折算率为 11% 时净现值小于零，说明甲项目的内涵报酬率在 10% 到 11% 之间，用插值法计算内涵报酬率：

$$IRR = 10\% + \left[\frac{5,102}{5,102 + 2,574} \times (11 - 10)\right]\% = 10\% + 0.66\% = 10.66\%$$

再来看乙项目，以 16% 估算净现值：

$NPV = -450,000 + 90,000 \times 0.862 + 150,000 \times 0.743 + 200,000 \times 0.641 + 120,000 \times 0.552 + 140,000 \times 0.476 = 110$（元）

折现率为 16% 时净现值大于零，再以 17% 估算净现值：

$NPV = -450,000 + 90,000 \times 0.855 + 150,000 \times 0.731 + 200,000 \times 0.624 + 120,000 \times 0.534 + 140,000 \times 0.456 = -10,680$（元）

折算率为 17% 时净现值小于零，说明乙项目的内涵报酬率在 16% 到 17% 之间，用插值法计算内涵报酬率：

$$IRR = 16\% + \left[\frac{110}{110 + 10,680} \times (17 - 16)\right]\% = 16\% + 0.01\% = 16.01\%$$

计算结果表明，两个项目的内涵报酬率都在 10% 以上，大于资本成本，如果是独立方案的话，都是可行的，但是对两个项目进行比较，发现乙项目的内涵报酬率更高，所以建议 C 企业选择投资乙项目。

【习题 17－3】有一投资项目，在折现率为 8% 时净现值为 2,500 元，在折现率为 9% 时净现值为 －7,500 元，则这个项目的内涵报酬率为（　　）。

A. 8.15%　　B. 8.25%　　C. 8.75%　　D. 9.25%

【习题 17－4】H 公司计划新增一条生产线，初始投资额为 500,000 元，在第 0 年一次性投入，估计的折现率和相应的未来现金流量现值如下表所示：

折现率	现金流量现值（元）
10%	575,000
15%	486,000
20%	451,300

则该生产线的内涵报酬率（　　）。

A. 低于 10%　B. 在 10% 到 15% 之间　C. 在 15% 到 20% 之间　D. 大于 20%

内涵报酬率在评估投资方案时有以下几个优点：第一，考虑了货币时间价值，更能够反映货币的实际价值；第二，内涵报酬率是百分比的形式，比绝对数指标更容易理解；第三，从内涵报酬率的计算过程中可以体会到这种方法对利率的变化很敏感。

内涵报酬率法存在以下缺点：第一，内涵报酬率作为相对数指标，很难估计出企业价值的绝对增长，另外，将内涵报酬率作为项目的再投资报酬率是不合理的；第二，在互斥方案的选择中，内涵报酬率计算结果可能与净现值相冲突，在这种情况下，净现值法往往更加准确。

（三）修订的内涵报酬率法

修订的内涵报酬率（Modified internal rate of return，简称 MIRR）是对内涵报酬率的改良。内涵报酬率法将计算出来的 IRR 作为项目再投资报酬率，显然这是不合理的，而修订的内涵报酬率是以资本成本作为再投资报酬率，克服了内涵报酬率的缺陷。修订的内涵报酬率能够更加准确地计算出项目的成本和利润率。修订的内涵报酬率公式如下：

$$MIRR = \sqrt[n]{\frac{FV}{PV}} - 1$$

其中，FV 代表现金流入的终值，PV 代表现金流出的现值，n 代表期数。

【例 17－16】W 公司有一个两年期的投资项目，初始投资为 15,000 元，资本成本为 12%，假设第一年的现金流入为 9,000 元，第二年的现金流入为 10,000 元，求该项目的 MIRR。

首先计算各年现金流入的终值，$FV = 9,000 \times (1 + 12\%) + 10,000 = 20,080$（元），再代入公式计算即可：

$$MIRR = \sqrt{\frac{9,000 \times (1 + 12\%) + 10,000}{15,000}} - 1 = 15.7\%$$

第五节　公共部门投资决策

公共部门是经济社会中为公众提供服务的组织，包括政府部门、交通部门、教育部门、医疗部门等。之前几节投资决策的介绍是针对私营部门而言的，公共部门的投资决策是一类比较特殊的投资决策，这是由公共部门一般是非营利的性质决定的。公共部门的投资决策具有以下特点：

第一，与私营部门相比，大多数公共部门都不关注投资回报。这里所说的投资回报，是资金方面的回报，公共部门的服务性质决定了它更关注非财务方面的回报。多数情况下，公共部门的投资决策反映了一定的政治目的。

第二，私营部门进行投资决策时只考虑财务方面的成本和收益，而公共部门通常会考虑投资项目的社会成本和社会收益，社会成本和收益除了包括财务成本和收益之外，还包括非财务方面的成本和收益，例如，社会成本包括环境污染等，社会收益包括增加就业岗位、提高健康水平等。

第三，公共部门的项目资本成本并不是商业上的回报率，它由财政部代表政府来决定，公共部门考虑的项目资本成本很多情况下是基于非财务因素的。

公共部门在进行投资决策时，将社会成本和社会收益作为重要考虑因素，如果社会成本和社会收益可以用货币项目进行量化，那么可以将社会成本和收益分别作为现金流出和流入，利用私营部门评估投资项目的方法和指标做出投资决策。如果社会收益难以量化，公共部门可以在可行的方案中选择成本最小的方案，其中，成本可以使用项目投资额的现值。

本章小结

本章首先介绍了投资决策的相关成本和非相关成本，相关成本包括机会成本等，非相关成本包括沉没成本等，接下来讲解一种直接与成本相关的决策：自制或外购决策，这种决策的目的主要是节约成本，通过比较两种方案的成本，选择成本较小的方案；其次介绍了一般的直接为了获取回报的投资决策，主要包括评估投资决策的步骤和方法等，中间还穿插介绍了货币时间价值的相关概念，这对于理解评估方法中使用现值的原因非常重要；最后简单介绍了公共部门的投资决策。

本章在管理会计中属于重点章节。投资活动作为企业产生现金流量的重要活动，更是企业产生利润的重要动力，因此，做好投资决策对于企业来说至关重要。通过本章的学习，同学们需要重点掌握如何做出自制或外购决策，以及评估投资项目的三种方法——投资回收期法、净现值法、内涵报酬率法，学会运用这些方法，对投资项目进行评估和选择来说十分重要。

第十八章　业绩评价

本章概述

本章主要介绍了企业的业绩评价，对业绩评价的目标、评价方法及结果进行了阐述。其中，业绩评价目标分为两个层次，评价方法也分为财务方法和非财务方法两个方面，以保证在当前经济市场下对企业经营情况有一个全面的评价。通过建立综合评价指标体系，对照相应的评价标准，定量分析与定性分析相结合，对企业一定经营期间的盈利能力、资产质量、债务风险以及经营增长等经营业绩和努力程度等各方面进行综合评判。科学地评价企业业绩，可以为出资人行使经营者的选择权提供重要依据，可以有效地加强对企业经营者的监管和约束，可以为有效激励企业经营者提供可靠依据，还可以为政府有关部门、债权人、企业职工等利益相关方提供有效的信息支持。

学习目标

※ 了解业绩评价的基本概念及目标

※ 熟悉非营利组织业绩评价方法

※ 掌握常见业绩评价财务指标

※ 了解平衡计分卡的基本思路与方法

商业观察

华为持续起飞，源动力秘密探解

华为从深圳一家籍籍无名的小公司，到目前如日中天，销量赶超同业领导者，有望成为下一代“街机”品牌的国际型大企业，是什么使华为在仅仅20年的时间里从一个默默无闻的小公司变成了一个世界500强企业，而且在今年可能会成为通信行业的第一呢？互

联网时代，互联网思维，颠覆了很多传统行业。昙花一现的公司屡见不鲜，但著名的华为不仅没有被互联网思维所颠覆，而且一直保持着乌龟慢跑一样的精神，每年都能持续增长，屡屡超越对手。华为能持续起飞，其源动力在哪里呢？

这个关于源动力的秘密，通俗来讲只有四个字"把钱分好"，学术上则称华为具有完善的绩效管理系统。

不成功的企业，做预算时通常将总任务平摊给各个部门，倒推出任务的结果，每个部门互不干涉地完成任务，按照企业收益为员工发放薪酬，这种情况往往导致任务完成的效果不好，整合成本过大，员工积极性不高，企业收益不佳，最终导致企业价值降低、优秀员工流失。

华为的做法却恰恰相反。它的绩效管理宗旨是，一定要把公司的组织绩效和部门的费用、员工的收入有效结合，具体做法就是先给部门下发工资包，部门按比例分配工资，并按比例倒推给员工需完成多少任务，[①] 例如，一个部门500万元的总工资，某员工可以拿到其中的30万元，则该员工必然为了这30万元的工资完成绩效。

对于高层管理者，华为将绩效管理目标由过去的一般来说关注年度的、跨年的工作目标，变为逐渐在高层管理者的考核里面着重加入了一些中长期项目，包括对于大客户的突破、对大型产品的开发，通过绩效考核，牵引高层管理者更多地关注长远目标。

对于中基层的管理者和员工，基本上还是用华为十几年一直不断完善的比较成熟的体系，一般会有半年度和年度的考核，年度的结果主要用于各种激励，半年度的结果通常直接激励，用于各种辅导改进。尤其是基层员工，考核方式若使用季度、年度为一时期就太长，基层员工需要及时激励，用一些要素考核表，对他们的考核就是这个月调试了多少单板、多少主机，质量怎么样，有多少漏测，有没有出现大的事故。这样的考核，使高层管理者关注战略，关注对公司未来较长时间里面有积极影响的工作；对基层作业员工，公司强调及时激励、及时评价，帮助他们在日常工作里面快速改进。因此，在这里面我们可以看到，华为的绩效管理，主要是分层、分级分类考核，适合于各层、各类员工的需要。

而为了防止出现各部门任务完成过程中无交流的情况，华为还推出了"拧麻花"式的交叉奖励法。具体做法为，在对产品线和区域分解目标时，同时给它相应的"奖金包"的权力，使得产品线在推广自己的新产品的时候，可以向区域设立奖金包，区域拿到奖金包就有了推广新产品的动力，并可以向产品线提出加强哪方面的产品的要求，这时大家的考核指标相同，并且彼此之间为了完成各自和共同的目标会互相交流，不同的部门之间有奖金包可以作为相互交叉的激励机制，通过这样一种激励机制的建立，各个部门之间形成合力，解决了长期以来各部门之间"各扫门前雪"的现象。

---

① 资料来源于搜狐财经，《华为的绩效管理启示巨大》，2017年10月21日。

通过了解华为卓越的绩效管理系统，我们可以发现，绩效管理对于企业来说起着源动力的作用，同样，针对企业的业绩评价也为企业的长期发展目标的设立起到举足轻重的作用。绩效管理与业绩评价在形式与目标上有很多相通之处，本章我们就来介绍业绩管理的相关内容。

第一节 业绩评价概述

一、业绩评价

往往越是运作良好的企业，越是对日常经营及未来运行有着更清晰的规划，这种规划具体表现为企业在较长时期内的目标是什么，以及为达成上述目的后续展开的行动，这些内容都可在一个公司的愿景报告（Vision statement）中体现出来。

业绩评价（Performance Measurement）旨在根据企业目标评价某事物或某人的业绩如何。被评价的事物可能是一台机器、一个工厂或者整个企业，而被评价的人则有可能是单个员工、部门经理或一个团队等。业绩评价是企业控制活动中必不可少的重要部分。

虽然预计利润表和预计资产负债表在一定程度上能够代表企业的总目标，但是仅将这些目标作为对大企业的控制标准是远远不够的。这是因为预计报表是依据企业短期已发生的行为编制的，而对于企业的控制与评价，则需要基于较长时期的企业行为，因此，这些目标对于企业长期规划是难以起到引导作用的。

现如今是决策制胜的时代，越是眼光长远的企业越容易在纷杂的竞争中获胜。这就要求决策人员能将计划考虑至数年后，并对企业想要达成哪些目的，为达成这些目的应做什么有清晰的思路。在这一进程中，企业愿景报告就成了得力助手，设计出合适而清晰的任务书尤为重要，可将首要或最重要的任务置于任务书榜首，然后从清晰明了的任务书中提炼出企业长期的规划、目标，以及为达成目标应该完成的事项。

1. 任务

任务书中所谓的“任务”，就是要显示企业存在的意义，如为股东创造财富、为满足所有股东的利益或者为了社会的进步等。任务也为企业行为提供了方向，并且明确了企业的生产的产品、提供的服务以及企业在竞争中所处的位置。另外，任务还说明了企业的核心竞争力及提供这种竞争力所具备的资源。此外，任务还应具体到对日常经营活动的考察上，例如，重视消费者体验的企业任务内容，应该包括在日常经营活动中强调面向客户的礼仪及降低客服电话应答等待时间等。最后，任务的最佳状态就是成为全体员工的价值观甚至信仰，在这种以任务为基准的环境中，企业的总任务才能达到最大完成度。

2. 任务的重要性

现代商业环境下，企业越来越看重任务的重要性。一方面，顾客在做出购买决策时往往会考虑产品卖点和企业价值观，产品体验和品牌意识已成为影响消费者行为的重要因素。另一方面，企业员工的激励因素已不仅仅限于物质因素，以任务为核心的价值观已成为激励员工的另一重要因素。

3. 任务书

任务书是企业任务的正式描述文件，它显示了企业的基本目标和长期规划，任务书可能作为企业标语在各个地方重复强调，例如，在企业年会报告上、企业宣传材料上、经理办公室及公共工作区等，都可能看到企业任务书。任务书一般没有严格统一的格式，但具有相同的特点，任务书首先要简明，这更便于理解和记忆；其次它还应灵活多变，以适应瞬息万变的商业环境；最后还需要具有高辨识度，能够让企业脱颖而出。

4. 任务与计划

虽然任务书在形式上是一条条抽象的准则，但它却在生成计划的进程中起到重要作用。首先，计划应该是企业目标与核心价值观的延续，因此，在一定程度上，任务书可以催化计划的生成；其次，计划的制订也应时刻与任务书上的企业价值观保持一致，对计划进行评估和筛选，如倡导健康投资的企业不会在烟草行业进行投资；最后，任务还对计划实施阶段在文化和商业实践方面中施加影响。

二、企业目标

从企业任务书中应得出简明、清晰的目标，根据这些目标在任务书中呈现的特点，可概括为“SMART”，从而得出特定预算时期的目标，而这些目标又可分为定量目标和定性目标。实际经营活动中，大部分企业都将自己的企业目标设置为定量目标，因为相对于定性目标，定量目标更好衡量也更容易实现。这些目标通常都具备详细（Specific）、可衡量（Measurable）、可实现（Attainable）、以结果为导向（Result－orientated）、时限性（Time－bounded）5 个特点，将 5 个特点英文单词首字母放在一起，即称“SMART”目标。这些目标虽然实施部门不同，但彼此之间一定是与企业价值观一致的。

1. 长期目标与短期目标

企业目标从完成时期来看，可分为长期目标和短期目标。顾名思义，长期目标是着眼于企业未来的目标，而短期目标则仅着重最近一段时期。长期目标是对企业未来更长远的考虑，因此，长期目标一般对企业发展更为有利，而短期目标则有可能短时间对企业有利，而长远来看会妨碍长期目标的实现，因此，有时短期目标的失败未必意味着企业的经营失败。一般而言，企业往往会同时拥有长期目标和短期目标。

2. **战略目标、战术目标与运营目标**

根据目标的实施对象不同，又可将企业目标分为战略目标、战术目标和运营目标。战略目标是以整个企业为主体制订的长期目标，例如，企业的年利润率、生产总量等。而战术目标则是对企业部门的完成过程的监督，例如，衡量企业资源的利用程度和利用效率的目标生产量，这一目标的完成要依赖于运营目标的实现。运营目标的实施范围是企业为完成控制目标而必须完成的每日具体目标，例如，销售经理每日必须达到的销售指标等。

3. **战略目标与衡量标准**

目标通常被企业量化为一段时期应完成的任务，因此，目标反过来也能作为衡量企业和企业部门业绩的标准。战略目标是针对整个企业的目标，因此，战略目标的衡量标准可以是利润率、消费者满意度、企业市场份额、企业发展、现金流、投资回报额、风险、每股净利等，而每个企业也都存在自己的关键成功因素（Critical success factor，简称 CSF）和关键业绩指标（Key performance indicators，简称 KPIs）。

关键成功因素，简称 CSF，就是在竞争中取胜的企业必备的重要因素，它包括企业在竞争中取得胜利的一切因素。企业的 CSF 不会一成不变，它也会随着竞争环境的不同而做出相应的改变。关键业绩指标，简称 KPIs，则是衡量企业关于 CSF 完成情况的指标。CSF 是指企业要想保持核心竞争力应该做到什么，而 KPIs 是衡量企业是否已经具备 CSF 关键因素的指标。因此，KPIs 也将成为衡量整个企业业绩及控制系统的重要组成部分。CSF 的定义表明企业成功的关键因素涵盖方方面面，因此，无论是 CSF 还是 KPIs，都应关注企业经营进程中的每个流程的执行过程，而并非仅关注财务业绩目标。并且，值得注意的是，KPIs 是量化的指标。

4. **任务书与 KPIs（见图 18－1）**

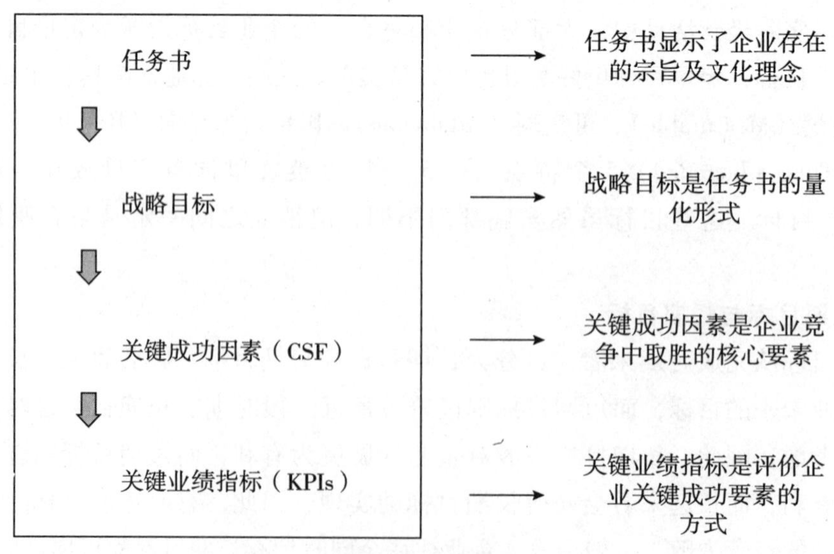

图 18－1　任务书与 KPIs 之间的关系

【例 18－1】 某培训机构提供多种多样的成人教育培训课程，其中，包括本科教程、研究生教程和博士教程等。关于这个机构的有关情况如下：

（1）该机构比较关注自身的课程和教材质量。

（2）该机构不重视对市场需求和顾客的研究，因为其总能达到销售目标，学员也总能很大比例得到学历证书。

（3）该机构持续占领该行业领先地位，虽然后进竞争者源源不绝。

（4）该机构具有良好声誉，暂没有投资市场活动的打算。

（5）该机构员工流动率逐年递增。

根据上述案例，可以总结出该培训教育机构的关键成功因素 CSFs 如下：

（1）学员对于课程和教材的满意程度。

（2）员工满意度。

（3）教学和教学材料的质量。

（4）名誉和品牌意识。

而针对该机构关键成功因素 CSFs，又可制订出的关键业绩指标 KPIs 有：

（1）顾客满意度

这个因素可以通过问卷调查和客户数量两个指标来体现。一方面，可以通过在课程结束时在学院进行问卷调查了解学员们对于课程方方面面的满意程度，例如，教师的授课质量、学员的知识接受程度等；另一方面，由于该机构针对成人教育，假设有很大比例生源来自单位推荐，因此，若单位源源不断地将自己的雇员送到该机构而非竞争者那里接受培训，则说明这部分学员对机构的教学及通过率是基本满意的。

（2）员工满意度

这个因素也可从员工流动率和员工出勤率两个指标体现。一方面，也是最直观的体现，就是员工流动率。员工的教学质量可以说是该机构的核心竞争力，因此，该机构应该充分激励员工，留下优秀人才，员工流动率太高必然说明机构的激励政策并不到位。另一方面，则是通过员工出勤率表现，高的缺勤率必定在一定程度上显示了员工的不满情绪。

（3）教学与教材质量

这一因素可通过机构的市场份额和外部鉴定来体现。该机构的市场份额与机构营业收入直接相关，因此，从一定程度上显示了学员对教学与教材质量的认可。另外，机构的课程都会通过一些实体大学和教授的鉴定，因此，通过独立的第三方鉴定，可看出教学与教材质量的优劣。

（4）名誉和品牌意识

这一指标可通过品牌名誉和通过率来体现。该机构不注重对市场需求和顾客的研究，虽然目前声誉良好，但对于新进竞争者的加入，该机构应该警惕竞争者对生源的抢夺，因此，应重视市场需求并对顾客行为进行研究，以保持自己名誉。另外，当学员及企业经理意识到该机构相比于其他竞争者有更高的通过率时，他们会更倾向于选择该机构。

三、业绩评价

企业的业绩评价可分为财务指标业绩评价和非财务指标业绩评价。财务指标业绩评价方式包括对企业利润、收入、成本和市场份额及现金流的评价；非财务指标业绩评价则针对企业产品质量、可靠程度及顾客满意度等，因此，业绩评价既可以定性分析又可以定量分析，近年来定性分析已受到更多的关注，其评价方式——非财务指标业绩评价（Non－financial indicators，简称 NFIs）在现代商务环境中正发挥着越来越重要的作用。

1. 评价方式的选择

企业确立正确的目标之后，就应立刻考虑评价目标业绩的方式，这也正是业绩评价存在的意义。由于不同企业面临的局势不同，企业机构政策的差异及企业目标的不同，不同企业采取的业绩评价方式必定不会完全相同，总的来说，选择业绩评价方式时需考虑的因素有如下几点。

（1）业绩评价成本

业绩评价成本，是指对企业进行业绩评价活动必须付出的人力成本、设备消耗、时间成本及分析费用等成本。由于这一成本的存在，在进行业绩评价活动时，企业应谨慎衡量业绩评价活动过程中成本与收益的关系，选择匹配该企业收益的业绩评价方式，只有这样才能在提供有价值业绩信息的同时避免额外的损失。

（2）明确公司目标

另一个需着重考虑的因素就是公司的目标，这也是业绩评价活动所围绕的中心。业绩评价活动的评价对象是以公司目标为基准的，公司确立了目标，才需要业绩评价活动来考察其完成情况。如果此时企业没有树立恰当的目标，那么企业此时要首先为自己设立目标，目标设定完成之后企业要做的第二步就是辨别成功关键因素，即我们之前所提到的 CSF。

（3）选择评价方式

业绩评价方式必须与企业目标的完成方式相关，例如，要想评价企业盈利目标的完成情况，应了解企业的盈利环境、盈利方式等，这就要求业绩评价小组在进行评价工作之前摸清企业运营理念及运营方式，以如实反映企业的真实业绩。

（4）业绩评价反馈

业绩评价得到企业之外群体的评判才能更加公正，这样管理者才能更好地筛选有效的评价方式。这种反馈要求企业管理会计师用现代方式披露业绩评价的结果和细节，这样做有助于满足消费者对企业的了解需求，并从消费者反馈中获取信息，体现企业对消费者的重视与关注。

2. 财务指标业绩评价

财务指标业绩评价是企业的基本评价方式，评价的范围也涵盖经营的各个方面。利润是财务指标业绩评价中最常见的指标，如某产品税后利润每年增加 200 万元，另外，收入、成本、企业股价、现金流等都常常被当作重要的财务指标。在对这些财务指标进行评价时，通常会有一个既定的评价标准，如预算系统中的预算收入、预算利润、预算成本，标准成本系统中的标准成本、连续几年的变化趋势、企业其他部门的财务指标对比、其他企业的财务指标对比、总体经济形势、企业的未来发展潜能等。

3. 非财务指标业绩评价

（1）非财务指标

非财务指标是现代企业业绩评价的另一重要方式。非财务指标一般包括员工福利，即为企业员工提供合理的薪酬、舒适安全的工作环境、良好的培训制度及完善的退休政策；另外，管理层福利指标是企业为管理层人员提供的激励性福利，如配车、配房甚至配股等激励管理层为企业利益工作的方式；服务消费者责任指标则是指及时为企业消费者提供产品或服务，并真诚、公正地满足消费者的合理需求，保证产品质量等；供应商责任指标是维护企业与供应商之间平等互利的关系，遵守交易规则，保证供应商的诚实守信，这也间接保证了消费者责任指标的完成；社会福利指标则要求企业在遵守法律法规的基础上，履行社会责任，如减排保护环境、提供职位以缓解就业压力等。除了上述非财务业绩指标，企业发展能力、企业多样化经营、企业领导力等其他指标，也将渐渐成为主流企业进行企业业绩评价的选择。

一般而言，财务指标与非财务指标是相辅相成，共同存在，从不同方面体现企业经营业绩，但有时可能会出现两种指标相悖的情况，此时大多都是非财务指标抑制了部分财务指标的完成，如企业社会责任的履行必定会使企业产生额外费用，利润率也会随之降低。这种情况下，往往财务指标要为非财务指标的完成做出让步，因为现代商业环境已不再仅看重企业盈利能力，企业商誉同样重要。

（2）非财务指标业绩评价

近年企业正越加频繁地在业绩评价中引入非财务指标，其中，最重要的原因在于企业认为非财务指标业绩评价是促进财务业绩的领导性评价，例如，非财务指标中的顾客满意度降低就意味着消费者对该产品的需求降低，进而导致企业利润的降低。现代经济环境下，仅适用财务指标已远远不能对企业业绩作出公正、完整的评价，相对于财务指标，非财务指标可以提供关于企业更全面和精准的信息，企业管理层可根据这些信息作出更利于企业价值最大化目标的长期规划。

另一个加快非财务指标使用的原因就是企业形式结构的变化使得业绩评价方式不得不做出相应改变。首先，由于企业的大量投资及产品生命周期的缩短，现代企业的成本结构已发生重大变化，不同于先前的事后计算成本，现在越来越大比例的成本费用需要在产品制造前就估算出来，否则会因为成本计算滞后而无法达到成本控制的目的；其次竞争环境的变化也迫使企业引入非财务指标，因为财务指标已经无法涵盖企业经营过程中的所有问题，尤其在目前消费者对产品质量、消费体验等其他非财务因素的关注愈加激烈的环境下，对非财务指标的忽视很容易导致市场份额的流失；最后，创新的产品制造工艺着重强调产品的生产能力、存货成本和研发成本，如果此时仅关注财务指标，那么产品经理很有可能忽视产品制造过程中与财务指标无关却会危害企业长期发展的因素，这又在间接促使企业非财务指标业绩评价的发展。

非财务指标还包括定性指标和非定性指标，例如，定性指标有质量评价、服务等级等，定量指标有客户服务质量、怠工时间、系统线下时间等。不同于传统指标，这些非财务评价指标大都通俗易懂，计算方法也比较简单，也因此对管理层人员的专业要求降低，更便于管理层理解和使用。非财务指标通常通过表 18 - 1 的某两个因素衡量。

表 18 - 1　非财务指标匹配

业务流程缺陷	时间信息	数量信息	人员信息
设计缺陷	秒数	产品范围	员工
设备失误	分钟数	组成部分	员工技能
客户投诉	小时数	生产单元	顾客
产品返工	轮数	销售单元	竞争者
缺货	圈数	提供服务数	供应商
等待时间	天数	千克/升/米	
信息误报	月数	平方米/立方米	
数据错误	年数	记录数	
缺勤		生产数	
		询价数	

表 18 - 1 中的任意两组信息组合起来对于当前问题的解决有意义，那么两者的比值就是可以存在的。例如，对顾客满意度进行评级时，时间信息中的“年数”与企业失误信息中的“等待时间”就显示了一年时间内顾客接受服务的等待时间；而企业失误信息中的“数据错误”与数量信息中的“生产数”的比值，则显示了企业生产记录的精确程度。

第二节　非营利组织业绩评价

非营利组织（Non – Profit Organization，NPO），是指那些不以营利为目的的私人或公共企业，它的目标通常是支持或处理个人关心或公众关心的议题或事件，这类组织的运作目的并非产生实际经营利益，因此，对它们业绩评价的方法也有所不同。

一、非营利组织特点

非营利组织可能是由个人组建的，但大部分是由政府领导完成的，个人组建的非营利组织可能包括慈善机构、教堂等，政府领导的可能包括医院、学校、福利院等。无论其组建机构是谁，非营利组织的目标均与商业营利性企业显著不同，非营利组织不将利润率作为成功经营的标准，也不致力于在经营竞争中取胜，它们的目标大多取决于组建者的意志。

非营利组织的收入大多依赖于政府拨款，而政府拨款又受众多因素影响，如执政者的偏好、社会公众的观点、政府预算及非营利组织领导者的谈判能力等，这些因素都会直接影响非营利组织的经营业绩。总而言之，非营利组织与商业营利性组织在许多方面都大有不同。

二、非营利组织业绩评价困境

非营利组织在经营、收益及组织目标上的显著不同，使得非营利组织业绩评价在很多方面无法沿用一般营利企业的通用方法，这些特殊困境表现在如下几个方面。

1. 利润指标的失效

在非营利组织经营中几乎不存在市场竞争和营利动机，而这两个因素恰好是制定恰当价格和经济高效计划资源进程中最重要的因素，并且大多数非营利性组织并不将利润的高与低作为企业经营成功与否的标准，因此，在这些组织中必须寻求其他业绩评价指标。另外，如果一个组织不期望获取利润也不存在销售行为，类似于投资回报率、剩余收益一类的指标也就失去了存在的意义。

2. 多重目标与不同预期的影响

非营利组织一般不会只有一个单一的目标，它们的组织目标都是多重的，并且很难区分出哪一个才是最重要的目标。这是因为非营利组织的利益相关者对于该组织的心理预期不同，非营利机构必须对几大利益集团的利益进行权衡，并选择出优先达成的某个集团的期望作为组织一段时期的目标，当然，这种选择不是一成不变的。

3. 政府干预

大部分非营利组织组建单位为政府，因此，这些组织不像营利性企业一样财务和政策相对自由，它们一般都会受到政府政策的影响，正如地方政府要同时服从中央政府的政策和自身政策一样，这些政策之间可能存在矛盾，并且相对于个人组建的营利性企业，公众对政府性非营利组织有更高的期望，对于民众来说，政府为了节约成本关闭一家私营企业比政府要关闭一家政府医院更容易接受。另外，政府性非营利组织业绩评价时要遵守的法律要求要比私人企业多得多，例如，保密性条款等。

4. 经营成果的衡量问题

另一个非营利组织业绩评价过程中存在的重大困难，就是无法全面衡量该组织的经营成果。因为几乎没有一套大家都能认可的指标来完成对非营利组织的业绩评价，例如，某学校学生的学习成绩能否全面说明其教师的教学质量。

5. 服务成本

许多非营利性组织提供服务的成本单位本身就是难以衡量的，例如，消防机构完成一次消防任务的成本该如何记录，这个问题当然也会存在于营利性企业，但因为营利性企业使用利润指标，所以这类问题变得简单。

6. 融资约束

虽然每个企业都会或多或少面临融资约束的情况，但对于非营利性组织来说情况尤其严峻。例如，一个营利性企业的筹资能力大多被管理层谨慎的管理理念和资金方的意愿所约束，地方政府非营利组织的筹资能力会受到中央政府政策的影响。

三、“3E”法

非营利组织评价困境中的经营成果衡量问题，我们可以通过“3E”法解决，“3E”法的适用范围不局限于非营利组织的业绩评价，但在对非营利组织工作进行评价时，其能发挥最大的作用。

1.“3E”法

称之为“3E”法，是因为这种方法代表了三种维度的评价，即经济（Economy）、效率（Efficiency）、效果（Effectiveness）。经济是指以最小的成本获得合适的资源和数量，也就是说，经济强调成本最小化，然而过于苛求低成本却会导致3E 中的效果缩水。效率是指从可获取的资源中得到最大化的产出，即效率强调以最小成本达到预期效果，显然效率因素同时包含了经济因素，表现形式通常为每单位投入得到的产出。效果则是指利用投入的资源达到预期效果，即通常有不止一种方式可以达成预期效果，而总有一些方式耗费更多成本。

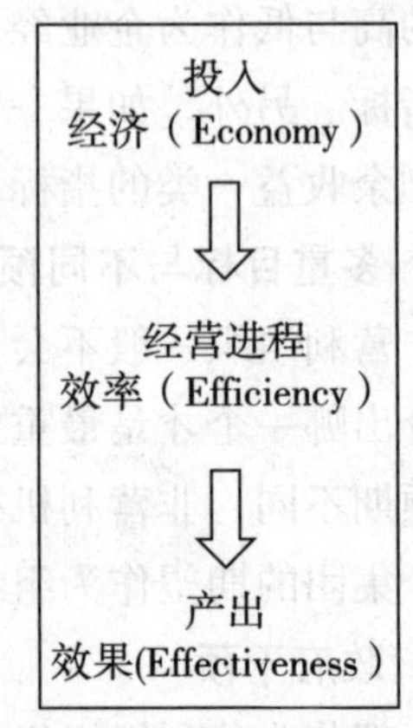

图 18－2 “3E”法示意图

2.“3E”法的应用

“3E”法的应用思路可通过图 18－2 来概括。

根据企业投入、经营进程、产出的过程，“3E”法在不同环节给出了不同的考核标准。在投入环节，一般用经济来衡量资本投入阶段，即投入资本成本是否达到最小化，一般的参考标准可能是预算成本、市场价格等。这里成本包括投入现金，人力、物料等资源成本，如果是政府性医院，这些成本可能是购置的药品、医疗设备等。对经营进程的考核则要遵循效率标准，此时的考察重点是在经营进程中每单位投入达到的效果，此时参考指标一般是成本与产出之间的比值，如每次心脏病手术的成本。产出就是经营活动的成果，通常在提供服务或产品之后对服务或产品的质量进行衡量，例如，心脏病病人的治愈率。企业若想同时达到“3E”标准，则应该注重对现金的审计。

对经营进程效率进行衡量的常见财务指标有很多，例如，每次进程的单位成本、消防员每次救火的成本、医院每次手术的成本、警察局每次逮捕犯人的成本等。另外，单位成本与标准成本的差异分析、单位成本占总成本的比例等，均能一定程度上体现经营进程的效率。而对于产出的衡量，既包括财务指标，又包括非财务指标。衡量产出效果的非财务指标，包括服务质量、产出结果、方式等，如考试结果、犯罪率；其他非财务指标还有资源利用程度，如医院空床率、班级平均人数；灵活性、等待时间，如医院平均排队人数。非财务指标也给出了衡量产出结果的定性指标，如工作氛围、员工的工作态度（是否能够有效而专业地帮助群众解决问题及群众对该场所的信任程度等）。

四、非营利组织业绩评价的其他方式

除了“3E”法，还有一些常见的对于非营利组织业绩评价的方法。

1. 投入成本

在非营利组织业绩评价中考虑投入成本，是一种常见又简便的方法。例如，在医院里有针灸治疗服务，每次治疗需要500元，耗时30分钟。当听到这个价位时，消费者肯定认为这是由资深专家提供的限量治疗，对该治疗的治疗过程和疗效也抱了极大期望，此时将500元的成本与此次治疗的过程与结果相比，即可得出评价结果。在非营利组织中，对投入和产出的比较会从一定程度上评价业绩。

2. 内部评价

这种评价方法的存在前提就是要承认企业业绩评价或多或少存在主观的意念，此时内部评价就是有效的。一般内部评价由参与该非营利组织相关活动的专家做出，或出自组织组建者。

3. 同业比较法

虽然非营利组织不面临市场竞争，但并不意味着它们不存在同业者，像地方政府、医疗机构一类的非营利组织，可以与其他相似机构进行业绩比较，如果实在没有同业参考，它们还可以与行业先驱或自身前几年的业绩参考比较。而且，由于这些组织同业之间几乎不存在竞争，那么那些在营利性企业中出现的机密性问题自然也将不复存在，考核标准就因此更好确认。实际中，这些考核标准通常包括业绩评价常考察的方面，如行业领导者的数据、业绩评价中的认知差异、业绩评价的新方法探索等。

4. **定量方法**

定量方法，如单位成本法，可以相对简单地表现出非营利组织的业绩与同业者的差距，这时通常会将组织投入成本和经营成果的相关数据进行比较，一般的比较方式有以下三种：

（1）当投入成本一定时，组织效率可表示为$\frac{\text{实际产出}}{\text{既定投入成本下的最大产出}}$，例如，运输机构客车每升汽油实际运输10千米，最大能运输12千米，那么此时运输机构的效率约83.3%。

（2）当产出一定时，组织效率可表示为$\frac{\text{既定产出所需最小投入成本}}{\text{实际投入成本}}$，若该运输部门每运输100千米所需最小成本为55元，实际投入成本为60元，则该运输机构效率约为91.7%。

（3）当组织投入与产出均无法确定时，组织的效率可表示为$\frac{\text{实际产出/实际投入}}{\text{标准产出/标准投入}}$，同样，该运输机构每运输100千米实际耗费60元，标准情况下，每千米耗费0.57元，则此时该运输机构效率为$\frac{100/60}{1/0.57}$，约为95%。

【例18-2】假设某治安部门平均每年约耗费60,000元，6,000小时，两位安保人员巡逻12,000千米；并成功抓捕300名违法人员，试从不同方面评价该部门业绩。

根据题意可列出下列表格。

	60,000元	6,000小时	12,000千米	300人
耗费60,000元		60,000/6,000= 每小时10元	60,000/12,000= 每千米5元	60,000/300= 每人200元
时间6,000小时	6,000/60,000= 每1元巡逻6分钟		6,000/12,000= 每千米0.5小时	6,000/300= 每人20小时
巡逻12,000千米	12,000/60,000= 每1元行走0.2千米	12,000/6,000= 每小时2千米		12,000/300= 每人40千米
逮捕300人	60,000/300= 逮捕1人耗费200元	6,000/300= 逮捕1人20小时	12,000/300= 逮捕1人巡逻40千米	

表格中显示的每个比值都能从某方面衡量该治安部门的产出，例如，最后一列显示了抓捕一位违法人员所需的金钱、时间及巡逻千米数，这些数据本身并不能说明业绩的好坏，必须与相应的参考标准比对，才能起到业绩评价的效果，例如，与行业标准、组织目标、同业业绩、自身前期业绩比对等。

从上例已经可以看出，非营利组织定量业绩评价必须收集不同维度的众多指标，才能全面、权威地对业绩进行评价，这也可以说是之后我们将要提到的平衡计分卡的原始理念框架。

第三节　财务指标业绩评价

在企业业绩评价系统中，虽然财务指标业绩评价已不是评价的唯一标准，但仍是业绩评价中不可替代的基本评价方式，其中，评价的对象为企业经营过程中从生产、销售到利润分配环节中的财务业绩。

一、基于利润率与生产率的业绩评价

1. 利润的评价

衡量利润的评价指标包括投资回报率（Return on Investment，ROI）或已动用资本回报率（Return on Capital Employed，ROCE）、利润率、毛利率、销售利润率等。

（1）投资回报率 *ROI* 的计算

ROI 是考察投入资本与利润之间关系的指标，计算方法为 $ROI=\frac{利润}{投入资本}\times 100\%$。要注意其中的利润如无特别说明，一般都是指息税前利润（Earning Before Interest and Tax，EBIT 或 Profit Before Interest and Tax，PBIT），投入资本一般指所有者投入资金与长期负债的总和。

【例 18－3】 某市有 A 企业和 B 企业，两企业的经营情况及按照公式计算的投资回报率如下表所示：

企业 / 项目	A	B
利润（万元）	5,000	5,000
销售收入（万元）	100,000	100,000
投入资本（万元）	50,000	25,000
ROI	10%	20%

虽然A企业与B企业的利润均为5,000万元，但从*ROI*来看，A企业投入资本为50,000万元，B企业的投入资本为25,000万元，所以根据公式可以算得A、B企业的投资回报率分别为10%、20%，从投资回报率来讲，B企业比A企业有更好的业绩。

【习题18-1】 某企业年利润为500万元，年平均投入资本为850万元，试计算该企业的投资回报率。

理论上来说，利润应该与年平均投入资本比较分析以确定业绩情况，但在实际经营中，有人用期末资产额来取代投入资本计算*ROI*，这种计算方法容易存在较大偏差，例如，年末发生股票形式的投资之后，企业投入资本将会增加，但由于投入时间较短，能够取得利润的时间最多只有一两个月，因此，利润与投入资本的关系是存在一定偏差的。

有时在实际计算中，我们可能不能直接地得到利润和投入资本等相关信息，这时就需要利用已动用资本回报率（*ROCE*）指标进行计算：

$$ROCE = \frac{\text{息税前利润}}{\text{资产总额} - \text{流动负债}} \times 100\%$$

【例18-4】 某企业部分经营成果数据如下表所示，根据这些数据计算该企业的*ROCE*。

项目	单位：元
营业额	256,000
总利润	184,000
营业利润	153,000
银行存款	171,000
应收账款	35,400
短期借款	87,500
非流动资产	127,000
应付账款	36,800

根据上表及相关计算公式可得出：

投入资本 = 资产总额 - 流动负债

$= 127,000 + 171,000 + 35,400 - 87,500 - 36,800$

$= 209,100$（元）

则 $ROCE = 153,000/209,100 \times 100\% \approx 73.17\%$

当利用*ROI*对投资经理进行业绩评价时，最公平的做法就是，在确定利润和成本时，仅选择可由投资经理控制的那部分，而将一些不可控的服务部门总成本剔除，除非这些间接成本有证据表明是该经理决策的直接产物。此时，$ROI = \frac{可追踪的利润}{可追踪的投入资本} \times 100\%$

（2）剩余收益 RI（Residual income）的计算

剩余收益的计算公式：

$$RI = 可追踪利润 - 可追踪投入资本支付的利息费用$$

【例 18－5】 A 公司为 M 企业的一个子公司，A 公司净资产为 200 万元，平均年利润为 50 万元，投入资本支付利息费用率为每年平均 15%，现在 M 企业为 A 公司提供了如下两种发展方案：

（a）继续投资 20 万元，估计可得利润 4 万元。

（b）以账面价值净值 55 万元的价格处置非流动资产，估计将导致每年利润减少 10 万元。

根据以上资料计算 A 公司目前的 *ROI* 与 *RI*，并考虑两种方案下 *ROI* 与 *RI* 如何变化。

（1）根据题意，目前 $ROI = \frac{可追踪的利润}{可追踪的投入资本} \times 100\% = 50/200 \times 100\% = 25\%$

$RI = 可追踪利润 - 可追踪投入资本支付的利息费用$

$= 50 - (200 \times 15\%) = 20$（万元）

此时，*ROI* 投资利润率高于投入资本利息率且剩余收益为正数，因此，A 公司目前运营状况良好。

（2）若采取方案 a，新增可追踪利润为 4 万元，因此，可追踪利润总额为 $50 + 4 = 54$（万元），新增可追踪投入资本为 20 万元，则总投入资本为 $200 + 20 = 220$（万元），则此时 $ROI = 54/220 \times 100\% = 24.5\%$，$RI = 54 - 200 \times 15\% = 21$（万元）。

若采取方案 b，新得到的利润总额为 $50 - 10 = 40$（万元），新得出的投入资本为 $200 - 55 = 145$（万元），则新的 *ROI* 为（$40/145 \times 100\%$）$\approx 27.6\%$，新的 $RI = 40 - 145 \times 15\% = 18.25$（万元）。

A 公司目前方案 a 与方案 b 情况下的 *ROI*、*RI* 比较如下：

方案 / 指标	目前	方案 a	方案 b
ROI（%）	25	24.5	27.6
RI（万元）	20	21	18.25

如果只看 *ROI* 投资回报率指标，方案 b 为最佳方案，因为其 *ROI* 高于另两种情况，但 *RI* 剩余收益指标却显示了不同的情况，方案 a 的 *RI* 值为 21 万元，若仅参考 *RI* 指标，方案 a 为最佳方案。

另外，当考虑方案 b 时，还应同时考虑资产回报率指标，资产回报率 = $\frac{利润变化额}{投资成本变化额} \times 100\% = 10/55 \times 100\% = 18.2\%$，由于目前情况下投资回报率为 25%，而资产回报率小于当前投资回报率，因此，方案 b 应被淘汰。从这里又一次得出结论：任何环节的目标都应具备目标一致性的特点。

（3）*ROI* 与 *RI* 利润指标的优劣比较

ROI 的表现形式为两数之比，为相对指标；*RI* 为两数之差，为绝对指标。两者之间的相互比较，将会从绝对和相对两方面评价企业目标。根据 *RI* 指标筛选出的方案，通常是绝对利润增加的方案，进而最大化企业利润，如上例中选择方案 a。*RI* 剩余收益指标与 *NPV* 净现值指标作用相似，那么长期来看，往往倾向最大化 *RI* 指标的企业也将很可能有最大化 *NPV* 的趋势。

但这两个指标也同样具有很多的缺点。首先，对于二者中的可追踪利润，实际上很难界定。其次，当企业以账面价值计量资产时，资产拥有时间越久，*ROI* 和 *RI* 值会越大，因此，会存在通过超期持有资产的行为操控利润指标的衡量。另外，*ROI* 与 *RI* 计算过程中的投入资本，也很难计算和确定，并且大多数投资方案的净现值为正时，*ROI* 与 *RI* 值在方案实施的最初阶段为负值，这可能会导致企业长期方案不被接受。

2. 利润率

利润率指标提供了一种简便的业绩评价方式，即如果利润率偏低，则可以通过削减成本或增加收入两种方式提高企业利润。

（1）销售利润率

$$销售利润率 = \frac{利润}{销售收入} \times 100\%$$

【例 18－6】 某企业 20×5 年、20×6 年连续两年销售情况如下表所示：

单位：万元

项目＼年份	20×5	20×6
销售额	160	120
销售成本：		
直接材料	40	20
直接人工	40	30
间接成本	22	20
销售费用	42	35
成本总计	144	105
利润	16	15

根据上表可计算20×5年、20×6年两年的销售利润率分别为$\frac{16}{160}\times100\%=10\%$，$\frac{15}{120}\times100\%=12.5\%$，将计算得出的销售利润率与相关利润数据相比较显示，虽然20×6年与20×5年相比利润减少了1万元，但销售利润率却比20×5年高2.5%。

（2）毛利率的计算（Gross profit margin）

毛利率的计算公式为$\frac{毛利润}{营业额}\times100\%$，其中，毛利润的计算过程不剔除非生产间接费用，而销售利润率中利润的计算则剔除了该部分间接费用，因此，若想更好地研究企业的销售问题，可以使用毛利率指标。

延例18－6中数据，该企业20×5年毛利率为$\frac{16+42}{160}\times100\%=36.25\%$，20×6年毛利率为$\frac{15+35}{120}\times100\%=41.67\%$。

（3）成本销售率（Cost/sales ratios）

关于成本与销售额之间的关系，一般有三种基本表示方式，即$\frac{销售成本}{销售收入}$、$\frac{销售费用}{销售收入}$、$\frac{管理费用}{销售收入}$，比较分析三者比例的差异，即可得出三者中哪种费用占比更大，进而对这种费用进行深入分析，例如，$\frac{直接材料}{销售收入}$、$\frac{人工费用}{销售收入}$、$\frac{制造费用}{销售收入}$等。

延例18－6，20×5年利润率比20×6年低的可能原因，就在于直接材料的高耗费，因为20×5年$\frac{直接材料}{销售收入}$为$\frac{40}{160}\times100\%=25\%$，20×6年为$\frac{20}{120}\times100\%=16.7\%$。

3. 生产率

生产率是衡量投入资源与产品数量或提供服务之间关系的指标，如每小时生产的产品、每人生产的产品或每吨材料生产的产品等，它显示了投入资源的利用效率。

【例18－7】某车间共有三名工人生产零件，他们每人月薪5,600元，每月总共能生产72,000个零配件，有时他们生产的零配件会用来维护车间设备的运行，每月平均100个，每个零件生产成本约2元，试用不同方式计算该车间的生产率。

根据上述题意，可计算每人每月生产零件数为24,000个，每个零件耗费人工费用约为0.23元，每个零件耗时约36秒（每月30天），每月的设备维护成本为200元。

二、基于财务报表数据的业绩评价

1. 资产周转率（Asset turnover）

资产周转率是衡量企业资产在促进消费中的利用效率，计算公式：

$$资产周转率=\frac{销售收入}{投入资本}$$

【例 18－8】现有 A 企业与 B 企业，年初两企业均投入资本 100 万元，A 企业年销售额为 200 万元，B 企业年销售额为 300 万元，试计算 A、B 企业的资产周转率。

根据题意，A 企业资产周转率为 200/100＝2，B 企业的资产周转率为 300/100＝3，也就是说，同样投资 100 万元，B 企业的资产利用效率为 A 企业的 1.5 倍。资产周转率也可以表示为投入资产每年创造的价值是其本身价值的倍数，此例中 A 企业资产创造的价值是其本身的 2 倍，B 企业为 3 倍。

资产周转率、销售利润率与 ROI 的关系：销售利润率的表现形式为$\frac{利润}{销售收入}$，资产周转率的表现形式为$\frac{销售收入}{投入资本}$，那么二者的乘积为$\frac{利润}{投入资本}$，也就是之前提到的 ROI 投资回报率指标。

2. 负债比率

负债比率包括流动比率和速动比率。

（1）流动比率（Current ratio）

流动比率的计算公式为$\frac{流动资产}{流动负债}$，流动资产的含义就是企业持有的、可随时变现以偿还未来有可能存在的流动负债的资产。一般而言，流动比率高于 1 时表明该企业有能力偿还其流动负债，否则可能存在一定的财务风险。

虽然流动比率理论最佳值为 1，但也要同时考虑企业的性质及该比率的变动趋势。企业不可能将其所有流动资产均立即变现，实际上很多制造型企业可能持有大量的原材料或半成品来制造产成品，制造出来的产成品还有可能积压在库或赊销成为长期应收款项。这些情况下，存货周转率很低，变现周期较长，大多数存货都不能称之为“流动”，因此，可引入“速动”概念来解决这一问题。

（2）速动比率（Quick ratio）

速动比率与流动比率相比，就是把流动资产中存货的部分剔除，仅留下能迅速变现的“速动”资产，计算公式为$\frac{流动资产-存货}{流动负债}$。对于那些存货周转很慢的企业，速动比率至少为 1，才能说明其具有足够的短期偿债能力；而对于那些存货周转很快的企业，即使速动比率低于 1，也不能说明这些企业出现了流动资金问题。

对于流动比率和速动比率的解读，并非那么绝对，虽然研究表明流动比率值为 1.5 左右、速动比率 0.8 左右为最佳值，但这些标准也仅是起到参照作用。由于不同企业经营方式和范围不同，这些标准也不会完全一致。例如，零售型企业超市，流动比率一般为 0.4，速动比率 0.16，这是因为超市一般不赊账销售，出于现金安全，流动现金也不多，并且经常从供应商赊购，应付账款也偏多。

因此，更具参考意义的是这些比率的变动趋势。例如，超市在过去十多年的经营中一直保持着流动比率 0.4 左右、速动比率 0.16 左右的状态，那么这种比率水平对于超市行业来说就是正常水平，但在之后的经营中，流动比率突然降至0.38，速动比率降为0.09，企业就要警惕并研究引起变动的原因了，因为相比于绝对的数值，相对值的变动更具有研究价值。

流动比率和速动比率除了降低的趋势，还有可能出现增加趋势。如果一个企业拥有大量的存货和应收账款，那就说明该企业资本投入过度，可能表明企业的资金管理出现了问题。

【例18-9】某企业连续三年的部分账户余额如下表所示：

年份 账户	第一年	第二年	第三年
销售收入	200	206	216
毛利润	66	68	71.2
净利润	30	30	30
非流动资产	128	144	136
存货	8	8	8
应收账款	16	22	30
应付账款	10	12	12
银行存款	10		
银行透支		16	10

要求：(1) 计算这三年的毛利率、净利率和流动比率、速动比率。

(2) 根据所求比率，简单地对该企业经营情况进行评价。

(1) 根据题意及表格，计算比率如下：

年份 比值	第一年	第二年	第三年
毛利率	(66/200) ×100% =33%	(68/206) ×100% =33.01%	(71.2/216) ×100% =32.96%
净利率	(30/200) ×100% =15%	(30/206) ×100% =14.56%	(30/216) ×100% =13.89%
速动比率	(16+10) /10=2.6	22/(12+16)=0.79	30/(12+10)=1.36

(2) 从销售收入来说，三年的增长幅度并不大，毛利率三年来持续保持较高水平，平均为32.99%，这表示销售价格与成本均随通货膨胀水平在调整。净利率则表现出轻微下降趋势，这表明间接费用有所增加，企业必须研究其原因并确保其不会有继续增长的趋势。速动比率第二年显著下降，虽然在第三年有所提升，但与第一年相比下降幅度依然很大，这说明企业流动资金减少、应收账款增多，此时应注意是否由于促销

过度赊账。

总的来看，该企业财务状况良好，但在投入资本方面应多加注意，在销售产品时赊销问题也应引起重视。但是，采取具体措施时，应对企业的详细信息进行具体考虑，如企业运营问题、竞争者条件等。

【例 18－10】月初，企业流动资产为 12 万元，其中，包括 6 万元的存货，流动负债为 8 万元，如果将一部分存货赊销给供应商，流动比率和速动比率将会怎么变化？

题目中已经给出了一些简单的数值，另一些如赊销存货没有给出，此时可以自行拟定，假设赊销给供应商的存货为 2 万元。

（1）月初的流动比率 $=\frac{12}{8}=1.5$，月末计算存货时，由于赊销 2 万元的存货，流动资产总额减少 2 万元，而流动资产，即应收账款将增加 2 万元，则月末流动比率 $=\frac{12-2+2}{8}=1.5$，因此，流动比率保持不变。

（2）月初速动比率 $=\frac{12-6}{8}=0.75$，月末计算存货时，由于赊销 2 万元存货，月末流动资产总额为 $12-2+2=12$（万元），月末存货额为 $6-2=4$（万元），因此，月末速动比率 $=\frac{12-4}{8}=1$，因此，速动比率增加。

3. 应收、应付及存货的控制

应收账款收款期是衡量企业应收账款收回时间的指标，应付账款付款期则表示了企业付清应付款的时间，存货周转期则显示了存货在库的平均天数，衡量了企业的交易频率，投资回收期代表了企业将投入资本通过销售转化为销售收入的天数。

（1）应收账款回收期（Accounts receivable collection period）

$$应收账款回收期=\frac{应收账款}{销售收入}\times 365\ 天=\frac{应收账款}{销售收入}\times 12\ 月$$

像流动比率、速动比率一样，应收账款回收期也没有固定的值，所谓正常值也仅起到参考作用。例如，超市的应收账款回收期往往很短，因为超市经营一般都是现收现付，不会赊账；而大多数其他企业应收账款回收期通常为 30 天，如果超过 30 天，就代表企业资金管理出现了问题；对另外一些企业来说，它们通常以足够长的应收账款回收期来赢得客户，特别是出口型企业，通常有大量的应收账款，它们的应收账款收款期往往长于 30 天。因此，应收账款收款期的变动趋势才是企业资金管理最好的衡量标准，如果该指标逐年递增，就说明企业在信用控制方面缺乏管理，潜在显示了企业管理的缺失。

（2）存货周转期（Inventory turnover period）

$$存货周转期=\frac{存货}{销售成本}\times 365\ 天=\frac{存货}{销售成本}\times 12\ 月$$

与之前提到的指标一样，该指标正常值也只起参考作用，而且需要根据逐年趋势判断企业存货情况。如果我们将应收账款收款期和存货周转期相加，即可得出企业存货转化为现金的周期，这两个指标都可以为我们提供企业流动性的更多信息。

（3）存货周转率（Inventory turnover）

存货周转率 = $\frac{\text{销售成本}}{\text{存货}}\times 100\%$，也是显示企业交易频率的指标。

当存货周转期逐年变长时，说明企业要么交易放缓，要么存货水平上升，即库存过多。但在考量企业存货指标时，应同时考虑企业经营类型和运作系统，零售行业，如超市，与制造型行业的存货周转情况会有显著差别。另外，强调时效性的系统，如速食餐饮业，存货周转频率会非常高，同时存货成本偏低，供应商成本偏高。

（4）应付账款付款期（Accounts payable payment period）

$$\text{应付账款付款期或付款天数} = \frac{\text{应付账款}}{\text{购置金额}}\times 365\text{ 天} = \frac{\text{应付账款}}{\text{购置金额}}\times 12\text{ 月}$$

购置金额通常以销售成本代替，该指标也显示了企业的流动性，应付账款付款期变长就说明长期筹资手段的缺失、流动资金的管理不善、供应商信用透支、银行透支等。

（5）投资回收期（Working capital period）

投资成本控制标准，通常是在保证交易中足够存货、现金和信用额度等的同时，最小化净流动资产金额，投资回收期的计算在一定程度上显示了投资成本控制情况。

$$\text{投资回收期} = \frac{\text{投入资本}}{\text{销售成本}}\times 365\text{ 天} = \frac{\text{投入资本}}{\text{营业成本}}\times 365\text{ 天}$$

在考虑该指标的最佳值时，要考虑将该指标值控制得太低，会导致交易中存货或企业流动资产不足的情况，但从供应商那里赊购过多又会危及贸易关系或导致供应商提价。投资回收期高于日常标准时，意味着投入资本水平过高，应采取措施降低，如控制应收账款、降低存货水平及合理使用信用额度等。应收账款收款期、存货周转期及应付账款付款期三个指标，可以帮助寻找问题的根源，从而确定合理的控制方案。但要注意投资回收期指标仅特指某一天的资本投入水平，并不能代表整个时期，而且存货作为投入资本衡量有时会带有一定的主观因素。

【例 18－11】某建筑制造型企业相关财务数据如下表所示，根据这些数据计算相关流动性指标及投入资本指标，并根据这些指标对企业进行简单评价。

单位：万元

	第一年	第二年
销售收入	2000	1800
销售成本	1500	1350
毛利润	500	450

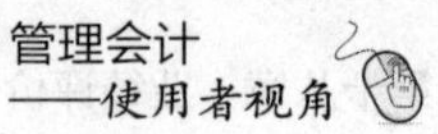

续表

	第一年	第二年
	资产负债表项目中相关数据	
流动资产：		
存货	120	110
应收账款（1）	400	350
短期投资	4.5	18.5
银行存款及现金	48.2	48
流动资产小计	572.7	526.5
应付账款：(1年内)		
贷款和透支	49	35
企业税费	62	47
分红	19.5	14.5
流动负债小计	501.5	420.5
（1）交易应收款	330	285
（2）交易应付款	236	210

根据题意及相关数据，计算比率值如下：

年份 指标	第一年	第二年
流动比率	572.7/501.5＝1.14	526.5/420.5＝1.25
速动比率	（572.7－120）/501.5＝0.90	（526.5－110）/420.5＝0.99
应收账款收款期	（330/2000）×365＝61（天）	（285/1800）×365＝58（天）
存货周转期	（120/1500）×365＝30（天）	（110/1350）×365＝30（天）
应付账款付款期	（236/1500）×365＝58（天）	（210/1350）×365＝57（天）

由于该企业为建筑型制造企业，建筑行业中流动资金普遍偏低，因此，应收账款收款期较长，连续两年均为60天左右，同样为确保资金使用效率，应付账款付款期也较长，且与应收账款收款期大致相当，这也就表明企业一般售出并收到销售款才会支付应付款。而从流动比率和速动比率来说，流动比率较为理想，速动比率也接近1，并且两者数值较为接近，说明该企业存货水平被严格控制，平均存货水平较低，投入资本管理情况良好，保证了一定的资产流动性。

4. 负债率/杠杆比率（Debt and gearing/leverage ratios）

负债比率通常是指相对于其企业规模来说企业的负债情况，该比率的大小显示了企业负债的程度是否过重，是否应该减少负债比率以降低风险。因为当企业负债率过高时，意味着银行或其他资金持有者会考虑拒绝企业的借贷请求，企业因此会面临资金断裂的困境。另外，如果一个负债过重的企业不能获得超额利润，那么在扣除所得税及相关利息之后，可以留给股东的分红也不会理想。

（1）资本杠杆（Capital gearing or leverage）

资本杠杆是指企业的长期资本结构中负债所占的比率，该指标也显示了企业资金的长期流动性，计算公式为：

$$资本杠杆 = \frac{长期负债额}{长期负债额 + 所有者权益}$$

其中，长期负债额一般包括长期贷款和优先股数额，不包括一年内到期的应付贷款和银行透支额度，除非企业平均每年的银行透支额度是固定的。

（2）利息保障倍数（Interest cover）

利息保障倍数指标则显示了企业息税前利润能补偿其利息成本的情况，或者说该指标表明相对于企业利润利息成本是否保持在恰当的比例，以保证息税前利润下跌时普通股股东不会受到极大影响。

利息保障倍数的计算公式如下：

$$利息保障倍数 = \frac{PBIT}{利息成本}$$

一般来说，当息税前利润为利息成本的3倍以上时，该企业将不会遭受危机，值得注意的是，在计算利息成本时，应扣除优先股分红。

5. 基于财务报表数据业绩评价的局限

就财务报表数据本身而言，它们并不独立显示业绩信息，也不能支持决策者的决定，它们发挥业绩评价的前提是存在恰当的评价标准，例如，利润指标包括息税前利润、税后利润以及剔除投资收益的息税前利润等，不同指标的选择可能会导致截然不同的评价结果。另外，财务报表数据业绩评价通常是以历史成本为核算起点，此时业绩评价过程很容易受到通货膨胀的干扰，除非企业针对通货膨胀率对入账成本做出了相关调整，并且历史成本不能完全显示企业未来的情况。最后，由于企业之间存在计价方式、核算程序等方面的不同，企业之间的业绩评价标准有可能是不同的，例如，对期末存货采取先进先出方法计价的企业，与采取后进先出的企业，业绩评价结果必然不同。

【习题18－2】 某化工企业年末资产负债表及年末损益表部分数据如下表所示：

资产负债表

20×6年12月31日		单位：万元
非流动资产		12.5
流动资产		

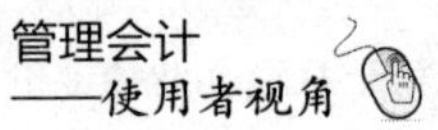

续表

20×6 年 12 月 31 日	单位：万元	
存货	14	
应收账款	16	
现金	0.5	
总计		43
负债与所有者权益		
资本与留存		19
流动负债（应付）		24
总计		43

年度利润表

20×6 年 12 月 31 日	单位：万元
销售收入	60
销售成本	42
毛利润	18
期间费用	15.5
净利润	2.5

根据上表试计算如下数据，并考虑针对计算出的数据，企业业绩评价的局限。

(1) 流动比率。

(2) 速动比率。

(3) 存货周转天数。

(4) 应收账款回收期（天）。

(5) 应付账款付款期（天）。

(6) 毛利率。

(7) 净利率。

(8) ROCE，资本回报率。

(9) 资产周转率。

【习题 18－3】 某连锁餐厅打算扩大经营规模，20×6 年投资 2,200 万元人民币用于新店铺费用，100 万元人民币用于新员工的培训，近两年的利润表及资产负债表相关数据如下表所示：

利润表　　单位：万元

项目＼年度	20×5 年	20×6 年
收入	1800	1850
营业利润	180	175
融资成本	（32）	（47）
税费	（44）	（35）
利润	104	93

资产负债表　　单位：万元

项目＼年度	20×5 年	20×6 年
非流动资产（净值）	1200	1400
流动资产		
存货	53	90
应收账款	22	25
现金	64	32
资产合计	1339	1547
所有者权益与留存	585	615
长期负债		
退税	650	650
银行贷款	20	160
长期负债合计	670	810
流动负债	84	122
所有者权益与负债合计	1339	1547

根据上表数值试计算下列指标：

（1）ROCE，资本回报率。

（2）流动比率。

（3）资本杠杆。

第四节　责任中心的业绩评价

为了确保责任单位的目标与企业的整体目标相一致，企业需要对责任中心进行业绩评价，在发现实际业绩与目标之间存在差异时，还须采取进一步的控制措施。下面我们详细介绍各个责任中心的业绩评价指标。

一、成本中心的业绩评价

（一）生产率

生产率表示单位投入的产出量，用于衡量资源的使用效率，例如，每小时生产的产品数等。

（二）单位成本

成本中心最重要的业绩评价指标是单位成本，也是用于控制成本的重要指标，单位成本是总成本与产品产量之比。

单位成本 = 总成本 ÷ 产品产量

【例 18－12】 C 公司 20×6 年前两个月的总成本和产品产量如下，则可以计算产品单位成本。

	1 月	2 月
产品总成本（元）	568, 000	675, 000
产品产量（件）	16, 000	19, 500
单位成本（元/件）	35. 5	34. 62

（三）成本节约率

成本节约率是成本节约额与目标成本的比值，其中，成本节约额是实际成本与目标成本之间的差额。

成本节约额 = 实际成本 － 目标成本

成本节约率 = 成本节约额 ÷ 目标成本 ×100%

【例 18－13】 D 公司的某成本中心生产甲产品，计划生产 1000 件，单位成本 50 元，实际生产 1200 件，单位成本 45 元，则该成本中心的成本节约额和成本节约率计算如下：

成本节约额 =1200 ×45 －1000 ×50 =4000（元）

成本节约率 =4000 ÷（1000 ×50）=8%

该成本中心的成本节约额为4000元，节约率为8%，进一步分析原因可知，由于产量增加而对成本的影响数为（1200－1000）×50＝10000（元），由于单位成本降低对成本的影响数为（45－50）×1200＝－6000（元）。

【习题18－4】E公司的丙产品由P车间和Q车间共同生产，P、Q是两个标准的成本中心，其责任成本计算结果如下表所示。P车间的责任成本预算数为25,000元，Q车间的责任成本预算数为26,500元。计算两车间的成本节约额和成本节约率。

单位：元

项目	P车间	Q车间	合计
直接材料	15,000	11,000	26,000
直接人工	10,000	9,000	19,000
制造费用	4,500	3,600	8,100
总成本	29,500	23,600	53,100

二、利润中心的业绩评价

（一）利润率（Profit margin）

利润率是利润中心最简单的业绩评价指标，当利润率不高时，管理者可以通过降低成本或提高售价等控制活动来增加利润。利润率是营业利润与销售收入的比值。

利润率＝营业利润÷销售收入×100%

（二）毛利率（Gross profit margin）

毛利率是企业经营的毛利与销售收入的比值，其中，毛利是产品销售收入与产品成本的差额。

毛利率＝毛利÷销售收入×100%

【例18－14】F公司上月的部分利润表信息如下表所示：

单位：元

项目	金额
销售收入	500,000
销售成本	300,000
毛利润	200,000
销售费用	18,000
管理费用	12,000
营业利润	170,000

要求：计算上月的利润率和毛利率。

利润率 = 170,000/500,000 × 100% = 34%

毛利率 = 200,000/500,000 × 100% = 40%

（三）附加值（Value added）

附加值是企业在将产品或服务提供给消费者之前产品或服务的附加价值，用来衡量企业活动创造的价值。附加值是销售收入与产品成本的差额。

附加值 = 销售收入 - 产品成本

（四）部门税前利润

企业的管理人员希望各个部门都有一定的获利能力，那么设置部门税前利润指标就很有必要了。成本按照可控性分为可控成本和不可控成本。当固定成本不可控时，销售收入扣除变动成本即为边际贡献（Contribution margin），再扣除可控固定成本为可控边际贡献，在此基础上减去不可控固定成本，即为部门边际贡献，部门税前利润为部门边际贡献扣除分配的公司行政管理费。

部门税前利润 = 部门边际贡献 - 分配的公司行政管理费
= 可控边际贡献 - 不可控固定成本 - 分配的公司行政管理费
= 边际贡献 - 可控固定成本 - 不可控固定成本 - 分配的公司行政管理费
= 销售收入 - 变动成本 - 可控固定成本 - 不可控固定成本 - 分配的公司行政管理费

【例 18-15】 H 公司某利润中心的财务数据如下表所示，请计算该责任中心的部门税前利润。

单位：元

项目	金额
销售收入	180,000
变动成本	120,000
可控固定成本	30,000
不可控固定成本	5,000
分配的公司行政管理费	2,500

该责任中心部门税前利润 = 180,000 - 120,000 - 30,000 - 5,000 - 2,500 = 22,500（元）

【习题 18-5】 H 公司的某利润中心有关财务数据如下：部门销售收入 500,000 元，已销售产品的变动成本为 375,000 元，部门可控的固定成本为 80,000 元，部门不可控固定成本为20,000元，分配的公司行政管理费为9,000元。请计算该利润中心的部门税前利润。

三、投资中心的业绩评价

（一）投资报酬率

投资报酬率（Return on capital employed，简称ROCE，Return on investment，简称ROI）是投资中心常用的业绩评价指标，投资报酬率是利润与投资额的比值，衡量企业的投资所带来的收益情况。

投资报酬率 = 利润 ÷ 投入额 × 100%

其中，利润是指支付利息和所得税之前的利润，即息税前利润。投资额是指总资产中去除非经营性资产的部分，即营业资产，一般应使用营业资产的平均数。如果投资额在某一期间内变动不大，也可以使用营业资产的期初数或期末数。

【例18－16】 M公司某投资中心20×5年的有关资料如下表所示，根据资料可以计算该部门的投资报酬率。

单位：元

项目	金额
销售收入	1,700,000
息税前利润	80,000
经营资产平均数	450,000

该投资中心的投资报酬率 = 80,000 ÷ 450,000 × 100% = 17.78%

投资报酬率能够更好地衡量企业的运营状况，为投资决策提供支持。尤其是当两家企业的营业利润和销售收入相同，利润指标无法进行评价时。

【例18－17】 H公司有两个投资中心，分别是A投资中心和B投资中心，两个投资中心的财务资料如下表所示，它们的销售收入和息税前利润相同，可以分别计算两个投资中心的投资报酬率。

单位：元

项目	A投资中心	B投资中心
销售收入	630,000	630,000
息税前利润	36,000	36,000
经营资产平均数	315,000	210,000
投资报酬率	11.43%	17.14%

通过计算两个投资中心的投资报酬率，我们发现 B 投资中心的投资报酬率更高，说明 B 投资中心的经营状况较好。

【习题 18 -6】 A 公司现对内部某投资中心进行业绩评价，该投资中心的息税前利润为 50,000 元，经营资产平均数为 650,000 元，请计算该部门的投资报酬率。

投资报酬率作为一个财务比率，是一个标准化的业绩评价指标，便于各责任中心进行比较。投资报酬率促使投资中心管理者关注销售收入、成本费用和投资之间的关系，关注成本的变化，关注营业资产的使用效率。但是，投资报酬率可能使管理者只关注本部门的业绩而导致与企业整体的目标冲突，还有可能导致管理者的短视行为。

（二）资产周转率

资产周转率衡量企业资产的使用效率，是销售收入与投资额的比值，代表一定时期内的资产周转次数。可见，资产周转率不是一个百分比，而是一个绝对数指标。投资报酬率可以分解为资产周转率和销售利润率的乘积，因此，资产周转率是影响投资报酬率的重要指标。

$$\text{资产周转率} = \text{销售收入} \div \text{投资额}$$

$$\text{投资报酬率} = \text{资产周转率} \times \text{销售利润率}$$

【例 18 - 18】 根据例 18 - 17 中的资料，由销售收入和经营资产平均数即可计算出 A、B 两个投资中心的资产周转率。

A 投资中心的资产周转率 = 630, 000 ÷ 315, 000 = 2

B 投资中心的资产周转率 = 630, 000 ÷ 210, 000 = 3

【例 18 - 19】 根据例 18 - 17 和例 18 - 18 的资料，我们可以用另外一种方法来计算投资报酬率，两个投资中心的销售利润率都是 36, 000 ÷ 630, 000 × 100% = 5. 71%，其各自的投资报酬率计算如下表所示：

项目	A 投资中心	B 投资中心
销售利润率	5. 71%	5. 71%
资产周转率	2	3
投资报酬率	11. 42%	17. 13%

表中的结果与例 18 - 17 中计算的结果一致，数值的差额是由保留两位小数造成的误差。

【习题 18 -7】 已知 XYZ 公司某投资中心去年的销售收入为 5, 000, 000 元，息税前利润为 450, 000 元，经营资产的平均余额为 2, 250, 000 元，分别用两种方法计算该投资中心的投资报酬率。

（三）剩余收益（Residual income，RI）

剩余收益是另外一个投资中心业绩评价指标，是对投资中心扣除名义利率或应计利息后的利润的考核度量，是投资中心的税前利润扣除应计利息后的余额。

剩余收益 = 税前利润 − 投资额 × 资本成本

剩余收益有利于投资中心管理者从企业整体利益出发，做出与公司目标相一致的决策。但是，作为一个绝对指标，剩余收益在评价不同的投资中心时缺乏统一的基础，并且和投资报酬率一样容易导致管理者短视行为。

第五节　平衡计分卡

在之前的章节中我们介绍了一些常见的财务指标业绩评价方式，这里我们介绍另一种由 Kaplan 和 Norton 首先发明的，从财务和非财务两个方面共同评价业绩指标的方法——平衡计分卡（Balanced Scorecard）。自平衡计分卡被发明以来，很多公司在业绩评价中用到这种方法。平衡计分卡是从四个维度为企业同时提供财务和非财务量方面的信息，以保证企业的业绩评价工作更加客观、公正，涉及的四个维度分别为财务、客户、内部运营、学习与成长。四个维度需要考虑的内容具体如表 18 − 2 所示：

表 18 − 2　　**平衡计分卡维度**

维度	需解决的问题	解决方案
财务	我们如何为股东创造财富	应涵盖传统财务指标如企业成长、利润率、股东价值，并与企业股东及时沟通
客户	我们存在及为客户创造的价值何在	设立与客户有关的目标：成本质量、快递速度、售后服务等
内部运营	为达到客户及财务目标应采用怎样的内部运营方式	设立针对提升内部运营、决策制定及资源利用的目标
学习与成长	企业能在未来继续提升和创造价值吗	通过提升技术研发、新产品保持竞争力

在平衡计分卡的使用中，企业应注意四个维度的“平衡”，而不应以任意维度为代价，提升另一维度的指标。

下面两个例子将会显示四个维度可能考虑到的指标有哪些，这里不可能穷举每个维度下的全部指标，只是给出范例表明可能涉及的范围，并且不同行业的两个企业其指标也会大不相同。

【例 18－20】试使用平衡计分卡列出某餐馆与某慈善组织的企业目标及相关指标，如下表所示：

餐馆平衡计分卡

财务		客户	
目标	方法或指标	目标	方法或指标
扩大规模，连锁经营 盈利	开设的新餐馆数 净利润率	优质服务 持续经营 食品创新	客户调查满意度 顾客回头率 新菜单更新率
内部经营		学习与成长	
目标	方法或指标	目标	方法或指标
及时提供食物 员工高效工作 低浪费	从点单到食品供应时间、食品点单及供应过程中的错误率、剩余食品率	员工培训 新菜单选择	接受相关培训与资格证书的员工数、新菜单数量

慈善组织平衡计分卡

财务		客户	
目标	方法或指标	目标	方法或指标
慈善组织收入 提高利润	接受的捐赠额降低 成本、高效利用资源	源源不断的捐赠者、 发起捐赠的捐赠者	分发出去的福利、 设立的慈善组织数
内部经营		学习与成长	
目标	方法或指标	目标	方法或指标
降低费用、 税务支持	费用率、税费率	更多项目支持 更多设立者 更多现金福利	提供支持的数量 发起捐赠的数量 承诺捐赠数量

一、平衡计分卡的优点

首先，平衡计分卡强调了业绩管理与企业战略之间的紧密关系，并提出了具体的指标框架体系，能够将部门绩效与企业、组织整体绩效很好地联系起来，使各部门工作努力的方向同企业战略目标的实现联系起来。其次，平衡计分卡既考虑了财务指标又考虑了非财务指标，更符合现代企业的评价标准。在日益复杂、动荡的环境下，单一的财务指标评价不能全面反映企业的实力。平衡计分卡为了弥补单一财务指标在客户、员工、供应商、业务程序、技术创新等方面的不足，增加了客户、内部运营、学习与成长三个层面的非财务指标，很好地实现了财务指标与非财务指标的结合，在此基础上形成了一套完整的指标体系。

二、平衡计分卡的不足

由于平衡计分卡引入了非财务指标体系，但非财务指标比较难以确定，而且不同的企业面临着不同的竞争环境，需要不同的战略，进而设定不同的目标，因此，在运用平衡计分卡时，要求企业的管理层根据企业的战略、运营的主要业务和外部环境加以仔细斟酌。其次，平衡计分卡涉及指标数量过多，指标间的因果关系很难做到真实、明确，财务、顾客、内部运营、学习与成长四套业绩评价指标，按照 Kaplan 的说法，合适的指标数目是 23 ~ 25 个。其中，财务角度 5 个，客户角度 5 个，内部流程角度 8 ~ 10个，学习与成长角度 5 个。如果指标之间不是完全正相关的关系，我们在评价最终结果的时候，应该选择哪个指标作为评价的依据？如果舍掉部分指标的话，是不是会导致业绩评价的不完整性？这些都是在应用平衡计分卡时要考虑的问题。

本章小结

本章主要介绍了企业的业绩评价系统，阐述了业绩评价的基本概念、业绩评价的构成要素，以及业绩评价的目标。本章还具体介绍了业绩评价的不同方法，包括以企业为主体的业绩评价方法，其中，注重对财务指标的考量，基本宗旨为利润最大化，因此，其评价结果未免会导致短视行为。除此之外，本章还介绍了一种包含非财务指标的综合评价方法，即平衡计分卡。这种方法从四个维度全面考量经营业绩，理论上更具现实意义，然而它也由于过程烦琐而不好实施。业绩评价不仅显示了会计年度经营状况，并且为企业今后的发展提供了信息，因此，要求大家认真复习总结本章知识。

附表

附表1　　标准正态分布函数表

$$\varphi(\mu)=\frac{1}{\sqrt{2\pi}}\int_{-\infty}^{\mu}e^{-t^2/2}\,\mathrm{d}t$$

$\varphi(\mu)$	0.00	0.01	0.02	0.03	0.04	0.05	0.06	0.07	0.08	0.09
0.0	0.5000	0.5040	0.5080	0.5120	0.5160	0.5199	0.5239	0.5279	0.5319	0.5359
0.1	0.5398	0.5438	0.5478	0.5517	0.5557	0.5596	0.5636	0.5675	0.5714	0.5753
0.2	0.5793	0.5832	0.5871	0.5910	0.5948	0.5987	0.6026	0.6064	0.6103	0.6141
0.3	0.6179	0.6217	0.6255	0.6293	0.6331	0.6368	0.6406	0.6443	0.6480	0.6517
0.4	0.6554	0.6591	0.6628	0.6664	0.6700	0.6736	0.6772	0.6808	0.6844	0.6879
0.5	0.6915	0.6950	0.6985	0.7019	0.7054	0.7088	0.7123	0.7157	0.7190	0.7224
0.6	0.7257	0.7291	0.7324	0.7357	0.7389	0.7422	0.7454	0.7486	0.7517	0.7549
0.7	0.7580	0.7611	0.7642	0.7673	0.7704	0.7734	0.7764	0.7794	0.7823	0.7852
0.8	0.7881	0.7910	0.7939	0.7967	0.7995	0.8023	0.8051	0.8078	0.8106	0.8133
0.9	0.8159	0.8186	0.8212	0.8238	0.8264	0.8289	0.8315	0.8340	0.8365	0.8389
1.0	0.8413	0.8438	0.8461	0.8485	0.8508	0.8531	0.8554	0.8577	0.8599	0.8621
1.1	0.8643	0.8665	0.8686	0.8708	0.8729	0.8749	0.8770	0.8790	0.8810	0.8830
1.2	0.8849	0.8869	0.8888	0.8907	0.8925	0.8944	0.8962	0.8980	0.8997	0.9015
1.3	0.9032	0.9049	0.9066	0.9082	0.9099	0.9115	0.9131	0.9147	0.9162	0.9177
1.4	0.9192	0.9207	0.9222	0.9236	0.9251	0.9265	0.9279	0.9292	0.9306	0.9319

续表

$\varphi(\mu)$	0.0	0.1	0.2	0.3	0.4	0.5	0.6	0.7	0.8	0.9
1.5	0.9332	0.9345	0.9357	0.9370	0.9382	0.9394	0.9406	0.9418	0.9429	0.9441
1.6	0.9452	0.9463	0.9474	0.9484	0.9495	0.9505	0.9515	0.9525	0.9535	0.9545
1.7	0.9554	0.9564	0.9573	0.9582	0.9591	0.9599	0.9608	0.9616	0.9625	0.9633
1.8	0.9641	0.9649	0.9656	0.9664	0.9671	0.9678	0.9686	0.9693	0.9699	0.9706
1.9	0.9713	0.9719	0.9726	0.9732	0.9738	0.9744	0.9750	0.9756	0.9761	0.9767
2.0	0.9772	0.9778	0.9783	0.9788	0.9793	0.9798	0.9803	0.9808	0.9812	0.9817
2.1	0.9821	0.9826	0.9830	0.9834	0.9838	0.9842	0.9846	0.9850	0.9854	0.9857
2.2	0.9861	0.9864	0.9868	0.9871	0.9875	0.9878	0.9881	0.9884	0.9887	0.9890
2.3	0.9893	0.9896	0.9898	0.9901	0.9904	0.9906	0.9909	0.9911	0.9913	0.9916
2.4	0.9918	0.9920	0.9922	0.9925	0.9927	0.9929	0.9931	0.9932	0.9934	0.9936
2.5	0.9938	0.9940	0.9941	0.9943	0.9945	0.9946	0.9948	0.9949	0.9951	0.9952
2.6	0.9953	0.9955	0.9956	0.9957	0.9959	0.9960	0.9961	0.9962	0.9963	0.9964
2.7	0.9965	0.9966	0.9967	0.9968	0.9969	0.9970	0.9971	0.9972	0.9973	0.9974
2.8	0.9974	0.9975	0.9976	0.9977	0.9977	0.9978	0.9979	0.9979	0.9980	0.9981
2.9	0.9981	0.9982	0.9982	0.9983	0.9984	0.9984	0.9985	0.9985	0.9986	0.9986
3	0.9987	0.9990	0.9993	0.9995	0.9997	0.9998	0.9998	0.9999	0.9999	1.0000

附表2 **复利现值系数表（PVIF表）**

n	1.00%	2.00%	3.00%	4.00%	5.00%	6.00%	7.00%	8.00%	9.00%	10.00%
1	0.990	0.980	0.971	0.962	0.952	0.943	0.935	0.926	0.917	0.909
2	0.980	0.961	0.943	0.925	0.907	0.890	0.873	0.857	0.842	0.826
3	0.971	0.942	0.915	0.889	0.864	0.840	0.816	0.794	0.772	0.751
4	0.961	0.924	0.888	0.855	0.823	0.792	0.763	0.735	0.708	0.683
5	0.951	0.906	0.863	0.822	0.784	0.747	0.713	0.681	0.650	0.621
6	0.942	0.888	0.837	0.790	0.746	0.705	0.666	0.630	0.596	0.564
7	0.933	0.871	0.813	0.760	0.711	0.665	0.623	0.583	0.547	0.513
8	0.923	0.853	0.789	0.731	0.677	0.627	0.582	0.540	0.502	0.467
9	0.914	0.837	0.766	0.703	0.645	0.592	0.544	0.500	0.460	0.424
10	0.905	0.820	0.744	0.676	0.614	0.558	0.508	0.463	0.422	0.386
11	0.896	0.804	0.722	0.650	0.585	0.527	0.475	0.429	0.388	0.350
12	0.887	0.788	0.701	0.625	0.557	0.497	0.444	0.397	0.356	0.319
13	0.879	0.773	0.681	0.601	0.530	0.469	0.415	0.368	0.326	0.290
14	0.870	0.758	0.661	0.577	0.505	0.442	0.388	0.340	0.299	0.263
15	0.861	0.743	0.642	0.555	0.481	0.417	0.362	0.315	0.275	0.239
16	0.853	0.728	0.623	0.534	0.458	0.394	0.339	0.292	0.252	0.218
17	0.844	0.714	0.605	0.513	0.436	0.371	0.317	0.270	0.231	0.198
18	0.836	0.700	0.587	0.494	0.416	0.350	0.296	0.250	0.212	0.180
19	0.828	0.686	0.570	0.475	0.396	0.331	0.277	0.232	0.194	0.164
20	0.820	0.673	0.554	0.456	0.377	0.312	0.258	0.215	0.178	0.149
25	0.780	0.610	0.478	0.375	0.295	0.233	0.184	0.146	0.116	0.092
30	0.742	0.552	0.412	0.308	0.231	0.174	0.131	0.099	0.075	0.057

n	11.00%	12.00%	13.00%	14.00%	15.00%	16.00%	18.00%	20.00%	25.00%	30.00%
1	0.901	0.893	0.885	0.877	0.870	0.862	0.847	0.833	0.800	0.769
2	0.812	0.797	0.783	0.769	0.756	0.743	0.718	0.694	0.640	0.592
3	0.731	0.712	0.693	0.675	0.658	0.641	0.609	0.579	0.512	0.455
4	0.659	0.636	0.613	0.592	0.572	0.552	0.516	0.482	0.410	0.350
5	0.593	0.567	0.543	0.519	0.497	0.476	0.437	0.402	0.328	0.269
6	0.535	0.507	0.480	0.456	0.432	0.410	0.370	0.335	0.262	0.207
7	0.482	0.452	0.425	0.400	0.376	0.354	0.314	0.279	0.210	0.159
8	0.434	0.404	0.376	0.351	0.327	0.305	0.266	0.233	0.168	0.123
9	0.391	0.361	0.333	0.308	0.284	0.263	0.225	0.194	0.134	0.094
10	0.352	0.322	0.295	0.270	0.247	0.227	0.191	0.162	0.107	0.073
11	0.317	0.287	0.261	0.237	0.215	0.195	0.162	0.135	0.086	0.056
12	0.286	0.257	0.231	0.208	0.187	0.168	0.137	0.112	0.069	0.043
13	0.258	0.229	0.204	0.182	0.163	0.145	0.116	0.093	0.055	0.033
14	0.232	0.205	0.181	0.160	0.141	0.125	0.099	0.078	0.044	0.025
15	0.209	0.183	0.160	0.140	0.123	0.108	0.084	0.065	0.035	0.020
16	0.188	0.163	0.141	0.123	0.107	0.093	0.071	0.054	0.028	0.015
17	0.170	0.146	0.125	0.108	0.093	0.080	0.060	0.045	0.023	0.012
18	0.153	0.130	0.111	0.095	0.081	0.069	0.051	0.038	0.018	0.009
19	0.138	0.116	0.098	0.083	0.070	0.060	0.043	0.031	0.014	0.007
20	0.124	0.104	0.087	0.073	0.061	0.051	0.037	0.026	0.012	0.005
25	0.074	0.059	0.047	0.038	0.030	0.024	0.016	0.010	0.004	0.001
30	0.044	0.033	0.026	0.020	0.015	0.012	0.007	0.004	0.001	0.000

附表3 复利终值系数表（PVIF表）

n	1.00%	2.00%	3.00%	4.00%	5.00%	6.00%	7.00%	8.00%	9.00%	10.00%
1	1.010	1.020	1.030	1.040	1.050	1.060	1.070	1.080	1.090	1.100
2	1.020	1.040	1.061	1.082	1.103	1.124	1.145	1.166	1.188	1.210
3	1.030	1.061	1.093	1.125	1.158	1.191	1.225	1.260	1.295	1.331
4	1.041	1.082	1.126	1.170	1.216	1.262	1.311	1.360	1.412	1.464
5	1.051	1.104	1.159	1.217	1.276	1.338	1.403	1.469	1.539	1.611
6	1.062	1.126	1.194	1.265	1.340	1.419	1.501	1.587	1.677	1.772
7	1.072	1.149	1.230	1.316	1.407	1.504	1.606	1.714	1.828	1.949
8	1.083	1.172	1.267	1.369	1.477	1.594	1.718	1.851	1.993	2.144
9	1.094	1.195	1.305	1.423	1.551	1.689	1.838	1.999	2.172	2.358
10	1.105	1.219	1.344	1.480	1.629	1.791	1.967	2.159	2.367	2.594
11	1.116	1.243	1.384	1.539	1.710	1.898	2.105	2.332	2.580	2.853
12	1.127	1.268	1.426	1.601	1.796	2.012	2.252	2.518	2.813	3.138
13	1.138	1.294	1.469	1.665	1.886	2.133	2.410	2.720	3.066	3.452
14	1.149	1.319	1.513	1.732	1.980	2.261	2.579	2.937	3.342	3.797
15	1.161	1.346	1.558	1.801	2.079	2.397	2.759	3.172	3.642	4.177
16	1.173	1.373	1.605	1.873	2.183	2.540	2.952	3.426	3.970	4.595
17	1.184	1.400	1.653	1.948	2.292	2.693	3.159	3.700	4.328	5.054
18	1.196	1.428	1.702	2.026	2.407	2.854	3.380	3.996	4.717	5.560
19	1.208	1.457	1.754	2.107	2.527	3.026	3.617	4.316	5.142	6.116
20	1.220	1.486	1.806	2.191	2.653	3.207	3.870	4.661	5.604	6.727
25	1.282	1.641	2.094	2.666	3.386	4.292	5.427	6.848	8.623	10.835
30	1.348	1.811	2.427	3.243	4.322	5.743	7.612	10.063	13.268	17.449

n	11.00%	12.00%	13.00%	14.00%	15.00%	16.00%	18.00%	20.00%	25.00%	30.00%
1	1.110	1.120	1.130	1.140	1.150	1.160	1.180	1.200	1.250	1.300
2	1.232	1.254	1.277	1.300	1.323	1.346	1.392	1.440	1.563	1.690
3	1.368	1.405	1.443	1.482	1.521	1.561	1.643	1.728	1.953	2.197
4	1.518	1.574	1.630	1.689	1.749	1.811	1.939	2.074	2.441	2.856
5	1.685	1.762	1.842	1.925	2.011	2.100	2.288	2.488	3.052	3.713
6	1.870	1.974	2.082	2.195	2.313	2.436	2.700	2.986	3.815	4.827
7	2.076	2.211	2.353	2.502	2.660	2.826	3.185	3.583	4.768	6.275
8	2.305	2.476	2.658	2.853	3.059	3.278	3.759	4.300	5.960	8.157
9	2.558	2.773	3.004	3.252	3.518	3.803	4.435	5.160	7.451	10.604
10	2.839	3.106	3.395	3.707	4.046	4.411	5.234	6.192	9.313	13.786
11	3.152	3.479	3.836	4.226	4.652	5.117	6.176	7.430	11.642	17.922
12	3.498	3.896	4.335	4.818	5.350	5.936	7.288	8.916	14.552	23.298
13	3.883	4.363	4.898	5.492	6.153	6.886	8.599	10.699	18.190	30.288
14	4.310	4.887	5.535	6.261	7.076	7.988	10.147	12.839	22.737	39.374
15	4.785	5.474	6.254	7.138	8.137	9.266	11.974	15.407	28.422	51.186
16	5.311	6.130	7.067	8.137	9.358	10.748	14.129	18.488	35.527	66.542
17	5.895	6.866	7.986	9.276	10.761	12.468	16.672	22.186	44.409	86.504
18	6.544	7.690	9.024	10.575	12.375	14.463	19.673	26.623	55.511	112.455
19	7.263	8.613	10.197	12.056	14.232	16.777	23.214	31.948	69.389	146.192
20	8.062	9.646	11.523	13.743	16.367	19.461	27.393	38.338	86.736	190.050
25	13.585	17.000	21.231	26.462	32.919	40.874	62.669	95.396	264.698	705.641
30	22.892	29.960	39.116	50.950	66.212	85.850	143.371	237.376	807.794	2619.996

附表4 年金现值系数表（PVIFA表）

n	1.00%	2.00%	3.00%	4.00%	5.00%	6.00%	7.00%	8.00%	9.00%	10.00%
1	0.990	0.980	0.971	0.962	0.952	0.943	0.935	0.926	0.917	0.909
2	1.970	1.942	1.913	1.886	1.859	1.833	1.808	1.783	1.759	1.736
3	2.941	2.884	2.829	2.775	2.723	2.673	2.624	2.577	2.531	2.487
4	3.902	3.808	3.717	3.630	3.546	3.465	3.387	3.312	3.240	3.170
5	4.853	4.713	4.580	4.452	4.329	4.212	4.100	3.993	3.890	3.791
6	5.795	5.601	5.417	5.242	5.076	4.917	4.767	4.623	4.486	4.355
7	6.728	6.472	6.230	6.002	5.786	5.582	5.389	5.206	5.033	4.868
8	7.652	7.325	7.020	6.733	6.463	6.210	5.971	5.747	5.535	5.335
9	8.566	8.162	7.786	7.435	7.108	6.802	6.515	6.247	5.995	5.759
10	9.471	8.983	8.530	8.111	7.722	7.360	7.024	6.710	6.418	6.145
11	10.368	9.787	9.253	8.760	8.306	7.887	7.499	7.139	6.805	6.495
12	11.255	10.575	9.954	9.385	8.863	8.384	7.943	7.536	7.161	6.814
13	12.134	11.348	10.635	9.986	9.394	8.853	8.358	7.904	7.487	7.103
14	13.004	12.106	11.296	10.563	9.899	9.295	8.745	8.244	7.786	7.367
15	13.865	12.849	11.938	11.118	10.380	9.712	9.108	8.559	8.061	7.606
16	14.718	13.578	12.561	11.652	10.838	10.106	9.447	8.851	8.313	7.824
17	15.562	14.292	13.166	12.166	11.274	10.477	9.763	9.122	8.544	8.022
18	16.398	14.992	13.754	12.659	11.690	10.828	10.059	9.372	8.756	8.201
19	17.226	15.678	14.324	13.134	12.085	11.158	10.336	9.604	8.950	8.365
20	18.046	16.351	14.877	13.590	12.462	11.470	10.594	9.818	9.129	8.514
25	22.023	19.523	17.413	15.622	14.094	12.783	11.654	10.675	9.823	9.077
30	25.808	22.396	19.600	17.292	15.372	13.765	12.409	11.258	10.274	9.427

n	11.00%	12.00%	13.00%	14.00%	15.00%	16.00%	18.00%	20.00%	25.00%	30.00%
1	0.901	0.893	0.885	0.877	0.870	0.862	0.847	0.833	0.800	0.769
2	1.713	1.690	1.668	1.647	1.626	1.605	1.566	1.528	1.440	1.361
3	2.444	2.402	2.361	2.322	2.283	2.246	2.174	2.106	1.952	1.816
4	3.102	3.037	2.974	2.914	2.855	2.798	2.690	2.589	2.362	2.166
5	3.696	3.605	3.517	3.433	3.352	3.274	3.127	2.991	2.689	2.436
6	4.231	4.111	3.998	3.889	3.784	3.685	3.498	3.326	2.951	2.643
7	4.712	4.564	4.423	4.288	4.160	4.039	3.812	3.605	3.161	2.802
8	5.146	4.968	4.799	4.639	4.487	4.344	4.078	3.837	3.329	2.925
9	5.537	5.328	5.132	4.946	4.772	4.607	4.303	4.031	3.463	3.019
10	5.889	5.650	5.426	5.216	5.019	4.833	4.494	4.192	3.571	3.092
11	6.207	5.938	5.687	5.453	5.234	5.029	4.656	4.327	3.656	3.147
12	6.492	6.194	5.918	5.660	5.421	5.197	4.793	4.439	3.725	3.190
13	6.750	6.424	6.122	5.842	5.583	5.342	4.910	4.533	3.780	3.223
14	6.982	6.628	6.302	6.002	5.724	5.468	5.008	4.611	3.824	3.249
15	7.191	6.811	6.462	6.142	5.847	5.575	5.092	4.675	3.859	3.268
16	7.379	6.974	6.604	6.265	5.954	5.668	5.162	4.730	3.887	3.283
17	7.549	7.120	6.729	6.373	6.047	5.749	5.222	4.775	3.910	3.295
18	7.702	7.250	6.840	6.467	6.128	5.818	5.273	4.812	3.928	3.304
19	7.839	7.366	6.938	6.550	6.198	5.877	5.316	4.843	3.942	3.311
20	7.963	7.469	7.025	6.623	6.259	5.929	5.353	4.870	3.954	3.316
25	8.422	7.843	7.330	6.873	6.464	6.097	5.467	4.948	3.985	3.329
30	8.694	8.055	7.496	7.003	6.566	6.177	5.517	4.979	3.995	3.332

附表5 年金终值系数表（FVIFA表）

n	1.00%	2.00%	3.00%	4.00%	5.00%	6.00%	7.00%	8.00%	9.00%	10.00%
1	1.000	1.000	1.000	1.000	1.000	1.000	1.000	1.000	1.000	1.000
2	2.010	2.020	2.030	2.040	2.050	2.060	2.070	2.080	2.090	2.100
3	3.030	3.060	3.091	3.122	3.153	3.184	3.215	3.246	3.278	3.310
4	4.060	4.122	4.184	4.246	4.310	4.375	4.440	4.506	4.573	4.641
5	5.101	5.204	5.309	5.416	5.526	5.637	5.751	5.867	5.985	6.105
6	6.152	6.308	6.468	6.633	6.802	6.975	7.153	7.336	7.523	7.716
7	7.214	7.434	7.662	7.898	8.142	8.394	8.654	8.923	9.200	9.487
8	8.286	8.583	8.892	9.214	9.549	9.897	10.260	10.637	11.028	11.436
9	9.369	9.755	10.159	10.583	11.027	11.491	11.978	12.488	13.021	13.579
10	10.462	10.950	11.464	12.006	12.578	13.181	13.816	14.487	15.193	15.937
11	11.567	12.169	12.808	13.486	14.207	14.972	15.784	16.645	17.560	18.531
12	12.683	13.412	14.192	15.026	15.917	16.870	17.888	18.977	20.141	21.384
13	13.809	14.680	15.618	16.627	17.713	18.882	20.141	21.495	22.953	24.523
14	14.947	15.974	17.086	18.292	19.599	21.015	22.550	24.215	26.019	27.975
15	16.097	17.293	18.599	20.024	21.579	23.276	25.129	27.152	29.361	31.772
16	17.258	18.639	20.157	21.825	23.657	25.673	27.888	30.324	33.003	35.950
17	18.430	20.012	21.762	23.698	25.840	28.213	30.840	33.750	36.974	40.545
18	19.615	21.412	23.414	25.645	28.132	30.906	33.999	37.450	41.301	45.599
19	20.811	22.841	25.117	27.671	30.539	33.760	37.379	41.446	46.018	51.159
20	22.019	24.297	26.870	29.778	33.066	36.786	40.995	45.762	51.160	57.275
25	28.243	32.030	36.459	41.646	47.727	54.865	63.249	73.106	84.701	98.347
30	34.785	40.568	47.575	56.085	66.439	79.058	94.461	113.283	136.308	164.494

n	11.00%	12.00%	13.00%	14.00%	15.00%	16.00%	18.00%	20.00%	25.00%	30.00%
1	1.000	1.000	1.000	1.000	1.000	1.000	1.000	1.000	1.000	1.000
2	2.110	2.120	2.130	2.140	2.150	2.160	2.180	2.200	2.250	2.300
3	3.342	3.374	3.407	3.440	3.473	3.506	3.572	3.640	3.813	3.990
4	4.710	4.779	4.850	4.921	4.993	5.066	5.215	5.368	5.766	6.187
5	6.228	6.353	6.480	6.610	6.742	6.877	7.154	7.442	8.207	9.043
6	7.913	8.115	8.323	8.536	8.754	8.977	9.442	9.930	11.259	12.756
7	9.783	10.089	10.405	10.730	11.067	11.414	12.142	12.916	15.073	17.583
8	11.859	12.300	12.757	13.233	13.727	14.240	15.327	16.499	19.842	23.858
9	14.164	14.776	15.416	16.085	16.786	17.519	19.086	20.799	25.802	32.015
10	16.722	17.549	18.420	19.337	20.304	21.321	23.521	25.959	33.253	42.619
11	19.561	20.655	21.814	23.045	24.349	25.733	28.755	32.150	42.566	56.405
12	22.713	24.133	25.650	27.271	29.002	30.850	34.931	39.581	54.208	74.327
13	26.212	28.029	29.985	32.089	34.352	36.786	42.219	48.497	68.760	97.625
14	30.095	32.393	34.883	37.581	40.505	43.672	50.818	59.196	86.949	127.913
15	34.405	37.280	40.417	43.842	47.580	51.660	60.965	72.035	109.687	167.286
16	39.190	42.753	46.672	50.980	55.717	60.925	72.939	87.442	138.109	218.472
17	44.501	48.884	53.739	59.118	65.075	71.673	87.068	105.931	173.636	285.014
18	50.396	55.750	61.725	68.394	75.836	84.141	103.740	128.117	218.045	371.518
19	56.939	63.440	70.749	78.969	88.212	98.603	123.414	154.740	273.556	483.973
20	64.203	72.052	80.947	91.025	102.444	115.380	146.628	186.688	342.945	630.165
25	114.413	133.334	155.620	181.871	212.793	249.214	342.603	471.981	1054.791	2348.803
30	199.021	241.333	293.199	356.787	434.745	530.312	790.948	1181.882	3227.174	8729.985

附录　中英文术语对照

A/c	往来
A batch	批次
Abnormal gain	异常收益
Abnormal loss	异常损失
Absorption costing	吸收成本法
Accountant	会计师
Accounting entry	会计分录
Accounting	会计
Accounts payable payment period	应付账款付款期
Accounts payable	应付账款
Accounts receivable collection period	应收账款回收期存货周转期
Accounts receivable	应收账款
Accounts	账簿
Account	账户
Activity-based costing management	作业成本管理
Activity based costing	作业成本法
Activity center	作业中心
Administration overhead	管理费用
A job	订单
Annuities	年金
Asset turnover	资产周转率
Attainable standards	可达到标准
Avoidable costs	可避免成本
Bad debts written off	坏账核销
Balance b/d（brought down）	余额结转
Balance c/d（carried down）	期初余额
Balanced scorecard	平衡计分卡
Basic standards	基本标准

Blanket absorption rate	总体吸收率
Breakeven analysis	盈亏平衡分析
Breakeven chart	盈亏平衡图
Breakeven point	盈亏平衡点
Budget committee	预算委员会
Budget manual	预算手册
Budget period	预算期间
Budget slack	预算松弛
Budget variances	预算差异
Budget	预算
By-products	副产品
Capital budgets	资本预算
Capital expenditure budgets	资本支出预算
Capital gearing or leverage	资本杠杆
Cash balance	现金余额
Cash budgets	现金预算
Cash position	现金头寸
Cash shortfall	现金紧缺
Cash surplus	现金盈余
Closing cash balance	期末现金余额
Committed fixed cost	约束性固定成本
Complementary products	互补产品定价法
Composite cost unit	复合成本单位
Compound interest	复利
Computerisation	订单成本电算化
Computerized systems	电算化系统
Confidentiality	保密
Continuous budget	连续预算
Contribution margin	边际贡献
Contribution	贡献
Controllable cost	可控成本
Controlled pricing	限制定价法
Conversion cost	流转成本
Cost/sales ratios	成本销售率
Cost accounting systems	成本核算系统

Cost accounting	成本会计
Cost behavior	成本性态
Cost bookkeeping	成本记账
Cost centre	成本中心
Cost driver	成本动因
Cost element	成本要素
Cost object	成本对象
Cost of sales	主营业务成本
Cost per unit	单位成本
Costs to date	成本（截至当前）
Cost unit	成本单位
Cost-volume-profit analysis	本量利分析
Credits	贷记
Current ratio	流动比率
Current standards	现行标准
Data	数据
DCF，Discounted cash flow	贴现现金流法
Debits	借记
Debt and gearing/leverage ratios	负债率/杠杆比率
Decrease progressively curve cost	递减曲线成本
Deficit	逆差
Delayed-variable costs	延期变动成本
Departmental absorption rate	部门吸收率
Depreciation	折旧
Differential piecework schemes	差别计件制
Direct cost	直接成本
Direct labour efficiency variance	直接人工效率差异
Direct labour rate variance	直接人工工资率差异
Direct labour total variance	直接人工总差异
Direct labour variances	直接人工差异
Direct labour	直接人工
Direct material price variance	直接材料价格差异
Direct materials	直接材料
Direct material total variance	直接材料总差异
Direct material usage variance	直接材料耗用量差异

Direct material variances	直接材料差异
Direct method	直接分摊法
Discretionary fixed cost	酌量性固定成本
Distribution overhead	配送费用
Double entry	复式记账法
DPP, Discounted payback period	折现投资回收期法
EBIT, earning before interest and tax/PBIT, profit before interest and tax	息税前利润
Economic cost	经济成本
Economic value	经济价值
Environmental accounting	环境会计
Environmental management accounting (EMA)	环境管理会计
Equivalent units	约当产量
Expenditure variance	费用差异
Factory cost	制造（工厂）成本
Factory overhead	制造（工厂）费用
Fair value	公允价值
Financial accounting	财务会计
Financial budgets	财务预算
Finished goods	产成品/库存商品
Finished goods	完工产品
First in first out (FIFO)	先进先出法
Fixed budget	固定预算
Fixed cost	固定成本
Fixed overhead variances	固定间接费用差异
Flexible budgets	弹性预算
Full costing	完全成本法
Functional budget	功能性预算
Gross profit margin	毛利率
Gross profit	利润总额
High - low method	高低点法
Historic cost	历史成本
Ideal standards	理想标准
Idle time variance	空闲时间差异
Idle time	闲置时间

Income statement	利润表项目
Increase progressively curve cost	递增曲线成本
Incremental budgeting	增量预算
Indirect cost	间接成本
Information	信息
Integrated systems	集成化系统
Integrity	正直
Interest cover	利息保障倍数
Interpolation	插值法
Inventory turnover period	存货周转率
Investment centre	投资中心
IRR，Internal rate of return	内涵报酬率
Job accounts	订单及批次账户
Job and batch costing	订单成本法
Job cost cards	分批成本卡
Job cost sheets	分批成本计算单
Joint products	联产品
Key budget factor	关键预算因素
Ledger accounts	分类账
Limiting budgeting factor	限制预算因素
Limiting factor analysis	限制因素
Loss leaders	招徕定价法
Management accounting	管理会计
Management information	管理信息
Management reports	管理报告
Manual systems	人工系统
Manufacturing overhead	制造费用
Marginal cost，MC	边际成本
Marginal revenue，MR	边际收入
Margin of safety	安全边际
Market penetration	市场渗透定价法
Market skimming	市场撇脂定价法
Master budget	全面预算
Materials returns	剩余材料退回仓库
Mixed costs	混合成本

Net realizable value	可变现净值
Non – relevant variable costs	非相关变动成本
Non-current assets	非流动资产
Non-linear variable costs	非线性变动成本
Normal loss	正常损失
NPV，Net present value	净现值
Objectivity	客观
Opening cash balance	期初现金余额
Opportunity cost	机会成本
Outsourcing	外包
Over absorption	吸收过度
Overhead absorption rate	制造费用吸收率
Participative budgeting	参与式预算
Performance evaluation	业绩评价
Period budget	定期预算
Period cost	期间费用
Perpetual budget	永续预算
Piecework schemes	计件工资制
PP，The payback period	投资回收期
Predetermine	预先确定的
Premium pricing	溢价标价法
Premium	保险
Present value	现值
Price discrimination	差别定价法
Price elasticity of demand，PED	需求价格弹性
Pricing decisions	定价决策
Prime cost	主要成本
Principal budget factor	主要预算因素
Process accounts	成本计算表
Process costing	分步成本法
Product bundling	捆绑定价法
Product cost	产品成本
Production cost budget	产品成本预算
Production cost	生产成本
Production overhead	生产间接费用

Product line pricing	产品线定价法
Professional behavior	职业行为
Professional competence and due care	专业技能和应有的责任心
Profit/volume graph	利润/业务量图
Profit centre	利润中心
Profit margin	利润率
Psychological pricing	心理定价法
Purchasing budget	采购预算
Quick ratio	速动比率
Raw material control	原料控制
Relevant costs	相关成本
Remuneration methods	时间基础工资制
Repeated distribution method	交互分摊法
Replacement cost	重置成本
Responsibility accounting	责任会计
Responsibility budget	责任预算
Responsibility centre	责任中心
RIO, return on investment	投资回报率
ROCE, return on capital employed	已占用资本回报率
Rolling budget	滚动预算
Sales budget	销售预算
Sales price variance	销售价格差异
Sales variances	销售差异
Sales volume contribution variance	销售数量贡献差异
Scattergraph method	散布图法
Schemes with standard time allowances	标准时间津贴制
Scrap	残值
Selling overhead	销售费用
Semi-variable costs	半变动成本
Sensitivity analysis	敏感性分析
Service organisations	服务机构
Shift allowance	转移/轮班津贴
Sick pay	病假津贴
Sliding budget	滑动预算
Social accounting	社会会计

Standard cost card	标准成本卡
Standard costing	标准成本法
Standard cost	标准成本
Static budget	静态预算
Step costs	阶梯式成本
Step-down method	逐减分摊法
Straight-line method	直线法
Straight piece rate schemes	直接计件制
Sunk costs	沉没成本
Target profit	目标利润
TC, Total cost	总成本
Time series analysis	时间序列分析
Time value of money	货币时间价值
TR, Total revenue	总收入
Uncontrollable cost	非可控成本
Under absorption	吸收不足
Value added	附加值
Variable budget	变动预算
Variable costing	变动成本法
Variable cost	变动成本
Variable overhead variances	变动制造费用差异
Variable production overhead efficiency variance	变动生产间接费用效率差异
Variable production overhead ependiture variance	变动生产间接费用支出差异
Variable production overheads	变动制造费用
Variable production overhead total variance	变动生产间接费用总差异
Variance analysis	差异分析
Variance	差异
Volume discounting	数量折扣定价法
Volume variance	业务量水平差异
Weighted average cost method	加权平均法
Working capital period	投资回收期
Work in progress (WIP)	在产品
Written off	注销
Zero-based budgeting	零基预算

参考答案

第一章

【习题 1－1】B。基层管理者决定的是运营层级的决策。再上一层是管理层级的决策，这种决策由中级管理者决定。最高层是战略层级的决策，这一层级的决策由高级管理者决定。

【习题 1－2】B。财务会计系统是为外部使用者提供信息的。管理会计系统是为管理者提供信息的。

【习题 1－3】C。竞争者的财务报表属于管理信息的外部来源。

【习题 1－4】C。好的管理信息的特征有准确、完整、有益于成本、以使用者为主、相关、容易使用、及时、权威。

【习题 1－5】A。根据管理会计提供的信息，管理者可以做出生产 P 还是生产 Q 的决定。因此，这份报告可以帮助管理者做出决策。

第二章

【习题 2－1】B。主要成本是产品的直接成本之和，是直接材料、直接人工和其他直接费用的总和。

【习题 2－2】A、B、C。主要成本是直接材料、直接人工和其他直接费用的总和。A、B、C 均为直接材料，选项 D 为间接人工成本。

【习题 2－3】A、D。选项 A 折旧费属于间接成本中的制造费用；选项 B 和选项 C 是为特定项目或工作发生的成本，属于直接成本；选项 D 属于间接成本中的配送费用。

第三章

【习题 3－1】D。选项 A、B、C 均为变动成本，直接人工、直接材料、与销售额相关的佣金均会随着业务量的变化而成正比例变化，故均为变动成本；选项 D 只与设备的原值、残值和使用年限相关，与业务量无关，故为固定成本。

【习题 3－2】D。选项 A 为固定成本，研究开发费，是指企业在产品、技术、材料、工艺、标准的研究、开发过程中发生的各项费用，属于与业务量变化无关的一种固定成本。选项 B、C 也是固定成本，保险费、咨询费均与业务量的变化无关，属于企业固定不变的成本；选项 D 的燃料费用与业务量正比例相关，属于变动成本。

【习题 3－3】 B。因为变动成本具有单位变动成本不变的特性，所以能够反映变动成本水平。选项 A 和 C，变动成本总额会随着业务量变化而变化，无法将业务量因素排除。选项 D，变动成本率＝变动成本总额/销售收入，其中，变动成本总额无法排除业务量因素的影响。

【习题 3－4】 C。选项 A 是混合成本，电话费由基本费用加上超出部分的计费组成，基本费用月租为固定成本，超出部分计费是变动成本，所以电话费是混合费用；选项 B 是固定成本，会员费是固定的一笔费用；选项 D 是混合成本，打车费用由起步价和超出部分计费组成，因此，为混合成本。

【习题 3－5】 C。根据成本性态可将成本划分为固定成本、变动成本和混合成本。

【习题 3－6】 D。题目要求按成本形态分类，故排除选项 C；根据例 3－6 可知，检验员工资属于阶梯式固定成本。

【习题 3－7】（1）图（a）。随着产出水平的上升，员工可以获得奖金，所以直接人工成本不是与产出水平成正比例关系，而是随着产出上升，单位人工成本上升，所以总的直接人工上升幅度增加，是图（a）；

（2）图（b）。原材料购买数量越多，单价就会越便宜，所以直接材料成本不是与购买量成正比例关系，而是购买量增多，单价减小，所以总的直接材料上升幅度减慢，是图（b）。

【习题 3－8】 A、B、C。固定成本，是指在特定的业务量范围内不受业务量变动影响，一定期间的总额能保持相对稳定的成本，但这并不意味着每月该项成本的实际发生额都完全一样，因此，选项 A 的说法错误；变化率递减的非线性成本的总额随业务量的增加而增加，仅仅是变化率递减（即增加的速度递减），因此，选项 B 的说法不正确；在一定业务量范围内总额保持稳定，超过特定业务量则开始随业务量成比例增长的成本叫延期变动成本，所以选项 C 的说法不正确。

【习题 3－9】（1）图（a）。由于话费由基本费用加上超出部分计费组成，超出部分是随着通话时长增加而正比例增加，所以是图（a）；

（2）图（e）。每开工五次，是一个开工计费标准，所以总的动力费用在 1～5 次是一个金额，6～10 次是一个金额，以此类推，所以应该是图（e），阶梯式成本；

（3）图（d）。因为当一定时期内产量超过 2,000 件才支付，所以不超过 2,000 件没有这部分金额，超过以后奖金由 10,000 美元的固定金额加上超过 2,000 件的部分每件 45 美元的变动金额来计算，所以是图（d）；

（4）图（b）。中介费按销售额一定比例支付，所以是与销售额正比例变化的变动成本，因此，选图（b）；

（5）图（c）。租金每月每机器小时租金 20 美元，是与小时数成正比例变化的变动成本，并且有最大限制，所以选图（c）。

【习题3－10】解题思路：

运用高低点法进行解答，高点为（500, 9, 100），低点为（300, 6, 700）

（1）变动成本差额为9, 100－6, 700＝2, 400（元）

（2）高低业务量差额为500－300＝200（件）

（3）所以，单位变动成本额为2, 400÷200＝12（元）

（4）将单位变动成本额任意代入最高或最低业务量总成本，以求出固定成本额，我们代入高点得到最高点总成本中变动成本额为500×12＝6, 000（元），则固定成本等于总成本减去变动成本部分，为9, 100－6, 000＝3, 100（元）

综合上述，成本模型为：总成本＝3, 100＋12×产量

【习题3－11】解题思路：

虽然本题我们只有两个时点的数据，但是仍然可以用高低点法解答。

（1）变动成本差额：58, 500－34, 500＝24, 000（元）

（2）高低业务量差额：57－32＝25（件）

（3）单位变动成本：24, 000÷25＝960（元）

（4）将单位变动成本代入高点时（低点同理）：固定成本58, 500－57×960＝3, 780（元）

综合上述，成本模型为：总成本＝3, 780＋960×业务量

对于第二问，当业务量为42件时，总成本为3, 780＋960×42＝44, 100（元）

第四章

【习题4－1】A、B、C。A、B、C都是再分摊阶段，将服务性成本分摊给生产部门的方式，D选项是将生产部门的成本分摊给产品的方法。

【习题4－2】解题思路：

首先进行分摊步骤，将不能直接分摊到各个部门的成本费用按照一定的比率进行分摊。

租金按各个部门的占地面积进行分摊，分摊比率为10, 000÷5, 000＝2

电费按各个部门的占地面积进行分摊，分摊比率为5, 000÷5, 000＝1

设备折旧费按各个部门设备的账面价值进行分摊，分摊比率为8, 000÷40, 000＝0.2

设备保险费按各个部门设备的账面价值进行分摊，分摊比率为5, 000÷40, 000＝0.125

工厂保险费按各个部门的占地面积进行分摊，分摊比率为10, 000÷5, 000＝2

因此，分摊后各部门成本如下：

	生产部门Ⅰ	生产部门Ⅱ	生产部门Ⅲ	维修部门	其他服务部门
间接劳务费（元）	7, 600	4, 500	5, 900	2, 300	3, 000
其他费用（元）	3, 200	1, 200	2, 000	1, 000	1, 200
租金（元）	3, 000	2, 000	2, 400	1, 200	1, 400
电费（元）	1, 500	1, 000	1, 200	600	700
设备折旧费（元）	2, 400	1, 600	2, 000	1, 200	800
设备保险费（元）	1, 500	1, 000	1, 250	750	500
工厂保险费（元）	3, 000	2, 000	2, 400	1, 200	1, 400
合计（元）	22, 200	13, 300	17, 150	8, 250	9, 000

按照直接分摊法对服务部门的成本费用进行再分摊：

生产部门Ⅰ分摊的维修服务成本费用为 8, 250 ÷（50% + 20% + 20%）× 50% ≈ 4583（元）

生产部门Ⅱ分摊的维修服务成本费用为 8, 250 ÷（50% + 20% + 20%）× 20% ≈ 1833（元）

生产部门Ⅲ分摊的维修服务成本费用为 8, 250 ÷（50% + 20% + 20%）× 20% ≈ 1833（元）

生产部门Ⅰ分摊的其他服务成本费用为 9, 000 ÷（30% + 30% + 30%）× 30% = 3000（元）

生产部门Ⅱ分摊的其他服务成本费用为 9, 000 ÷（30% + 30% + 30%）× 30% = 3000（元）

生产部门Ⅲ分摊的其他服务成本费用为 9, 000 ÷（30% + 30% + 30%）× 30% = 3000（元）

最终生产部门成本如下：

	生产部门Ⅰ	生产部门Ⅱ	生产部门Ⅲ	合计
再分摊前成本（元）	22, 200	13, 300	17, 150	52, 650
分摊维修服务成本（元）	4, 583	1, 833	1, 833	8, 183
分摊其他服务成本（元）	3, 000	3, 000	3, 000	9, 000
合计（元）	29, 783	18, 133	21, 983	69, 833

【习题 4 –3】 B。吸收成本法下间接成本的分配步骤一共有 3 个：分配阶段、分摊阶段和吸收阶段。

【习题 4 –4】 23 元/小时。

解题思路：

企业根据吸收率计算本期分摊的咨询费用，所以我们可以首先计算本期分摊的咨询费用。因为本期吸收过度，所以本期分摊的成本为实际的咨询费用 + 吸收过度的咨询费用，即 6, 500 + 400 = 6, 900（元）

假设本期的吸收率为 a，则 $300 \times a = 6,900$，所以 $a = 23$（元/小时）。

第五章

【习题 5 –1】A、B、D。变动成本法只考虑变动成本，不考虑固定成本并且将其看作期间费用。因此，产品成本应包括直接材料、直接人工、变动制造费用，不包括固定成本。

【习题 5 –2】B。该企业的利润计算过程如下：

	金额（元）	金额（元）
销售收入		300, 000
变动生产成本	70, 000	
变动非生产成本：	5, 160	
变动成本合计	75, 160	
贡献		224, 840

【习题 5 –3】C。净利润的数额可能会不同。在当期产品全部销售出去时，两种成本核算方法计算出的净利润应该是相同的，因为全部产品都已售出，本着销售收入与费用配比原则，产品成本应该从销售收入中完全扣减得出净利润；在当期产品没有全部售出，留有期末存货时，两种成本核算方法计算出的净利润就会有所不同了，这一不同主要是由于固定性成本的处理方式不同。

【习题 5 –4】B。在当期产品没有全部售出，留有期末存货时，两种成本核算方法计算出的净利润就会有所不同了，这一不同主要是由于固定性成本的处理方式不同，即两种方法计入当期损益表的固定成本的水平不同。因为在变动成本法下，固定费用一次性从贡献中扣除，但是吸收成本法中的固定费用会有一部分进入存货成本，并不会被完全扣除，因而两种成本核算方法计算的净利润会有所不同。

【习题 5 –5】B。这是因为上一年即 20 ×4 年年底的期末存货用吸收成本法计算的数额要大于变动成本法计算的数额（由于吸收成本法下产品成本包含了部分固定成本，所以吸收成本法期末存货成本大于变动成本法期末存货数额），结转到下一年 20 ×5 年时，本年的期初余额就是上一年的期末余额，因而本年的期初存货余额在吸收成本法下要比在变动成本法下大，而且本期期末存货为 0，意味着产品全部售出，所以吸收成本法的净利润要比变动成本法的净利润小，选项 B 正确。

【习题 5 –6】

（1）使用吸收成本法计算 M 产品第一季度的固定生产成本

$$\frac{\text{预计固定生产成本}}{\text{预计产量（一般业务量水平）}}=\frac{1600/4}{800/4}=2\text{（元）}$$

因此，固定成本的吸收率是 2 元/件（以产量为基数）。

用吸收成本法计算的第一季度的固定生产成本是 220 件 ×2 元/件 =440 元

（2）计算吸收过度/吸收不足

实际固定生产费用	400 元（1600/4）
吸收成本法下固定生产费用	440 元
吸收过度（吸收成本法 - 实际）	40 元

（3）利用吸收成本法计算第一季度总利润

销售单价：8, 000 ÷400 =20（元/件）

单位变动生产成本：3200 ÷400 =8（元/件）

单位变动销售配送成本：1600 ÷400 =4（元/件）

单位固定成本：5 元/件（由（1）得）

总单位成本 8 +5 +4 =17（元/件）

	金额（元）	金额（元）
销售收入（160 ×20）		3, 200
生产成本：		
变动成本（220 ×8）	1，760	
固定成本（吸收法下 220 ×2）	440	
小计（220 ×10 或者 1, 760 +440）	2, 200	
期末存货（（220 -160）×10）	600	
结转的销售成本（2, 200 -600）	1, 600	
吸收过度的固定费用	(40)	
总生产成本（1, 600 -40）		1, 560
总利润（3, 200 -1, 560）		1, 640
销售和配送费：		
变动部分（160 ×4）	640	
固定部分（2, 400/4）	600	
小计（640 +600）		1, 240
净利润（1, 640 -1, 280）		400

（4）利用变动成本计算法计算第一季度总利润

单位变动销售配送 1, 600/400 =4（元/件）

单位变动生产成本：3, 200/400 =8（元/件）

	金额（元）	金额（元）
销售收入（20 ×160）		3, 200

变动生产成本（220×8）	1,760	
期末存货（60×8）	480	
结转的销售成本（1,760－480）	1,280	
变动的销售配送费（160×4）	640	
变动销售成本总计（1,280＋640）		1,920
总贡献（3,200－1,920）		1,280
本期发生固定生产成本（1,600/4）	400	
本期发生固定销售配送费（2,400/4）	600	
净利润（1,280－400－600）		280

第六章

【习题6－1】A。单位作业是使单位产品或服务受益的作业，它对资源的消耗量往往与产品的产量或销量成正比。批次作业是使一批产品受益的作业，作业的成本与产品的批次数量成正比。产品作业是使某种产品的每个单位都受益的作业，是与产品品种相关的作业。支持作业是为维持企业正常生产而使所有产品都受益的作业，作业的成本与产品数量无相关关系。因此，答案是A。

【习题6－2】B。产品作业是使某种产品的每个单位都受益的作业，是与产品品种相关的作业。例如，产品设计、产品更新、工艺改造、生产规程制定等与产品相关的活动。选项A和选项C都属于支持作业；选项D属于批次作业。

【习题6－3】C。作业成本动因分为不同的三种类型：业务动因、持续动因和强度动因。其中，精确度最高的是强度动因，精确度最低的是业务动因。

【习题6－4】解题过程：

首先，分别计算甲、乙、丙3种产品的直接成本：

甲产品直接材料成本为20×200＝4,000（元）

乙产品直接材料成本为40×160＝6,400（元）

丙产品直接材料成本为60×120＝7,200（元）

甲产品直接人工成本为15×200＝3,000（元）

乙产品直接人工成本为25×160＝4,000（元）

丙产品直接人工成本为30×120＝3,600（元）

然后，计算各项作业成本的分配率并且分配作业成本至产品。

生产调试成本分配率为4,800÷（10＋8＋6）＝200（元/次）

甲产品应分配成本＝200×10＝2,000（元）

乙产品应分配成本＝200×8＝1,600（元）

丙产品应分配成本＝200×6＝1,200（元）

质量检验成本分配率为2,400÷（10＋8＋6）＝100（元/次）

甲产品应分配成本＝100×10＝1,000（元）

乙产品应分配成本＝100×8＝800（元）

丙产品应分配成本＝100×6＝600（元）

采购订单成本分配率为4,080÷（20＋16＋12）＝85（元/次）

甲产品应分配成本＝85×20＝1,700（元）

乙产品应分配成本＝85×16＝1,360（元）

丙产品应分配成本＝85×12＝1,020（元）

综合上述，甲、乙、丙三种产品的成本如下：

	甲	乙	丙	合计
产量（件）	200	160	120	480
直接材料成本（元）	4,000	6,400	7,200	17,600
直接人工成本（元）	3,000	4,000	3,600	10,600
生产调试成本（元）	2,000	1,600	1,200	4,800
质量检验成本（元）	1,000	800	600	2,400
采购订单成本（元）	1,700	1,360	1,020	4,080
成本合计（元）	11,700	14,160	13,620	39,480
单位成本（元）	58.5	88.5	113.5	

【习题6－5】A、C。作业成本法采用成本动因，按照不同的动因分配成本，而传统的成本核算方法是采用单一的分配标准分配成本，所以选项A正确，选项B不正确；作业成本法采用成本动因对成本进行分配，找到驱动成本产生的直接因素，对成本的分配相比传统成本核算方法来说更加准确，所以选项C正确；传统的成本核算方法是将间接费用先分配到部门，再由部门分配到产品，作业成本法是先将间接费用分配到作业，再由作业按照成本动因分配到产品，所以选项D不正确。

【习题6－6】A、B。传统成本核算方法下制造费用按照单一的标准分配，分配结果不够准确，W公司的制造费用较大，按照不准确的传统成本核算方法会导致成本失真，所以W公司适合采用作业成本法核算；X公司产品种类繁多，各个产品的生产工艺复杂程度不同，所以更适合采用作业成本法，按照不同的成本动因将成本分配至不同的产品。Y公司主要是手工生产，需要大量的技术娴熟的工人，所以Y公司的制造费用不多，产品成本占比较高的是人工成本，可以采用传统成本核算方法进行核算。Z公司是小型企业，产品单一，生产流程简单，所以适用于传统的成本核算方法计算产品成本，如果采用作业成本法就过于复杂、麻烦，就不符合成本效益原则了。

【习题6－7】C。作业成本管理是以提高客户价值、增加企业利润为目的的成本管理方法，有利于控制企业成本和更有效地配置资源，作业成本管理是以作业为核心，着眼于作业。所以选项C不正确。

【习题6-8】C、D。作业成本法下制造费用的分配对象是作业，将资源的消耗也就是成本费用的发生通过一定的分配方式分配给作业，再由作业向产品进行分配。所以A选项不正确；作业成本管理以作业为着眼点，更加方便找出各个部门对成本的责任，方便业绩考核，所以B选项不正确；作业成本管理的基础是以作业成本法为成本核算方法，所以C选项正确；作业成本管理需要大量的信息和对信息的处理分析，所以一般需要借助计算机软件辅助核算，所以D选项正确。

第七章

【习题7-1】

标准成本卡——J产品

直接材料

A	(1) 7千克×1元/千克=7元
B	(2) 4升×2元/升=8元
C	(3) 3米×3元/米=9元
直接材料总成本	(4) 24元

直接人工

熟练	(5) 熟练：8小时×10元/小时=80元
普通	(6) 普通：4小时×5元/小时=20元
直接人工总成本	(7) 100元

其他

标准直接成本	(8) 124元
产品变动制造费用	(9) 8小时×2.5元/小时=20元
产品标准变动成本	(10) 144元
产品固定制造费用	(11) 8小时×6.25元/小时=50元
标准产品成本总额	(12) 194元
管理、销售和分配费用	(13) 10元
销售标准成本	(14) 204元
标准利润	(15) 25%×204元=51元
标准销售价格	(24) 255元

固定制造费用分配率=250,000元÷(5,000件×8小时/件)=6.25元/小时（熟练工人）

【习题 7－2】A。标准成本是计划单位成本。

【习题 7－3】B。标准成本核算有许多作用：

（1）标准成本核算能够衡量存货的价值，计算产品成本，这也有助于达到成本会计的目标。

（2）标准成本核算作为一种控制工具，通过设立标准（计划成本）以及进行差异分析（差异分析相关内容将在下一章讲解），使某些与计划不相符的业务活动显现出来，并为管理者指出企业经营活动中的哪些部分脱离了控制，进而帮助企业及时进行调整和改进。

【习题 7－4】B。理想标准成本，是指在最有利的经营状况下制定的标准，即企业在最优生产条件下，利用现有设备和规模能够达到的最低成本。

【习题 7－5】B。标准成本可以应用于吸收成本法核算系统和变动成本核算系统。但是，本书的标准成本主要应用于变动成本核算系统中。

【习题 7－6】A。标准成本核算包含如下几个方面：

（1）预先设定产品或服务的成本估计值。

（2）对实际成本进行归集。

（3）实际成本与预先设定估计值之间进行对比。

【习题 7－7】

（1）图（b）。

（2）图（c）。

（3）图（a）。

【习题 7－8】D。

直接人工（840－60）×4 元	3,120 元
间接人工	
间接工人工资 120×6 元	720 元
直接工人加班津贴	
100 小时×（8－4）元	400 元
直接工人空闲时间	
60 小时×4 元	240 元
	1,360 元

【习题 7－9】32,000 元。空闲时间被认为是一种间接成本，加班工资（只是 20%的部分）也被认为是一种间接成本。

加班工资＝20 元×20%＝单位小时 4 元

加班津贴：3,000×4 元＝12,000（元）

闲置工资：1,000×20元=20,000（元）

间接人工成本=32,000（元）

【习题7-10】D。24小时的基本人工成本为240元，但是在存在空闲时间的情况下，为了达到24小时的实际工作，必须为超过24小时的工时支付工资。因此，选项A和B是错误的。

标准人工成本=完工工时÷0.8×10=24÷0.8×10=300（元）

选项C是错误的，因为这个结果只是简单地将人工工时增加了额外的20%。但是，闲置工时是工作总工时的20%，因此，需要对所需的工时增加25%。

【习题7-11】A。工时=（40-2）×10=380（小时）

生产量=380/5×125%=95（件）

【习题7-12】A，B，D。如果仔细设定预计的标准值，这将有助于更准确地进行预算编制。当为员工设定效率目标时，能够促进员工树立成本意识。差异通过设定标准偏离限度，使管理例外原则得到应用。

【习题7-13】（1）在计划单位成本时需要考虑通货膨胀等外部因素。

（2）制定标准成本的过程中要采用一致的业绩标准（可达到或者理想）。

（3）需要考虑原材料的质量（原材料质量好会导致成本上升，但是可能会减少材料耗费）。

（4）估计材料价格时，需要考虑季节性价格变化和批量采购获得的折扣。

（5）设定标准会耗费大量时间。

（6）设立标准过程中会发生设定和维持系统的相关成本。

第八章

【习题8-1】A、B、C。单式记账法相对于复式记账法而言，具有操作简单的优势。

【习题8-2】22,000元。

原材料控制账户

余额结转	14,000元	在产品	70,000元
应付账款	90,000元	制造费用	9,000元
		应付账款	3,000元
		余额结转	22,000元
	104,000元		104,000元
余额结转	22,000元		

【习题8-3】（1）全部工资为427,000元。

全部工资 = 实际支付工资 + 个人所得税 + 社会保险

= 320, 000 元 + 46, 000 元 + 61, 000 元

= 427, 000 元

（2）直接工资 250, 000 元，间接工资 177, 000 元。直接工资就是生产工人工资等直接计入产品成本的工资，因此，直接工资就是题中计算在产品成本的工资 250, 000 元；间接工资则主要是指计入制造费用的车间管理人员等不直接计入产品成本，需要先归集再进一步分摊的工资，就是题中计入制造费用的工资 177, 000 元。

【习题 8－4】（1）A。

（2）B。按照制造费用吸收率计算出的吸收到产品中的制造费用，是 5, 000 小时 × 12 元/小时 = 60, 000 元，而实际发生的制造费用是 55, 000 元，因为吸收的制造费用大于实际发生的制造费用，所以该企业的制造费用是过度吸收，过度吸收的金额是 60, 000 元 − 55, 000 元 = 5, 000 元。

（3）A。因为实际发生的制造费用少于应该吸收的制造费用，所以在发生时应该借记制造费用。

【习题 8－5】 C。只有按照事先确定的吸收率计算的制造费用，才会被分摊到在产品成本中，吸收过度或者吸收不足并不影响在产品成本。因此，选项 A 和选项 B 错误；吸收不足意味着吸收的制造费用低于实际发生的制造费用，因此，应该调高制造费用，调减本年利润，所以选项 C 正确，选项 D 错误。

【习题 8－6】（1）

借：原材料存货（5, 000 × 4）　　20, 000 元

　　直接材料价格差异　　600 元

　贷：应付账款　　20, 600 元

（本期购进原材料 M5, 000 米，货款尚未支付）

借：在产品（4, 000 × 4）　　16, 000 元

　贷：原材料存货　　16, 000 元

（生产领用原材料 4, 000 米）

（2）

借：原材料存货　　20, 600 元

　贷：应付账款　　20, 600 元

（本期购进原材料 M5, 000 米，货款尚未支付）

借：在产品　　16, 000 元

　贷：直接材料价格差异　　480 元

4, 000 ×（4. 12 − 4. 0）

　　原材料存货　　16, 480 元

（生产领用原材料 4, 000 米）

【习题 8 -7】D。对于不利差异，应该借记成本差异账户，所以选项 A、C 错误，材料消耗差异是在产品生产过程中产生的，所以应该贷记在在产品控制账户中，所以选项 D 正确。

第九章

【习题 9 -1】订单 201 的相关总成本为 2 +3 +1 =6（元），总成本占产品价格的比率为 1 -25% =75%，所以订单 201 产品价格应定为 6 ÷75% =8（元），订单 202 的相关总成本为 5 +5 +4 =14（元），总成本占产品价格的比率为 1 -30% =70%，则订单 202 产品价格应定为 14 ÷70% =20（元）。

【习题 9 -2】（1）5,000 份宣传单每千份售价为 691.25 元，10,000 份宣传单每千份售价为 623.75 元。

（2）上周的收益为 3,937.5 元。

详解如下：

（1）首先计算每笔订单的固定管理费用，每年的固定管理费用为 9,000 元，预计本年接收 150 份订单，所以每笔订单的固定管理费用为 60 元（9,000 ÷150）；接下来计算订单总成本：

成本项目	5,000 份宣传单（元）	10,000 份宣传单（元）
设置机器	300	300
插图	180	180
纸张	500	1,000
其他印刷材料	600	1,200
直接人工成本	1,125	2,250
固定管理费用	60	60
总成本	2,765	4,990

因为管理层期望的利润率为 25%，所以 5,000 份宣传单的总售价为 2,765 ×（1 +25%）=3,456.25（元），每千份的售价为 3,456.25 ÷5 =691.25（元）；10,000 份宣传单的总售价为 4,990 ×（1 +25%）=6,237.5（元），每千份的售价为 6,237.5 ÷10 =623.75（元）。

上周的收益应为订单收益加上过度吸收的固定管理费用，其中，上周共完成四笔订单，而计划订单为每周三笔，所以过度吸收的固定管理费用为 60 元。

（2）上周的收益为 2,765 ×25% ×2 +4,990 ×25% ×2 +60 =3,937.5（元）。

【习题 9 -3】（1）本次咨询应收费 102,900 元。首先计算总成本，再加成 40% 即为咨询收入。总成本为 75 ×300 +120 ×200 +180 ×150 =73,500（元），咨询收费为 73,500 ×（1 +40%）=102,900（元）。

（2）上个月的收益为235,000元。首先计算总成本，再乘以期望利润率即成本加成40%就可得到总收益。与第（1）问不同，这里没有直接给出咨询师的时间，需要对总时间进行分配，高级咨询师的咨询时间为 $2,500\times1/5=500$（小时），初级咨询师的咨询时间为 $2,500\times4/5=2,000$（小时）。接下来计算总成本，总成本为 $75\times2,500+500\times200+2,000\times150=587,500$（元），总收益为 $587,500\times40\%=235,000$（元）。

第十章

【习题 10－1】解题四步骤如下：

步骤一：确定产出和损失

8月产出和损失如下：

	数量（件）
实际损失	$1,000-850=150$
正常损失	$1,000\times10\%=100$
异常损失	50

9月产出和损失如下：

	数量（件）
实际损失	$1,000-950=50$
正常损失	$1,000\times10\%=100$
异常收益	50

步骤二：计算产出、损失的单位成本

产出和损失的单位成本是根据预期的产出水平计算的，即用实际成本投入除以预期的产量水平：$27,000\div900=30$（元/件）。

步骤三：计算产出、损失的总成本

8月产出、损失总成本如下：

	金额（元）
产出（850×30）	25,500
正常损失	0
异常损失（50×30）	1,500
合计	27,000

9月产出、损失总成本如下：

	金额（元）
产出（950×30）	28,500
正常损失	0
异常收益（50×30）	-1,500
合计	27,000

步骤四：完成账户

8 月分步账户

	数量（件）	金额（元）		数量（件）	金额（元）
投入成本	1,000	27,000	正常损失	100	0
			产出	850	25,500
			异常损失	50	1,500
合计	1,000	27,000	合计	1,000	27,000

8 月异常损失账户

	数量（件）	金额（元）		数量（件）	金额（元）
分步账户转入	50	1,500	利润表	50	1,500

9 月分步账户

	数量（件）	金额（元）		数量（件）	金额（元）
投入成本	1,000	27,000	正常损失	100	0
异常收益	50	1,500	产出	950	28,500
合计	1,050	28,500	合计	1050	28,500

9 月异常收益账户

	数量（件）	金额（元）		数量（件）	金额（元）
利润表	50	1,500	分步账户转入	50	1,500

【习题 10－2】B。采用先进先出法，本期期初的产成品首先完工，所以本期期初的 2,000 件本期完工，本期一共完工 6,000 件，所以本期投产本期完工的产品是 6,000－2,000＝4,000（件）。

【习题 10 -3】

	约当产量（件）
期初在产品本期完工	1,000 ×40% =400
本期投产本期完工	2,200 -1,000 =1,200
期末在产品	800 ×80% =640
合计	2,240

因此，人工成本本期约当产量为 2,240 件。

【习题 10 -4】（1）期末在产品约当产量为 400 ×50% =200（件）

（2）由于本期投产 2,000 件，期末没有完工的在产品为 400 件，所以本期完工产品是 2,000 -400 =1,600（件）。期末在产品约当产量为 200 件，本期完工约当产量为 1,600 +200 =1,800（件），所以完工产品单位成本为 36,000 ÷1,800 =20（元）。本期生产完工产品成本是 1,600 ×20 =32,000（元）。

第十一章

【习题 11 -1】B。服务机构提供的产品是无形的，因此，在总成本中，直接成本比例较低，大部分都为间接成本，所以选择①；服务成本往往与多个计量单位有关，因此，经常使用复合成本单位，②正确；约当产量是用于有形产品的成本计算的，不适用服务机构，因此，③不正确。

【习题 11 -2】D。提供无形服务的组织使用服务成本，其他组织不应该使用服务成本。A 选项铁路货运公司为顾客提供货运服务，B 选项 IT 部门为顾客提供网络相关的服务，C 选项餐厅为顾客提供饮食服务，而 D 选项服装企业生产的是有形的服装，不应该使用服务成本。

【习题 11 -3】B。首先确定该部门的成本单位，配送部门的成本既和配送的距离相关，又和货物的重量相关，所以最合适的成本单位是每吨每千米（元/吨千米），因此，其单位成本为总成本除以吨千米数，即$\frac{5628000}{375200}=15$（元），选择 B 选项。选项 A 计算的是每千米的成本，选项 C 计算的是每个工作小时的成本，选项 D 计算的是每个司机的成本。

【习题 11 -4】成本单位是组织中基本的控制方法，用来控制成本和作业水平，成本单位的选择必须可计量并且与成本和作业的类型相适应，运输公司可以使用以下几个成本单位：

（1）元/千米。与这个单位相关的有：每千米的变动成本，每千米的固定成本（出于控制目的，该指标不是特别有效，因为随着距离的增加每千米的固定成本是不断变化的），每辆运输车每千米的总成本（跟前一个指标面临同样的问题），每辆运输车每千米的维护成本。

（2）元/吨-千米。其中，包含了距离和重量两个影响成本的因素，出于控制目的，这个指标比每千米的成本更有效。

（3）元/小时。许多成本和工作小时有关，包括每辆运输车每小时的总成本，每小时的变动成本，每小时的固定成本（与每千米的固定成本面临同样的问题）。

【习题11-5】先计算每笔订单的变动成本：

成本项目	订单1	订单2	订单3	订单4	订单5	订单6
人工成本	100	160	40	80	120	100
汽油成本（往返）	200	40	120	100	400	600
维修成本（往返）	100	20	60	50	200	300
总计	400	220	220	230	720	1,000

总变动成本＝400＋220＋220＋230＋720＋1,000＝2,790（元）

再来计算总成本：

成本项目	金额（元）
变动成本	2,790
装货设备折旧	800
装货管理成本	800
司机工资	2,000
卡车折旧	1,600
司机管理成本	1,200
其他成本	2,000
总计	11,190

要计算每吨每千米的成本，还要算出吨千米数，即用每笔订单的货物重量乘以运输距离加总：

订单编号	货物重量（吨）	单程运输距离（千米）	吨千米数
1	5	100	500
2	8	20	160
3	2	60	120

续表

订单编号	货物重量（吨）	单程运输距离（千米）	吨千米数
4	4	50	200
5	6	200	1, 200
6	5	300	1, 500
总计	—	—	3, 680

E 公司运输每吨货物每千米的成本 $=\frac{11,190}{3,680}=3.04$（元）。

值得注意的一点是，其中，大量的固定成本会造成成本的扭曲，而每吨每千米的变动成本$\frac{2,790}{3,680}=0.76$（元）在预算控制时是更有用的信息。

第十二章

【习题 12－1】A。零基预算法在编制费用预算时，不考虑以往会计期间所发生的费用项目，因此，不受现有费用项目的限制。

【习题 12－2】C。滚动预算又称连续预算，是指在编制预算时，将预算期与会计期间脱离开，随着预算的执行不断地补充预算，逐期向后滚动，使预算期始终保持为一个固定长度（一般为 12 个月）的一种预算编制方法。

【习题 12－3】A。增量预算法是以过去的费用发生水平为基础的，主张无须在预算内容上做较大的调整，因此，其缺陷是可能导致无效费用开支项目无法得到有效控制，形成不必要开支合理化，造成预算上的浪费。

【习题 12－4】B。销售预算是全面预算的起点，后续许多预算都需要根据商品预期销售量进行编制。

【习题 12－5】B。功能性预算，是指适用于特定职能的收入和支出所构成的预算，具体包括销售预算、生产预算、直接材料预算、直接人工预算、市场预算和研发预算。

【习题 12－6】

（1）销量预算

	产品 X	产品 Y	产品 Z	总数
销售量（件）	2, 000	4, 000	3, 000	
销售单价（元）	100	130	150	
销售额（元）	200, 000	520, 000	450, 000	1, 170, 000

(2) 产品预算

	产品X(件)	产品Y(件)	产品Z(件)
销售量	2,000	4,000	3,000
期末库存量	600	1,000	800
小计	2,600	5,000	3,800
减:期初库存量	500	800	700
预算产量	2,100	4,200	3,100

(3) 材料耗用预算

	产品产量	原材料S	原材料T	原材料Q
产品X(千克)	2,100	10,500	4,200	
产品Y(千克)	4,200	12,600	8,400	8,400
产品Z(千克)	3,100	6,200	3,100	9,300
预算材料耗用量(千克)		29,300	15,700	17,700

(4) 材料采购预算

	原材料S	原材料T	原材料Q
预算材料耗用量(千克)	29,300	15,700	17,700
期末库存量(千克)	18,000	9,000	12,000
小计(千克)	47,300	24,700	29,700
减:期初库存量(千克)	21,000	10,000	16,000
预算材料采购量(千克)	26,300	14,700	13,700
单位标准成本(元)	5	3	4
预算材料采购(元)	131,500	44,100	54,800

(5) 人工预算

产品	产量(件)	单位产品工时(小时)	总工时(小时)	单位工时工资率(元)	成本(元)
X	2,100	4	8,400	9	75,600
Y	4,200	6	25,200	9	226,800
Z	3,100	8	24,800	9	223,200
预算总工资(元)			525,600		

【习题 12 -7】D。生产量 = 销售量 + 期末库存量 - 期初库存量

= 20, 000 + 7, 500 - 5, 000 = 22, 500（件）

【习题 12 -8】

项目	包含	不包含
银行贷款收入	T	
非流动资产评估		F
外部投资分得的股利	T	
折旧		F
已核销的坏账		F
股份支付	T	

非流动资产评估、折旧和坏账核销并不引起现金流量的增减变动，因此，不应包含在现金预算中。

【习题 12 -9】B。7 月毛利 50, 000 ×40% =20, 000（元），7 月采购应付 50, 000 - 20, 000 =30, 000（元），7 月末应付 30, 000 × 50% = 15, 000（元），8 月毛利 60, 000 × 40% = 24, 000（元），8 月采购应付 60, 000 - 24, 000 = 36, 000（元），8 月末应付 36, 000 ×50% +15, 000 =33, 000（元）。

【习题 12 -10】A。资本支出预算是针对资本投资业务这一范围内的活动发生的支出编制的预算，是一个专门决策预算。

【习题 12 -11】B、D。与按特定业务量水平编制的固定预算相比，弹性预算比较灵活，可以按照一系列的业务量水平编制，因此，弹性预算的范围较宽，加大了预算的适用性。另外，弹性预算是按成本性态分类列示的，在预算执行中可以计算一定实际业务量的预算成本，以便于预算执行的评价和考核。

【习题 12 -12】A、D。弹性预算适用于全面预算中所有与业务量有关的预算，但是在实务中，主要用于编制弹性成本费用预算和弹性利润预算，尤其是编制费用预算。

【习题 12 -13】本题涉及成本性态内容较为简单，仅将成本划分为变动成本和固定成本两个部分，我们按照两个部分的成本特性，分别计算出各个预计销售量水平下的成本预算，进而编制出利润预算表，如下：

销量（件）	1, 000	1, 100	1, 200
销售收入（元）	300, 000	330, 000	360, 000
变动成本（元）	120, 000	132, 000	144, 000
固定成本（元）	40, 000	40, 000	40, 000
营业利润（元）	140, 000	158, 000	176, 000

【习题 12-14】（1）M 公司上季度业务量水平差异等于弹性预算和固定预算的差额，即 82,500-78,400=4,100（元），因为成本比原来预计的成本上升，所以是不利差异。

（2）M 公司上季度费用差异等于实际结果和弹性预算的差额，即 84,450-82,500=1,950（元），因为实际成本比弹性预算成本上升，所以是不利差异。

【习题 12-15】（1）填表结果如下：

	固定预算	弹性预算	实际结果	销量差异	费用差异
销售量（件）	40,000	30,000	30,000	10,000（A）	0
销售收入（元）	4,400,000	3,300,000	3,000,000	1,100,000（A）	300,000（A）
变动成本（元）	3,000,000	2,250,000	2,100,000	750,000（F）	150,000（F）
固定成本（元）	750,000	750,000	500,000	0	250,000（F）
营业利润（元）	650,000	300,000	400,000	350,000（A）	100,000（F）

根据题目所给信息，可以填出实际结果一列，费用差异等于实际结果和弹性预算的差额，由此可以填出弹性预算的销售收入，进而推算出预算的销售单价为 3,300,000÷30,000=110（元），再结合题目所给预算信息，可以计算出固定预算和弹性预算两列的数据。销量差异是固定预算和实际结果的差额，据此可以完成表格的填写。

（2）实际营业利润与预算营业利润的差异为总预算差异，共为 250,000 元（650,000-400,000）的不利差异。该差异由费用差异和销量差异共同构成。其中，费用差异为 100,000 元的有利差异，该差异是由实际销售价格低于预算销售价格以及实际成本小于预算成本的综合影响造成的。销售差异为 350,000 元的不利差异，是由实际销售量小于固定预算销售量造成的。因此，最终导致总差异为 250,000 元（350,000-100,000）的不利差异。

第十三章

【习题 13-1】B。如果原材料的期初存货是用标准成本核算的，那么直接材料价格差异应该根据材料采购的数量来计算。如果原材料的期初存货是用实际成本核算的，那么直接材料价格差异应该根据生产过程中耗用材料的数量来计算。

【习题 13-2】直接人工工资率差异=120,000 元（A）

直接人工效率差异=176,000 元（F）

空闲时间差异=161,000 元（A）

根据已知信息，实际效率差异=实际支付工资的小时数×80%（200,000÷250,000）

（1）直接人工工资率差异

280, 000 小时应该承担的人工成本：280, 000 小时 ×11 元/小时 =3, 080, 000 元

280, 000 小时实际承担的人工成本：3, 200, 000 元

直接人工工资率差异：3, 200, 000 元 –3, 080, 000 元 =120, 000 元

（2）直接人工效率差异

生产 120, 000 件产品应该耗用的工时数：120, 000 件 ×2 小时/件 =240, 000 小时

生产 120, 000 件产品实际耗用的工时数：280, 000 小时 ×80% =224, 000 小时

直接人工效率差异：（240, 000 小时 –224, 000 小时） ×11 元/小时 =176, 000 元（F）

（3）空闲时间差异

280, 000 小时 ×20% =56, 000 小时

56, 000 小时 ×11 元/小时 =616, 000 元（A）

【习题 13 –3】（1）生产 620 件产品本应该实现的销售收入 =620 件 ×30 元/件 =18, 600 元

生产 620 件产品实际实现的销售收入 =620 件 ×29 元/件 =17, 980 元

销售价格差异 =18, 600 元 –17, 980 元 =620 元（A）

（2）销售数量贡献差异 =20 件 ×（30 元 –19 元） =220 元（F）

（3）预算销售数量 =600 件

实际销售数量 =620 件

销售数量差异 =620 件 –600 件 =20 件（F）

销售数量利润差异 =20 件 ×（30 元 –28 元） =40 元（F）

（4）销售数量收入差异 =20 件 ×30 元 =600 元（F）

【习题 13 –4】运营报告

预算贡献	30, 000 元	
销售数量贡献差异	2, 000 元（负）	
销售价格差异	1, 200 元（正）	
实际销售收入低于标准变动销售成本	29, 200 元	
成本差异	有利差异	不利差异
直接材料价格差异		350 元
直接材料耗用量差异		600 元
直接人工工资率差异		2, 600 元
直接人工效率差异	750 元	
空闲时间差异		2, 250 元
变动生产间接费用差异	50 元	

续表

变动生产间接费用效率差异	50 元
总成本差异	4,950 元（负）
实际贡献	24,250 元

计算过程：

（1）销售数量差异

预算销售数量＝3,000 件

实际销售数量＝2,800 件

销售数量差异（数量）＝3,000 件－2,800 件＝200 件（A）

单位标准贡献＝40 元－30 元＝10 元

销售数量差异（金额）＝200 件×10 元/件＝2,000 元（A）

（2）销售价格差异

生产 2,800 件产品本应该获得的销售收入＝2,800 件×40 元/件＝112,000 元

生产 2,800 件产品实际获得的销售收入＝113,200 元

销售价格差异＝113,200 元－112,000 元＝1,200 元（F）

（3）直接材料价格差异

耗用 P 材料 19,000 千克本应该承担的成本＝19,000 千克×0.4 元/千克＝7,600 元

耗用 P 材料 19,000 千克实际承担的成本＝7,500 元

P 材料的价格差异＝7,600 元－7,500 元＝100 元（F）

耗用 Q 材料 14,000 千克本应该承担的成本＝14,000 千克×0.7 元/千克＝9,800 元

耗用 Q 材料 14,000 千克实际承担的成本＝10,250 元

Q 材料价格差异＝10,250 元－9,800 元＝450 元（A）

总材料价格差异＝450 元－100 元＝350 元（A）

（4）直接材料耗用量差异

P 材料

生产 2,800 件 K 产品应该耗用 P 材料的数量＝2,800 件×8 千克/件＝22,400 千克

生产 2,800 件 K 产品实际耗用 P 材料的数量＝19,000 千克

P 材料耗用量差异（数量）＝22,400 千克－19,000 千克＝3,400 千克（F）

单位标准价格＝0.4 元/千克

P 材料耗用量差异（金额）＝3,400 千克×0.4 元/千克＝1,360 元（F）

Q 材料

生产 2,800 件 K 产品应该耗用 Q 材料的数量＝2,800 件×4 千克/件＝11,200 千克

生产 2,800 件 K 产品实际耗用 Q 材料的数量＝14,000 千克

Q 材料耗用量差异（数量）＝14,000 千克－11,200 千克＝2,800 千克（A）

单位标准价格 = 0.7 元/千克

Q 材料耗用量差异（金额） = 2,800 千克 × 0.7 元/千克 = 1,960 元（A）

总材料耗用量差异 = 1,960 元 - 1,360 元 = 600 元（A）

（5）直接人工工资率差异

8,600 小时工时应该承担的人工成本 = 8,600 小时 × 7.5 元/小时 = 64,500 元

8,600 小时工时实际承担的人工成本 = 67,100 元

直接人工工资率差异 = 67,100 元 - 64,500 元 = 2,600 元（A）

（6）直接人工效率差异

生产 K 产品 2,800 件应该耗用的工时数 = 2,800 件 × 3 小时/件 = 8,400 小时

生产 K 产品 2,800 件实际耗用的工时数 = 8,300 小时

直接人工工时差异 = 8,400 小时 - 8,300 小时 = 100 小时（F）

标准单位小时工资率 = 7.5 元/小时

直接人工效率差异 = 100 小时 × 7.5 元/小时 = 750 元（F）

（7）空闲时间差异

空闲时间差异 = 300 小时（A） × 7.5 元/小时 = 2,250 元（A）

（8）变动生产间接费用差异

工作工时 8,300 小时应该承担的成本 = 8,300 小时 × 0.5 元/小时 = 4,150 元

工作工时 8,300 小时实际承担的成本 = 4,100 元

变动制造费用差异 = 4,150 元 - 4,100 元 = 50 元（F）

（9）变动生产间接费用效率差异

变动生产间接费用效率差异 = 100 小时（F） × 标准工资率 0.5 元/小时

= 50 元（F）

【习题 13-5】（1）变动生产成本差异 = 208,000 元（A）

生产 1,000 件产品应该承担的成本 = 1,000 件 × 600 元/件 = 600,000 元

生产 1,000 件产品实际承担的成本 = 808,000 元

变动生产成本差异 = 808,000 元 - 600,000 元 = 208,000 元（A）

（2）A. 直接人工工资率差异 = 2,600 元（F）

8,200 小时工时应该承担人工成本 = 8,200 小时 × 8 元/小时 = 65,600 元

8,200 小时工时实际承担的人工成本 = 63,000 元

直接人工工资率差异 = 65,600 元 - 63,000 元 = 2,600 元（F）

B. 直接人工效率差异 = 14,400 元（F）

生产 1,000 件产品应该耗用的工时数 = 1,000 件 × 10 小时/件 = 10,000 小时

生产 1,000 件产品实际耗用的工时数 = 8,200 小时

直接人工效率差异（工时） = 10,000 小时 - 8,200 小时 = 1,800 小时

标准单位小时工资率 = 8 元/小时

直接人工效率差异（金额）=1,800 小时×8 元/小时=14,400 元（F）

（3）A. 直接材料价格差异为 270,000 元（A）

90,000 千克材料应该承担的成本=90,000 千克×5 元/千克=450,000 元

90,000 千克材料实际承担的成本=720,000 元

直接材料价格差异=720,000 元-450,000 元=270,000 元（A）

B. 直接材料耗用量差异为 50,000 元（F）

生产 1,000 件产品应该耗用的材料数量=1,000 件×100 千克/件=100,000 千克

生产 1,000 件产品实际耗用的材料数量=90,000 千克

直接材料耗用量差异（数量）=100,000 千克-90,000 千克

=10,000 千克（F）

标准单位成本=5 元/千克

直接材料耗用量差异（金额）=10,000 千克×5 元/千克=50,000 元（F）

（4）A. 变动生产间接费用差异为 8,600 元（A）

8,200 小时工时应该承担的人工成本=8,200 小时×2 元/小时=16,400 元

8,200 小时工实际承担的人工成本=25,000 元

变动生产间接费用差异=25,000 元-16,400 元=8,600 元（A）

B. 变动生产间接费用效率差异为 3,600 元（F）

工时效率差异=1,800 小时（正向收益）

标准单位工时工资率=2 元/小时

变动生产间接费用效率差异=3,600（正向收益）

（5）A. 销售数量贡献差异为 6,000 元（A）

预期销售数量=1,020 件

实际销售数量=1,000 件

销售数量贡献差异（数量）=1,020 件-1,000 件=20 件（A）

标准单位贡献=900 元-600 元=300 元

销售数量贡献差异（金额）=300 元/件×20 件=6,000 元（A）

B. 销售价格差异为 75,000 元（F）

生产 1,000 件产品应该实现的销售收入=1,000 件×900 元/件=900,000 元

生产 1,000 件产品实际实现的销售收入=1000 件×975 元/件=975,000 元

销售价格差异=975,00 元-900,000 元=75,000 元（F）

【习题 13-6】C。原材料价格更高，将会导致一项负向价格差异，但是原材料质量更好，将会导致原材料耗用量差异为有利差异。

【习题 13-7】C。单位工作工时工资率差异=416 元/10,400 小时=0.04 元/小时（A）

实际单位工时工资率=5+0.04=5.04（元/件）

因此，排除选项 A 和选项 B，因为这两个选项均低于标准单位工时工资率。如果工资率差异为不利差异，那么实际工资率一定高于标准单位工时工资率。

选项 D 也是错误的，因为该选项是以标准工时为基础进行计算的，而不是以实际工时为基础进行计算。

【习题 13-8】57,650 千克

设耗用 N 原材料的数量为 y 千克

生产 5,750 件 L 产品应该耗用 N 材料数量：5,750 件 ×10 千克/件 =57,500 千克

生产 5,750 件 L 产品实际耗用 N 材料数量：y 千克

耗用量差异（数量）：（$y-57,500$）千克

标准单位价格：10 元/千克

耗用量差异（价格）：1,500 元（A）

因此，10（$y-57,500$）=1,500

$y=57,650$（千克）

第十四章

【习题 14-1】（1）根据题意 $\Delta Q=1200-1600=-400$（桶）$\Delta P=16-14=2$（元）$Q=1600$（桶）$P=14$（元）

则 $PED=\dfrac{\Delta Q/Q}{\Delta P/P}=\dfrac{-400/1600}{2/14}=-1.75$

因为 $PED>1$，所以爆米花富有弹性，其需求量容易随价格变动，若要促销，要降价。

（2）此时，令 P_1 为预期价格，由（1）已知，$PED=-1.75$，且根据题意，ΔQ_1（基期需求量变动额）=1400−1600=−200（桶），$P=14$（元），将数据代入价格弹性公式计算如下：

$PED=-1.75=\dfrac{\Delta Q/Q}{\Delta P/P}=\dfrac{-200/1600}{(P_1-14)/14}$ 则 $P_1=15$ 元

因此，若最低销量为 1400 桶，则要保证定价最高为 15 元。

【习题 14-2】（1）根据题意，完全成本加成法下，面粉定价过程如下，

固定成本分摊额为：2000÷800=2.5（元）

则单位总成本 =35+3+2+2+2.5=44.5（元）

加成比率 30%，则面粉应定价为：44.5×（1+30%）=57.85（元）

又因为一袋面粉可生产 20 个面包，则一个面包直接材料费用为：44.5÷20=2.225（元）

面包单位总成本为：2.225+3+2+1=8.225（元）

加成后可得一个面包定价：8.225×（1+30%）=10.6925≈10.70（元）

（2）由（1）知，完全成本加成法下面粉单位总成本为 44.5 元，面包单位总成本

为 8.225 元。

变动成本法下面粉的单位总成本为：35 + 3 + 2 + 2 = 42（元）

则面包单位材料费用为：42 ÷ 20 = 2.1（元）

可得面包单位生产成本为：2.1 + 3 + 2 + 1 = 8.1（元）

根据完全成本加成法，出价 8.15 元小于成本 8.225 元，不应接受订货。

根据变动成本加成法，出价 8.15 元大于成本 8.1 元，为企业提供额外贡献，应该接受订货。

此时变动成本加成法更为科学，首先面包已生产，投入的固定成本已可视为无关成本，只要出价高于变动成本，即可对固定成本和利润有所贡献，所以应接受出价 8.15 元。

【习题 14－3】 此题中，$F = 20,000$ 元，$V = 5$ 元，$Q = 20,000$ 件，$R = 18,000$ 元，

则根据公式最低定价为：$P = \frac{20,000 + 5 \times 20,000}{20,000} = 6$（元）

实现预计利润的定价：$P = \frac{20,000 + 5 \times 20,000 + 18,000}{20,000} = 6.9$（元）

【习题 14－4】（1）根据题意计算系数 a、b 值分别为：$a = 80$，$b = \frac{1}{160}$，则价格函数 $P = 80 - \frac{1}{160}Q$，边际收入函数 $MR = 80 - \frac{1}{80}Q$。

（2）MC 即变动成本，等于 5 元，$MR = MC$ 时，$80 - \frac{1}{80}Q = 5$，可得此时边际收入等于边际利润时，销量 $Q = 6000$（袋）。

将 $Q = 6000$ 袋代入价格函数 $P = 80 - \frac{1}{160}Q$，得出利润最大化时价格为 42.5 元，即面粉每袋定价 42.5 元时，该农产品加工企业能取得最大利润。

第十五章

【习题 15－1】 销售收入 = 贡献 ÷ 销售贡献率 = 50,000 元 ÷ 20% = 250,000 元

销售数量 = 销售收入 ÷ 销售单价 = 250,000 元 ÷ 10 元 = 25,000 件

【习题 15－2】 贡献 = 固定成本 + 利润 = 47,000 元 + 23,000 元 = 70,000 元

销售量 = 14,000 件

单位贡献 = 贡献 ÷ 销售量 = 70,000 元 ÷ 14,000 件 = 5 元/件

单位变动成本 = 15 元

单位销售价格 = 单位贡献 + 单位变动成本 = 5 元 + 15 元 = 20 元

【习题 15－3】 盈亏平衡销售收入 = 固定成本 ÷ 销售贡献率

即 600,000 元 = 210,000 元 ÷ 销售贡献率

销售贡献率 = 贡献 ÷ 销售收入

= 210, 000 元 ÷ 600, 000 元 = 0. 35

目标利润总贡献 = 固定成本 + 所需利润

= 210, 000 元 + 75, 250 元 = 285, 250 元

为了将目标贡献转换为目标销售收入，我们采用销售贡献率：

销售收入 = 目标利润总贡献 ÷ 销售贡献率

= 285, 250 元 ÷ 0. 35 = 815, 000 元

【习题 15 –4】B。

	当前（元）	改进后（元）	差额
销售价格	20	21	1
变动成本	10	9	（1）
单位贡献	10	12	2
固定成本	29, 000	30, 000	1, 000
盈亏平衡点（数量）	2, 900	2, 500	下降 400 件

盈亏平衡点 = 总固定成本 ÷ 单位贡献

当前盈亏平衡点 = 29, 000 元 ÷ 10 元 = 2, 900 件

改进后盈亏平衡点 = 30, 000 元 ÷ 12 元 = 2, 500 件

【习题 15 –5】C。

	现在（元）	改进后（元）
销售价格	28	29. 4
变动成本	13	13. 25
贡献	15	16. 15
盈亏平衡点	105, 000/15 = 7, 000	105, 000/16. 15 = 6, 500

盈亏平衡点下降 = （7, 000 – 6, 500） ÷ 7, 000 × 100% = 7. 14%

【习题 15 –6】固定成本（d）

安全边际（a）

预计利润（b）

预计变动成本（c）

【习题 15 –7】（1）A：17, 000 元

B：–15, 000 元

C：37, 500 元

A：80, 000 元销售收入达到的利润 = 17, 000 元

B：零销售收入处的损失 = －15, 000 元

C：盈亏平衡点 = 37, 500 元销售收入

销售贡献率 = 32 ÷ 80 × 100% = 40%

盈亏平衡点 = 固定成本/盈亏平衡率 = 15, 000 元/0. 4 = 37, 500 元销售收入

（2）图中描述 D 的部分为安全边际，指的是达到的销售收入与盈亏平衡点的收入之间的差额。

（3）整个年度的利润为 180, 000 元。

贡献 = 销售收入 × 销售贡献率 = 900, 000 元 × 0. 4 = 360, 000 元

固定成本 = 180, 000 元

全年利润 = 180, 000 元

（4）产品年度安全边际为预期销售的 50%。

年度盈亏平衡点 = 固定成本 ÷ 销售贡献率 = 18, 000 元 ÷ 0. 4 = 450, 000 元销售收入

安全边际 = 900, 000 元 − 450, 000 元 = 450, 000 元销售收入 = 预计销售收入的 50%

【习题 15 −8】 A。需要的材料 = 20, 000 单位 ×（12 元/3 元）= 80, 000 千克

材料是限制因素，因为只有 75, 000 千克材料是可以使用的。因此，排除了选项 B 和 D。

可获得的人工 = 20, 000 单位 ×（72 元/8 元）= 180, 000 小时

人工不是限制因素，因为 190, 000 人工工时是可以使用的。因此，排除了选项 C。

【习题 15 −9】 下一阶段可使用的设备工时数短缺 26, 000 小时。

满足每年销售需求量的设备工时数：

		小时数
产品 X	5, 000 件 × 20 小时	100, 000
产品 Y	7, 500 件 × 21 小时	157, 500
产品 Z	2, 500 件 × 26 小时	65, 000
需要的总设备工时数		322, 500
可获得的设备工时数		296, 500
可获得设备工时数短缺额		26, 000

用在产品 X 上的单位设备工时获得的贡献为 2. 5 元。

单位：元

销售收入	1, 000, 000
主要成本	（500, 000）
变动制造费用	（250, 000）
贡献	250, 000
单位贡献	50
单位机器工时贡献	2.5

（A）产品 X 5, 000 件

（B）产品 Y 7, 500 件

（C）产品 Z 1, 500 件

排序	产品	需求量（件）	工时数（小时）	需要工时数（小时）	可获得工时数（小时）	产量（件）
第一	X	5, 000	20	100, 000	100, 000	5, 000
第二	Y	7, 500	21	157, 500	157, 500	7, 500
第三	Z	2, 500	26	65, 000	39, 000	1, 500
					296, 500	

第十六章

【习题 16－1】

$P(A)=\frac{4}{52}=\frac{1}{13}$，$P(B)=\frac{13}{52}=\frac{1}{4}$，$P(C)=\frac{26}{52}=\frac{1}{2}$，$P(D)=\frac{13}{52}=\frac{1}{4}$

第十七章

【习题 17－1】A。投资回收期法没有考虑货币时间价值，其他三个选项都有对现金流折现的过程，考虑了时间价值。

【习题 17－2】计算各年现金流量的现值：

年份	现金流量（元）	复利现值系数（$r=10\%$）	现金流量现值（元）
0	－250, 000	1.000	－250, 000
1	60, 000	0.909	54, 540
2	60, 000	0.826	49, 560
3	60, 000	0.751	45, 060
4	60, 000	0.683	40, 980
5	60, 000	0.621	37, 260

计算净现值：

$NPV=-250,000+54,540+49,560+45,060+40,980+37,260=-22,600$（元）

这个项目从第 1 年开始每年的现金流量是相等的，所以在计算各年现金流量现值时可以直接使用年金现值，5 年期利率为 10% 的年金现值系数为 3.790，这种方法计算净现值：

$NPV=-250,000+60,000\times3.790=-250,000+227,400=-22,600$（元）

两种方法计算的净现值相等，都小于零，所以从财务角度讲，这项投资对于 H 企业来说不可行。

【习题 17－3】B。

$$IRR=a+\frac{NPV_a}{NPV_a-NPV_b}(b-a)$$

$$=8\%+\left[\frac{2,500}{2,500+7,500}\times(9-8)\right]\%=8.25\%$$

本题主要考查插值法的运用，中间相除的部分要注意哪个数做分子。

【习题 17－4】B。

首先计算不同折现率下的净现值，折现率为 10% 时，$NPV=575,000-500,000=75,000$（元），大于零；折现率为 15% 时，$NPV=486,000-500,000=-14,000$（元），小于零，所以可以判断，该生产线的内涵报酬率在 10%～15%。

第十八章

【习题 18－1】$ROI=500/850\times100\%\approx58.8\%$

【习题 18－2】

（1）$流动比率=\frac{流动资产}{流动负债}=\frac{14+16+0.5}{24}=1.27$

（2）$速动比率=\frac{流动资产-存货}{流动负债}=\frac{16+0.5}{24}=0.6875$

（3）$存货周转天数=\frac{存货}{销售成本}\times365=\frac{14}{42}\times365=122$（天）

（4）$应收账款回收期=\frac{应收账款}{销售收入}\times365=\frac{16}{60}\times365=97$（天）

（5）$应付账款付款期=\frac{应付账款}{销售成本}\times365=\frac{24}{42}\times365=209$（天）

（6）$毛利率=\frac{毛利润}{销售收入}\times100\%=\frac{18}{60}\times100\%=30\%$

（7）$净利率=\frac{净利润}{销售收入}\times100\%=\frac{2.5}{60}\times100\%=4.2\%$

（8）$ROCE=\frac{利润}{已投入资本}\times100\%=\frac{2.5}{19}\times100\%=13.16\%$

（9）资产周转率 $=\dfrac{\text{销售收入}}{\text{已投入资本}}=\dfrac{60}{19}=3.2$

根据以上数据，我们可以得出企业在流动性、获利性及偿债能力等方面的经营状况。但值得注意的是，这些数据是企业在一年内经营数据的平均值，可能并不具有代表性，并且这些数值很有可能被年末的新进投资额影响，这些在会计年度即将结束时发生的投资活动，将会增加资产估值和投入资本，同时，由于距离出具年度报告时间较短，这些投资大多不能提供利润，此时资产周转率往往会因此变慢，*ROCE* 值也会变小。

【习题 18－3】

	计算公式	20×5 年	20×6 年
ROCE	$\dfrac{\text{营业利润}}{\text{投入资本}}$	$\dfrac{180}{1200+53+22+64-84}=14.3\%$	$\dfrac{175}{1400+90+25+32-122}=12.3\%$
流动比率	$\dfrac{\text{流动资产}}{\text{流动负债}}$	$\dfrac{139}{84}=1.65$	$\dfrac{147}{122}=1.20$
资本杠杆	$\dfrac{\text{长期负债}}{\text{总负债}}$	$\dfrac{670}{670+585}\times100\%=53.39\%$	$\dfrac{810}{810+615}\times100\%=56.84\%$

【习题 18－4】成本节约额＝实际成本－目标成本

成本节约率＝目标成本节约额÷目标成本×100%

P 车间：

成本节约额＝29, 500－25, 000＝4, 500（元）

成本节约率＝4, 500÷25, 000×100%＝18%

Q 车间：

成本节约额＝23, 600－26, 500＝－2, 900（元）

成本节约率＝（－2, 900）÷26, 500×100%＝－10.94%

【习题 18－5】部门税前利润＝销售收入－变动成本－可控固定成本－不可控固定成本－分配的公司行政管理费＝500, 000－375, 000－80, 000－20, 000－9, 000＝16, 000（元）

【习题 18－6】投资报酬率＝息税前利润÷投入额×100%＝50, 000÷650, 000×100%＝7.69%

【习题 18－7】方法一：投资报酬率＝息税前利润÷投入额×100%＝450, 000÷2, 250, 000×100%＝20%

方法二：投资报酬率＝资产周转率×销售利润率＝（销售收入÷投资额）×（息税前利润÷销售收入）＝(5, 000, 000÷2, 250, 000)×(450, 000÷5, 000, 000)×100%＝20%